北京航空学院文革资料选编

Selected Archival Documents on the Cultural Revolution of Beijing Institute of Aeronautics (IV)

第四卷

清理阶级队伍
北航文革大事记

启之 编

美国华忆出版社
Remembering Publishing. USA

Copyright © 2025 by Remembering Publishing, LLC. USA

ISBN: 978-1-68560-156-0 (Paperback)
         978-1-68560-157-7 (eBook)
Remembering Publishing, LLC
RememPub@gmail.com

Selected Archival Documents on the Cultural Revolution of Beijing Institute of Aeronautics (IV)

By Qi Zhi

北京航空学院文革资料选编　第四卷

清理阶级队伍　北航文革大事记

启 之 编

出　　版： 美国华忆出版社
版　　次： 2025 年 5 月　第一版　第一次印刷
字　　数： 292 千字

All Rights Reserved.
No part of this book may be reproduced in any form or by any electronic or mechanical means, including information storage and retrieval systems, without permission in writing from the publisher. The only exception is by a reviewer, who may quote short excerpts in review.

作品内容受国际知识产权公约保护，版权所有，侵权必究

目　录

第一辑　　清理阶级队伍 1

红旗（清理阶级队伍战报）第 1 号至第 43 号

清理阶级队伍战报 3
第 1 号，1968 年 4 月 13 日共 4 版

院清理阶级队伍领导小组召开重要会议 3
北京航空院革命委员会　关于清理阶级队伍决议（草案）....... 4
快把炉火烧得更红 8
院清理阶级队伍领导小组　关于出版《红旗》战报的决定 10

清理阶级队伍战报 11
第 2 号，1968 年 4 月 17 日共 4 版

世界革命胜利的进军号　《红旗》战报编辑部
　　《红旗》报编辑部　《红旗》广播站编辑部 11
一支敢顶逆风的"支左"小分队 13
组织小分队去抓"座山雕" 13
航院的地下"十字军"在行动　红色警戒哨 15
黑武光与城工部 16

清理阶级队伍战报 17
第 3 号，1968 年 4 月 24 日共 4 版

判决周天行的死刑 17
周天行是一贯伪造历史的政治骗子　刘天章二排 19
总结经验，发扬成绩，扩大战果，穷追到底
　　红旗通讯社记者 22

清理阶级队伍战报 25
  第 4 号，1968 年 4 月 27 日共 4 版
 向航院的谭震林——顽固不化的走资派周天行猛烈开炮 25
 把日本狗汉奸杨秉宪拉出来示众 26
 三点好经验 28
 院清理阶级队伍领导小组 关于加强保卫工作的决定 28
 首战告捷 29
 北京航空学院革命委员会通告 30

清理阶级队伍战报 30
  第 5 号，1968 年 4 月 29 日共 4 版
 地球照常转动 30
 在广东工作时期周天行与黑武光的关系　刘天章连二排 32
 痛打"白狗子" 35
 揪住《地下黑党委》的尾巴 36
 "自杀"还是抗拒？　红武兵 37
 负隅顽抗，死路一条！ 38
 狗特务邹乃卓竟敢行凶打人 39

清理阶级队伍战报 40
  第 6 号，1968 年 5 月 7 日 共 4 版
 发扬延安的彻底革命精神　观察员 40
 周天行是阳江反党集团的黑后台　刘天章连二排 42
 突出政治 狠抓革命大批判 敢字当头 头头亲临第一线
  本报记者 47

清理阶级队伍战报 49
  第 7 号，1968 年 5 月 9 日共 10 版
 必须高举革命大批判的旗帜 49

光辉的"五·七"指示发表两周年 彻底结束资产阶级
　　知识分子统治我们学校的现象 51
"五·七"大会揪斗名单 51
警惕阶级敌人当前的两种手法　斩妖剑　缚妖索 64

清理阶级队伍战报 65

第 8 号，1968 年 5 月 14 日共 6 版

革命的红旗战士和共产党员要站在阶级斗争的最前列！
　　——给全院红旗战士和共产党员的一封公开信
　　本报编辑部 66
周天行篡改党的土改总路线，破坏伟大的土地改革运动
　　刘天章连二排 68
不可分离的三个环节 ——谈谈革命斗争的策略 74
兔死狐悲物伤其类　天兵天将 77

清理阶级队伍战报 78

第 9 号，1968 年 5 月 16 日共 8 版

在无产阶级文化大革命中立新功！ 清理阶级队伍
　　要抓好毛著学习，搞好革命大批判
　　基础课电工教研室、实验室、4931 支左小分队 78
在清理阶级队伍的高潮中"彻底砸烂旧政治部誓师大会"
　　胜利召开 81
必须密切注视旧政治部的阶级斗争 82
关于彻底砸烂旧政治部的联合声明 83

清理阶级队伍战报 86

第 10 号，1968 年 5 月 18 日共 8 版

在夺取文化大革命全面胜利的战斗中立新功！本报评论员 86
给周天行宣读死刑判决书 87
热烈欢呼划时代的马列主义文献 "516"《通知》
　　公开发表两周年 91

彻底砸烂原政治部　北京矿业学院.....................92
这是什么问题？.....................93

清理阶级队伍战报.....................94
　　　第 11 号，1968 年 5 月 23 日共 8 版
把红旗插上校医院　3221 支左小分队一战士.....................94
反右倾、反投降、反翻案、反复辟 红二系召开
《坚决击退邵群右倾翻案妖风》大会
《红旗战报》记者.....................96

清理阶级队伍战报.....................98
　　　第 12 号，1968 年 5 月 25 日共 4 版
打倒大叛徒、大特务程九柯！　刘天章连一排.....................98
打倒程九柯，捣毁"地下黑司令部".....................101
剖析"地下黑司令部"死保周天行的反革命伎俩！
　刘天章连四排在"打倒周天行"大会上的发言选登.....................102

清理阶级队伍战报.....................107
　　　第 13 号，1968 年 5 月 27 日共 4 版
打倒大叛徒、大特务程九柯 彻底摧毁航院"地下黑党委".....................107
打一场人民战争.....................107
"平原"漫笔　言　午.....................108
朱东明又出来了.....................109
周狗装死了.....................110
痛打黑武光的黑爪牙唐邑！.....................110

清理阶级队伍战报.....................111
　　　第 14 号，1968 年 5 月 29 日共 6 版
我院数千名革命师生员工紧急动员隆重集会
　热烈庆祝毛主席最新重要批示公开发表.....................111

清理阶级队伍战报 112
 第 15 号，1968 年 5 月 30 日共 4 版
 掌握政策，稳、准、狠地打击敌人 本报评论员 112
 在清理阶级队伍众运动的火线上 院革委会清理
  阶级队伍领导小组举办短期学习班 114
 英勇战斗在校医院的一支小分队
  校医院 3211、3221 支左小分队 115
 "地下黑党委"进行反革命夺权铁证如山
  ——初揭"地下黑党委" 116
 把砸烂旧政治部的战鼓擂得更响 本报观察员 118
 向"地下黑党委"轰一炮 戴维堤 119

清理阶级队伍战报 120
 第 16 号，1968 年 6 月 1 日共 4 版
 一支战斗在教务处的小分队 明月 120
 学习"五·一九"批示，粉碎右倾翻案妖风
  三〇一《干到底》 122

清理阶级队伍战报 123
 第 17 号，1968 年 6 月 5 日共 8 版
 新疆生产建设兵团负责同志裴周玉传达大特务武光材料 123

清理阶级队伍战报 126
 第 18 号，1968 年 6 月 8 日共 4 版
 彻底砸烂反革命右派组织《经风雨》 126
 乘胜追击 评论员 133

清理阶级队伍战报 135
 第 19 号，1968 年 6 月 8 日共 4 版
 旧政治部革命群众和支左小分队 召开活学活用"5.19"
  批示讲用会 135

密切注视阶级斗争的新动向！　　本报观察员 136
把清理阶级队伍的群众运动推向新高潮　政治教研室
　　支左小分队和政治部七办几同志座谈纪要 137
老右倾机会主义新右倾翻案罪行 ——打倒右倾翻案
　　急先锋罗琦　红四系革命委员会 140

清理阶级队伍战报 143
第 20 号，1968 年 6 月 13 日共 4 版

我院胜利召开活学活用毛主席著作讲用会 143
稳准狠的打击敌人 ——供应科对敌斗争的一些体会 144
清理阶级队伍要依靠无产阶级左派　红七系王文懋同志
　　在汇报系学习班情况时的发言摘录 146
把揭发批判会作为教育群众发动群众的战场　化学教研室
　　全体革命群众及 5233 班下化研支左小分队发言摘录 ... 147
斗私批修立新功　4631 下供应科支左小分队讲用摘录 148
打倒现行反革命分子邵群　　红二系革委会 149
狠狠打击现行反革命 151

清理阶级队伍战报 152
第 21 号，1968 年 6 月 15 日共 4 版

贫下中农痛斥范子真　　根据教务部来稿改编 152
魔高一尺，道高万丈　　404 教研室及下 404 支左小分队 ... 153
彻底砸烂反革命右派组织"经风雨"誓死保卫江青同志
　　红六系《经风雨》专案组 155

清理阶级队伍战报 157
第 22 号，1968 年 6 月 17 日共 4 版

周天行反毛泽东思想罪证如山，不容抵赖
　　——评最近揭露出来的周天行的"批注" 157
打倒陆文 163

清理阶级队伍战报 165
 第 23 号，1968 年 6 月 20 日共 4 版
 院清理阶级队伍领导小组 召开各部系清理阶级队伍
  负责人会议 165
 反右倾 鼓干劲 誓将革命进行到底 165
 革命大批判的一种好形式 166
 坚决镇压现行反革命 168
 这是干什么？ 168
 假的就是假的，伪装应该剥去——揭开假党员陆文的画皮
  政治教研室清理阶级队伍领导小组、革命群众 169
 方复之是如何攻击三面红旗的？
  ——斗争方复之大会发言摘要 170
 北京航空学院革命委员会清理阶级队伍领导小组公告 ... 172

清理阶级队伍战报 174
 第 24 号，1968 年 6 月 22 日共 4 版
 审斗"航院的谭震林"周天行大会胜利召开 174
 用办学习班的办法清理阶级队伍 ——院革委会部分
  结合和使用干部第一期毛泽东思想学习班总结
  刘天章连四排 175
 搞专案应该注意处理好哪几个关系？
  红四系"罗琦专案组" 177
 打退反革命分子关吉泰的猖狂反扑
  5231 下印刷所支左小分队 178
 院专案办公室召集各部、系有关专案工作座谈会
  总结经验、发扬成绩、鼓舞斗志，挖掘深藏敌人 179
 向阶级敌人发动更猛烈的进攻 181

清理阶级队伍战报 182
 第 25 号，1968 年 6 月 25 日共 4 版

不到长城非好汉 182
狠抓革命大批判，誓将革命进行到底！红六系革命委员会.. 184
院革委会召开重要会议 186
"鹰"与"鸡"谁飞得高？　浪　涛 187
革命干部要为巩固无产阶级政权而斗争　红评兵 188
院内简讯　红旗通讯社 189

清理阶级队伍战报 190
第 26 号，1968 年 6 月 27 日共 8 版

我院召开斗争以钱植庸、程勉为首的现行反革命集团大会... 190
千万不要忘记阶级斗争 191
北京航空学院革命委员会决定 192
坚决打倒以钱、程为首的现行反革命集团！
　　——下理力教研室支左同学发言摘要 193
誓死保卫毛主席　——红色工厂工人发言摘要 197
把航院无产阶级文化大革命进行到底！
　　——王恒同志发言摘要 199
谁反对文化大革命就打倒谁！　理力教研室革命群众、
　　4911、2911、2231 支左同学 200
理力反革命小集团成员简介及其罪恶活动 202

清理阶级队伍战报 205
第 27 号，1968 年 7 月 2 日共 4 版

北京卫戍区奉命逮捕现行反革命分子钱植庸 205
纪念中国共产党诞生四十七周年 205
红六系是如何开展革命大批判的？——与红六系座谈纪要.. 207
逍遥有罪，逍遥可耻 209
谈谈张国焘及其他 210
发动群众进行革命的大批判 210

清理阶级队伍战报 213
　　第 28 号，1968 年 7 月 6 日共 4 版
　理力教研室革命师生对敌斗争经验 213
　红一系召开批斗反革命小丑陆志芳大会 216
　发动群众，狠抓阶级斗争 十分注意掌握党的方针、政策 217
　关于李国瑞、张跃琴全家死亡事件的通告 218
　山东省革委会召开本省各地市革委会负责人座谈会
　　（摘要）... 219

清理阶级队伍战报 219
　　第 29 号，1968 年 7 月 11 日共 4 版
　支左小分队支左工作初步总结 219
　向支左小分队学习 223
　向中国京剧团无产阶级革命派学习
　　把我院清理阶级队伍工作搞得更好 224
　一定要按照党的政策办事　向东飞 225
　校医院在前进　校医院清理阶级队伍领导小组、
　　下校医院支左小分队 226

清理阶级队伍战报 228
　　第 30 号，1968 年 7 月 13 日共 4 版
　宣判周天行、陆文修正主义死刑
　　政治教研室全体革命同志 228
　食堂科斗争经验点滴——稳、准、狠 233

清理阶级队伍战报 234
　　第 31 号，1968 年 7 月 18 日共 4 版
　开辟胜利的航道 旧政治部清理阶级队伍初步总结（摘要）... 234
　三言两语致政审组及有关人员　红旗一兵 238
　是混饭还是卖命？　食堂科供应组 241

清理阶级队伍战报..................................242
　　　第 32 号，1968 年 7 月 22 日共 4 版

　　北京市革命委员会转发 东鹿角大队清理阶级队伍的
　　　一个材料..................................242
　　东鹿角大队清理阶级队伍开展对敌斗争的经验..................242

清理阶级队伍战报..................................248
　　　第 33 号，1968 年 7 月 24 日共 4 版

　　关于在全院开展忠诚老实运动的通知..................248
　　我们开展忠实老实运动的做法和体会..................249
　　红七系反复辟的胜利　　红七系《反复辟》..................253

清理阶级队伍战报..................................256
　　　第 34 号，1968 年 7 月 27 日共 4 版

　　把周天行大抓典型的修正主义 思想基础及其反革命的
　　　政治目的批倒批臭　原宣传部革命群众..................256
　　要很好地重视革命大批判..................261
　　听毛主席的话，坚决走与工农兵结合的道路　范兴言..................262

清理阶级队伍战报..................................264
　　　第 35 号，1968 年 7 月 29 日共 4 版

　　毛主席无比亲切地接见了首都红代会负责同志
　　　并做了极其重要的长时间的最新指示..................264
　　北京航空学院革命委员会关于立即在全院开展 认真学习
　　　中央"七·三"和"七·二四"《布告》的通知..................266
　　紧跟毛主席最新伟大战略部署..................267

清理阶级队伍战报..................................269
　　　第 36 号，1968 年 8 月 2 日共 4 版

　　红六系革委会主任宋光庆同志 在斗争现行反革命
　　　小集团大会上的发言摘要..................269

念念不忘阶级斗争 272
斗倒斗臭孔张贺反革命小集团　红六系批斗发言综合整理 .. 272

清理阶级队伍战报 277
第 37 号，1968 年 8 月 7 日共 4 版

新的起点　本报编辑部 277
大叛徒程九柯是如何迫害徐天河同志的？——在 7.20 审斗
　程九柯大会上，程九柯专案组（胡敢）发言（摘要）.. 279

清理阶级队伍战报 283
第 38 号，1968 年 8 月 9 日共 4 版

聂荣臻必须悬崖勒马 283
程九柯等一小撮　在政治教研室残酷迫害革命干部
　徐天河同志的罪行　政治教研室革命群众 285
程九柯之流就是反动派　十院十一所革命委员会
　乐宁碧等几同志 286
向伟大领袖毛主席敬献决心书　国防科委（直）卫东革命
　造反派隆重纪念毛主席《炮打司令部》大字报和
　《十六条》发表两周年大会 288

清理阶级队伍战报 292
第 39 号，1968 年 8 月 14 日共 4 版

毛主席关于教育革命最新指示（7.28）................................... 292
黄洋界上炮声隆　——重炮猛轰科委的反动"多中心论" 293
踢开抵制教育革命的绊脚石　——批斗反动学阀沈元大会
　发言稿（摘要）　67 届毕业生大批判组沈元专案组 294
把这些势力中的绝大多数人改造成为新人 297

清理阶级队伍战报 298
第 40 号，1968 年 8 月 17 日共 4 版

我院召开批倒批臭科委"多中心论"誓师大会 298

毛泽东思想红旗永远是红卫兵胜利的战旗 以夺取无产
阶级教育革命的新胜利 纪念伟大导师毛主席首次
接见亿万红卫兵和革命师生两周年.................................300

他永远活在我们的心中 ——悼刘天章同志.................302

清理阶级队伍战报...306
第41号，1968年8月20日共4版

热烈庆祝红旗战斗队诞生两周年.................................306

紧紧团结在无产阶级司令部周围 对准聂荣臻山寨猛轰......308

沈元公开攻击毛主席的伟大哲学思想罪该万死
  沈元专案组...310

无产阶级文化大革命的闯将 ——忆优秀红旗战士刘天章
  红旗一兵...313

清理阶级队伍战报...314
第42号，1968年8月22日共4版

关于坚决拥护热烈欢迎中国人民解放军和工人
毛泽东思想宣传队进驻我院的通知.............................315

立即行动起来——紧急倡议.......................................316

热烈欢迎解放军和工农 毛泽东思想宣传队进驻我院
  红学工红学军...318

最最热烈地欢迎工农兵毛泽东思想宣传队.....................320

清理阶级队伍战报...321
第43号，1968年8月24日共8版

北京航空学院清理阶级队伍工作总结概况
  北京航空学院革命委员会 清理阶级队伍领导小组......321

揭发批判胡孝宣在×系六研包庇坏人的罪行（摘登）
  六研清理阶级队伍领导小组全体革命群众（赵嘉焜）..332

在批斗胡孝宣大会上 红三系革委会主任王发动同志发言
  （摘要）...335

第二辑　　大事记 339

北京航空学院文革大事记 341

　　1966 年 5 月—1968 年 9 月

　　一九六六年 341

　　一九六七年 361

　　一九六八年 399

第一辑

清理阶级队伍

北航革委会、红代会北航红旗主办

红旗（清理阶级队伍战报）第 1 号至第 43 号

1968 年 4 月 17 日至 1968 年 8 月 24 日

清理阶级队伍战报

第 1 号，1968 年 4 月 13 日共 4 版

毛主席最新指示

无产阶级文化大革命，实质上是在社会主义条件下，无产阶级反对资产阶级和一切剥削阶级的政治大革命，是中国共产党及其领导下的广大革命人民群众和国民党反动派长期斗争的继续，是无产阶级和资产阶级阶级斗争的继续。

院清理阶级队伍领导小组召开重要会议

【本报讯】四月十二日晚，院清理阶级队伍领导小组召开了各部系有关负责的同志参加的重要会议。会上大家认真学习深刻领会了毛主席最新指示。

井岗山、王恒等同志做了重要发言。会议号召全院广大革命红旗战士，革命的共产党员和一切革命的同志把认真学习、热情宣传、坚决执行、勇敢捍卫毛主席最新指示的群众运动提高到一个更新的水平。把斗争矛头集中指向武光、周天行、王大昌、程九柯、张仲禹等

一小撮叛徒、特务、顽固不化的走资派和国民党反动派的残渣余孽。

最高指示

世界上一切革命斗争都是为着夺取政权，巩固政权。而反革命的拼死同革命势力斗争，也完全是为着维持他们的政权。

必须坚决地肃清一切危害人民的土匪、特务、恶霸及其他反革命分子。在这个问题上，必须实行镇压与宽大相结合的政策。即首恶者必办，胁从者不问，立功者受奖的政策，不可偏废。全党全国人民对于反革命分子的阴谋活动，必须提高警惕。

北京航空院革命委员会
关于清理阶级队伍决议（草案）

千钧霹雳开新宇，万里东风扫残云。

由我们伟大的领袖毛主席亲自发动和领导的史无前例的无产阶级文化大革命，在毛主席一系列最新指示指引下，又进入了一个崭新的阶段。空前广泛、空前深入的革命群众运动正沿着毛主席指引的航道向前发展，中国赫鲁晓夫及其在各地、各部门的代理人，党内一小撮顽固不化的走资派，还有暗藏在革命群众队伍中的特务、叛徒、地、富、反、坏、右分子惊恐万状，完全陷入了人民战争的汪洋大海，彻底埋葬这批牛鬼蛇神的钟声敲响了。

根据中共中央中发（67）354号文件，根据元旦社论精神，根据江青同志一九六七年十一月九日和十一月十二日晚在北京文艺界座谈会上重要指示，现决定：在我院全面深入广泛开展清理阶级队伍的运动。

清理阶级队伍就是横扫混进革命队伍内的一切牛鬼蛇神，就是彻底摧垮党内一小撮走资派的社会基础，把混在革命队伍内的叛徒、特务、顽固不化的走资派、地、富、反、坏、右分子统统清洗出去。一年多来的无产阶级文化大革命经验清楚地告诉我们：中国赫鲁晓夫搞资本主义复辟，一方面制造一套反党反社会主义反毛泽东思想的反革命修正主义政治路线，另一方面是建立反革命修正主义组织路线，招降纳叛，结党营私，长期以来把叛徒、特务，顽固不化的走资派、地、富、反、坏、右分子安插在我们国家各部门的重要岗位上，从而从组织上来改变颜色，为其贯彻反革命修正主义政治路线大开方便之门。清理阶级队伍，就是从组织上彻底挖掉修正主义的根子，保证革命队伍的纯洁性，加强和巩固红色政权。清理阶级队伍的目的是为了树立无产阶级革命队伍。没有一支坚强的无产阶级队伍，就不可能把斗、批、改搞好，就不可能把这次文化大革命进行到底。

清理阶级队伍是一场严肃的阶级斗争，是革命的百年大计，千年大计，万年大计。一切革命的党员、干部，革命师生员工，红旗战士必须以党性和党的利益高于一切，坚决克服形形色色的资产阶级、小资产阶级派性，把矛头对准共同的阶级敌人。谁如果在严肃的对敌斗争面前闹派性，谁就是对革命的犯罪，就是对毛主席最大的不忠。

清理阶级队伍是毛主席的伟大战略部署。打好这一仗，不仅是夺取无产阶级文化大革命全面胜利的重要环节，而且是持久地巩固胜利成果的重要保证。我们一定要紧跟毛主席的伟大战略部署，狠抓阶级斗争，狠抓两条路线斗争，彻底揭开航院阶级斗争的盖子，坚决纯洁航院的阶级队伍，巩固革命的红色政权，把无产阶级文化大革命进行到底。

为了使这次清理阶级队伍工作搞得更好，院革委会决定：

一、清理阶级队伍必须大力突出毛泽东思想，突出毛主席的无产阶级革命路线，突出阶级斗争，突出两条路线斗争。首先要学好用好毛主席关于阶级、阶级斗争和无产阶级专政以及无产阶级专政下继续革命的一系列极为重要的理论，还要学好用好毛主席关于肃反、审干的理论、路线、方针、政策和方法。"大海航行靠舵手，干革命靠毛泽东思想。"只要我们突出了毛泽东思想，就能战胜任何敌人。

江青同志一九六七年十一月九日和十二日晚在北京文艺界座谈

会上的重要讲话,是清理阶级队伍、树立无产阶级革命队伍的总动员令,我们必须认真学习,坚决贯彻执行。

二、清理阶级队伍应当在院革命委员会清理阶级队伍领导小组直接领导下有组织有计划有步骤地进行。清理阶级队伍的领导权必须牢牢掌握在无限忠于毛主席,无限忠于毛泽东思想,无限忠于毛主席的无产阶级革命路线的坚强左派手中。革命的根本问题是政权问题,政权就是领导班子。由什么人组成领导班子是一个非常重要的问题。这是决定政权掌握在什么人手里的问题,是决定无产阶级专政还是资产阶级专政的重要问题。所以对于各级领导班子必须精心挑选,严格审查,长期考验,绝不能掉以轻心,马虎从事。要把挑选和审查领导班子作为一项长期的严肃的政治任务。各部系清理阶级队伍运动在各部系革委会清理阶级队伍领导小组领导下进行。

三、清理阶级队伍,必须充分相信群众,依靠群众,放手发动群众,搞群众运动,走群众路线,打一场人民战争。这是搞好清理阶级队伍的关键。

毛主席告诉我们:"革命战争是群众的战争,只有动员群众才能进行战争,只有依靠群众,才能进行战争。"只有相信群众,依靠群众,大搞群众运动,才能使清理阶级队伍运动搞得广泛、深入、彻底,才能把一切牛鬼蛇神暴露出来。是否信任群众,依靠群众,敢不敢放手发动群众,打不打人民战争,是毛主席无产阶级革命路线和刘邓资产阶级反动路线的分水岭、试金石。

清理阶级队伍的范围(对象):

1. 反毛主席、反林副主席、反中央文革的现行反革命分子。

2. 叛徒、特务、顽固不化的走资派,政治骗子(伪造历史、伪造证件、冒充共产党员、共青团员、国家干部、革命军人等招摇撞骗为非作歹的分子)及一切反革命分子。

3. 敌伪军(连长以上)、政(保长以上)、警(警长以上)、宪(宪兵以上)、特(特务间谍分子)。

4. 反动党、团骨干分子,指1946年7月以后的国民党反动派(青年党、民社党、阎锡山的同志会等)区分部委员和三青团副队长以上分子，以及在 1946 年 7 月以前有民愤和血债的分子。

5. 敌伪时期的汉奸，以及土匪，胡风反革命集团分子，托匪分子。

6. 反动会道门中首恶分子，或有民愤和血债的其他一般道徒。以及职业办道人员。

7. 地、富、反、坏、右分子和虽摘帽但未改造好的。

8. 资产阶级分子和资产阶级反动学术权威。

9. 贪污盗窃分子、投机倒把分子、蜕化变质分子。

清理阶级队伍的重点是清理混进各级领导班子（包括旧党委时期的各级领导班子）中的叛徒、特务、顽固不化走资派和一切反革命分子。

清理阶级队伍"要依靠学校中广大革命的学生、革命的教员、革命的工人，即决心把无产阶级文化大革命进行到底的无产阶级革命派。"特别要发挥革命红旗战士和革命共产党员的先锋作用。

清理阶级队伍首先是在干部、教师、职工队伍中进行，这是主要的；学生队伍中的现行反革命分子也要进行清理。

四、在清理阶级队伍时，必须牢牢掌握党的方针政策，掌握政策界限。毛主席教导我们："政策和策略是党的生命，各级领导同志务必充分注意，万万不可粗心大意。"

我们特别要注意的政策是：

1. 正确处理和区分两类不同性质的矛盾。对敌斗争要做到打得稳、打得准、打得狠。

2. 团结占全人口百分之九十几以上的人民群众，对百分之四、五的反动阶级残余实行专政，扩大教育面，缩小打击面。

3. 严肃与谨慎相结合，有反必肃，有错必纠。

4. 坦白从宽，抗拒从严，立功赎罪，立大功受奖，惩办与宽大相结合。

5. 严禁逼供信，重证据，而不轻信口供。

6. 在处理问题时要分清主犯、从犯；要分清重犯、轻犯；要分清是别人检举揭发还是自己交代的；要分清主动交代，还是被迫交代，要分清是现行问题还是历史问题，要分清是政治问题还是生活问题，要分清是愿意悔改还是顽固不化。

五、认真抓好项目工作。项目工作就是将各种材料加以去粗取精，去伪存真，由此及彼，由表及里，进行分析研究，调查落实，得出结论。项目工作是一项十分严肃的阶级斗争，我们必须采取谨慎的态度。

毛主席教导我们："没有调查，就没有发言权。""一切结论产生于调查情况的末尾，而不是在它的先头。"对任何问题，都必须作全面认真的调查，要事实确凿，要有根有据。

项目工作一定要和群众相结合，走群众路线，反对神秘化，反对关门主义，反对材料挂帅。项目工作是一项十分重要的工作，各级领导同志务必抓紧、抓好。

六、保卫保密工作一定要做好。

毛主席教导我们："保守机密慎之又慎""保卫工作十分重要，必须尽力加强之。"我们必须遵循毛主席的教导，切实做好保卫保密工作。各部系革委会还要在组织上加强措施，建立必要的组织机构和必要的制度。

以上决议要求各部系革委会、清理阶级队伍领导小组认真研究，结合实际情况贯彻执行。

此件发至各科、室、小班学习讨论。

一九六八年四月八日

快把炉火烧得更红

【评论】沧海横流，霹雳贯天。正当无产阶级文化大革命按照毛主席的伟大战略部署不可抗拒地向着全面胜利推进的时候，正当两个阶级、两条道路、两条路线大拼杀的殊死斗争日趋白炽的时候，正当一小撮阶级敌人又掀起新二月逆流、大刮右倾翻案妖风的时候，从中南海传来了我们伟大领袖毛主席的最新指示："无产阶级文化大革命，实质上是在社会主义条件下，无产阶级反对资产阶级和一切剥削阶级的政治大革命，是中国共产党及其领导下的广大革命人民群众和国民党反动派长期斗争的继续，是无产阶级和资产阶级阶级斗争的继续。"这是对我院和全国决心把无产阶级文化大革命进行到底的无产阶级革命派的极大振奋，极大鼓舞，极大鞭策，是反对右倾保守主义、右倾分裂主义和右倾投降主义的强大思想武器，是将无产阶级文化大革命进行到底的指路明灯。给我院清理阶级队伍运动送来了强劲的东风。

在最新指示中，毛主席以伟大的无产阶级革命家的雄才奇略，最深刻、最透彻、最精辟、最科学地揭示了无产阶级文化大革命的阶级内容和阶级实质，阐明了这场大革命的伟大意义。

毛主席的最新指示的意义非常深远，需要我们在今后很长的一个历史时期内不断地反复地深刻理解和领会。事实上，毛主席早在一九五五年六月十日《人民日报》上发表的《关于胡风反革命集团的第三批材料》的按语中就尖锐地指出："如果说，法国资产阶级的国民议会里至今还有保皇党的代表人物的话，那么，在地球上全部剥削阶级彻底灭亡之后多少年内，很可能还会有蒋介石王朝的代表人物在各地活动着。"仅从航院文化大革命之一斑，便可见毛主席的最新指示英明！英明！！无比的英明！！！两年来，航院全体红旗战士和革命的共产党员、革命同志紧密团结，协力奋战，撕去了武光、周天行、王大昌、程九柯、张仲禹等这群恶鬼身上伪装的画皮，把他们打得落花流水！事情完全清楚了，他们哪里是一批单纯的文化人？他们到处插手，钻进了政治、军事、经济、教育各个部门；他们哪里是明火执仗的革命党？分明是深深潜伏暗藏在革命阵营的第五纵队、地下的独立王国，反革命十字军。他们中间有的压根儿就没有参加过共产党，完全是冒牌的假党员；有的是可耻叛徒，是匍匐在敌人脚下断了脊梁骨的癞皮狗，是犹大的徒子徒孙。这一小撮败类非同一般，有的受到党内头号走资派，叛徒太上皇刘少奇的赏识重用，有的甚至被反动寡头蒋该死的狗妻狗子，高级僚属，亲自接见，受到最惠待遇。武光、周天行、程九柯、王大昌、张仲禹之流完全是假共产党真国民党，其中许多人甚至是持有国民党党证的货真价实的国民党。他们表面上安分就法，革命的可以，积极得厉害，暗里剑拔弩张；一待时机成熟，就向以毛主席为首的无产阶级司令部猖狂进攻、复辟登基。刘邓陶及其爪牙武光之流的反革命活动难道不正是以蒋介石为代表的国民党反动派丑史的继续吗？

毛主席最新指示的含义是何等的深刻，一字千钧！这是对决心把无产阶级文化大革命进行到底的彻底革命派和革命共产党员的一个最大的振奋和支持，这是对有右倾保守思想的糊涂人一个惊醒，这是对在阶级斗争战场上被反动势力吓破了胆、自甘败北的右倾投降主义者的一声当头棒喝，这是对目前躲在阴沟里大刮右倾翻案、右倾分裂妖风的一小撮反革命爬虫的沉重打击！

学习毛主席最新指示，总结我院前阶段运动的教训，我们就是要大讲特讲阶级斗争，大搞特搞阶级斗争；言必称阶级，言必称路线，紧紧抓住阶级斗争这个纲，举纲张目，在对敌斗争的大拼杀中，最大限度地调动起我们队伍的战斗热情，把一小撮牛头马面杀个片甲不留，巩固航院的红色政权！

毛主席的最新指示，照亮了航院文化大革命彻底胜利的道路。航院一小撮牛鬼蛇神的末日到了！革命的红旗战士们，革命的共产党员们，一切革命的同志们，拿出当年批判资产阶级反动路线"金戈铁马、气吞万里如虎"的冲劲和闯劲，快把炉火烧得更红，挥戈上阵，奋力前进呵！

院清理阶级队伍领导小组
关于出版《红旗》战报的决定

目前，一场群众性的清理阶级队伍的运动已在我院轰轰烈烈地开展起来了，为了更及时地反映我院阶级斗争的动向，指导运动的开展，现决定出版《红旗》战报，希望各级清理阶级队伍领导小组和全院革命师生员工给予大力支持，踊跃投稿，及时反映各单位战况。

院清理阶级队伍领导小组
四月十二日

清理阶级队伍战报

第 2 号，1968 年 4 月 17 日共 4 版

世界革命胜利的进军号

《红旗》战报编辑部　《红旗》报编辑部　《红旗》广播站编辑部

最近以来，两千多万美国黑人向世界上最凶恶最残暴最腐朽的美帝反动统治集团发动了猛烈的冲击，这是"美帝国主义当前整个政治危机和经济危机的一个突出表现。"空前的黑人抗暴斗争以雷霆万钧之力把美帝国主义竭力维持的反动秩序打了个稀巴烂。正在这个时候，世界革命人民的伟大领袖毛主席以震撼宇宙的声音庄严发出声明，七亿中国人民坚决支持美国黑人的正义斗争！这是世界革命胜利的进军号！美国黑人争取解放的斗争和越南人民抗美救国斗争一样，是当代世界革命的一个重要组成部分。毛主席的伟大声明，意义非常非常深远，它不仅将对美国黑人的抗暴斗争，而且必将对越南人民的抗美救国斗争，对我国的无产阶级文化大革命，对国际共产主义运动产生不可估量的伟大作用。可以断言，一个世界范围内气势磅礴的反对和埋葬美帝及其帮凶的大革命高潮很快就要来到！

毛主席的伟大声明再次强调指出，暴力革命是马列主义不容动摇的一个基本原理。无产阶级的敌人对于人民革命势力的原则是必定消灭之，他们绝不会实行宽容，连非暴力主义者的黑人贵族马

丁·路德·金也不能幸免于惨死。历史证明，和平主义、右倾投降主义、阶级投降主义完全是葬送革命的失败主义。这一点，对于目前国际上反帝斗争和我国文化大革命中向无产阶级的敌人实行右倾投降主义的人，不能不是一个极深刻的教训。真正的马列主义者，真正的无产阶级革命派，必定是既不被反动派的气势汹汹所吓倒，也不被反动派虚伪的诺言和鳄鱼的眼泪所蒙骗，而是遵照毛主席"将革命进行到底"的教导，向敌人展开"持久的猛烈的进攻"，直到把他们彻底摧垮！彻底消灭！

　　毛主席的伟大声明再次号召：有着共同利益、共同斗争目标的一切无产阶级革命派、一切革命的人民必须联合起来，团结起来，结成革命的钢铁长城，共同对敌。实现这个一贯的伟大思想，就一定会使中国无产阶级文化大革命，世界无产阶级革命按照毛主席的伟大战略部署胜利推进！

　　最近，毛主席接连发表了一系列最新伟大指示，这是我国人民、世界人民当前政治生活中头等重要的大事。四月十日公开发表的毛主席的最新指示深刻地揭示了中国无产阶级文化大革命的阶级内容，这一次发表的伟大声明又深刻地揭示了美国黑人反对种族歧视的抗暴斗争的阶级内容。"民族斗争，说到底，是一个阶级斗争问题"，这一伟大真理将日益为越来越多的人民所认识和接受。事实正是这样，马列主义、毛泽东思想关于阶级和阶级斗争的伟大学说一次又一次地引导了人民战胜妖风迷雾，指出了革命斗争的方向，照亮了中国无产阶级文化大革命和国际无产阶级革命彻底胜利的道路。

　　革命正在不可压倒地胜利前进。历史已经证明，并将继续证明，伟大导师毛主席是掌握世界革命进程的伟大舵手。跟着毛泽东，世界一片红。

　　当今的时代，是伟大的毛泽东时代，是世界革命的伟大新时代。无产阶级与资产阶级及一切剥削阶级在全世界范围内的总决战开始了，帝国主义、现代修正主义、各国反动派连同中国的赫鲁晓夫、国民党的残渣余孽统统都逃脱不了革命人民的判决，他们被送上历史的断头台的时刻已经到了！

"万恶的殖民主义、帝国主义制度是随着奴役和贩卖黑人而兴盛起来的,它也必将随着黑色人种的彻底解放而告终。"

一支敢顶逆风的"支左"小分队

【本报讯】 在这里,我们向大家介绍4233班一支六人支左歼敌小分队,他们早在今年二月就以高昂的斗志主动开进了阶级斗争很复杂的教务处,和教务处的革命群众一起清理阶级队伍。当时,院内某些有严重右倾保守思想的人竟下令"凡开进各部、系、科、室的小分队一律撤出",原因是"为时过早"云云。在这种情况下,其它一些班级都被迫撤回,但4233班六人小分队的同志们活学活用毛主席的一系列最新指示,他们认定清理阶级队伍是完全符合革命斗争大方向和毛主席伟大战略部署的,是关系到新航院将来的教学领导权掌握在谁手里的大问题,遇到再大的困难也要顶住。就这样,这支小分队顽强地顶住了右倾势力的进攻始终没有撤回去。他们和教务处革命同志一起举办学习班,按照毛主席调查研究的方法,开各种类型的调查会,并对各种情况进行了阶级分析,逐步使依靠对象、团结对象和打击对象的阵线分明了。由于工作开始较早,所以现在开展得很主动顺利。他们表示,一定与教务处革命的红旗战士、革命的共产党员和革命同志一起,把清理阶级队伍的战斗进行到底!

全院革命的同志们,让我们以4233班六人小分队的革命精神为榜样,组成一个个支左歼敌小分队,把航院大大小小的"座山雕"抓出来示众!

组织小分队去抓"座山雕"

【短评】近些天,航院运动大有起色,大有生机。阶级斗争真个一抓就灵，灵验无比！一抓阶级斗争的纲，一上路线斗争的线，我革命大军的士气为之大振！不少红旗战士、革命同志主动请战，组织支左歼敌小分队，下到各部、系、科、室，直插前沿阵地。我们为这种行动大声喝彩叫好！

对敌斗争中的对敌特斗争有其特殊性，它最尖锐、最复杂，最需要我们认真谨慎地对待。航院的特务网，组织严密得很，"牵一发而动全身"；成员厖杂得很，从党政要员到"平民百姓"，从"斗篷、匕首"式的人物到"科学家""权威"，光怪陆离、无所不包。他们有着丰富的反革命经验，甚至有二、三十年反革命资历的老狐狸，我们切不可书生气十足，把这些对手视若等闲。

马列主义、毛泽东思想是在斗争中发展的，我们总是根据敌人的思想和行为来制定自己的策略，从这个意义上来说，没有敌人，我们就不能长进。航院对敌斗争的新形势要求我们有新的战斗形式与之相适应。当前，我院群众运动发动的深度与广度的标志，不仅表现在大字报、大标语、大喇叭的多寡盛衰，而且很重要地表现在，随着运动的深入，一个个歼敌战斗小分队的不断产生！我们用这些斗志昂扬，人马精悍的小分队作先锋，紧密依靠本单位革命群众，去摧毁九群二十七堡，　　去抓"八大金刚"，去抓"座山雕"！

俗话说得好："不入虎穴，焉得虎子。"用小分队、下到基层打近战，来一个短兵相接，刺刀见红，才能致敌于死命。

用小分队，深深依靠本单位革命群众、深入调查研究，就能揭破一切伪装的面纱，发掘出第一手生动真实的阶级斗争材料。

用小分队突破缺口，跟踪追击、扩大战果，就能彻底缉获航院全部国民党残渣余孽。

在阶级斗争前沿真刀真枪的拼搏中，作为普通一兵的小分队战士，将时刻考验自己的无产阶级立场，衡量自己掌握和运用毛泽东思想的水平，这是阶级斗争的现场考试，二百米内的硬功夫！

可以说，在空前深刻伟大的无产阶级文化大革命中涌现的这种小分队比"林海雪原"中的小分队毫不逊色。小分队当大书一笔！

支左部队小分队的战士们，是大显身手的时候了！

航院的地下"十字军"在行动

红色警戒哨

"航院平静吗?"——一张大字报揭破了"平静"的竹幕。事实是,航院并不平静,也并非某某人所说"没有右倾。"清理阶级队伍红色风暴的掀起,使航院一小撮敌人感到大难临头,他们惊恼怕恨的心理真是复杂万分,不可言状。现在,这一个地下的反革命派别正在大肆活动,航院的地下"十字军"在行动中。

这几天,就有一些不三不四的家伙,天刚亮就到大字报区鬼头贼脑地东闻西嗅,他们到处奔走串联,探听风声、窥测方向;有的采取墨鱼战术,大放谣言,妄图把水搅浑,逃之夭夭。更有几只见不得阳光的动物,竟然深夜用被子捂住窗口,策划于密室,订立攻守同盟,研究对付我们的策略。

试问。在毛泽东思想阳光普照的无产阶级专政天下,干如此黑暗勾当的东西,还能是人吗?不,只能是鬼!

航院的一小撮阶级敌人并没有当逍遥派,他们的反革命神经和触角灵敏得很;他们怀着对毛主席、对党、对人民和对社会主义制度的刻骨仇恨,无时无刻把自己的犬牙咬得戛然作响,只待时机一到,就要扑将过来。敌人的阴谋活动,应当引起一切革命同志的百倍警觉!

历史的辩证法早就为这群反革命丑类安排了归宿。如果说,这批国民党的残渣余孽在解放初期是利用了我们"包下来"的政策潜伏下来的话,那么,在这场震撼世界的无产阶级文化大革命中,我们——用毛泽东思想武装起来的天兵天将,就一定要把他们连窝端出来,挂起来,送上历史的断头台-——枭首通衢!

黑武光与城工部

【资料】城工部全称城市工作部，成立于一九四一年，直属晋察冀中央分局领导，负责北平地下党工作，为大特务、大叛徒刘仁、黑武光一手把持达七、八年之久。其间，刘仁、黑武光追随美、日、蒋帮，秉承黑主子刘少奇、彭真旨意，招降纳叛，网罗党羽，大搞特务活动，为彭真，刘仁反革命政变集团奠定了政治和组织的基础。

一九四一年至一九四九年短短的九年中，北平地下党组织竟连遭敌人六次大破坏，其中，除少数是自己叛变自首外，全因刘仁、黑武光可耻的告密叛卖。

一九四四年秋，黑武光就任冀察区党委城工部长，第二年秋，出任北平市委副书记兼组织部长，刘仁任市委书记。刘、武竟把日本狗特务吴清泉拉入党内，并任命王揆（日本特务）为我地下党交通员。刘、武不遗余力卖身投靠美帝，勾结美国特务熊先立，窃取我延安、大行山（原文如此——编者）地区重要情报。臭妖婆王光美，这个国民党战略情报特务就是由刘、武经营的城工部打入我党内。刘仁、黑武光本身是一身兼三任的美、日，蒋战略情报特务，与情报贩子安田熏、李振中（日特）、佐藤、酒丹山口隆（日特）、林边可夫妇（美特）、徐思曾（中统特务）、江洪涛（军统特务）等往来极其频繁，打得火热，抱成一团。

解放时，原城工部几乎原封不动地成为旧北京黑市委，刘仁摇身一变为旧北京市委组织部长，彭贼窃据了旧北京市市长的要职，随逐（原文如此——编者）将原城工部收罗的狐群狗党安插在北京市各级党政重要岗位。黑武光来航院也带来了一批原城工部的亲信走卒，如：潘梁（旧市委科协副主任，原航院历届党委副书记），樊恭烋（北工大副校长，原航院党委常委），董寿莘（××所副所长，原航院党委常委），屠守谔（×院上校副校长，原航院党委常委），胡孝宣、曹傅钧、许建钺、李哲浩、唐邑……等。这些家伙受到了黑武光的赏识重用，是旧航院的实力派。

现在，彭贼、刘仁、黑武光的画皮已被戳穿了，他们的这批亲信如何？我们相信，在毛泽东思想的照妖镜下，这些家伙一定要现出原形！

清理阶级队伍战报

第 3 号，1968 年 4 月 24 日共 4 版

毛主席语录

无产阶级文化大革命，实质上是在社会主义条件下，无产阶级反对资产阶级和一切剥削阶级的政治大革命，是中国共产党及其领导下的广大革命人民群众和国民党反动派长期斗争的继续，是无产阶级和资产阶级阶级斗争的继续。

判决周天行的死刑

【社论】周天行，何许人也？航院前党委副书记，第二号头面人物，一个响当当的顽固不化的走资派。航院历史上出了周天行这么一个走资派的活标本，也算大事一桩。

现已查明，这个自称"十几岁就参加革命"的周天行，是一个披着革命外衣的恶鬼。他根本不是什么"老革命"，而是地地道道的老反革命。

周天行，这个十足的政治大骗子，政治大赌棍，靠了他那浑身钻营投机的本领，飞黄腾达，扶摇直上。在一百多次填写履历表中，竟然伪造了二十四处职务，情节恶劣透顶！连赫赫有名的政治骗子李万铭与他相比，也要"大逊风骚。"

周天行，这个漏网的反党分子，公然支持反党集团，肉麻地称人民公敌蒋介石为"最高领袖"，完全跟他的反革命祖宗王明、刘少奇一个腔调。

周天行，这个反动的地方主义分子，曾恶毒污蔑南下干部为"兵痞和流氓"，狂热地拉山头，搞宗派，与中央对抗。仅仅由于黑武光的庇护，他才侥幸逃脱了人民的清算。

周天行，这个革命队伍可耻的逃兵，在斗争的严重关头，被反革命势力吓得屁滚尿流，用三十个银币就出卖了自己的灵魂，跑到香港的角落里躲了起来。

周天行，这个十足的伪君子，满嘴的仁义道德，经论主义，一肚子男盗女娼，肮脏臭水，简直不堪下笔。

够了，周天行是个什么东西还不清楚吗？每个革命时期，每个转折关头，他总是自觉地站在王明、刘少奇的反革命路线一边，反对毛主席的革命路线，非常主动，非常卖力。怪不得他始终得到黑武光和旧北京黑市委的赏识和青睐，差一点就走马出任前北京黑市委大学部副部长。

走资派里要数顽固不化的角色，周天行可以算上一个，直到今年，他仍然一刻不停地在"走"。他控制了陆志芳、程曰平几只小爬虫，利用一部分同志的右倾保守思想，亲自出马坐镇，把黑手直接插入革命队伍，大搞分裂活动，妄图保自己过关。在被隔离后，周天行竟然抛出了一个所谓"给常委的一封信"，疯狂地向无产阶级革命派反扑，梦想翻案。周天行怀着对无产阶级的刻骨仇恨声嘶力竭地大叫："近三个月失去了自由""被人面对面地监视。"哦！周天行这个反革命也感到不"自由"，神经觉得"痛苦"了，这真是我们无产阶级革命派值得鼓盆欢庆的事情。我们每次开会，首先就要庆祝这个！对黑武光、周天行及其之流莫说一点"自由"，连半点"自由"也不能给，半点也不能"宽厚"！对他们岂但"监视"而已，应该坚决实行专政！

值得人们深思的一个问题是，为什么周天行这个早在运动初期就被革命群众杀得落花流水的手下败将，竟能逃脱群众的审判而混到现在？现在，事情已经很清楚了，是敌人利用了我们一部分同志的右倾保守主义、右倾投降主义当防空洞，把自己掩护了起来，作为向航院红色政权进攻的桥头堡。请同志们认真读一下毛主席在《将革命进行到底》中的一段话："美国政府的政策，已经由单纯地支持国民党的反革命战争转变为两种方式的斗争：第一种，组织国民党残余军事力量和所谓地方势力在长江以南和边远省份继续抵抗人民解放军；第二种，在革命阵营内部组织反对派，极力使革命就此止步；如果再要前进，则应带上温和的色彩。"一个在外面猖狂活动的周天行，一个在内部密切呼应的程九柯，与毛主席上面所讲的那两种人物是多么惟妙惟肖！"敌人利用资产阶级派性，资产阶级派性掩护敌人。"这个教训对航院的一些人应该是太深刻了！

"机关算尽太聪明，反误了卿卿性命"，周（天行）卿卿丑恶的反革命生涯就此该告个段落了，那些武（光）卿卿、程（九柯）卿卿、王（大昌）卿卿、张（仲禹）卿卿连同他们的黑爪牙、黑卿卿们又怎能逃脱同样的命运？

向前看吧，坚持无产阶级革命派派性的红旗战士和共产党员，正团结起一切革命同志，乘着毛主席最新指示的浩荡东风，把右倾保守、右倾投降的绊脚石统统抛在后头，将航院的文化大革命胜利地推向前去！

周天行是一贯伪造历史的政治骗子

刘天章二排

现已查明，周天行一贯伪造历史，伪造职务，长期欺骗组织，欺骗党，欺骗人民，品质极为恶劣。根据保守的统计，在解放后的历次填表中，他伪造了24个假职务。实属到处招摇撞骗的李万铭（注）式的政治骗子。

我们对周天行历次填写的职务，做了大量的调查与核实工作，发现在他的每个历史时期中都有假职务。周天行的这种欺骗行为不是偶然的，而是长期的，大量的，一贯的。这些假职务有的自相矛盾，有的无中生有，有的张冠李戴，有的十分离奇，简直到了非常可笑的地步。总之，是假的。毛主席说："假的就是假的，伪装应当剥去。"现在，我们把周天行伪造的历史、伪造的职务和事实情况，按时间顺序对照公布如下，以使红旗战士和广大革命师生认清周天行的真面目。

历史时期	周天行伪造的职务	事实情况
1935.6-1938.11 1937.10-1938.5	开平区委组织干事，开平区委代理书记。开平特委宣传、组织干事。	据周天行最近交代，他1937年11月才入党。1933-1937年年底开平根本没有党组织。开平历史上，从来没有过"开平特委"这一组织机构。粤中特委1938.10以后才迁到开平。
1939.5-1940.3	开平特委宣传部。	无中生有
1940.3-1941.12	恩平县委书记。	据周天行最近交代，1940.5-1941.3还在开平任宣传部长。
1940.5-1941.12	领导恩平地委。	从来不存在"恩平地委"这一组织机构。
1941.12-1942.12	恩平特委书记。（注：特委就是地委）	从来不存在"恩平特委"这一组织机构。
1941.12-1942.12	领导恩平地委。	同前。
1942.2-1944.10	粤中地委委员。	1942年秋到1944年冬根本不存在粤中地委一级组织。周天行作为特派员联系一些县的党员。
1942-1946	广东人民解放军政治部实际领导工作，粤中地委文委书记，群委书记。	这个时期，广东人民解放军分为几个纵队，周天行所在的地区是"粤中纵队"，当时广东人民解放军没有统一的政治部，周天行也没在部队工作，根本谈不上什么"实际领导。"他有时到部队来，那是汇报地方工作和作向导，这一职务纯属伪造。所谓地委文委书记、群委书记实际上是不存在的，因为当时根本没有这些机构。

20

1946.7-1946.11	香港区党委书记（小林同志处）	这段时间，周天行是给梁广当秘书。梁广（即小林）是区党委城工部的负责人。区党委相当于省委机构。这种填法，竟有两次之多。这个职务，是周天行填写的假职务中的最高头衔。
1946.6-1948.2	广东区党委（临省）秘书长，香港市委常委，香港市委书记，香港海委书记，香港港委书记，香港市委党，香港市党委，香港区委书记。	所谓"广东区党委秘书长"，根本没有这回事。至于香港市委常委，市委书记，周天行一天也没当过。我们调查了当时市委书记陈能兴和市委其他成员。他们都说，周天行不是市委的领导成员，周天行不属于市委这一系统。当时根本没有常委之称。对于海委书记，周天行说是梁广让他当的，而梁广说，不可能让他当海委书记，他没有做过海委工作。当时的海委书记冯燊说，我一直当海委书记，没有调离过。我不知道周天行做过海委工作，在香港，周天行不属于我这一系统。所谓"香港港委书记"根本是不存在的。至于什么"香港市委党""香港市党委""香港区委书记"都是周天行填写的一些莫明其妙的名堂。
1948.2-1948.7	新高鹤人民解放军纵队政委。（注：纵队相当于军级的建制）	此时，纵队政委是冯燊，而不是周天行。周天行是纵队领导下的第六支队的政委。
1949.11-1950.4	四县剿匪政治委员。	无中生有。
1952.12-1954.9	湛江市委第二书记。	周天行自己也不得不承认，这一职务，他一天也没有担任过。

注：周天行所伪造的职务，来源于周天行解放后历次填写的干部履历表、登记表、登记卡片之中。

从1935年到1954年这二十年中，周天行竟伪造了24个大大小小的假职务。小自区委干事，大到区党委（相当省委）书记，五花八门，无奇不有。他并且把参加革命时间假报为1935年，提前将近三年，冒充土地革命时期参加革命的干部。这些无可辩驳的事实，说明周天行一贯伪造历史，伪造职务，是政治扒手，是个人野心家，是地地道道的政治骗子。对此，周天行在铁的事实面前也不得不承认一些，并且狼狈地供认自己"私心杂念作怪""灵魂丑恶""个人主义""名位思想""愿意接受任何处分"等等。可以肯定，伪造和欺骗背后必定有它的政治背景，这是一定要追查清楚的。

打倒个人野心家周天行！

打倒政治骗子周天行！

打倒政治扒手周天行！

打倒顽固不化的走资派周天行！

1968 年 4 月

院革命委员会召开重要会议，研究下阶段清理阶级队伍运动部署

总结经验，发扬成绩，扩大战果，穷追到底

红旗通讯社记者

【红旗通讯社二十三日讯】四月十九日和二十一日，院革命委员会连续召开常委会和全体会议，对三周来的清理阶级队伍运动进行总结，以毛主席最新指示为指针，研究了下阶段作战部署，向阶级敌人发动持续的猛烈的进攻。会议学习了伟大领袖毛主席的最新指示：对派性要进行阶级分析。会议认为，在阶级社会中，没有什么抽象的、超阶级的派性，无产阶级同资产阶级，就是根本对立的两大派。对于无产阶级革命派的派性，即左派的革命性，无产阶级先锋队的党性，我们就是要坚持；对于保守派的派性，即右倾机会主义的派性，我们就是要反对！坚持无产阶级革命派的派性，即左派的革命性，就是要坚决地反对和击退右倾机会主义、右倾分裂主义和右倾保守主义的进攻，向阶级敌人猛烈开火，将无产阶级文化大革命进行到底。那种一切皆好的右倾观点，那种看不到阶级敌人、认敌为友、甚至向

敌人投降、帮阶级敌人出谋划策的人所坚持的，才是十足的保守派的派性，应予以坚决反对！

会议认为，必须狠抓毛主席最新指示的学习和落实，立即在全院开办毛泽东思想学习班，以阶级斗争和两条路线斗争为纲，总结工作，发扬成绩，克服缺点，克服右倾，把这场无产阶级反对资产阶级的政治大革命进行到底。右倾机会主义、右倾分裂主义、右倾保守主义、右倾投降主义，是一种修正主义思潮，是我们当前运动的主要危险。我们要在毛泽东思想学习班中，在全院上下，结合学校和各单位的具体问题，大反特反右倾机会主义，大讲特讲阶级和阶级斗争，谈表现，摆敌情，提高革命警惕性，把阶级斗争的空气搞得浓浓的，把阶级仇恨鼓得足足的。各级革委会和革命小组，各毛泽东思想学习班都要突出无产阶级政治，抓好毛泽东思想教育，用航院目前活生生的阶级斗争的现实教育大家，提高大家对于阶级、阶级斗争和无产阶级专政的觉悟水平，为我院清理阶级队伍和把我院无产阶级文化大革命进行到底，肃清思想障碍，打下牢固的思想基础。

院革命委员会委员集体听取了院周天行专案组的详细汇报，研究了下阶段运动部署。革委会常委还召开了群众性的调查会和讨论会，听取了各种不同观点的人的意见，对周天行问题进行了多次讨论。

院革命委员会一致认为，周天行在历史上一贯忠实执行王明、刘少奇右倾机会主义路线，对抗伟大领袖毛主席、反对毛泽东思想、反对毛主席的无产阶级革命路线，同反党分子、国民党反动派狼狈为奸，对党对人民犯下了滔天罪行，必须彻底清算，坚决打倒。周天行在航院忠实地代表了资产阶级的利益，创造性地贯彻一套彻头彻尾的反革命修正主义教育路线和修正主义建党路线，为资产阶级知识分子统治学校立下了汗马功劳。周天行在无产阶级文化大革命中忠实执行资产阶级反动路线，残酷镇压无产阶级革命派，并负隅顽抗。去年十月份以来，尤其猖狂地进行反革命翻案活动，他和航院另一个顽固不化的大叛徒，钻进革命队伍的小爬虫程九柯一起，操纵和蒙蔽一部分群众，挑动群众斗群众，分裂革命委员会，成为航院右倾分裂的总后台和发源地。现在，是彻底清算周天行滔天罪行的时候了！

　　会议认为，正如伟大领袖毛主席所教导的那样："无产阶级文化大革命，实质上是在社会主义条件下，无产阶级反对资产阶级和一切剥削阶级的政治大革命，是中国共产党及其领导下的广大革命人民群众和国民党反动派长期斗争的继续，是无产阶级和资产阶级阶级斗争的继续。"航院目前进行的清理阶级队伍的群众运动，正是一场无产阶级和资产阶级、社会主义和资本主义这样两个阶级、两条道路、两条路线的大搏斗。我们一定要一鼓作气、满腔仇恨地投入这场战斗，把以武光、周天行、王大昌、程九柯、张仲禹为首的一小撮叛徒、特务、死不悔改的走资派彻底揭深批透，斗倒斗臭，把他们打入十八层地狱，使之永世不得翻身！我们一定要揪出他们在航院的大大小小的爪牙和喽啰、国民党残渣余孽，彻底摧毁他们在航院的第二套班子、第三套班子……，不获全胜，绝不收兵！

　　革命委员会认为，在反对右倾机会主义、右倾分裂主义、右倾保守主义和清理阶级队伍的过程中，应该牢记毛主席"谁是我们的敌人？谁是我们的朋友？这个问题是革命的首要问题。""也是无产阶级文化大革命的首要问题"以及"政策和策略是党的生命"的教导，严格区别两类不同性质的矛盾，对敌人要"打得准，打得狠，打得稳"，对受蒙蔽的群众和干部要进行批评教育，坚持让群众"自己教育自己，自己解放自己，自己起来闹革命。"革命委员会号召，全院革命师生员工，全体红旗战士，共产党员要高举毛泽东思想伟大红旗，努力学习、热情宣传、忠实执行、勇敢捍卫毛主席的最新指示，大力办好毛泽东思想学习班，总结经验，发扬成绩，扩大战果，穷追到底，立即掀起一个反对右倾机会主义、右倾分裂主义、右倾保守主义和向阶级敌人猛烈进攻的新高潮，在阶级斗争的实践中搞好革命的大批判，把活学活用毛泽东思想的群众运动推向一个新阶段。

清理阶级队伍战报

第 4 号，1968 年 4 月 27 日共 4 版

院革委会召开全院革命师生员工大会

向航院的谭震林

——顽固不化的走资派周天行猛烈开炮

【红旗通讯社 24 日讯】昨天下午七时半在主楼前院革委会召开了全院革命师生员工大会，会上由井岗山同志代表院革委会对清理阶级队伍运动以来的情况进行了总结，并对下一步运动的深入开展做了安排。

主楼两侧，"打倒航院的谭震林——顽固不化的走资派周天行及其爪牙""反右倾、反分裂、反投降、反保皇、击退翻案风"一系《井冈山》兵团贴出的两幅醒目的大标语为大会增添了强烈的战斗气氛。

井岗山同志在讲话中指出："阶级斗争，一抓就灵，毛主席最新指示的发表及清理阶级队伍的开展打破了沉闷的空气，群众得到了发动，阶级斗争空气浓厚了，目前航院形势一片大好。"

毛主席最新指示及一系列关于阶级斗争的指示日益深入人心，雨后春笋般出现的一个个支左小分队以及我们的队伍在斗争中团结的加强，共同对敌；阶级敌人乱了阵脚，进行垂死挣扎，这些都是运动向深入发展的标志，航院形势大好的重要标志。

院革委会充分肯定和高度赞扬了支左小分队在清理阶级队伍中冲锋陷阵的作用，并表扬了 4233、392 等班级的支左小分队。

经过前一阶段轰轰烈烈的群众运动，揪出了一批叛徒、特务、汉奸、阶级异己分子、假党员、漏划右派、现行反革命分子，这是毛泽东思想的伟大胜利，是毛主席最新指示在我院的强大反响。院革委会

向全院广大革命师生公布了战果。并要求全院革命师生员工擦亮眼睛，提高阶级斗争觉悟，争取清理阶级队伍运动的彻底胜利。

院革委会宣布，下阶段的战斗任务是把顽固不化的走资派，航院右倾分裂、右倾翻案的黑后台，大野心家，反革命两面派周天行揪出来示众。"坚决打倒周天行！"全院革命师生听到了这一响亮的口号，痛快已极，大坏蛋，政治骗子周天行的被揪出是战无不胜的毛泽东思想的伟大胜利，是航院无产阶级革命派派性的胜利。

"办学习班，是个好办法，很多问题可以在学习班得到解决。"大力办好毛泽东思想学习班也是我院当前的重要任务。

院革委会指出下阶段任务是："全院革命的红旗战士，革命的共产党员及全院无产阶革命派要在革命原则基础上团结得更紧密，把矛头对准我们的敌人——黑武光，周天行，程九柯，王大昌，张仲禹之流，坚决反击右倾翻案，右倾分裂，右倾保守主义，通过斗争把士气鼓得更足，把战鼓擂得更响，争取清理阶级队伍的彻底胜利，切实办好毛泽东思想学习班，努力学习最新指示。"

最后大会在"打倒刘邓陶！""打倒黑武光！""打倒周天行！""打倒程九柯！""打倒王大昌、张仲禹！""坚决打倒右倾分裂主义，保守主义，投降主义！"的口号声中结束。

把日本狗汉奸杨秉宪拉出来示众

在轰轰烈烈的无产阶级文化大革命运动中，混在我们革命队伍中达十九年之久的日本汉奸杨秉宪，被揪出来了！这是伟大的毛泽东思想又一胜利！

毛主席教导我们："人民靠我们去组织。中国的反动分子，靠我们组织起人民去把他打倒。凡是反动的东西，你不打，他就不倒。这也和扫地一样，扫帚不到，灰尘照例不会自己跑掉。"

杨秉宪这个反动的家伙，你不打，他也照例不会自动退出历史舞台。在抗日战争的年代里（1942年），杨叛国投敌，在伪万安县政府内当了伪职员，很受日本人的赏识，是伪科中唯一的被"考取"的日本翻译，直至1945年日寇投降。在这期间犯下了累累罪行。

杨秉宪多次向伪《蒙疆新报》投稿，帮助日寇在文化、思想上奴役、毒害中国人民，通篇是卖国汉奸的语言，现摘录如下几句，以供大家批判：

说什么中日战争是"兄弟阋墙"、是"感情之偶然之不合"，完全抹杀了日本帝国主义要变中国为它的殖民地的实质。

说什么"大东亚战争早发生一日，我们东亚民族便可早享受一日幸福，东亚共荣圈便可早完成一日。"

说什么"日本出兵征战完全基于正义的。"

说什么"盟邦日本为解放我们东亚十万万人而征战，为谋我们东亚十万万人的幸福而征战。"

说什么"我们必须有一个感谢日本军的心情""要从我们心的深处去感谢才好！这样，方不辜负日本军为我们辛苦作战的良好美意。"

说什么"日本的胜利，也就是我们的胜利，日本不胜，我们也就算完了。"

杨秉宪对日寇"肝脑涂地"地写道："本来我写这篇文章的动机并不是为了一等二等的赏金，乃是尽我兴亚圣业的天职，因为我也是东亚共荣圈的一分子。"等等，诸如此类，不胜枚举。

杨秉宪汉奸卖国的肮脏灵魂已经完全暴露无遗了。但是，这个反动透顶的家伙，解放后隐瞒了他三年的罪恶历史和地主家庭出身，于1950年混入我们党内，在走资派的庇护下，他竟然屡屡被"提拔"、重用，先后窃取过学生会主席、系党总支宣委、601教研室副主任、系工会主席等要职。

撕下杨秉宪华丽的外衣，露出杨秉宪丑恶的面目，杨秉宪犯下的罪行一定要彻底清算，包庇杨秉宪的人绝没有好下场！

打倒日本汉奸杨秉宪！

揪出黑武光的爪牙！

三点好经验

红六系一专业的革命学生和革命教师结合起来，组成小分队，坚决反对右倾保守、右倾投降，揪出了混进党内、窃取要职的日本狗汉奸杨秉宪。这一仗打得稳、打得准、打得狠、打得漂亮！

红六系一专业，清理阶级队伍的初步经验有三条：

一、依靠革命的骨干力量，充分发动群众，深入调查研究，经常进行敌情我情的分析，分清敌友阶级阵线。

二、在摸清底子，了解情况后，选好突破口，确有把握地打好第一仗，召开了群众性的公审杨秉宪的大会，大长革命派志气大灭敌人的威风，教育了受蒙蔽群众。

三、用毛主席一系列最新指示为强大思想武器，结合揭露的现实阶级斗争的事实，进行反对右倾保守右倾投降主义的教育。

日本狗汉奸杨秉宪被揪出来了，好得很！好得很！它给刘邓反革命修正主义的建党路线和干部路线一个有力的打击，也给了程九柯、××等包庇过杨秉宪的家伙一记响亮的耳光！

院清理阶级队伍领导小组
关于加强保卫工作的决定

我院清理阶级队伍运动已全面开展起来了，并正向纵深发展，形势一片大好。在这个时候，我们要牢记伟大领袖毛主席关于"帝国主义和国内反动派绝不甘心于他们的失败，他们还要做最后的挣扎。"的伟大教导，必须加强保卫工作，防止阶级敌人的破坏捣乱和逃跑自杀。特此做如下决定：

1. 我们要念念不忘阶级斗争，念念不忘无产阶级专政，念念不忘突出政治，念念不忘高举毛泽东思想伟大红旗。保密工作要相信群众，依靠群众，放手发动群众对一小撮阶级敌人实行革命群众的专政。

2. 各部系（科室）清理阶级队伍领导小组要加强对保卫工作的领导，领导小组中要有专人负责保卫工作。

3. 各部系（科室）必须重视和加强对隔离审查对象的管理工作。每个专案对象必须有专人负责保卫工作，防止逃跑和自杀。

革命的红旗战士、革命的共产党员和全院一切革命同志，必须提高警惕，加强革命责任感，做好保卫工作。

一九六八年四月二十四日

首战告捷

在毛主席最新指示的鼓舞和指引下，我院清理阶级队伍的战役已经打开了突破口，激烈的战斗正在向纵深发展。我全体指战员以打近战、拼刺刀的战斗风格，在三周时间内取得了初战的胜利。现将首批战果（不完全统计）公布如下：

特务：胡兆丰（一系）等2人；

汉奸：杨秉宪（六系）、王鉴锁（校医院）等3人；

变节自首分子：周士炎（九系）、杜希甫（三系）等6人；

阶级异己分子：赵世诚（一系）、王俊奎（一系）等7人；

历史反革命：周乃卓（图书馆）、王裕齐（二系）等9人；

特嫌、假党员、漏划右派及其他坏分子18人；

现行反革命分子：白石、邓一俊（已捕）、秦钢、唐欣甫等5人；

武光黑爪牙：李振秋（七系）、唐邑（七系）、胡孝宣（三系）等11人；

共计已揪得大小牛鬼蛇神、乌龟王八61个。

北京航空学院革命委员会通告

　　现查明，程九柯是一个可耻的叛徒，是混进革命队伍中的小爬虫，犯有严重的反革命罪行。经全体委员会一致通过，决定撤销其革命委员会委员职务，交航院革命群众揭发批判，把他批深批透、斗倒斗臭，肃清他在航院的反革命流毒！

一九六八年四月廿一日

清理阶级队伍战报

第 5 号，1968 年 4 月 29 日共 4 版

毛主席语录

　　过去的剥削阶级完全陷落在劳动群众的汪洋大海中，他们不想变也得变。至死不变、刻意带着花岗岩头脑去见上帝的人，肯定有的，那也无关大局。

地球照常转动

　　【评论】最近，十天之内接连发生了四起事件：现行反革命分子白石畏罪跳楼事件，老反革命分子邹乃卓畏罪服药事件，反革命分子胡淑洪跳楼事件，以及黑爪牙程曰平畏罪跳楼事件。

　　几条小小的游鱼，翻不了什么浪，没有什么了不起。地球照样在转动，航院清理阶级队伍的革命浪潮依然汹涌澎湃、锐不可当地向前推进！

相反地，几只小小爬虫，又一次充当了我们的反面教员，活生生的反革命表演，深刻地教育了广大革命师生员工，航院绝非像某些先生们说的"队伍纯洁得很""风平浪静得很""一片和平景象"，而是正如我们伟大领袖毛主席最新指示深刻揭示的那样，无产阶级和资产阶级，共产党及其领导下的广大革命人民群众和国民党反动派的阶级斗争，激烈得很！尖锐得很！复杂得很！"越是接近全面胜利，两个阶级、两条道路两条路线的斗争，越是尖锐，越是激烈。"同志们，"千万不要忘记阶级斗争。"

几朵小小的浪花，惊醒了那些置身于世外桃源、自称为"看破红尘"而埋头业务的人们，棒喝着那些右倾保守、右倾投降的少数人，反面教员确实倒也立下了"头等功勋"！

毛主席说："替法西斯卖力，替剥削人民和压迫人民的人去死，就比鸿毛还轻"。反革命分子胡淑洪畏罪跳楼，轻如雀毛，摔死活该！

值得警惕的是，老奸巨猾的阶级敌人，往往采取"牺牲喽啰，保存头头"，"暗杀谋杀，灭口断线"的手法。广大革命师生员工务必百倍警惕，擦亮眼睛，识破阶级敌人种种诡计，绝不容阶级敌人的一切阴谋得逞。

"以死人压活人"，向革命派施加压力，这是当前阶级敌人的另一手反革命策略。没落、迂腐而又唯心的阶级敌人，自以为这么一来，就能叫我们无产阶级革命派手软，心善，对他们发慈悲，或者叫我们革命就此止步，至少也要带上温和的色彩。但是，我们用毛泽东思想武装的无产阶级革命派，铁石心肠钢铁志，横眉冷对千夫指。对敌人，我们从来没有什么屈膝投降、怜悯、手软的奴才脾气。

我们无产阶级革命派，革命的红旗战士，无论是过去、现在、还是将来，我们都一如既往地坚决贯彻毛主席制定的肃反政策。这几件事的发生，说明我们执行毛主席的政策坚决得很！正确得很！正因为这样，所以打乱了敌人的阵脚，触动了他们的中枢神经，击中了反革命集团的要害！敌人恐慌了，心虚了！自杀就是他们狗急跳墙的表现！

现在，居然有那么几个苍蝇背地里散布流言蜚语，嗡嗡叫，"你们逼死人"，"你们左倾"！这是哪个阶级的呻吟？这是站在哪种立场上的混账话？你们的屁股究竟坐到哪里去了？！一切革命同志，对这种右倾保守，右倾投降的论调应予以坚决痛斥！

毛主席教导我们："对待这个问题的态度，同对待一切'乱子'的态度一样，第一条，反对；第二条，不怕。"过去，我们坚持这种态度，今后，我们仍然坚持这种态度。

一系列事件，不仅表明敌人虚弱了，阵脚打乱了，最后一手破产了；而且证明我们工作很有成绩，我院清理阶级队伍的炉火真红。辛勤工作的专案人员，英勇战斗的小分队战士，全院广大革命师生员工，让我们在毛主席最新指示的光辉指引下，一如既往，下定决心，不怕牺牲，排除万难，以压倒一切敌人的英雄气概，泰山压顶般地向一小撮叛徒、特务、顽固不化的走资派及国民党残渣余孽杀过去，乘胜追击！

打倒黑武光！打倒周天行！

在广东工作时期周天行与黑武光的关系

刘天章连二排

物以类聚，人以群分。顽固不化的走资派周天行与大叛徒，大特务黑武光关系极为密切。早在广东工作时期，黑武光就重用和包庇周天行。土改时，周天行犯有严重的地方主义和右倾机会主义罪行，周天行就是一个漏网的地方主义分子，是一个右倾机会主义分子。1952年反地方主义时，黑武光对周天行不但不处理，反而十分欣赏，大加包庇，采取"走为上"的谋略，把周天行由开平县委书记调到湛江市委任宣传部长。当时，粤西区党委分为粤中区和粤西区。黑武光任粤西区党委第一书记，开平县是属于粤中区，而黑武光却把当时任开平县委第一书记的周天行拉到属于粤西区的湛江市，任宣传部长。这绝不是一般的工作关系。后来，黑武光利用职权，采用恶劣的手法，又迫不及待地把周天行提为湛江市委副书记。当时黑武光吹捧周天行，说他在地方干部中是优秀的。1954年周天行调到北航，黑武光起了重要作用，实际上，就是他搞来的。

为了证明这个时期，周天行和黑武光的关系，我们特摘录以下有关人的证明材料。

当时的湛江市委第一书记方华说"周天行1952年冬来湛江市委任宣传部长，53年8月我离开湛江市委时或稍后提升为副书记。我是1950年到1953年8月任温江市委第一书记。据我所知，1952年反了他的地方主义，他搞土改时用了一批地主分子，张云批评过他，他对张云也不满。"

"1952年，周天行调到湛江前，武光曾对我谈，说准备把周天行调到湛江市委任宣传部长，并说周天行过去当过开平县委书记，有能力，可以做些工作。1953年春，武光又找我谈，要我们考虑把周天行提为副书记，后来开会时，武某又问我，我当时表示不同意，他知识分子气味太浓，需要再锻炼锻炼。我走时或走后，才提为副书记。"

"武光1952年三反前到湛江。武光对周天行印象好。说周犯过一些错误，但有能力，能做些工作。""1952年冬，周天行调到湛江市委任宣传部长，53年提为副书记，主要是武光的主意。这是事实。"

当时的湛江市副市长何鸿景提供的材料中说："1952年反地方主义的时候，周天行是批判的重点。当时，我是区党委办公厅副主任兼秘书处处长。周天行是粤中地委委员兼青年团书记，在阴江、开平搞土改。他是地方主义被批判的重点，群众意见很大，周天行过不了关。武光在这次整队会上，包庇了周天行。批判后，没有对周天行的地方主义进行组织处理。周天行被武光保护下来了，粤西区党委搬去湛江，周天行由武光决定调往湛江市委任宣传部长。武光也对我讲：你去当副市长，调周天行去当市委宣传部长、常委。周作为地委委员到湛江当市委常委，宣传部长，既是调，也是提拔。但关键在于周天行刚犯了地方主义错误，就被武光调去湛江，这就是一个问题了。1953年，周天行到湛江不久，武光就将周天行提为副书记。"

"武光提拔了周天行，当时大家有些反映，认为应当提贾奎。武光说：如果外来干部和本地干部条件相同，应提拔本地干部。"

"武光去北航当院长，周天行去当党委书记的详细经过我不了解，但不是偶然的。武光对周天行特别器重。周天行当上航院的党委书记是靠武光的。当时调好多人到工业，连我也是调工业的，连我到那儿和职务我都知道了，分局不同意调，认为湛江的干部不能调。可偏偏让湛江唯一的副书记周天行调走了，而且正好调到北京给武光当助手，这绝不是巧合，而是武光对周天行的信任和重用。"

原湛江市委副书记，当时的组织部长贾奎说："周天行提为副书记时，张伯泉会给我做工作，怕提了周天行副书记我有意见，……武光要张伯泉给我做思想工作，正式决定下来前，张伯泉对我讲过。"

当时的粤西区委副书记刘田夫说："在湛江时期，武光认为，周天行在地方干部中是优秀的。周天行提为副书记时，他讲过这话，是在会上讲的。"

原北京市委大学部副部长，黑帮分子宋硕供认："武光对我说过大意如下的话：在粤西区党委下面有个湛江市委书记，叫周天行，这个人不错，比较能干，文化程度比较高，做学校工作比较合适。我跟那边谈好了，打算调他来做党的工作。所以，在我的印象中，周天行是武光带来的。"

航院当时的党委副书记潘良证实说："武光来航院以后，就对我们说过，他从那里带来一个干部，就是周天行。他特地要来，到航院工作。他准备叫周天行担任航院的党委书记。当时，我们认为是武光选调来的，也就表示同意了。"

我们从调查的大量材料中，仅摘录以上几段。从这里，就可以看出，周天行与黑武光绝不是一般的上下级工作关系。黑武光明明知道周天行大搞和平土改，大搞地方主义，自我发挥地推行右倾机会主义路线，犯有严重罪行，不但不加以处理，反而进行包庇，并把他拉到湛江市委当宣传部长。这是为什么？这说明，他们有共同的反革命立场，有共同的反动思想基础，说明它们是一丘之貉。

黑武光又把周天行从湛江市委宣传部长，提拔为市委书记，又从市委副书记弄到北航，并让他当上了院党委书记。这些事实，也说明周天行与黑武光的关系不寻常。真是，黑武光野心勃勃，周天行青云直上。

黑武光统治航院十年，周天行是他的忠实走卒和得力助手。并且，周天行就是黑武光在航院复辟资本主义的接班人。

事实证明，周天成为黑武光在航院第二套班子的头面人物，绝非偶然！

打倒黑武光！打倒周天仁！

1968 年 4 月

痛打"白狗子"

我院清理阶级队伍群众运动，在伟大领袖毛主席最新指示的指引下，正以泰山压顶之势锐不可当地向前推进，涤荡着一切污泥浊水，横扫着一切王八乌龟，以武光、周天行、王大昌、程九柯、张仲禹为首的一小撮叛徒、特务、顽固不化的走资派被广大革命师生员工杀得人仰马翻，屁滚尿流，汹涌澎湃的革命浪潮把他们淹得气息奄奄，日命危浅，一个个像热锅里的蚂蚁，吱吱直响，团团直转。真是痛快之极，其乐无穷！大长无产阶级革命派的志气，大灭阶级敌人的威风。

毛主席教导我们："过去的剥削阶级完全陷落在劳动群众的汪洋大海中，他们不想变也得变。至死不变、愿意带着花岗岩头脑去见上帝的人，肯定有的，那也无关大局。"

在航院清理阶级队伍群众运动的一片汪洋大海中，反革命跳楼小丑白石，这条小小的白狗子就是带着花岗岩头脑去见上帝中的一个。这狗东西还称不上"花岗岩"的脑袋，只不过是狗屎堆里的一块烂石头罢了。他装模作样，跳楼自杀，可惜没摔烂它狗头。

剥开这"跳楼小丑"白石的画皮，满肚皮臭水，臭不可闻，反革命罪行，十恶不赦。

小小的白狗子，哪里是什么"革命干部子弟"，原来是一个地地道道的不折不扣的大官僚大地主的狗崽子。运动初期，参加了臭名昭著的"保爹保妈"的"北航红卫兵"，当上了三系支队的小掌柜，死保旧院党委，死保工作组，拼命地保呀！保呀！耀武扬威，洋洋自得。没想到无产阶级文化大革命把他家祖宗八代、狐朋狗友冲了个稀里哗啦，把他的狗爹狗妈砸了个狗血淋头。

这条小小的白狗子，出于剥削阶级反革命的本性，大放厥词，大行反革命黑暗勾当，竟然把矛头指向我们心中最红最红的红太阳，恶毒地攻击我们的林副统帅，肆意咒骂无产阶级文化大革命的伟大旗手江青同志，简直反动透顶，罪该万死。

不仅如此，他还到处进行反革命串联，拼凑反革命阴谋集团，网罗了一批顽固不化的联动分子，纠集了一群臭味相投的狐朋狗友，挂着所谓"研究马列主义"原著的招牌，干着不可告人的反马列主义反毛泽东思想的阴谋活动。他们竭力为老牌的修正主义分子普列汉诺夫的亡魂呼号奔走，无耻地为大叛徒考茨基卖命翻案，肆无忌惮地为臭名远扬的"赫秃驴""刘少奇"鸣冤叫屈，真不愧为反革命修正主义宗族的孝子徒孙。"可悲"的是，反革命的祖宗传代，一代不如一代，小小的白狗子才刚刚一出头，就被广大革命师生员工用绳索套住了，被捆起来了。

毛主席教导我们："帝国主义和国内反动派绝不甘心于他们的失败，他们还要做最后的挣扎。"狗急是要跳墙的。吃人的疯狗不仅要跳墙，而且要咬人。现在，不仅这条白狗被我们拴住了，而且大大小小的白狗、黑狗、洋狗正在被我们一个一个地捆了起来。我们务必加倍警惕，丝毫不得松懈斗志，把这一群恶狗紧紧捆住，全力痛打之！

揪住《地下黑党委》的尾巴

在我们红色政权——革命委员会建立近一年时间中，阶级斗争是那样的激烈，那些曾经好像是一批单纯的文化人和明火执仗的革命党的家伙，都躲在阴沟里窥视着我们，一会儿呼风唤雨，推涛作浪，或策划于密室，或点火于基层，上下串联，八方呼应，唯恐天下之不乱。一会儿又躺下装死，抬出钻进红色政权的代表人物，坐在阶级斗争的盖子上，对无产阶级革命派开红灯，长期以来是那么有计划，有组织地打击革命小将，分裂红色政权和我们的战斗队——红旗战斗队，颠倒历史！更猖狂的是，他们到处打听红旗红鹰纵队的人员情况，企图反攻倒算，又何其毒也！这个谜一直压了好久，今天终于揭开了，这就是以周天行、程九柯、张仲禹为首《地下黑党委》所策划，所组织的。

《地下黑党委》是航院右倾翻案、右倾复辟、右倾分裂、右倾投降的总根子，是航院的地下黑司令部。红旗战友们，共产党员同志们，揪住《地下黑党委》已经露出的尾巴，全力把它从阴沟里拖出来！

"自杀"还是抗拒？

红武兵

我们伟大的领袖毛主席最近教导我们："无产阶级文化大革命，实质上是在社会主义条件下，无产阶级反对资产阶级和一切剥削阶级的政治大革命，是中国共产党及其领导下的广大革命人民群众和国民党反动派长期斗争的继续，是无产阶级和资产阶级阶级斗争的继续。"毛主席的最新指示最深刻地揭示了社会主义社会阶级斗争的实质，最精辟地阐明了文化大革命的伟大意义。毛主席的最新指示是何等及时，何等英明，何等伟大呀！毛主席的这一最新指示宣判了一小撮叛徒、特务、顽固不化的走资派的死刑，因此他们必定要进行垂死挣扎，猖狂反扑，以求生存，阶级斗争表现更加激烈了，当前发生的几起事件就是明证。3313班正在隔离审查的现行反革命分子白石在4月17日跳楼"自杀"，轰动一时。白石真的要自杀吗？否！他根本不想死，否则头朝下跳，保证把他的狗头摔得粉碎。实际上，他是用"自杀"来威胁我们，以"死"抗拒。

一波未平，一波又起，4月23日全院大会点了图书馆邹乃卓的名，当晚这个阶级异己分子便吞服过量安眠药"自杀。"他也没死，照样活着，在医院里睡得像一头猪一样，他和现行反革命分子白石一样都感到了末日的来临，而又不甘心退出历史舞台，他们在临近死亡时，仍然用"自杀"来向党和人民示威、挑衅反抗。但是，岂知无产阶级革命派和革命群众根本不吃这一套，他们这种所谓"自杀"的丑剧我们看得多了，不新鲜。我们要识破他们的阴谋诡计，坚决打退他们的各种反扑。

对待一小撮叛徒、特务、顽固不化的走资派，对一小撮阶级敌人，我们绝不施仁政，我们要坚定不移地对他们施无产阶级专政：我们绝不因为他们"服毒"跳楼摔断了腿而放松对他们的专政，我们绝不手软，我们将更加猛烈地向他们开火放炮，让他们终日不安宁。我们正告一小撮阶级敌人：你们各种形式的斗争我们都不怕，你们活着我们要专你们的政，你们跳楼服毒"自杀"未死我们也专你们的政，就是你们死了，我们也还是一样对你们专政！照样要把你们批臭，叫你们遗臭万年！

一切革命的同志们要牢牢记住，一切反动势力在他们行将灭亡的时候，总是要进行垂死挣扎的。我们要提高警惕，识破阶级敌人的阴谋，战而胜之。无产阶级专政万岁！

负隅顽抗，死路一条！

反革命分子邹乃卓，这个同我们较量了几十年的罪恶累累的刽子手，为了对抗革命群众对他的审判，竟妄想服毒自杀（未遂）。

当革命同志审问他为什么要自杀时，他态度极不老实，时而装糊涂，时而耍赖皮。他说他之所以自杀，是因为革命群众"逼他"，他"受不了这个罪。"

请看,这条疯狗竟敢反咬一口,控诉起革命群众来了。血口喷人,罪加一等!

狗急是要跳墙的。强大的无产阶级专政,清理阶级队伍的广泛深入的群众运动,使得阶级敌人陷入了汪洋大海中,出于反动的阶级本性,他们必然要做垂死挣扎。自杀,就是他们对抗无产阶级专政的最后一着。

但是,我们的敌人是没落的腐朽的反动派,他们的思想方法是唯心主义的。他们是一批蠢驴。自杀,损伤不了无产阶级专政的一根毫毛,反而暴露了他们自己,说明了不但他们心中有鬼,而且他们自己就是一群魔鬼。对他们来说,这是罪上加罪,罪该万死。

老实交代是可以的。负隅顽抗,只有死路一条。无产阶级对于负隅顽抗的敌人,是绝不宽容的!无产阶级专政足以把一小撮敌人压得粉身碎骨!

狗特务邹乃卓竟敢行凶打人

国民党军法处上校审讯科长狗特务邹乃卓是用假自杀向革命群众猖狂进攻的。四月二十二日邹乃卓服了五片安眠药,(平时正常就服2片),却睡了整整两天两夜,这不是名副其实的"装死躺下"是什么?医生诊断他早该醒了。四月二十二日上午专案组×××同志去看时,发现他脉搏平稳,呼吸均匀,翻开他的眼皮,他根本没有昏睡过去,而把一双狗眼恶狠狠地盯着×××同志,恨不得一口吃了下去。×××同志当场训斥这个狗特务,一把把他拉了起来,这个狗特务怀着刻骨仇恨,竟对×××同志狠打一掌。一个国民党狗特务竟敢打我们专案人员,这是一个严重的反革命政治事件,也是反革命分子垂死挣扎的表现。事后,邹又污蔑说"是你们逼迫我自杀的。"这个由大战犯宋希濂亲自任命的狗特务,在群众运动面前眼看滑不过去了,狗急跳墙,竟敢行凶打我们的专案人员,污蔑我革命群众,罪该千刀万剐。

清理阶级队伍战报

第 6 号，1968 年 5 月 7 日 共 4 版

毛主席语录

　　学生也是这样，以学为主，兼学别样，即不但学文，也要学工、学农、学军，也要批判资产阶级。学制要缩短，教育要革命，资产阶级知识分子统治我们学校的现象，再也不能继续下去了。

发扬延安的彻底革命精神

观察员

　　延安精神最可贵的一点，就是彻底革命。当前，我院清理阶级队伍运动需要大大发扬延安的彻底革命精种。

　　无产阶级的彻底革命精神，表现在对敌斗争中毫不妥协、毫不动摇的革命英雄主义，以革命的韧劲，锲而不舍，"扎硬寨，打死仗"，将革命进行到底。无产阶级坚定彻底的革命性根本区别于小资产阶级不坚定不彻底的革命性。

　　我们队伍中，目前蔓延着一些不健康的灰色的思想情绪和精种状态。有些人消极颓废，失去了勃勃的革命朝气，甘当逍遥派，整日"踏青寻胜，游山玩水。"前些时，我们在一个教室黑板上发现一首诗，诗云："才吃早上饭，又吃中午菜，晚上又吃窝窝头，明天再重复。不管风吹浪打，反正上床睡觉，天天都宽余，子在床上曰：睡觉最舒服。"同志们，这首诗所反映的思想与无产阶级革命精神有什么共同之处？！如果真用这首诗来作为生活的座右铭，那将会把我们和革命事业引向何方？！

　　也有一些人在阶级斗争战场上，被反动势力的貌似强大吓破了

胆，看不到文化大革命的大好形势，看不到我们将要夺取全面胜利的实质，甚至自觉地向敌人实行右倾投降，鼓吹什么"凡是反动的东西，你不倒、我就不打"的谬论，这是严重损害革命事业的可耻行为。

上述情况仅是我院大好革命形势中的一个支流，但是它们在努力扩大市场，结果，只会使我们的队伍从思想上被粉碎，只会使资产阶级分子放肆起来，革命就会半途而废。所以必须坚决扫荡！

从前一阶段战役的发展已经可以十分清楚地看出：凡是右倾思想严重的领导者所在的单位，战果就小，收效就微；而凡是认真开展反右倾斗争的单位，战果就大，阶级敌人就一个一个被揪了出来。我们号召，在清理阶级队伍的同时，必须把反对右倾分裂主义、右倾投降主义、右倾机会主义的斗争坚决进行彻底！

现在，我院某些单位出现了一些值得注意的怪现象，风风雨雨地说什么"教工红旗是坏人的集合"呀，"造反派队伍糟糕"呀等等。诬蔑和否定无产阶级革命派的队伍，这就是某些先生为资产阶级反动路线翻案的拙劣手法之一，5月3日人民日报社论中恰好不迟不早地为这些先生们提了一笔。革命派队伍中混入了个别坏人，并没有什么值得大惊小怪的，这正是阶级斗争的必然反映。有敌人，就要清除，我们自己把它端出来，借此为资产阶级反动路线招魂翻案是绝对不容许的。

必须指出，在个别单位，如××实验室，竟然至今死水一潭，纹丝不动，"没有情况。"但是，这种情况本身不就是大有情况的表征吗？据我们所知，那里情况恰恰是严重得很！这里我们要向他们猛轰一炮，希望那些单位的革命派和革命同志冲破一切阻力，雷厉风行地把对敌斗争的熊熊烈火燃烧起来。至于有人不但自己不揭发阶级斗争盖子，还坐在盖子上不让别人揭，那么，他最后的结局将是十分不美妙的。

航院清理阶级队伍的战役发展至今可以一言以蔽之：形势大好，战果辉煌，斗争激烈，前途光明。一小撮阶级敌人曾经用过造谣、跳楼等卑鄙手段来对付我们、威胁我们，但是阻止不了革命车轮的前进。

在毛主席最新伟大指示的推动下，这一小撮反革命爬虫被碾得粉身碎骨！什么"地下黑党委""经风雨""紧跟紧追"，统统不在话下，那些逆历史潮流而动的分子，一个也逃不脱革命的严厉审判。

毛主席在光辉的五·七指示中教导我们"要批判资产阶级"，革命的红旗战士，革命的共产党员，革命的同志们，让我们乘胜前进，把革命的大批判与清理阶级队伍紧紧结合起来，一鼓作气，向阶级敌人穷追猛打，迎接更艰巨的战斗，迎接更伟大的胜利！

延安的彻底革命精神万岁！

最高指示

什么人站在革命人民方面，他就是革命派，什么人站在帝国主义封建主义官僚资本主义方面，他就是反革命派。

周天行是阳江反党集团的黑后台

刘天章连二排

阳江反党集团是怎么回事？

1942年在广东省阳江县地下党内发生了一个严重的反党事件。这就是广东全省著名的阳江事件。事情是由混入党内的阶级敌人挑起的。以地主分子林元熙为首的披着共产党员外衣的一小撮阶级异己分子，出于他们的反革命立场，利用当时阳江县党的领导工作中出现的一些缺点错误，煽动一部分党员的不满情绪，扬言要把粤中特委派来的特派员、阳江党负责人张靖宇赶走。这些家伙利令智昏，最后竟发展到片面召集一部分党员的秘密会议，推翻原来党的领导机关，不执行党的决议，不交纳党费，并非法选举了"第二县委。"（见陈奇略、林良荣材料）。

阳江事件的反党性质是显而易见的。解放后在土改整队中曾对这一事件进行过清算，并对有关人员进行了严肃的组织处理。

阳江土改整队负责人之一贾和林提供过"在阳江土改整队中，林良荣、周文奏被开除党籍，其中有一条就是解放前地下党时组织第二县委反党集团。"

代表上级领导阳江土改整队的张云提供："在阳江土改整队中，整掉了一批丧失立场或有历史问题的县区新干部，其中林良荣就是由于立场问题、贪污腐化和组织第二县委反党集团而被整掉，关于因第二县委而被整掉的不只林良荣。"

阳江第二县委的参加者周文奏供认："1952年土改整队第四次干部扩大会议翻出了这个案件，在会上流传着阳江地下党员组成第二县委的舆论，并在口头上定为反党性质。"

根据我们的调查，凡参与过阳江第二县委活动的人在解放后都先后受到了党纪处分（死者和解放前早已叛变者除外）。现将和第二县委有关人员简介如下：

林元熙：反党集团的头子，第二县委书记，地主分子。这家伙在政治上鼓吹抗日民族统一战线要由国民党领导，反对党员到农村去，为被开除党籍的托派嫌疑分子、国民党忠实走卒、叛徒袁东白、谭保赤翻案。1945年在焦山战斗中失踪。（见刘田夫、张靖宇材料）。

曾国堂：反党集团骨干，第二县委委员。家庭出身高利贷者。崇拜国民党县党部书记谢天普。在国民党高压下动摇，原是党的游离分子。1952年被开除党籍，逮捕法办。阳江事件是其主要罪状之一。（见曾国堂、张靖宇、林良荣材料）

程浩光：反党集团骨干，第二县委委员。抗战胜利后被捕投敌叛变。（见林良荣材料）

周文奏：曾参与第二县委的选举。1951年被开除党籍。（见周文奏、许航材料）

林良荣：曾参与第二县委的活动。1951年被开除党籍。（见林良荣、贾柏林材料）

林昌鉴：曾参与第二县委的选举。解放前被捕自首。（见许航、梁文坚、林良荣材料）

对于这一明显的反党事件，周天行自己最近也不得不承认是"地主分子篡夺党的领导权""林元熙本人至少是个政治野心家。"

周天行支持反党集团

阳江事件发生以后，引起粤中特委乃至省委的极大注意。特委初步定为托派打入党内，省委把阳江划为危险区，因此省委和特委决定解散阳江党组织，特委派原任恩平县委书记周天行去处理阳江事件。（见罗范群、刘田夫、梁嘉材料）

但是周天行这个老机会主义者，却完全辜负了党的希望，他完全站在反党集团一边，颠倒是非，混淆黑白，支持反党集团继续为非作歹，成为反党集团的黑后台。请看：

他一去就住在反党头子、地主分子林元熙家里。住在反党头子家里处理反党集团，岂非咄咄怪事？（见林良荣材料及周天行交代）

他经过"调查"后胡说什么搞第二县委"在当时情况下无可非议"，认为"不是反党集团""这个事件不是托派打进来的，是党内斗争，主要责任在张靖宇，在领导。""阳江事件双方都是好的，机器不能转动是因为油泥。"（见刘田夫、梁嘉、陈奇略、张靖宇、周文奏材料）

周天行不仅在政治上对阳江事件做出了完全颠倒是非的结论，而且在组织上做出了混淆黑白的处理。反党集团攻击的靶子、粤中特委特派员、阳江党组织负责人张靖宇被撤职，说是他犯了"经验主义"。而反党的集团头子，对地主分子林元熙却只给了警告处分。周天行对林元熙的反党罪行不仅不予以谴责，反而加以鼓励。他胡说"林元熙是个好青年，敢说敢干"，只是斗争方法有问题，"应该采取党内斗争，不应该孤立打击"，有些"自由主义""个人英雄主义"，因此给予警告处分。周还把他继续留在阳江县委工作，后来（1943年）又把他送到部队担任连指导员。（见刘田夫、陈奇略、廖丝理、梁文坚材料）

第二县委委员曾国堂供认："42年在阳江，我被选为临时县委委员，头是林元熙，对张靖宇有些意见，上级派周天行来处理，结论是，我们是正确的，但后来也作为我反党的罪行之一。"

曾参与第二县委活动、阳江党组织原负责人之一林良荣供认："周天行来后对第二县委是承认的。""他来后对第二县委的人是比较依靠的。""周天行依靠的主要人员是：林元熙、曾传谈、陈奇略、陈国璋、程浩光。"

相反，周天行对原阳江党组织负责人则采取排斥、打击态度。他除了拔掉张靖宇以外，把阳江党组织另外两个委员许式邦、林良荣（尽管林也参与过第二县委活动，周天行亦不"饶恕"）也赶下台，而且把他们甩掉，使他们和组织断绝联系。甚至和原组织关系较密切的农村贫下中农党员也被甩掉。（见林良荣、许航材料）周天行支持反党集团颠覆了原来阳江党组织，使非法的第二县委合法化。反党集团本来做不到的在周天行的支持下做到了。

和国民党反动派斗争的继续

毛主席教导我们："无产阶级文化大革命，实质上是在社会主义条件下，无产阶级反对资产阶级和一切剥削阶级的政治大革命，是中国共产党及其领导下的广大革命人民群众和国民党反动派长期斗争的继续，是无产阶级和资产阶级阶级斗争的继续。"

阳江第二县委反党集团及其后台周天行实际上是国民党反动派在共产党内的代理人。第二县委的头头们提出抗日民族统一战线要由国民党领导，对抗毛主席和党中央。他们把党员从农村拉回县城到国民党伪国民日报办副刊，为国民党装潢门面。他们反对特委关于双重党籍（即同时是国民党员又是共产党员）党员的管理办法。他们实际上是假共产党员、真国民党员。他们开始在阳江县建党的时候，就是拿着国民党省党部的介绍信在阳江县党部的支持下搞起了"青年群社"（国民党外围组织）然后在此基础上发展共产党员。他们搞的县委会就住在国民党县党部。粤中特委派张靖宇到阳江主要就是整顿两党不分的问题。积极为国民党县党部发展三青团员效劳的双重党籍党员袁东日、谭保赤被特委开除了党籍，而第二县委的头头林元熙却跳出来为他们翻案。因此，阳江反党事件实际上是混入党内的国

民党别动队对党的报复。（见张靖宇、罗范群材料）

周天行和第二县委反党集团完全是一丘之貉，他们在政治上是完全一致的。他在阳江工作期间的依靠对象除了第二县委的骨干林元熙、曾传谈（国堂）、程浩光以外就是陈奇略、陈华、陈萼、陈国璋，请看他们都是一些什么人。

陈奇略——地主出身。其父是国民党省党部委员。1939年不听党的劝告私自脱党跑到国民党游击队任指导员。他是周天行处理阳江事件的助手。（见陈奇略、张靖宇材料）

陈华——地主出身。曾任国民党区市、民政科长。周天行批准他加入国民党。解放后被定为历史反革命。周天行曾在他家住，并搭吃，依靠他做统战工作。（见陈华材料）

陈萼——地主出身。陈华的弟弟。党的游离动摇分子。1939年私自脱党到国民党游击队任指导员。周天行批准他加入国民党，曾任区分部委员、县党部助理干事，国民党对他的评价是"对党颇有认识。"他为国民党做事比为共产党做事多。解放后被开除党籍。周依靠他做统战工作。（见陈萼、陈奇略材料）

陈国璋——地主出身。周依靠他联系其他党员。（见林良荣、梁文坚材料）

由此，可以清楚地看出，周天行的依靠对象有三个特点：一是第二县委分子，二是剥削家庭出身，三是和国民党有联系。周天行想把阳江党组织办成一个什么性质的党不是昭然若揭了吗？

这还不算，周天行在三年间还几乎把整个阳江党组织给断送掉。他送了一批党员到部队，而这些人绝大部分当了逃兵，他又甩掉一大批没有和第二县委完全站在一起的一批党员和农村贫下中农党员，到1945年春移交给司徒卓手中只有十名党员，他们大多数是剥削家庭出身，其中还有二流子、天主教徒、国民党员、三青团员。这哪里还有什么党的战斗力？！周天行把一个本来拥有近百名党员的党组织破坏成这个样子，这是对党犯下的一笔滔天罪行。（见司徒卓、林良荣材料）

阳江县是国民党的反动巢穴，县长是蒋介石"行营侍从秘书"，疯狂迫害共产党，托派活动也很猖狂。为什么周天行到阳江后变得"风平浪静"？

国民党中央委员高信到阳江活动时掌握了我地下党员的名单，周天行布置党员向农村撤退。为什么一个多月以后都回到县城又变得安然无恙？

在国民党特务机关工作的和周天行单线联系的地下党员林明通叛变投敌，后来还当了国民党县党部书记长（这个坏蛋现在台湾）。为什么周天行安然无恙？

国民党员谭保英猖狂进行反共活动，是托派嫌疑分子。周天行为什么要把他送到我游击部队？

……

这一切的一切说明什么？其中有何奥妙？

我们今天清算周天行在阳江事件中犯下的滔天罪行，正如我们伟大领袖毛主席所说，实际是"和国民党反动派斗争的继续。"

打倒阳江反党集团黑后台周天行！

向北京体育学院战友学习

突出政治 狠抓革命大批判

敢字当头 头头亲临第一线

本报记者

四月二十六日，我们向北京体育学院战友学习清理阶级队伍的先进经验。

体院自三月十八日中央首长讲话后，便开始了轰轰烈烈的清理阶级队伍的群众运动。首先，他们狠抓了形势教育，深入地分析了阶级斗争的新动向，新特点，大摆社会上尤其是院内各部系右倾翻案的情况，教育了广大革命师生员工，把阶级斗争的弦绷得紧紧的，把清理阶级队伍的战鼓擂得咚咚响。四十余天来，取得了初步的辉煌胜利。

他们清理阶级队伍的主要经验有两点：

其一，突出无产阶级政治，狠抓革命的大批判。他们谈到，毛主席最近发表的一系列最新指示和党中央"三反一粉碎"的伟大号召是清理阶级队伍最强劲的东风，是将无产阶级文化大革命进行到底的指路明灯。我们必须乘东风破浪前进。有人把清理阶级队伍和反右倾分割开来，或者借清理阶级队伍而忽视反右倾斗争，都是错误的。实际上，两者是一致的，清理阶级队伍本身就是彻底粉碎阶级敌人的一切翻案妖风的伟大政治斗争和组织保证，而只有反对右倾保守主义、右倾机会主义、右倾投降主义才能真正把清理阶级队伍的群众运动进行到底，并得到坚实巩固。因此，清理阶级队伍必须特别注意阶级敌人的现行翻案活动，不断研究他们的反革命舆论和反革命策略，及时识破他们一切的卑鄙阴谋诡计和反革命两面派的活动，深入开展广泛的群众性的革命大批判，把党内一小撮叛徒、特务、顽固不化的走资派和国民党残渣余孽批倒、斗臭，叫他们永世不得翻身！

二，革委会头头敢字当头，亲临第一线，放手发动群众，积极引导群众。

他们谈到，要充分相信群众，群众是真正的英雄，谁个劣，谁个稍次，谁个最劣，群众看得最清楚的，因此，头头不是先划框框、定调调，而是充分调动广大群众的积极性，发挥群众无穷的智慧。

群众发动起来了，头头应积极引导。原来大家偏重于搞历史问题，领导发现后，便引导大家狠抓现行活动，注意阶级敌人的动向，他们现在在干什么？放什么风？造什么舆论？搞什么串联等等。例如，原来两派闹得最厉害的运动系，揪出了挑拨革命小将关系搞反革命分裂活动，并给"东方红"（原保守组织）出谋划策的，以出身好、老党员，老造反派出面的黑干部吕文，累累罪恶，两面三刀，深深教育了全院广大群众，并进一步激发了革命师生对阶级敌人的仇恨，掀起了清理阶级队伍的更大高潮。

革委会的头头们，不是高高在上听取汇报，而是站在斗争的第一线，和阶级敌人做面对面的殊死搏斗。哪个地方的群众还没有起来，他们就亲自上那儿去点火；哪个系力量单薄，就亲自带着人马去支援，阶级敌人活动最猖狂的地方，就是头头们指挥和战斗的岗位。他们确实做到了毛主席教导的那样："具体地直接地从若干组织将所号召的工作深入实施，突破一点，取得经验。"

他们还谈道，对敌斗争要稳、准、狠，摸准一个反革命集团，揪住不放选好突破口，集中火力，猛攻猛打，连轴转，一连串机关炮叫他永世不得翻身。拿下一个堡垒缴获一些俘虏，专案人员果断速决，定其案，转战其他方向，开辟新的战场，绝不要被敌人的连绵之麻缠住了我们的手脚，阻碍着我们前进。

清理阶级队伍战报

第 7 号，1968 年 5 月 9 日共 10 版

毛主席语录

无产阶级文化大革命，实质上是在社会主义条件下，无产阶级反对资产阶级和一切剥削阶级的政治大革命，是中国共产党及其领导下的广大革命人民群众和国民党反动派长期斗争的继续，是无产阶级和资产阶级阶级斗争的继续。

必须高举革命大批判的旗帜

【社论】突出无产阶级政治，高举革命大批判的旗帜，反对单纯军事观点的倾向

航院的谭震林，死不悔改的走资派周天行终于在航院革命师生员工面前垮了台。周天行的反革命历史被群众一层层地剥露，周天行的死不悔改的走资派的嘴脸正在被群众彻底揭发出来。当然周天行还是要反扑的，航院的右倾翻案幽灵还在暗暗游荡，我们在斗争胜利的道路上，千万不能忘记历史上落水狗跳上岸来咬人的教训。

　　毛泽东思想告诉我们，无产阶级专政下革命的最危险的敌人，革命的主要对象，是那些混进党内的走资本主义道路的当权派。这也就是说，在无产阶级专政条件下，我们要继续革命，就首先要摸透革命的主要对象的"脾气"。知道了敌人的"脾气"，摸准了敌人的"性格"，才能打败敌人，这就是军事上的"知己知彼，百战百胜"。感谢周天行，是他给我们做了一个混进党内的走资派"标准件"的反面教材，解剖这个"标准件"，对我们进一步认识什么是走资派，帮助我们解决在无产阶级专政下认识革命的主要对象这个首要问题大有好处。这里，最重要的工作就是对周天行之流进行革命的大批判。

　　航院运动的多次反复，右倾保守思潮的几次泛滥，给我们最深刻的教训，就是放松了对阶级敌人的进攻，放松了对航院"一小撮"的革命大批判。

　　无产阶级文化大革命的最根本的目的，就是挖掉修正主义根子，实现人们的思想革命化，对敌人展开大批判，即是关键的环节！

　　革命的大批判是如此重要，而当前航院的运动，局部出现了单纯军事观点的倾向，其表现在，对发动群众展开革命大批判注意不够，而是单纯抛历史材料，把材料一抛，×××打倒，往一边一扔完事，而没有进一步作认真的分析批判，上到批判党内最大一小撮走资派的纲上。客观上这是帮助敌人和我们作斗争的错误倾向，必须迅速纠正！

　　毛主席在"五·七"指示中号召我们；要批判资产阶级。让我们把批判资产阶级的大旗高高地举起来，把周天行批他个入地十八层，叫最大走资派刘少奇安插在航院的"一小撮"遗臭万年，永世不得翻身！

我院数千人隆重集会热烈庆祝毛主席

光辉的"五·七"指示发表两周年

彻底结束资产阶级知识分子统治我们学校的现象

【红旗通讯社七日讯】鼓角震天宇，红旗染长空。在全国无产阶级文化大革命一片大好形势下，我院数千名革命师生员工隆重集会，热烈庆祝毛主席光辉的具有伟大历史意义和战略意义的"五·七"指示发表两周年。

这个大会，是一个战斗的庆祝大会。会上，广大革命的红旗战士和革命师生员工群情激昂、义愤填膺，愤怒批斗了旧航院以武光、周天行、王大昌、程九柯、张仲禹为首的一小撮叛徒、特务、顽固不化走资派、地富反坏右和国民党残渣余孽七十余人。

人民大众开心之日，便是反革命分子受难之时。这个大会开得好，大长了无产阶级革命派的志气，大灭了资产阶级威风。

"宜将剩勇穷追寇，不可沽名学霸王。"今天的胜利，仅仅是清理阶级队伍群众运动的"首战平型关大捷"，高潮还在后头。我们号召全院革命同志再接再厉，扩大战果，发展大好形势，乘胜前进。在毛主席"五·七"指示的光辉指引下，掀起一场广泛的群众性的对资产阶级大批判的猛烈风暴！

"五·七"大会揪斗名单

武光、周天行、王大昌、程九柯、张仲禹、陆文、杨振忠、胡孝宣：航院资产阶级黑司令部的头面人物，另立详细专案材料。

一系

胡兆丰：一〇三教研室讲师。解放前即积极参与国民党反动当局组织的反共反人民的罪恶活动，17岁开始写反动文章攻击我们伟大领袖毛主席，并与大汉奸、狗特务保持密切联系。胡有两个干爸爸：一为日伪汉奸，一为国民党军统特务，一个干妈是开妓院的。胡的父亲是资产阶级，且与反革命分子有勾结。大姐是三青团分队长，二姐是三青团分团组织指导（职位比三青团区队长还高），与蒋匪勾结，解放后定为反革命分子。解放后胡反动本性不改，于1949年8月在上海参加国民党军统组织的地下特务组织"民主共和党"，代号D、R、P，长期偷听敌台广播，一贯坚持反动立场，对党的方针政策不满，反对总路线，恶毒攻击和咒骂我们伟大领袖毛主席。文化大革命期间，企图逃往外国大使馆，狗特务本性昭然可见。

王俊奎：二研，教授，前院黑党委包庇下来的混入党内的阶级异己分子。1929年以来，积极参与国民党反共反人民的罪恶勾当，破坏学生运动。王与反动军阀阎锡山有密切联系，写信给卖国贼蒋介石，干尽坏事。解放后反动本性不改，有严重剥削行为，长期与毛主席的教育革命路线相对抗，恶毒咒骂我们伟大领袖毛主席，并公开抗拒文化大革命，是个典型的资产阶级反动学术权威。

李寿同：材力教研室，教授，家庭出身地主。1934年在法国加入反动组织"复兴社"，活动积极。1936年李在意大利发展25人，公费留意，并加入"复兴社。"1945年李在伪空军机校加入国民党，任中校教官。解放前夕与双料特务（军统、中统）缪磊雷合办春笙工学院，以办学为名，窝藏特务、伪军官和浮财，后又与军统大特务头子康泽的弟弟、国民党大党阀大军阀康代光合伙买房、开茶馆、办旅馆，干了大量反革命罪恶勾当。李长期隐瞒其反动历史，拒不交代，自58年以来，在家装病，不干工作。李流氓成性，是个老反革命分子和老流氓。

陆志芳：一研，家庭出身资产阶级。57年反右斗争时陆从工作单位科学院跑回航院吹黑风、点鬼火，鼓动在肃反时受批判的李××

向党进攻。陆并写大字报、散布大量反动言论,猖狂向党进攻,双反时受到重点批判,为漏划的资产阶级右派分子。陆品质恶劣、流氓成性,65年下乡四清时,乱搞男女关系,被工作团责令停职反省,在这期间两次逃跑,受工作团党委开除队籍处分,回校后受记大过处分。陆从66年底开始即死保我院顽固不化走资派周天行,为周鸣冤叫屈,大刮反革命右倾翻案妖风,是周天行的马前卒、小走狗,我院地下黑党委的得力黑爪牙,反革命小臭虫。

张桂联:一〇三教研室,民盟盟员、组长,家庭出身地主。张历史反动,1941年加入伪空军后,即加入国民党,得伪空军一级光华奖章,为国民党所重用,罪行滔天。张是黑武光包庇下来的漏网大右派,是一〇三几个右派分子的总后台,反右斗争期间散布了大量反党言论,疯狂攻击党、攻击社会主义。张与D、R、P特务胡兆丰关系十分密切,攻击三面红旗,恶毒咒骂我们伟大领袖毛主席。张反动本性不变,疯狂抵制文化大革命,极端仇视以毛主席为首的无产阶级司令部,恶毒谩骂我们敬爱的江青同志。张是一个地地道道的现行和历史反革命分子。

赵世诚:一〇三教研室、教授,地主分子,国民党员,伪空军上尉军官,由于走资派康庆生的包庇安插为系副主任。赵一贯坚持反动立场,有严重的剥削行为,现抄出有催租信、收租账本。

康庆生:旧一系党总支书记,党内走资派,是黑武光、周天行、程九柯安插在旧一系的黑霸王,地下黑党委进行右倾翻案的黑干将。康长期隐瞒自己及家庭的反革命历史,情节极为严重,至今态度恶劣。

徐华舫:可耻的叛徒。四二年投靠了国民党,叛变革命,至今仍负隅顽抗,拒不交代,串通其老婆(日本特务),干着不可告人的反革命勾当。

二 系

林士谔:反动学术"权威"。出身官僚地主家庭。受国民党免费派往美国留学,归国后加入国民党,任校级伪空军军官,伪航空仪表厂副厂长。46年林到厦门大学任教授，和美国间谍牧师麦林伯关系密切，组织反动基督教组织青年公社，破坏学生运动。解放后林对社会主义制度极为不满，宣扬美国和苏修的生活方式。在他控制的201和四研大力推行修正主义教育黑线，毒害青年，为复辟资本主义培养"人才"。在反右斗争中有大量右派言论，是一个漏划大右派。大跃进中反对三面红旗，鼓吹"三和一少""三自一包。"文化大革命中，林将长期保存的国民党金质奖章、反动日记、变天账扔到湖里，转移、销毁，被红卫兵抓住。

王裕齐：双手沾满人民鲜血的历史反革命分子，反动学术"权威"。王由特务头子介绍加入国民党，在军械学校做教官组长。1941年被大卖国贼蒋介石召见任赴美军官领队。1943年任伪航空研究院少校军械组长、伪空军总司令部中校军械处长、参加国民党空军总司令部召开的作战会议，负责调拨凝固汽油弹、毒汽弹到各战场去杀害我方军民，犯下了滔天罪行。

文化大革命期间，对红卫兵抄家怀恨在心，竟然狗胆包天地把他的国民党军官照片放在伟大领袖毛主席的像背后，真是反动透顶！

王祖成：右派分子，出身恶霸地主。五七年被划为右派，态度十分恶劣。文化大革命中又有现行行为。

三 系

马铁犹：三〇二教研室，讲师，地主兼工商业出身。马为现行反革命分子朱东的老师，供给反革命分子朱东以活动经费，是反动组织"工农之声"发表的大毒草"反修十年"的主笔，现行反革命分子。

崔济亚：三〇二教研室，教授，地主出身。57年整风时猖狂地向党进攻，是被武光、程九柯包庇下来的漏网大右派。崔站在反动立场上，一直包庇其历史反革命前妻。

秦刚：三〇五教研室助教，老机会主义分子博古的儿子。是个十足的现行反革命分子，反革命修正主义分子。秦一贯站在反动的资产阶级立场上，攻击三面红旗，攻击伟大领袖毛主席，攻击毛泽东思想，攻击林副主席，胡说什么："赫鲁晓夫不一定就是修正主义，毛主席也不一定就是马列主义,到底谁是马列主义,现在无法作结论。"真是反动透顶。在史无前例的无产阶级文化大革命中,秦的反动本性不变,公然跳出来,疯狂攻击伟大的无产阶级文化大革命为"这是第三次左倾的重复"。他还恶毒攻击中央文革,攻击江青同志,与反革命分子白石大搞串联,联系密切,干反革命勾当。秦是一个道道地地的现行反革命分子。

宁揌:三研,教授,资产阶级反动学术权威。宁恶毒攻击党和毛主席,攻击毛泽东思想,是个漏网大右派。

汪铸:三〇七教研室。汪是被前北京黑市委和前院党委包庇下来的大贪污犯,从五反前即作案,至今贪污物品累计价值 7000 余元。

杜希甫:三〇九教研室,大叛徒。杜先在我军任连事务长,后当逃兵,被我军抓去,贪生怕死,向敌人供出了我军许多重要情报,为敌重用。我军消灭了该部敌军后,杜被俘。判刑二年。杜长期隐瞒自己的丑恶历史,情节恶劣。

王洪星:国民党员。解放前夕,王企图逃往海外,未遂。57 年反右斗争时,王猖狂向党进攻,是十足的资产阶级右派分子。63 年王在神仙会上明目张胆为自己翻案。67 年 2 月文化大革命时,又公然跳出来为他的臭老婆右派分子周日明翻案,反动气焰十分嚣张。

王至今拒不交代在 48 至 49 年的一段罪恶历史。

宋一昌:1940 年左右任伪中央大学三青团组织部长,系三青团骨干分子。宋与其臭老婆陈庭珍来往于特务头子康泽家中,关系十分密切。在大学及留学期间,宋积极进行反共活动,留英时,恶毒攻击伟大的中国共产党。文化大革命期间,宋包庇其地主狗母,猖狂向革命群众进行反攻倒算,罪行累累。

王裕平:一个十恶不赦的国民党员、右派分子,隐瞒家财,参与剥削的阶级异己分子。文化大革命中散布种种反动的右派言论,操纵其狗老婆破坏北京四十中无产阶级文化大革命,并屡次进行反攻倒算,罪恶累累。

晏砺堂:官僚地主出身。其历史上三次参加过国民党,曾任伪空军中尉,数次参加过复兴社、明社、励志社、三青团等国民党反动特务组织。在文化大革命中，晏恶毒攻击党的领导和社会主义制度，反动本性毕露。

四 系

周国怀：投敌叛国分子周国怀，原四系副主任。出身资本家（自己隐瞒为小商贩）。其父解放前是厦门市的头面人物、伪甲长，有复杂的海外关系，家庭成员中有严重敌特嫌疑分子。

叛国犯周国怀本人在国民党时期当过二年伪甲长，先后受过伪政府"民防"训练两次。解放后与其狗兄将窝藏的手枪、子弹投入海里，进行灭迹。以后，周伪装进步，钻入党内，是黑武光的大红人。大学提前毕业后，三年连升三级为九级讲师。在大叛徒王大昌和四系总支书记罗琦的重用下，先后窃取教研室主任、系副主任等要职。在政治上周是一个个人野心家。

五七年周恶毒攻击党的领导，攻击党的干部政策，和我院大右派周大觉一唱一和，称兄道弟，是一个漏网的大右派。五九年周大肆攻击总路线，大跃进，人民公社三面红旗，是我院重点批判对象。

周在四系极力推行修正主义教育路线，大搞资本主义复辟，是一个道道地地的走资派。

周在无产阶级文化大革命中极力破坏和抵抗文化大革命。被革命群众揪出后仍死不悔改，终于在六七年九月投敌叛国，自绝于人民。周自六二年以来，一贯流氓成性，是一个灵魂丑恶的大流氓分子。

饶国璋：是历史反革命，地主阶级的孝子贤孙，1931年加入国民党，是反动组织"励志社"成员。饶为蒋介石空军效劳达二十余年，从上尉一直爬到上校，空军中校。先后担任成都伪空军机械学校特别党部执行委员；伪空军飞机机械修理厂厂长。饶多次参与屠杀中国共产党和中国人民的罪恶勾当，多次获得国民党奖章，几次见过人民公敌蒋介石，和国民党大特务康代光有密切关系。

饶对无产阶级文化大革命恨得要死，怕得要命，对抄他家的红卫兵小将咬牙切齿，公然叫嚣"国民党里的人不一定都坏""我没罪恶"

为国民党反动派涂脂抹粉，真是混蛋透顶！饶是一个地地道道的历史反革命。

五 系

文传源：原五系主任。解放前，是一个死心塌地为蒋帮效劳的国民党员，在国民党空军军官学校任国民党空军中尉教官。临解放，他曾企图逃窜到台湾。后又由叛党叛国分子介绍混入我党。到航院后立即成了黑武光的心腹，爬上自动控制方面"权威"的宝座，忠实推行反革命修正主义路线。破坏国防建设，垄断尖端技术，窃取核心机密。文曾精心策划为其地主家庭翻案，并一再伪造历史，企图窃取党和国家的更高权力。文化大革命中，文极不老实，不断向革命群众进行疯狂的反扑，是五系党内顽固不化的走资派，黑武光反革命修正主义集团的得力干将，地主阶级的孝子贤孙，国民党反动派的残渣余孽。

陈忠：出身于反革命特务世家，其岳父是蒋经国的同铺密友。他是反对中央文革、炮打无产阶级司令部的现行反革命，是航院旧党委、武光反革命修正主义集团安插在五系的变色小爬虫，前市委反革命黑帮邓拓亲手炮制的反革命黑典型。在黑武光的卵翼下，陈窃取第一届院党委委员、团总支书记、二、五系党总支副书记等要职。在文化大革命中，散布流言蜚语，疯狂地攻击污蔑伯达、江青为首的中央文革小组，其语言恶毒，令人发指；他还大肆吹捧恶毒攻击毛主席的反革命小丑赖锐锐"敢字当头"，攻击无产阶级司令部和新生的红色政权；至今仍极不老实，负隅顽抗，寻机翻案，挑拨离间，向革命群众疯狂反扑！

六 系

杨秉宪：可耻的日本狗汉奸，窃取原一系党总支宣委，六系×教研室副主任。杨出身于反动的地主家庭，其狗亲戚大都被我人民政府杀、关、管。四二年，他叛国投日，充当日本翻译，狗仗洋势，敲诈勒索欺压老百姓，是彻头彻尾的地头蛇。曾奴颜婢膝地在伪《蒙疆新报》大肆肉麻地吹捧日本帝国主义，混蛋透顶。

七系

李振秋：七系原副主任。出身于反动资产阶级家庭，先后参加国民党三青团、青年远征军、战干团、新民学会、无线电爱好者学会等反革命特务组织，并与美国战略情报局特务，中美合作所特务有密切联系。五六年大特务黑武光把他拉入党内，互相勾结，狼狈为奸，窃取情报，对抗中央，从事反革命的活动。文化大革命期间，大耍反革命两面手法，勾结黑武光密谋对抗文化大革命。

九系

梁炳文：反动教授、国民党员、伪空军少校反动军官。五七年他恶毒攻击党和社会主义制度，被划为大右派。在无产阶级文化大革命运动中，又妄图为他的右派和他所贯彻执行的修正主义路线翻案，态度极不老实。

周士炎：自首分子，原903教研室主任，48年在上海交大上学时到上海特种刑事法庭投案自首，49年4月向敌人投降，写了自白书。在文化大革命中，态度极不老实，妄图翻案，大耍两面派手法，在教研室挑拨群众之间的关系，周还有更严重的问题，正在继续揭发和调查中。

应忠发：现行反革命分子，思想极其反动，灵魂极其肮脏，在四清中散布大量攻击我们伟大领袖毛主席和党中央的反动言论，同国民党员、一贯道狼狈为奸。在四清中违法乱纪，同一被我镇压的反革命分子女儿乱搞男女关系。四清回来之后，泄露国家机密，积极为一个反革命分子翻案。在文化大革命中，利用职权为反革命分子翻案，在大串联中，到处败坏中央文革和北航红旗的名誉，影响极其恶劣，真是罪该万死。

杨文龙：原九系系办公室主任，三青团、国民党骨干分子，他伙同特务，反动军官，托派干了不少勾当，但他一直向党隐瞒其罪恶历史，混入党内，在院系一小撮党内走资派的庇护下，窃据九系要职，而且还是个漏网的大右派。

彭德一：原905教研室主任，反动教授，是个地主兼资本家，反动军官，宋美龄的干儿子，在文化大革命中抄出大量黄金、存款、大刀、多管无线电和外国旗帜，至今态度还不老实。

饶子范：反动军官原907教研室主任，出身恶霸地主家庭。曾任国民党空军上尉军官，在美国实习两年，为国民党蒋介石忠实服务十年，他拒不交代其反动历史。在院内走资派的庇护下，曾任过院系委员会委员，并窃据海淀区第三届人民代表，真是咄咄怪事。

邹僖：现行反革命分子，是地主阶级的孝子贤孙，他恶毒攻击我们的伟大领袖毛主席和斯大林同志，在文化大革命中又反毛主席，支持现行反革命分子赖秃子，反中央文革，一直对抗无产阶级文化大革命，敌视我革命委员会。并积极为三反分子何长工收集材料，是一个小爬虫。

苏弥章：地主分子，长期来，拒不接受贫下中农的监督改造，不参加劳动，工作消极，长期隐瞒狗夫赵世诚的地主分子成份。

基础课

畲名叔：现行反革命分子，原外语教研室党支部书记，出身资产阶级兼地主家庭。48年加入胡风反革命集团外围组织，55年受审查，被周狗天行等坏蛋包庇，隐藏下来，后被拉入党内。在57年恶毒攻击党的领导、民主集中制、党的阶级路线，61年又大反毛泽东思想。在文化大革命运动中，与现行反革命分子朱东勾结，进行反革命活动，是特大毒草"反修十年"的炮制者。

李寿会：现行反革命分子，原化学实验室主任，反动教授，出身于反动军官家庭，在日本投降后，接受日本军官××赠给的手枪、军刀、白金电极等。解放前，为北工大校长秘书，疯狂镇压学生爱国运动。解放后，仍然到处煽阴风点鬼火恶毒攻击三面红旗，在文化大革命中，他销毁埋藏地契等反动罪证；另一方面，勾结社会上的牛鬼蛇神，进行反革命串联，偷听敌台广播，恶毒攻击我们的伟大领袖毛主席、林副主席、中央文革，真是反动透顶，罪该万死！

马宗祥：理力教研室，国民党骨干分子，任三青团区队长，解放前积极镇压学生运动，至今还拒不交代。

陈亚洪，狗特务，理力教研室反动教授，国民党、三青团员，一直隐瞒参加特务组织"复兴社"拒不交代，在文化大革命中，企图翻案。在清理阶级队伍中，上蹿下跳，企图浑水摸鱼，蒙混过关。

瞿渭：历史反革命、漏网大右派反动教授。是个反动党团骨干分子，国民党区分部委员训育主任。解放后他公开向党夺权。他反毛泽东思想，积极推行修正主义教育路线，是个十足的资产阶级反动学术权威。在党内走资派的庇护下，窃据基础课委员会主任，电工教研室主任要职。

张鸿基：反革命分子，反动教授，是国民党中校军官，思想极其反动，对党、对社会主义极其仇恨，解放后的历次运动中，他都恶毒地攻击伟大的中国共产党，恶毒歪曲毛泽东思想。在党内走资派的庇护下，竟窃据原数学教研室主任要职。

王玉森：反革命修正主义分子，原基础课委员会副主任，是地主官僚资本家的孝子贤孙，他一贯包庇重用右派、坏人。其本人为一贯道徒，日伪"青少年团"成员，漏网大右派。

厉声林：漏网大右派，反动教授，出身于反动官僚资本家兼地主家庭，其本人是伪军官、资产阶级分子，国民党员，伪航委会军官，大吸血鬼。留美二年、留英三年，思想极其反动，他回国的目的，声称要"改造共产党"，真他妈混蛋透顶。是个漏网大右派，在文化大革命中，谩骂红卫兵，而且公开地摔掉我们的红色宝书毛主席语录，真是反动透顶。在党内走资派的庇护下，窃据原制图教研室主任职务。

鲁秀兰：逃亡地主分子，一直隐瞒罪恶历史，混入革命队伍，贪污盗窃，被揭出来后，拒不交代，反攻倒算，民愤极大。

李铿：叛党分子，美帝忠实走狗，右派分子，出身官僚，从35年到46年十几年来一直为美帝国民党反动派忠实效劳，是一个混入党内的叛党、阶级异己分子，是一个地地道道的右派分子。

胡淑洪：现行反革命分子，已畏罪自杀，自绝于人民。

教务部

唐欣甫：原教务处党支部组委，大叛徒张仲禹臭老婆。唐隐瞒、包庇被我枪毙未死的大恶霸地主其狗父亲，隐瞒和包庇日本兼国民党双重特务其狗兄唐××。唐不但是一个阶级异己分子，而且是一个现行反革命分子，在文化革命中恶毒撕毁我们伟大领袖毛主席像，毛主席语录、诗词、老三篇等物，真是罪该万死！

邹乃卓：原图书馆翻译。国民党军法处上校审讯科长，是一个货真价实的狗特务，屠杀共产党的刽子手。邹乃卓被图书馆革命群众揪出后，拒不坦白交代，反于四月二十二日用"服毒自杀"来抗拒，威胁革命群众，负隅顽抗的顽固分子、狗屎堆。

黄娟：原印刷所职员。黄在特务组织"新疆建设协会""中学听会"任要职。解放后仍与特务分子张如明、张明术、王春云、王步云有密切来往，五三年来航院后仍与大特务苗春芳联系。黄一贯对党不满，黄与伪警察×××密谋砸档案室未能得逞被开除团籍。

关吉泰：原印刷所工人，是国民党军队的一个机枪班班长。是人民解放军的死敌。解放后出于反动阶级本性，煽动工人到市委请愿，要求公开档案。在文化革命中与反动组织"国际红卫军"的头头，现行反革命分子白晓虹、曹伟康联系极密切，多次参与其反革命活动，并为反动组织"中国工农红旗军"印成立宣言。关是一个恶毒反对毛主席、林副主席、周总理的现行反革命分子！谁反对毛主席就打倒谁！

张锡圣：原教务部副部长。是混入党内的地主兼大资本家，国民党员，反动军官。张锡圣推行修正主义教育路线，鼓吹资产阶级知识分子统治我们学校，因此深受黑武光赏识，是黑武光的干将之一。

于高光：原图书馆副馆长，教务部总支宣委。是张仲禹包庇下来的老牌修正主义分子。他一贯反对毛主席、反对毛泽东思想，反对对赫鲁晓夫修正主义的批判，极力吹捧赫鲁晓夫，是一个道道地地的修正主义分子。于高光在运动中坚持修正主义反动立场，对抗群众。对抗文化大革命。

张文甫：原印刷所所长。张长期隐瞒地主成分达13年之久。张在五九年大反三面红旗，是一个右倾机会主义分子。张文甫是大叛徒张仲禹的心腹。他在运动中一贯对抗群众态度极不老实。

刘光章：体育教研室主任。国民党员，历史反革命，国民党黄埔军校少校军官，是一个反共老手，国民党残渣余孽。

焦世忠：体育教研室副主任，国民党员、三青团员、基督教徒、青帮会员、漏网右派、自首变节分子、国民党宪兵学校少校军官，是一个历史反革命。

后勤部

吴平旦：地主出身。吴长期隐瞒解放前的反动历史，解放后竟想乘飞机逃向台湾。来航院后深受黑武光赏识，一贯重用坏人，是一个资产阶级分子。

张国和：原工程科科长，疯狂对抗和破坏文化大革命，煽动群众炮打中央文革，恶毒地攻击我们敬爱的陈伯达同志。

孙志龙：出身反动军官地主兼资本家，1942年参加三青团，防护团等反动组织，来航院后被黑武光招降纳叛，受黑线保护和重用，拉入党内，是一个资产阶级分子。

孟静儒：校医院五官科大夫，出身大地主大资本家，其父是极反动的历史反革命和现行反革命。孟恶毒攻击我们伟大光荣正确的党，恶毒攻击社会主义制度和三面红旗，竟污蔑我们心中最红最红的红太阳毛主席，在无产阶级文化大革命中，挑动群众斗群众，攻击革命委员会，妄图颠覆无产阶级专政，是个漏网大右派、反革命分子。

王鑫锁：校医院内科主任，出身地主。1939年参加抗日工作，后投靠日本，为敌效劳，从事日特经济情报工作，解放战争时投靠国民党。解放后伪造历史，伪造学历，混入党内，骗取医务主任之职，是十足的政治大骗子，技术骗子，狗汉奸特务。

陆丁康：出身于旧官僚，地主资本家，本人也是旧官僚。一九四三年在河南开封伪河南省公署任民厅视察员和建设股长等职，解放十几年以来，反动思想仍然未变，并长期保存当时的委任状，反动口号、地契、房契等反动证件，企图等待变天。

褚巽元：出身官僚资本家，混入党内的阶级异己分子，黑武光的小走狗。褚解放前与美国兵打得火热。解放后一直站在资产阶级立场，隐藏蒋介石给其狗祖父的挽联照片和其它反动赃物，妄想变天。褚巽元还是个女流氓，多次和人发生不正当男女关系，是地地道道的资产阶级分子。

马彩彬：原行政科副科长，抗战初期，在我党抗日机关工作。抗战艰苦时，马将其领导的抗日宣传队解散，后又投入国民党的怀抱，参加国民党，是投敌叛变分子，也是大叛徒王大昌的得力走卒。

工厂、红航

程曰平：官僚地主家庭出身、附属工厂检验员，可耻的叛党分子。长期以来，程曰平隐瞒官僚家庭历史，填写中农成分。1956年混入党内。大反三面红旗，恶毒攻击社会主义制度。在三年困难时期无视党和政府法令，私造手枪两支。在无产阶级文化大革命中一贯站在资产阶级反动立场上，充当大叛徒程九柯，大政治骗子、顽固不化的走资派周天行的忠实走卒。甚至狗胆包天，为周天行反毛主席、反毛泽东思想的罪行毁脏灭迹。他还极端仇视无产阶级革命派。周天行被揪出后，他不但不向人民低头认罪，反而顽固到底，抵抗和破坏无产阶级文化大革命，最后畏罪跳楼自杀（未遂）。

唐邑：黑武光的黑爪牙。入党两年就一跃为党总支书记，党委员，二、七系系主任等要职。文化大革命中，到处为黑武光游说，为其黑主子效劳。唐还与黑帮分子潘良、叛徒王大昌和CC特务有着极密切联系。北京黑市委二头目刘仁还亲自找唐密谈数次。在科研工作中追随黑武光、泄露国家机密、给国防科研成严重损失。

刘谋结：官僚地主家庭出身，忠实的国民党徒，蒋匪镇压革命的得力帮凶、双手沾满人民鲜血的战犯，小卖国贼。1944年刘参加国民党伪中央政治学校受训、并受蒋匪介石、陈立夫和吴国桢的训话。1944年蒋匪派刘到美受训、参观种种特务展览会。47年回国受蒋匪重视，一年连升三级、为伪民航局运输科科长。同年在特务组织（该组织头头是蒋介石)"励志社"结婚。在 1948 年参加"伪国大"会议。在辽沈、平津、淮海战役中,积极配合蒋匪军,屠杀革命人民,双手沾满人民的鲜血。刘还在南京积极参加了蒋匪高级反共情报参谋机构特务组织"保密小组",因反革命工作卖力,得蒋匪全国通令嘉奖。刘还盗运我国大批资源和重要物资给美、法帝国主义,是一个十足的卖国贼。1950 年突然从香港回国。回国后、伪装革命,受到反革命修正主义分子重用包庇、隐藏下来,从事反革命活动,和国外经常进行反革命通讯联系,保存了很多帝国主义报刊恶毒污蔑和攻击伟大领袖毛主席的漫画及反动物品,真是罪该万死。他还怂恿其臭老婆向街道党支部书记进行围攻,写反动的恐吓信件。红卫兵抄家后,他怀恨在心时刻企图反攻倒算,是个不折不扣的历史和现行反革命分子。

横扫一切牛鬼蛇神!

无产阶级专政万岁!

警惕阶级敌人当前的两种手法

斩妖剑　缚妖索

七日,我院大会开得非常成功!我们用革命的战斗,庆祝了毛主席伟大"五·七"指示发表两周年!经过广大红旗战士和革命师生近一月的努力,清理阶级队伍取得了极为丰硕的战果,七十一个叛徒、特务、顽固不化的走资派和反革命分子、右派分子被揪出来示众,受到全院革命师生的严厉批制和斗争。这些干尽坏事的牛鬼蛇神,今日被打翻在地,再踏上千万只脚,真是大长无产阶级的志气,何等痛快!

愈是胜利,我们愈是要警惕和识破阶级敌人的策略,要及时地看到敌人各种形式的反抗活动。消极反抗就是自杀。今天反革命分子杨建军自杀身死,是近半月来的第六起事件。这几个事件的共同特点,都是自杀者并未受到群众的强烈打击，而是刚刚发现一些重要问题，让他作一般的交代时发生的。这一方面进一步说明敌人的脆弱，威慑于强大的革命群众运动，畏罪自杀了。另一方面，是敌人的顽固不化，妄图以死相抗，卡断线索。所以，我们要特别提高警惕，及时发现和粉碎阶级敌人的这种阴谋，不仅采用强大的"军事"攻势，同时采用强大的政治攻势，进行思想战，攻心战，向他们交代"坦白从宽，抗拒从严"，"揭发有功，真正记功；包庇有罪，真正治罪"的政策，指出悔过自新的道路，分化瓦解他们，迫使敌人向党向人民投降。

当前，还必须预见和警惕到敌人积极的反抗，他们"要和我们作拼死的斗争"，狗急跳墙，要警惕敌人有可能放毒、放火、暗杀。我们的同志一定要看到，当前正是短兵相接的前哨战、白热化战斗，绝不可掉以轻心，要百倍警惕敌人可能采用的一切手段。我们绝不可用简单的方法，对待复杂的战斗，对待复杂的敌人。必须充分依靠我们广大革命的红旗战士，依靠革命的共产党员，发挥我们同志的所有聪明才智，及时揭露敌人的一切诡计阴谋，对他们实行群众专政，夺取革命的胜利。

历史已经证明，并将继续做出无情的判决：不论阶级敌人怎样阴险、毒辣、狡猾、顽固不化，都将逃脱不出革命人民的法网！"一切魔鬼通通都会被消灭。"革命将必然取得胜利！

清理阶级队伍战报

第 8 号，1968 年 5 月 14 日共 6 版

毛主席语录

共产党人是干革命的，如果不干革命，那就不是马克思主义者，而是修正主义者，或者别的什么东西。

革命的红旗战士和共产党员要站在阶级斗争的最前列!
——给全院红旗战士和共产党员的一封公开信

本报编辑部

革命的红旗战士和共产党员同志们!

在国内外一片大好形势下,我院清理阶级队伍的群众运动正向纵深发展,一个"批判资产阶级"的高潮即将兴起,从政治上、思想上、组织上彻底结束资产阶级知识分子统治学校的现象的伟大战役正在激烈的进行中。在这个关键时刻,我们红旗战士和共产党员如何对待这个运动?在运动中起什么作用?这是摆在每个红旗战士和共产党员面前不容回避的问题。

我院清理阶级队伍的群众运动,集中代表着无产阶级的利益和要求。正如伟大领袖毛主席指出的那样"是中国共产党及其领导下的大人民群众和国民党反动派长期斗争的继续,是无产阶级和资产阶级阶级斗争的继续。"它正在把盘踞在航院的一小撮叛徒、特务、顽固不化的走资派、国民党的残渣余孽黑武光、周天行之流冲刷出来,暴露在光天化日之下。这对于结束资产阶级知识分子统治学校,保证航院的红色政权永不变色具有十分深远的意义。许多红旗战士和共产党员在这场斗争中,朝气蓬勃,冲在最前面,干得很漂亮,杀得敌人闻风丧胆,一败涂地。他们是党和人民的优秀儿女,是毛主席最忠实的红小兵,我们应向他们学习,向他们致敬!

现在黑武光及周天行之流虽然已被揪出,但他们的幽灵仍在航院上空徘徊,他们的死党仍然在各个地方和部门活动着。他们耍阴谋,放暗箭,造谣言,卑鄙之极。他们对新生的革委会怀着刻骨的仇恨,恶毒咒骂新生的红色政权"不如院党委","比国民党、蒋介石还坏",语言之恶毒,真是空前绝后;他们甚至公然对抗中央的指示,扬言"航院没有右倾翻案风",要反小将的"左倾";在有的单位,他们还死死抱成一团,互相包庇,狼狈为奸,捂住阶级斗争盖子,说"干部都是好的，都可以用"，破坏当前的清理阶级队伍运动；有的人公开抗拒群众对他的批判、斗争，说什么"我不是四类，我要向上级控诉你们"，看！反革命气焰又是何等嚣张！这股反革命暗流潜伏在航院的各个角落，一遇风吹草动，就刮右倾翻案妖风，梦想复辟变天！航院的阶级斗争激烈得很，复杂得很！

红旗战友们，革命的共产党员同志，这样的现象能允许长久下去吗？不能！我们红旗战士和革命的共产党员绝不辜负无产阶级司令部赋予我们的期望，绝不辜负党和人民对我们的培养，"下定决心，不怕牺牲，排除万难，去争取胜利。"坚定不移地将当前的清理阶级队伍的群众运动进行到底，把那些变色龙，小爬虫们，直至"地下黑党委"统统揪出来，彻底粉碎他们复辟变天的痴心妄想，粉碎右倾翻案风，在新的形势下，为人民立新功。

毛主席说："共产党人是干革命的，如果不干革命，那就不是马克思主义者，而是修正主义者，或者别的什么东西。"无产阶级文化大革命证明我们红旗战士和共产党员应该是敢于"冲决罗网"的狂飙式人物，而不是小心翼翼生怕革命烈火烧伤自己手指的政治庸人。应该是敢于在革命大风暴中搏击长空的雄鹰，而不是蜷缩在屋檐底下的家雀。迎着阶级斗争的大风大浪前进是我们红旗战士和革命的共产党员的英雄本色！

但是，现在我们的队伍中，某些敢冲敢杀的战士，现在却正在丧失革命的青春。他们在"反派性"的斗争中受了一些委屈和打击，因此就觉得搞政治工作"担风冒险"，公然宣布看破了"红尘"，要"退出历史舞台"，游离于运动之外，一头钻到业务堆中，甚至对阶级敌人的疯狂的右倾翻案活动也缩手缩脚不敢给予坚决的回击，这实际上就是向阶级敌人屈膝投降。其实，天是塌不下来的，毛泽东思想在我们一边，真理在我们一边，我们必胜！那种害怕阶级斗争的风浪溅湿了衣裳的人，根本上够不上英雄的红旗战士和光荣的共产党员的称号。

还有一些人，他们松劲、麻痹，"一日三餐二睡觉，昏头昏脑过一天"，对革命逍遥；或者猎奇一点材料，但就是不愿做艰苦细致的调查工作，搞扎扎实实的革命大批判。这是对革命的犯罪。无产阶级和资产阶级的阶级斗争，犹如两军对垒，不是你吃掉我，就是我吃掉你，不是站在这一边，就是站在那一边，没有调和折中的余地，在当前的情况下，谁当逍遥派，谁就是在客观上站在阶级敌人一边，只能得到黑武光周天行之流的喝彩。对于那些受了黑武光周天行蒙蔽，保了黑武光周天行的同志，我们希望他们"斗私、批修""坚持真理""修正错误"，真正站到毛主席的革命路线上来。放下包袱，积极地投入到当前的运动中去。如果不是这样，正路不走走歪路，以"想不通"为理由逍遥起来，甚至抵制清理阶级队伍的群众运动，谁要是这样做，谁就是在自己毁灭自己，为自己的垮台创造条件。

　　毛主席教导我们说："共产党员的先锋作用和模范作用是十分重要的。共产党员在八路军和新四军中，应该成为英勇作战的模范，执行命令的模范，遵守纪律的模范，政治工作的模范和内部团结统一的模范。"

　　红旗战友们、共产党员同志们！让我们携起手来，用毛主席的教导激励自己，永远站在阶级斗争的前列，迎着阶级斗争的暴风雨，前进！前进！！

打倒大特务　大叛徒黑武光！

周天行篡改党的土改总路线，破坏伟大的土地改革运动

刘天章连二排

　　我们伟大的领袖毛主席教导我们："封建主义是帝国主义和官僚资本主义的同盟及其统治基础，因此土地制度的改革，是中国新民主主义革命的主要内容。"我们伟大领袖毛主席的这一指示，给全中国劳动人民指出了闹翻身求解放的正确道路，这一指示是土地革命的根本纲领。

　　毛主席在一九四七年就明确指出："我们的方针是依靠贫农，巩

固地联合中农，消灭地主阶级和旧式富农的封建的和半封建的剥削制度。"毛主席还非常具体地制定了"依靠贫农，团结中农，有步骤地，有分别地消灭封建剥削制度，发展农业生产"的总路线和总政策，这是新民主主义革命时期，进行土地改革的纲领性文件。

中国的赫鲁晓夫及其在广东的代理人方方之流却明目张胆的提出一条"和平土改"的右倾机会主义路线，与毛主席的革命路线相对抗。他们千方百计地维护封建地主阶级的利益，保存封建剥削制度，破坏土地改革运动。

在两条路线的激烈斗争中，周天行究竟是站在哪一边，他代表哪个阶级的利益，替哪个阶级说话，他执行的是什么路线呢？

毛主席教导我们："有比较，才能鉴别。"

在伟大的土改运动中，"依靠谁，打击谁"这是首要问题，在这个问题上周天行就和毛主席大唱反调。

毛主席指出："土地改革依靠的基本力量，只能和必须是贫农。"毛主席说："这个贫农群众，是打倒封建势力的先锋，成就那多年未曾成就的革命大业的元勋。"我们伟大领袖毛主席，在这里以无限深厚的无产阶级感情，高度评价和热烈歌颂了贫下中农。并指出："土地改革的主要的和直接的任务，就是满足贫雇农群众的要求。"

周天行，这个刘少奇的忠实奴才，却模仿他主子的样子，对贫下中农竭尽污蔑、贬低、咒骂之能事，胡说什么："贫雇农未觉悟前是自私的，近视的"，"单纯贫雇农立场是不行的。"《对高明二区土改工作情况的几点意见》并污蔑说："有些贫雇农虽然长年劳动，但不一定正派，如做过更夫头，替地主做走狗，打杀过贫雇农等。"

1952年给区党委秘书长龙世雄的报告中，周天行就别有用心的提出依靠"劳动正派的贫雇农"的说法。

联系他1953年11月22日在湛江市委扩大会议上讲的"农民在历史上的事实，他们是走资本主义道路的，但不理他们也不对，要教育，提高他们。"

1956年他在一讲党课中，说什么："在土改时有人说要站在贫雇农的立场，作为共产党员那不能这样说，他们想的是都分光，而无产阶级先锋队考虑即不是那么简单。"

听：这是什么话！

在这里，周天行公然把一些根本不是贫雇农的地主狗腿子、刽子手等一小撮坏蛋，统统都说成是贫雇农，然后装出一副道貌岸然的样子，横加攻击，什么"自私"啦，"不正派"啦，"走资本主义道路"啦，"想的是都分光"啦，一大堆帽子都来了。

我们伟大的领袖毛主席称颂贫雇农"是我们依靠的基本力量"；周天行却贬低说"贫雇农也不一定正派。"

毛主席说：贫雇农是"打倒封建势力的先锋。"而周天行却污蔑：贫雇农还有"替地主做走狗"的。

毛主席说：贫雇农是"成就革命大业的元勋"；周天行却攻击：贫雇农也有"打杀过贫雇农"的刽子手。

周天行，这是公然和毛主席相对抗，发泄他对贫雇农的不满和仇恨。

周天行不仅在"依靠贫农"这个根本问题上大做文章，和毛主席对抗，妄图混淆我们党的阶级路线，而且在土改运动的打击对象上，也明目张胆地对主席指示进行全面篡改。

毛主席说："土地改革的总路线，是依靠贫农，团结中农，有步骤地，有分别地消灭封建剥削制度，发展农业生产。"

周天行在 1952 年 3 月 17 日在开平县三个区的片长会议上做总结报告时，全面阐述了他的土改纲领。他把党的总路线篡改为："依靠贫农（注：周天行他虽然这样说，但有他独特的见解），团结和发动中农，争取富农，分化地主个别分子。"

注意！他要在土地改革中，争取富农，分化地主的个别分子，周天行在解放后的 1952 年，居然提出这种口号，就是公然对抗毛主席。

在同一次会议上，周天行摆出一副土改权威的架势，吓唬人说：不争取富农，就是"不懂得要依靠贫雇农去领导农村各阶层人民起来进行斗争。"并找出一套理论，诡辩说："富农对敌情知闻多，和敌人关系密切，则更了解敌人的全盘底细，唯有分别将他们发动、争取、分化过来，坚决依靠贫农来领导他们，一道向敌人斗争，才能使敌人害怕，降服。"

听！在周天行眼里，争取富农，简直成了土改的关键了，唯有把富农发动、争取、分化过来，才能使敌人害怕，降服。没有富农，周天行的土改就没有同盟军了。

周天行又说："我们不但在查敌、镇反工作上这样做，（注：当时土改的第一步），而且在一切斗争工作上，都要这样做。"他还恬不知耻地说，这样做，"并没有任何的丧失立场和右倾。"

周天行不仅在土改运动中把富农当作朋友去争取，而且肆意歪曲我们党在土改中消灭地主阶级的政策，企图在解放后仍然把国民党反动派的统治基础保留下来。

刚才已经谈到，周天行提出土地改革要"分化地主个别分子"而且提出对地主"要进行政策分化，争取改造，把斗争锋芒，指向地主阶级的当权派（地主阶级的少数）。"这是对土改总路线的明目张胆的篡改。

这样，就把民主革命的重要任务，一场彻底消灭地主阶级的土地改革运动，引向只打击地主阶级中少数人的歪路上去。

周天行"在广东高明县二区土改工作情况的几点意见"中，批评别人说："没收恶霸大地主多一点东西来满足贫雇农是对的，但是不分彼此对待其他守法、开明的小地主，这是不策略的。"注意，这不是在抗日战争时期，而是在解放后的土改运动提出这个问题的，周天行是打着策略的幌子，实质上是包庇地主，破坏土改运动。

我们不仅（原文如此——编者）要问，周天行这个所谓"老革命"为什么一而再，再而三的包庇地主，千方百计地去维护地主阶级的利益呢？只要看一看他混入革命队伍三十年来的所作所为，就比较清楚了。周天行从他所谓入党开始就和地主分子、富农分子、国民党分子勾结在一起，狼狈为奸，干尽了坏事。这个家伙早在解放前夕一次政治报告中就说："在老区及我之控制区，部分中等地主，全部小地主和大部分富农，都对我们有好感，执行了我们的法令，个别地主还支持我们。"

毛主席教导我们："一个人，一个军队或者一个学校，如若不被敌人反对，那就不好了，那一定是同敌人同流合污了。"

由于周天行忠实的独造性的执行右倾机会主义路线，篡改党的土地改革政策，在这个思想指导下，使粤中地区的土改很长时间不能深入，并且造成极为恶劣的影响。下面，我们看看周天行是怎么干的。

毛主席教导我们："土地改革的主要的和直接的任务是满足贫雇农群众的要求。"

周天行对毛主席的指示根本不放在眼里，他提出了"适当地满足农民群众的政治经济要求"，与毛主席的指示相对抗。

下面我们看看他为什么要这样干：在高鹤县土改，周天行是土委会主任，当时工作队对果实分配有两种意见，一种是"先分后留"，一种是"先留后分。"

所谓"先留后分"就是把地主的土地、房屋、浮财先留下一部分给地主，剩下的没收分给贫雇农。

所谓"先分后留"，就是把地主的财产全部没收，先满足贫雇农，然后再给地主一点。

如何分配斗争果实，这是个原则问题，表明他是站在哪个阶级立场上，维护哪个阶级的利益。周天行就是同意先给地主留一份，再分给农民的。他把毛主席"满足贫雇农的要求"的指示，篡改为"适当地满足"的目的，就在这里。联系他1956年党课中大讲"不能站在贫雇农立场"，"他们是要求全分光"的，周天行对谁亲，对谁仇，不是很清楚了吗？

在周天行所推行的右倾投降主义路线的指挥下，高鹤县的土改以闪电般的速度草草结束，大批地主、恶霸漏网，逍遥法外。

根据现在查到的资料：

当时鹤山县，二区70%地主漏划，60%恶霸漏划；三区50%地主漏划，80%恶霸漏划；

周天行走后进行土改复查时才把他们揪出来，并且追回被地主窝藏的50万斤粮食。

即使当时被周天行定为地主的，也没有斗倒，根据从档案馆中查到的土改复查报告中有一段"他们（按指地主）一般仍可以不参加劳动，而过很好的生活，普遍逃避劳动，去做小买卖，很多威风依然存在"（据鹤山一区51年11月25日复查报告）。

这些就是周天行推行右倾和平土改的恶果。

高鹤县是周天行唯一算是"搞完"的土改，以后接着搞的阳江和开平土改，都因为搞不下去而被调走。

下面抄录一份证明材料。

当时领导周天行的粤中地委书记、南下干部张云写道："在阳江，当时土改搞不下去，局面打不开，让周天行代表地委搞土改，靠不住，所以我们就依靠贾柏林，周天行主要是小资产阶级出身，和贫下中农感情是格格不入的。所以，在土改中不深入群众，发动不起来，地主打不倒，这是个立场问题。工作不深入，自己还觉得了不起，知识分子习气很重。开平土改，也是因为周天行打不开局面，搞不下去了，后来派别人去接替，以后就不依靠他了。……总之，他在阳江和开平土改，中途调走，都是因为搞不下去了，才调走的。当时在阳江，他实际上挂个名，成了个绊脚石，就把他调离了。"

从这段材料和他土改中的言行，我们可以看出，周天行民主革命这一关就没有过，这是他的阶级本性决定的，后来被黑武光包庇，才蒙混过来。

由于在高鹤县大搞和平土改，周受了批评，但他贼心不死，到阳江不久，就在阳江县第二次扩大会议上大肆贩卖他的所谓"鹤山土改经验"，继续顽固执行右倾机会主义路线。

在开平县，周天行身为土委会主任，县委第一书记，在土改中不仅大搞地方主义，对抗毛主席指示，而且采用了更加荫蔽的手法，大耍两面派，阴一套，阳一套，表面上唱高调，实际上搞的是招降纳叛，包庇牛鬼蛇神，对抗土地改革。这里我们举一个例子来说明：

张铁是个地主分子，1938年被周天行亲自拉入党内，土改时张铁的狗父母被农民斗死，当时农民抓了张铁回乡斗争。据张铁最近供认："农民抓我回去斗争了一天，就送我回来了，我很奇怪。后来听同志们说，我（被揪）回去的第二天，周天行就知道了，他问'是谁批准'（斗争我的），他打电话给五区，让把我放回来。"

周天行为了让张铁逃避农民的斗争，就把他关了起来。周天行对别人说："如果现在给他平反，对土改有影响，宁愿让我们的同志受一点委屈，土改后再给他平反。"

听！这是什么感情！这是什么立场！这个反革命两面派周天行，就是这样欺上瞒下，表面是人，暗中是鬼地包庇地主分子，破坏土改运动的。

周天行到底是什么人，在土改当中得到了充分的暴露。他绝不是什么老革命，而是地主、富农在党内的代理人。就思想本质来说，他连民主革命这一关也没过。只是由于黑武光的包庇他才蒙混过来，没有被淘汰。

正如毛主席教导我们的："这场无产阶级文化大革命实质上是无产阶级反对资产阶级及一切剥削阶级的政治大革命。"我们今天把周天行这个地富的代理人揪出来示众，剥下他的画皮，把他斗倒斗臭，这是毛主席革命路线的伟大胜利。

打倒右倾机会主义分子周天行！

打倒老修正主义分子周天行！

打倒地主富农的代理人周天行！

战无不胜的毛泽东思想万岁！

我们伟大的领袖毛主席万岁！万万岁！

不可分离的三个环节

——谈谈革命斗争的策略

【评论】革命"必须采取发展进步势力，争取中间势力，反对顽固势力的策略，这是不可分离的三个环节。"这是我们伟大领袖毛主席一贯的无产阶级政治路线和斗争策略，也是这场史无前例的无产阶级文化大革命的伟大政治路线和斗争策略。

当前，我院轰轰烈烈的清理阶级队伍的群众运动，正不可抗拒地向着纵深发展。依靠谁、团结谁、打击谁的问题尤为具体、深刻地突出出来，毛主席在最新指示中明确指出："进行无产阶级教育革命，要依靠学校中广大革命的学生、革命的教员、革命的工人，要依靠他们中间的积极分子，即决心把无产阶级文化大革命进行到底的无产阶级革命派。"最近又指出："无产阶级文化大革命，实质上是在社会主义条件下，无产阶级反对资产阶级和一切剥削阶级的政治大革命，是中国共产党及其领导下的广大革命人民群众和国民党反动派长期斗争的继续，是无产阶级和资产阶级阶级斗争的继续。"

毛主席的最新指示最深刻地揭示了我院清理阶级队伍运动的阶级实质，最明确地指出了我院清理阶级队伍的依靠对象、团结对象和打击对象，即必须坚定地依靠革命的红旗战士、革命的共产党员和一切决心把无产阶级文化大革命进行到底的无产阶级革命派，争取和团结那些动摇不定、可东可西，可左可右的人，如本人或家庭、社会关系有一般政治问题的而要革命的中间群众，作为我们的同盟军，利用那些胁从者甚至从犯作为我们的间接同盟军，这样，"调动一切积极因素，团结一切可以团结的力量"，狠狠打击以黑武光、周天行、王大昌、程九柯、张仲禹为首的航院一小撮叛徒、特务、顽固不化走资派及国民党残渣余孽。

一个月来，清理阶级队伍的事实证明，哪一个部、系，哪一个科、室，毛主席最新指示学得好，执行得坚决，那儿依靠谁、团结谁、打击谁的问题解决得好，那儿的运动就轰轰烈烈，朝气蓬勃，战果辉煌；反之，便冷冷清清，死水一潭。

革命形势逼迫我们要明确指出，到目前，个别重要大部的某些领导同志，保守得要命，右倾得很。他们不是坚定地依靠支左小分队和本单位真正的无产阶级革命派，而是依靠那些黑武光、周天行、王大昌、程九柯、张仲禹的大小红人和黑干将，黑爪牙，"不分敌我，认敌为我，广大群众认为敌人的人，他们却认为是朋友"，至今运动仍不伦不类，抱成一团，这是一种十分不正常的现象。

面对这种严重局面，我们呼吁：支左小分队的战士们，大部真正的无产阶级革命派同志们，把问题的解决放在自己力量的基点上，发扬延安彻底革命的造反精神，冲破一切束缚手脚的罗网，串联起来，英勇奋战，把那里万马齐暗的沉闷空气豁然冲破！把一切牛鬼蛇神统统揪出来！

还必须指出，文艺界固然情况复杂，教育界也不逊色。"反革命修正主义分子把持着"，"资产阶级知识分子统治着"，"庙小神灵大，池浅王八多。"因此，争取团结同盟军，利用间接同盟军，这是我们能否战胜敌人永远立于不败之地的一个重要因素。"必须建立对中间派的巩固的领导权。"个别单位对他们采取绝对排斥态度和"越纯越好"的孤家寡人政策是错误的，应该注意和纠正。中间群众应该行动起来，往左靠拢，现在还取事不关己，彷徨不定，无动于衷的态度是不端正的。

依靠革命左派，团结中间派，其目的在于彻底孤立和狠狠打击一小撮顽固不化的右派。当前，就是要狠狠地把大特务、大叛徒顽固不化走资派黑武光、周天行、王大昌、程九柯、张仲禹等头面人物斗倒批臭！就是要把航院资产阶级司令部——地下黑党委揪出来示众，彻底摧垮！"我们要把敌人营垒中间的一切争斗、缺口、矛盾统统收集起来，作为反对当前主要敌人之用。"任何偏离这个打击主要对象的言行都是错误的，少数别有用心的人妄图转移打击主要对象也是徒劳的，痴心妄想！最后必将搬起石头砸自己的脚！

"采取发展进步势力，争取中间势力，反对顽固势力的策略，这是不可分离的三个环节"，缺一不可。我们在这场清理阶级队伍的群众运动中一定要坚持好！贯彻好！只有我们强化和团结好自己的队伍，争取和团结好同盟军，我们将在对敌斗争中，所向披靡，锐不可当，赢得全面彻底胜利！

兔死狐悲物伤其类

天兵天将

政治教研室的杨建军自绝于党、自绝于人民，上吊自杀，是彻头彻尾的叛党行为。杨的老婆汪代玉，哭得昏天暗地，眼泪鼻涕一大摊。杨的死比鸿毛还要轻，根本不值得可怜、惋惜。

但是，自杨死后，出现了一些怪现象。一些人出入杨家，安慰劝说；杨的火葬费也是附小借出的（按杨的情况，根本不需借钱）；小学的红小兵勒令汪代玉交代问题，倒引起一些人的反感，他们威吓说："你们这样的情绪是不对的！"这些人与红小兵的立场是何等的不同啊！这些人竟然还出入杨家"安慰"其家属。这是一起严重的政治事件，必须追查清楚！

参加"慰问"的人，其中有的是受了蒙蔽的，我们希望这些人起来揭发；而另外一些人，如陈秀祖（历史反革命分子刘光章的老婆）之流，与杨建军老婆痛哭流涕，怜悯不已，借安慰之名，行反革命活动之实，革命同志必须密切注视事态的发展。

这件事的发生，说明了阶级敌人的活动很猖狂，他们利用一切机会进行反革命活动。这件事不是孤立的，是与整个航院的阶级斗争紧紧联系在一起的。这几个跳梁小丑的后面还有黑后台，我们一定要抓出这个黑后台！联系到前几天有人扬言说什么"人是给逼死的"，岂不令人深思吗？阶级敌人并没有停止其罪恶活动，逍遥派的同志们，马上投入到火热的阶级斗争中去吧！

清理阶级队伍战报

第 9 号，1968 年 5 月 16 日共 8 版

在无产阶级文化大革命中立新功！
清理阶级队伍要抓好毛著学习，搞好革命大批判

基础课电工教研室、实验室、4931 支左小分队

【编者按】五月十一日下午，基础课革命群众和支左小分队召开了斗争国民党反动骨干分子、漏网大右派、反动教授瞿渭大会。大会会场上贴满了"千万不要忘记阶级斗争"，"无产阶级专政万岁"，"横扫一切牛鬼蛇神"的标语。在一片"打倒瞿渭"的愤怒口号声中，瞿渭、王玉森、罗仲仙被革命师生押了上来。接着由支左小分队的同学和基础课革命群众，对瞿渭的历史问题、漏网右派及反毛泽东思想、抵制毛主席教育革命指示的一系列罪行，进行了揭发批判。在革命群众的强大压力和铁的事实面前，瞿渭不得不低下了狗头，交代一些问题。会议自始至终充满了战斗的气氛。这次斗争会开得好，开得成功，大长了无产阶级革命派的志气，大灭了一小撮阶级敌人的威风。

基础课其他清理对象 20 多人也到会接受教育，只有坦白交代才是唯一出路。

本刊今天刊载了基础课电工教研室、实验室和 4931 支左小分队清理阶级队伍的经验和体会，望各部系向他们学习，并把本单位清理阶级队伍的经验和体会不断告诉我们，以便全院交流、推广，把我院清理阶级队伍运动搞得更好。

在毛主席最新指示指引下，我们电工教研室、实验室和 4931 支左小分队全体革命同志，经过三周的奋战，终于把一个长期篡夺基础课委员会主任、电工教研室主任大权，伙同党内走资派王玉森之流在

基础课实行资产阶级专政的国民党骨干分子、漏网大右派、反动教授瞿渭揪出来了。这是毛泽东思想的又一伟大胜利！

总结这一段战果，我们认为不仅揪出了阶级敌人，树立了自己的队伍，更重要的是在阶级斗争中学习了毛主席著作，克服了右倾麻痹思想，增强了阶级斗争观念。我们的经验有三条：

一、清理阶级队伍，必须首先克服右倾保守思想，提高阶级斗争观念

清理阶级队伍的战鼓敲响以后，我室全体同志首先一起清理头脑中的一些糊涂认识，批判了那种以为"一小撮已经揪得差不多了"，"现在要以复课闹革命为主"的论调。但是，还有人看不清右倾保守主义、右倾投降主义、右倾分裂主义、右倾翻案黑风在我院的表现。正在这个时候，我们伟大领袖毛主席最新指示"无产阶级文化大革命，实质上是在社会主义条件下，无产阶级反对资产阶级和一切剥削阶级的政治大革命，是中国共产党及其领导下的广大革命人民群众和国民党反动派长期斗争的继续，是无产阶级和资产阶级阶级斗争的继续"发表了，毛主席的最新指示最精辟地阐明了文化大革命的伟大意义，最深刻地揭示了文化大革命的阶级内容。毛主席的最新指示是推动文化革命的强大动力。同志们认真学习了主席最新指示，反复领会主席的伟大战略部署，对照自己，检查了右倾麻痹思想，清除了头脑里的糊涂认识，对院内的右倾翻案势力看得更清楚了，逐渐心明眼亮了。一些出身较差的同志也用主席阶级分析的方法，认识到自己的右倾思想实质上是阶级烙印的反映，而要真正克服这一点，就必须活学活用主席著作，在阶级斗争中改造自己。共产党员和红旗战士下定了决心，"要把无产阶级文化大革命行到底。"

通过清理思想，同志们阶级斗争观念加强了，教研室阶级斗争气氛加浓了。同志们头脑里有了敌情，看见了敌人。瞿渭这个隐藏了十几年的阶级敌人，原来一些同志看不见，现在看见了；原来看不清，现在看清了。清理思想为我们向国民党残渣余孽、反动教授瞿渭展开进攻战，打下了良好的基础。

二、革命战争是群众的战争，只有动员群众才能进行战争，

只有依靠群众才能进行战争

向瞿渭发动进攻战虽然开始了，但由于群众没有充分发动起来，形成了少数人空忙、多数人备战的状态，因而不能主动出战，花了两周时间才审斗了他的历史问题。而对他解放以来大量三反言行也没有充分揭发出来，战斗进展得很慢。针对这种情况，领导小组和大家一起学习了主席关于群众路线的教导。并注意抓了运动中的活思想，做了深入细致的思想工作，消除了一些出身不好同志的思想顾虑。在具体斗争中发扬"军事民主"，采取群众性分析敌情、研究制定战斗方案的方法，使每个同志都心中有底。由于群众发动起来了，战斗进展得很快，两天奋战，开了四个串联会，收集和揭发了这个狡猾的老狐狸大量反毛泽东思想的言行，终于把这个一贯反党、反社会主义、反毛泽东思想的老反革命的反动嘴脸揭露出来了。

在斗争中我们注意了党的政策，注意了做瞿渭家属的工作，叫瞿谓的孩子参加斗瞿大会，接受教育。这些工作也收到了一定的效果。在斗瞿大会第二天，瞿渭的孩子就主动把隐瞒的 900 元现金上报组织。

没有群众的支持和依靠要想取得胜利是不可能的。

三、只有狠抓大批判，才能把敌人彻底批倒斗臭

无产阶级文化大革命最根本目的，就是挖掉修正主义根子，实现人的思想革命化。因此，对敌人展开大批判是关键的一环。

根据毛主席的教导："高举无产阶级文化革命的大旗，彻底揭露那批反党反社会主义的所谓'学术权威'的资产阶级反动立场，彻底批判学术界、教育界、新闻界、文艺界、出版界的资产阶级反动思想，夺取在这些文化领域中的领导权"，我们对瞿渭展开了群众性的大批判。全室同志都动起来，对瞿渭进行了口诛笔伐，大字报贴满了室内、走廊。在批判中，我们注意了把对瞿渭的批判同对黑武光、周天行黑线的批判联系起来，与批判党内最大的一小撮走资派联系起来。

通过对瞿渭的大批判，这个反共老手的狰狞面目完全揭露无遗了。

通过大批判，不少同志认为：以前对瞿渭反动面目认识不够深刻，总觉得有些问题不好上纲，可这次用毛泽东思想来分析，通过群众性大批判，对瞿渭的反动面目完全认清了，真正把瞿渭批了个体无完肤。

总之，我们体会到：对瞿渭斗争并取得胜利的过程，实际上是在阶级斗争中活学活用毛主席著作的过程，也是一个改造思想的过程。

我们将牢牢记住毛主席"宜将剩勇追穷寇"的教导，乘胜前进，将革命进行到底！

在清理阶级队伍的高潮中
"彻底砸烂旧政治部誓师大会"胜利召开

【红旗战报五月十六日讯】今天上午，由"旧政治部《干到底》""砸烂旧政治部支左部队"等十个单位联合发起的"彻底砸烂旧政治部誓师大会"胜利召开。

会上，保卫部、政治教研室、学院办公室和4351班等单位的代表和个人，都做了热烈的发言。发言者一致表示：坚决高举五·一六《通知》的大旗，狠向旧政治部这个旧航院党委的核心组成部分、航院右倾保守、右倾复辟的"主力军"和顽固堡垒猛烈开火！不把旧政治部彻底摧毁，就死不罢休！发言者们还向旧政治部中捂阶级斗争盖子的死硬顽固派，提出了严重的警告。

会上，王恒同志和井冈山同志都做了发言。王恒同志特别警告捂盖子的那些家伙们：盖子捂是捂不住的；你们的阴谋活动是互相牵连着的，你不揭，别人会出来揭！这就是革命的辩证法！王恒同志还特别鼓励受蒙蔽和犯了错误的同志：打开思想，放下包袱，勇敢地站出来参加战斗！王恒同志的发言，受到了全场最热烈的欢迎。

即将结束时，大会宣读了由"旧政治部《干到底》"，"砸烂旧政治部支左部队"等二十三个单位和个人联合发表的《关于彻底砸烂旧政治部的联合声明》。

大会最后在"下定决心，不怕牺牲，排除万难，去争取胜利"的雄壮歌声中，胜利结束。

必须密切注视旧政治部的阶级斗争

【短评】今天，由旧政治部《干到底》、砸烂旧政治部支左部队等单位发起召开的彻底砸烂旧政治部誓师大会开得好！开得及时！

由黑武光、周天行、程九柯、郭复来之流控制下的旧政治部，是修正主义院党委的核心组成部分，是黑武光、周天行之流顽固推行修正主义路线、复辟资本主义的得力工具，是航院右倾翻案的堡垒。必须彻底砸烂！

文化大革命中，由黑武光、周天行把持下的院党委虽然被革命小将所冲垮，但为旧党委服务的组织机构——旧政治部并未被打碎。黑武光、周天行的死党和爪牙人还在，心不死，他们巧妙地转入地下，"和我们作拼死的斗争。"

他们非常狡猾、阴险地采用"打进来，拉出去"的两面派手法，分化和破坏新生的红色政权，否定无产阶级文化大革命；他们用尽一切阴谋诡计，窥测方向，接过革命口号，制造反革命舆论，死保黑武光隐藏在航院的第二套班子的头面人物周天行；他们和社会上多次反动逆流遥相呼应，兴风作浪，挑动群众斗群众，犯下了滔天罪行！

总之，他们时刻在梦想复辟变天！

阶级斗争的实践告诉我们：如果不摧毁旧政治部，航院的运动就不能深入地发展，航院的无产阶级文化大革命就不可能取得彻底的胜利。现在是彻底砸烂旧政治部的时候了！

但是，值得注意的是，某些负责人对旧政治部的清理阶级队伍的群众运动，领导得很不认真、很不得力，以致旧政治部的运动至今仍然死水一潭。甚至有人公然站在右倾保守势力一边，打击革命势力，捂住阶级斗争盖子，妄图保护黑武光、周天行之流的死党和黑爪牙蒙混过关。这是绝对不能允许的！务必引起全院红旗战士和共产党员的严重注意！我们有言在先，谁如果捂住旧政治部的阶级斗争盖子，阻止群众运动的深入发展，我们就要把他揪出来，坚决把他打倒！

打倒黑武光！打倒周天行！

彻底砸烂旧政治部！

最高指示

无产阶级文化大革命，实质上是在社会主义条件下，无产阶级反对资产阶级和一切剥削阶级的政治大革命，是中国共产党及其领导下的广大革命人民群众和国民党反动派长期斗争的继续，是无产阶级和资产阶级阶级斗争的继续。

关于彻底砸烂旧政治部的联合声明

在阶级社会里，不论什么阶级总是把突出政治摆在第一位。资产阶级要突出资产阶级政治，无产阶级要突出无产阶级政治。

在航空学院一小撮叛徒、特务、顽固不化的走资派黑武光、周天行、程九柯之流把持下的旧党委政治部是修正主义院党委的核心组成部分，是黑武光、周天行之流突出资产阶级政治，对无产阶级实行资产阶级专政的主要工具。黑武光、周天行之流通过旧政治部，疯狂地忠实地推行刘邓路线，肆无忌惮地大搞资本主义复辟活动。旧政治部是航院一小撮走资派黑武光、周天行之流用来大搞资产阶级独立王国的最得力的工具！

无产阶级文化大革命中，旧政治部成了黑武光、周天行之流疯狂抵抗革命群众运动，进行垂死反扑的最顽固的堡垒。

运动初期，是旧政治部，大造"院党委是革命的""是高举毛泽东思想伟大红旗的"，不是"黑帮"，而是"红帮"的反革命舆论，大造黑武光是"好院长"的反革命舆论。在旧政治部的努力下，黑武光成了"红武光"，成了捂住航院阶级斗争盖子、保护航院一小撮的"大红伞。"

在成立革命委员会的关键时刻，是旧政治部大肆吹捧程九柯是"革命的好干部"，使这个狗叛徒得以混入新生的红色政权。

在新生的革命委员会每前进一步的道路上，旧政治部充当航院地下黑司令部的"十字军"，在航院无产阶级文化大革命的战场上，掀起一阵又一阵右倾翻案的妖风。就是这个旧政治部，把周天行吹捧成航院"最好的革命干部"，并为此日夜奔忙，废寝忘食地为周天行翻案；就是这个旧政治部，在整党的关键时刻，公开跳出来否定革命小将，否认航院的红色政权；就是这个旧政治部，以反派性为名，大整造反派，大搞右倾翻案；也还是这个旧政治部，在当前反击右倾翻案风、清理阶级队伍的战斗激烈地进行的时刻，变得死水一潭。旧政治部是航院右倾保守、右倾复辟的"主力军。"

我们的付统帅林副主席在一九六七年八月七日的报告中告诉我们说："被党内一小撮走资本主义道路当权派控制的这一部分国家机器，实际上是资产阶级的国家机器。"被黑武光、周天行之流控制的修正主义院党委，实际上就是资产阶级的国家机器。旧政治部是地地道道的搞资产阶级政治的资产阶级政治部，是修正主义院党委这个资产阶级国家机器的核心组成部分，必须彻底砸烂！

是彻底清算航院一小撮走资派黑武光、周天行、王大昌、程九柯、张仲禹之流的反革命滔天罪行的时候了！是彻底砸烂旧政治部的时候了！

干到底、革命的红旗战士、革命的共产党员，一切革命的同志们：行动起来，"要扫除一切害人虫，全无敌"！

打倒刘邓陶！

打倒彭罗陆杨！

打倒彭德怀！打倒贺龙！打倒谭震林！

打倒王关戚！

打倒杨余付！揪出黑后台！

打倒黑武光！
打倒周天行！
横扫一切牛鬼蛇神！
无产阶级文化大革命全面胜利万岁！
毛主席的无产阶级革命路线胜利万岁！
战无不胜的毛泽东思想万岁！
伟大领袖毛主席万岁！万岁！万万岁！

旧政治部《干到底》
砸烂旧政治部支左部队
刘天章连
《红旗》报编辑部
《红旗》战报编辑部
第五办公室
红旗红鹰纵队
4141《干到底》
4211《铁扫帚》
3703《干到底》
4351《干到底》
591《干到底》
原政治部办公室《追穷寇》
原政治部革命同志
红六系《干到底》
4222《忠于毛主席》
204 红旗《干到底》
4212 红旗《干到底》
4131 红旗《井冈红鹰》
2531 红旗《干到底》
2551 红旗《干到底》
红九系《干到底》！
1968 年 5 月 16 日

清理阶级队伍战报

第 10 号，1968 年 5 月 18 日共 8 版

"516"通知（摘录）

高举无产阶级文化革命的大旗，彻底揭露那批反党反社会主义的所谓"学术权威"的资产阶级反动立场，彻底批判学术界、教育界、新闻界、文艺界、出版界的资产阶级反动思想，夺取在这些文化领域中的领导权。而要做到这一点，必须同时批判混进党里、政府里、军队里和文化领域的各界里的资产阶级代表人物，清洗这些人，有些则要调动他们的职务。

混进党里、政府里、军队里和各种文化界的瓷产阶级代表人物，是一批反革命的修正主义分子，一旦时机成熟，他们就会要夺取政权，由无产阶级专政变为资产阶级专政。这些人物，有些已被我们识破了，有些则还没有被识破，有些正在受到我们信用，被培养为我们的接班人，例如赫鲁晓夫那样的人物，他们现正睡在我们的身旁，各级党委必须充分注意这一点。

在夺取文化大革命全面胜利的战斗中立新功！

本报评论员

两年前，世界革命人民伟大导师毛主席亲自主持制定的划时代的历史文献——516《通知》，粉碎了中国赫鲁晓夫妄图复辟资本主义的阴谋，吹响了无产阶级文化大革命进军的号角，开辟了世界革命的崭新航道。

今天，波澜壮阔的无产阶级文化大革命浪潮正汹涌澎湃地夺取着全面彻底的胜利。开眉一望，一派朝气蓬勃的革命景象：毛泽东思

想格外深入人心，革命人民格外意气风发，红色革委会一派烂漫朝晖；瞥眼一见，那一小撮中国赫鲁晓夫及其同伙被革命浪潮冲刷的一败涂地，狼狈不堪，成了不齿于人类的狗屎堆。

两年的搏斗，五大回合的较量，最最雄辩地证明516《通知》是何等英明！何等正确！

516《通知》是无产阶级文化大革命的指路明灯，是确保从社会主义过渡到共产主义而不回折的灯塔！

《通知》明确指出，在这整个过渡时期，革命的主要对象，是那些混进党内打着"红旗"反红旗的资产阶级代表人物、赫鲁晓夫式的人物和反革命两面派。我们必须及时识破他们，剥开他们的伪装，把他们揪出来斗倒批臭。这是始终不渝的斗争大方向。

最近，在我院清理阶级队伍中，又揪出了混进红色政权内部的程九柯、邵群、罗崎、随哲民等一小撮叛徒、特务和反革命两面派，揭出了"朝野结合"的航院"地下黑党委"，这更进一步证明了毛主席的英明论断是何等正确！何等伟大！

《通知》指出，对于这些危害最大的敌人，必须夺他们的权，"清洗这些人"，"调动他们的职务"，彻底斗倒批臭！

让我们高举516《通知》的伟大红旗，把无产阶级文化大革命进行到底！

给周天行宣读死刑判决书

划时代的马列主义文献——"516"《通知》已公开发表一周年了。一年来，在伟大统帅毛主席的指挥下，在《通知》的光辉指引下，以红旗战斗队为先锋的航院文化革命大军，同以黑武光、周天行为"山大王"的航院黑司令部的生死搏斗，已经取得了伟大的决定性的胜利。"山大王"之一黑武光在以毛主席为首、林副主席为副的无产阶级司令部的巨掌下，毕露了大叛徒大特务的反革命原形；"山大王"

之二周天行的狗皮，也被文化革命大军的钢爪扒开，露出了反革命的"狗肺、狗脏、狗肝、狗肠"。纵观周天行的历史，绝不是什么革命者，而是一个老反革命；绝不是什么马列主义者，而是一个老修正主义分子，老右倾机会主义分子。除此之外，他还是一个一贯伪造历史欺骗党的李万铭式的政治大骗子、野心家。

早在中学时代，他就投靠国民党汪精卫派、大汉奸华汉光的门下，当上了红黑社的头头，成为华汉光的忠实信徒。周天行竟滑天下之大稽，说什么这就是参加了"革命工作"，真不知天下有羞耻事。他还主动参加国民党法西斯军事训练，三十年来，一直保留刊载有蒋光头狗相和特务头子通信地址的纪念册，真是反动透顶；周天行一直向党隐瞒了这一事实真相，胡说什么是"党派他学军事"。

在抗战初期，周天行混入党内以后，他利用窃取到的领导职位，疯狂推行王明投降主义路线，给国民党"抬轿子"，成为王明的忠实爪牙。

在抗战中期，他积极支持阳江反党集团，成为他们的黑后台。他还利用职权破坏党的组织，并且招降纳叛，成为阳江潜入党内的国民党别动队的总头目。

在抗战胜利后，他积极参与推行刘少奇的"和平民主新阶段"，成为中国赫鲁晓夫的孝子贤孙。

在解放战争中，他招降纳叛，大搞新高鹤山头主义，并且歪曲党的统战政策，推行对地主阶级的投降主义路线。

在解放初期，他大量包庇地主恶霸土匪头子国民党匪首等牛鬼蛇神，对他们施仁政，和他们亲如一家。他还是江门反革命事件的黑根子。

在土改运动中他忠实推行刘少奇及其在广东的代理人方方的和平土改路线，压制贫雇农，保护地主，成为地主富农在党内的代理人。

周天行在土改中猖狂推行地方主义，是一个被武光包庇下来的地方主义分子。

可以看出周天行连民主革命阶段也没有革过"命"，相反是反革命。解放后的十七年更是周天行顽固推行修正主义路线，坚持走资本主义道路的十七年，是他猖狂反对毛主席、对抗毛泽东思想的狼子野心大暴露的十七年。

他从在湛江工作开始，就对抗毛主席，肆意歪曲党在过渡时期的总路线，破坏社会主义改造。

在肃反斗争中，他包庇坏人，向肃反对象屈膝投降，又一次暴露出其右倾机会主义的嘴脸。

他积极推行刘邓陆修正主义教育路线，大力推销苏修教授阿比波夫的修正主义教育思想，大力贯彻高教黑六十条，处心积虑地炮制出一系列黑文件，极力扼杀 58-60 年教育革命成果，巩固资产阶级知识分子对学校的统治，与毛主席的教育路线相对抗。

他积极推行刘邓修正主义建党路线，公开宣扬"全民党""全民国家""和平过渡"、赫鲁晓夫假共产主义、"公私融合论"，甚至公然在七大党章生效的条件下，篡改党的指导思想，胡说："以后不提毛泽东思想了。"他追随彭安黑帮，大量吸收没有改造好的资产阶级知识分子入党，并且给以重任，实现变相的"教授治校"。妄图改变我们党的性质。

他反复鼓吹"政治落实到业务"的修正主义黑货，引导青年走只专不红、成名成家的道路。

他积极贯彻修正主义干部路线，搜罗社会渣滓，招降纳叛，结党营私，并且公开鼓吹"外行领导内行快过去了"，"未来国家领导者来自青年师生之中"，甚至宣扬"科学救国。"

在×所领导科研工作中，他推行迷信苏美贪大求洋的修正主义路线，抵制毛主席提倡的自力更生、勤俭建国的建设方针。

周天行不仅在各个历史时期一贯顽固对抗毛主席的英明指示，对抗毛主席的革命路线，而且公然攻击我们伟大领袖毛主席，猖狂反对毛泽东思想，狂妄地对毛主席著作，妄加"批注"，挑剔、怀疑，甚至否定，胡说什么"亦工亦农是不对的"，"毛泽东思想也有矛盾"等等，他还紧跟刘少奇，在三年暂时困难时期大反三面红旗，为右倾机会主义分子鸣冤叫屈。周天行是一个地地道道的反毛泽东思想的反革命修正主义分子。

周天行是旧北京市委黑帮的一名得力干将，他积极参加旧市委策划的抵制学习解放军、北师大在四清、政干调研、推广政治落实到业务的典型的一系列黑活动，并且扮演主角，为其黑主子立下了汗马功劳。

周天行积极追随大叛徒大特务黑武光十六年，在文化革命中他们又互相包庇，狼狈为奸。周天行是地地道道的武光黑线人物，黑武光的死党。

周天行在文化革命中犯下了滔天罪行。他疯狂推行资产阶级反动路线，镇压革命小将。在无产阶级革命派夺权以后，他猖狂进行反攻倒算，掀起一阵又一阵翻案妖风，挑动群众斗群众，操纵地下黑司令部妄图分裂、颠覆新生的红色政权——革命委员会。他还狗急跳墙，竟敢烧掉有其反动"批注"的书籍，并涂改反动"批注"，销赃灭迹，对抗无产阶级文化大革命，对抗革命群众。

周天行的三十年绝不是什么革命的三十年，而是地地道道的反革命的三十年。在民主革命时期，他实际上是国民党地主富农在我党内的代理人，是国民党的残渣余孽。在社会主义革命时期，他顽固坚持走资本主义道路，是地地道道的顽固不化的走资派。

贯穿他三十年历史的是一条反革命的黑线。王明、刘少奇是他的祖师爷，谢创、吴山、罗范群、刘回夫、吴有恒、尹林平、方方、黑武光等叛徒、特务、反革命两面派是他直接的黑后台。他从来就没在毛主席司令部里挂过号，一直是刘邓资产阶级司令部下属的一名小爪牙。

今天，是把周天行揪上断头台的时候了！让我们狠狠反击右倾翻案妖风，彻底批判右倾机会主义，右倾投降主义，右倾分裂主义，发扬鲁迅先生"痛打落水狗"的彻底革命精神，在《通知》的战斗号角声中，向航院的地下黑司令部发起彻底毁灭性的总攻击！

"要扫除一切害人虫，全无敌"！

热烈欢呼划时代的马列主义文献
"516"《通知》公开发表两周年

【短评】伟大领袖毛主席亲自主持制定的"五一六"《通知》吹响了无产阶级文化大革命的战斗号角,指明了斗争的方向。"混进党里、政府里、军队里和各种文化界的资产阶级代表人物,是一批反革命的修正主义分子,一旦时机成熟,他们就会要夺取政权,由无产阶级专政变为资产阶级专政。"两年来急风暴雨的阶级斗争实践,使广大人民群众更深刻地认识到毛主席这一英明教导,更清晰地觉察到和认识到这样一批反革命修正主义分子。从刘邓陶到航院的黑武光、周天行无一不是这样的历史小丑。这群没落阶级的代表者、逆时代潮流而行的家伙们统统被无产阶级革命派推上了历史断头台。大江东去,浪淘尽千古污泥浊水。

在航院,以红旗战斗队为先锋的文化革命大军为捍卫毛主席创立的第三个里程碑,捍卫"五一六"《通知》的革命精神,两年来,同阶级敌人及形形色色的右倾机会主义思潮进行了艰苦卓绝的斗争,试看今朝,大叛徒、大特务黑武光完成了无产阶级专政的阶下囚,响当当的顽固不化走资派周天行成了人民群众的瓮中鳖。航院是属于无产阶级革命派的天下。

响当当的顽固不化走资派、航院地下复仇军的副总后台周天行在和我们一个回合一个回合地较量着,他无比仇视新生的红色政权,时时梦想分裂我们的革委会,采用打进来,拉出去的手法企图搞垮革委会,在我们的新生红色政权中安放了小蛀虫,蒙蔽群众,蒙蔽革命小将,阴险透顶、恶毒已极。然而每一个回合都是以我们的胜利,周狗天行之流的惨败而告终,航院的无产阶级文化大革命历史不正是这样走过来的吗?高举"五一六"《通知》的战旗,擦亮眼睛,认清敌人,同右倾保守主义、右倾分裂主义、右倾投降主义坚决斗争,彻底粉碎右倾翻案妖风,这是目前最重要的斗争任务。

彻底砸烂原政治部

北京矿业学院

【校外消息】据矿院东方红报道：四月二十六日由采矿系 623《东方评论》等 120 个单位发表了"关于彻底砸烂原政治部的联合声明"，声明说：在矿院一小撮走资派把持下的原党委政治部是修正主义院党委的核心组成部分，是一小撮走资派对无产阶级实行资产阶级专政的主要工具、忠实推行刘邓路线的御用工具、复辟资本主义的策源地。旧政治部中的顽固保守派最近以整党为名，竟炮制了资本主义复辟的宣言书《致全院共产党员、革命师生员工的公开信》，炮制他们所理想的"临时党委"为"革委会的核心，公开为张、李一小撮走资派翻案作舆论准备，明火执仗地夺矿院党权。"联合声明建议："彻底砸烂原党委政治部。遵照江青同志'关于新的政权机构要自己拉出来，不要和原来的机构沾边'的精神（按：原话见 1968.3.30 中央首长在审查修改湖南革筹小组关于成立革委会的报告时的重要指示），革命委员会政治部绝不能与原政治部拉拉扯扯，混杂在一起。"四月二十七日矿院革委会决定：为了全面落实毛主席的最新指示和江青同志的指示精神，为了彻底揭开原修正主义院党委的盖子，根据全院广大无产阶级革命派的强烈要求，彻底砸烂原党委政治部，把原政治部机关人员（包括现在在各部门工作的同志），除已结合在院革委会的领导干部、打字员、门卫人员之外，一律集中举办毛泽东思想学习班，投入彻底揭发和批判旧市委、旧煤炭部、旧高教部和前修正主义院党委的问题，全力以赴投入当前反对右倾机会主义、右倾分裂主义和右倾投降主义，粉碎右倾翻案风的群众运动中去。

这是什么问题?

在战无不胜的毛泽东思想指引下,我院清理阶级队伍的洪流,像大海的怒涛,猛烈地冲击着那些暗藏在航院各个部门的牛鬼蛇神。那些号称"大人物""核心人物""权威"的家伙们,却暴露出真国民党,真反革命的丑恶面貌,在革命群众的大揭发,大批判,大斗争面前,不得不低下他们的狗头。

但低头并不说明他真正要投降,这正如我们伟大领袖毛主席所说的那样,"敌人是不会自行消灭的。无论是中国的反动派,或是美国帝国主义在中国的侵略势力,都不会自行退出历史舞台。"航院的敌人还在活动。

在目前,阶级敌人业已使出一套软磨硬抗的手法,变成一条冻僵了的蛇,企图要我们可怜它,在这些假象面前,我们队伍中的一些同志,却患了严重的"感冒。"

被看管的敌人,可以自由自在地四处活动,不交代自己的问题,不揭发其他问题,有的还自由下棋,我们极个别的同学竟然与这通狗东西,谈笑风生,打排球,简直耳聋鼻塞感冒到何种地步!

"革命不是请客吃饭","对反动派造反就是有理。"革命的同志们,我们对那些已被揪出来的家伙要实行严肃的无产阶级专政,绝不能让他们乱说乱动。

"鸟无头不飞,蛇无头不行"敌人还在行动,我们不要被笑声所放松警惕,要继续战斗。

清理阶级队伍战报

第 11 号，1968 年 5 月 23 日共 8 版

把红旗插上校医院

3221 支左小分队一战士

【编者按】3221 校医院支左小队的文章很好，值得一读。

革命的根本问题是政权问题，我们进行清理阶级队伍的根本问题也是政权问题。这个领导权一定要牢牢掌握在无产阶级革命派手中，对于领导权被坏人篡夺的单位，首先是清洗这些人，尤其是不能让他们领导文化革命的工作。

支左小分队在下去的时候，阻力是很大的，尤其是被坏人掌权的单位，阻力就更大了，开进去了也可能被顶回来，也可能被置于"无用武之地"等等。但是不论怎样，只要我们遵循毛主席的教导，就一定会粉碎敌人的一切阴谋诡计，取得一个一个的胜利。

四月中旬，我院清理阶级队伍的群众运动已经轰轰烈烈地搞起来了。我们怀着对伟大领袖毛主席、对战无不胜的毛泽东思想的无限热爱，对一小撮阶级敌人的无比憎恨，来到校医院参加清理阶级队伍的工作。我们第一天去联系工作，就冷遭拒绝。前革命小组负责人说什么"要后勤部讨论同意，要革命小组讨论同意，要革命群众讨论同意"，才能让我们开进校医院，说穿了，就是只有通过革命小组，只有通过这个负责人的同意，我们才能进来。但是，历史的潮流是阻挡不住的，管你让不让进，我们是革命的红旗战士，我们是来闹革命的，既然要来，我们就来定了，谁也阻挡不了！第二天，在后勤部革委会的大力支持下，我们的支左小分队就开进了校医院。

然而，进校医院一看，全院运动轰轰烈烈，可这个已进行两个多月试点的单位都是冷冷清清，没有大字报，没有发动群众揭发批判，

每天政治学习，不结合清理阶级队伍，只念"革命委员会好"的社论，大谈什么"有人要搞垮革命小组"等等，而更多的人是一言不发。某负责人又大肆宣扬："校医院揪出了王鉴锁，阶级斗争盖子彻底揭开了。"等等。这到底是怎么一回事呢？

"你对于那个问题不能解决吗？那么，你就去调查那个问题的现状和它的历史吧！你完完全全调查明白了，你对那个问题就有解决的办法了。"我们遵循毛主席的伟大教导，深入群众进行调查研究工作。我们小分队每一个战士下到各组参加学习，召开座谈会，晚上个别访问，倾听广大革命群众对校医院运动的看法，了解校医院阶级斗争的情况。经过将近十天的调查，我们发现校医院阶级斗争的盖子并未揭开，坏人并未清完；而且校医院内一小撮阶级敌人都与这个负责人有极密切的关系。我们又进行了更加深入细致地调查研究，终于知道，就是这个负责人，与校医院一小撮牛鬼蛇神互相勾结、结党营私、互相包庇；正是这个负责人，是校医院一小撮牛鬼蛇神的总后台。这时我们才清楚，为什么我们进去遭到如此大的阻力，而校医院的运动又是如此冷冷清清。

十六条中指出："文化革命，既然是革命，就不可避免地会有阻力。这种阻力目前还是相当大的、顽强的。但是，无产阶级文化大革命毕竟是大势所趋，不可阻挡。只要群众充分发动起来了，这种阻力就会迅速被冲垮。"我们深深感到，必须冲破这种阻力，踢开绊脚石，彻底闹革命。

我们一方面学习中央关于清理阶级队伍的文件，发动革命群众，要他们勇敢地站出来，不要怕压，打消顾虑，发扬红旗战士彻底革命精神，彻底揭露敌人、打击敌人。另一方面，我们通过各种方式，与革命小组某负责人展开了针锋相对的斗争。

毛主席教导我们说："凡属将要灭亡的反动势力，总是要向革命势力进行最后挣扎的。"我们要发动群众，找群众谈话，我们谈一个，他也马上谈一个，妄图抵消我们的影响，继续蒙蔽群众。我们要揪坏人，他却用种种办法抵制。就在宣布孟静儒停职隔离审查的当天中午，孟在他家"请示"后就逃跑了。孟是个漏划大右派，典型资产阶级分子，他不但不组织群众揭发批判，还为其涂脂抹粉，大谈什么"只是有资产阶级思想，而不是反动。"在无数铁证面前，他无法抵赖，只好又装出一副无可奈何、受了"蒙蔽"的样子，胡说什么"我对她过去的问题不了解"，"我和她没什么关系"，企图为自己的罪责开脱。在这种种办法都不生效时，他又使出另一招，在群众大会上公开散布自己和××的生活问题，企图转移斗争大方向，但这一阴谋又被我们识破了。

经过几个回合的搏斗，彻底暴露了这个家伙的反革命真相，经后勤部革委会的批准，撤了他革命小组负责人的职务，踢开了压在校医院的大石头，重新组织了革命的领导班子，校医院的运动这才大踏步前进了，取得了一个接一个的胜利！

在这场斗争中，我们深深体会到，革命的根本问题是政权问题，我们在校医院参加清理阶级队伍的斗争，就是一场严肃的夺权斗争。要把一小撮牛鬼蛇神及其后台统统打倒，把权牢牢地掌握在无产阶级革命派手中。同时，在这场斗争中会遭到各种各样的阻力，我们要下定决心，不怕牺牲，排除万难，冲破重重阻力，夺取清理阶级队伍的最后胜利！

反右倾、反投降、反翻案、反复辟

红二系召开《坚决击退邵群右倾翻案妖风》大会

《红旗战报》记者

【编者按】二系活跃了，二系在前进！最近，二系革命的红旗战士和革命的同志把坐在二系阶级斗争盖子上压制革命的家伙给扒拉下来了，给他点颜色看看了！好极了！

这件事又一次雄辩地证明了，汹涌澎湃的革命洪流是不可抗拒的，它必将冲决一切束缚手脚的罗网，搬掉一切绊脚石。

目前，个别部门和单位遇到了形形色色的阻力和阀门，我们深信，革命迟早总会发生,一切挡道阀门、拦路石头必将落得同样的下场。

在庆祝毛主席亲自主持制定的伟大历史文件 5·16 通知发表两周年的战斗日子里,在全国全院反右倾鼓干劲夺取无产阶级文化大革命全面胜利的大好形势下,红二系革命师生高举革命批判的旗帜,意气风发,斗志昂扬,取得了清理阶级队伍战役第一回合的胜利——把混入二系革委会,二系大刮右倾复辟翻案妖风的总根子邵群停职反省了!这真是大快人心!17 日上午,由 202 教研室、4221 支左小分队、加工间、系办公室发起召开的红二系《坚决击退右倾翻案妖风》大会,深刻地批判了邵群的右倾翻案言论,狠狠地打击了右倾翻案妖风。

最近以来,一连串的"为什么"像一块沉重的石头压在二系革命派的心上:为什么国民党的校级军官、残渣余孽在二系能高官厚禄,飞黄腾达?为什么二系出了像胡孝宣、安丰钧、文传源、唐邑等坏人?为什么二系的干部始终抱成一团"联名发言"?为什么二系的干部对邵群不敢触动?为什么清理阶级队伍一开始就有人散布流言蜚语妄图使革命就此止步?红二系无产阶级革命派和革命群众用战无不胜的毛泽东思想这个政治上的望远镜,认真分析了系里历史和现状,终于认识到,捂着系里阶级斗争盖子成为运动发展阻力的不是别人,就是邵群!

参加大会的革命师生员工用确凿的事实雄辩地证明了邵群就是二系右倾翻案的总代表。清理阶级队伍开始后,群众提的问题涉及到邵群,邵群就暴跳如雷,大叫:"矛头指向我,是大方向错了!"当群众提出要清理某个国民党的残渣余孽时,邵就赶忙说:"某人的问题可以放到以后一般审干再搞"企图保驾其过关;当基层干部揭发其问题时,邵便威胁地说:"我有我的问题,你们也有你们的问题,"以此压基层干部;当群众质问他为什么重用坏人时,他非但不承认错误,且反问群众:"当时大家都不愿意干,他愿意干,不让他干让谁干?"也就是这个邵群,对于一个本来有严重问题的人却散布说:"某某是个好同志。"对于胡水鬼文传源张口"老文"闭口"小胡。"就是这个邵群，利用反"派性"向革命小将反攻倒算，利用"恢复党组织活动"封官许愿。大搞复辟翻案活动。……一句句揭发批判像重型炮弹射向邵群，一阵阵"邵群不投降就叫他灭亡""邵群必须低头认罪，老实交代"的口号声像大海的怒涛要把这个二系右倾翻案复辟的总根子吞没，整个大会气氛热烈，群情激昂，有力地粉碎了邵群所掀起的右倾翻案妖风。

最后，系清理阶级队伍领导小组同志讲了话，表示坚决支持大会召开，并同全系广大革命师生员工一起，把邵群的问题揭深揭透，把二系阶级斗争盖子彻底揭开。想要阻挡潮流的机会主义者虽然几乎到处都有，潮流总是阻挡不住的。社会主义到处都在胜利地前进，把一切绊脚石抛在自己的后头。一切在历史的长河里逆流而动，倒行逆施的人必陷灭顶之灾，在文化大革命滚滚向前的道路上，是绊脚石就得踢开！红二系无产阶级革命派和革命师生决心在毛主席最新指示的指引下，高举革命批判大旗，彻底粉碎右倾翻案妖风，把二系的阶级斗争盖子彻底揭开，夺取文化大革命的全面胜利！

新的胜利在前面召唤着我们，让我们奋勇前进！

清理阶级队伍战报

第12号，1968年5月25日共4版

打倒大叛徒、大特务程九柯！

刘天章连一排

最高指示

无产阶级文化大革命，实质上是在社会主义条件下，无产阶级反对资产阶级和一切剥削阶级的政治大革命，是中国共产党及其领导下的广大革命人民群众和国民党反动派长期斗争的继续，是无产阶级和资产阶级阶级斗争的继续。

现在，已到了彻底弄清胡风这一批反革命黑帮的面目的时候了，中国人民再也不容许他们继续玩弄欺骗手段！全国人民必须提高警惕！一切暗藏的反革命分子必须揭露！他们的反革命罪行必须受到应有的惩处！

前 言

我们心中最红最红的红太阳毛主席的弟弟，我党优秀的共产党员、党的杰出干部毛泽民同志，是被那些狗叛徒出卖的？我党的创始人之一、祖国最优秀的儿子陈潭秋同志，是被哪一堆臭狗屎出卖的？我党的优秀党员、坚贞不屈的革命战士林基路同志，是被哪一群无耻之徒出卖的？这个二十五年来长期得不到解决的问题，今天终于找到了答案：这帮无耻之徒不是别人，就是以马明方、方志纯和张子意为首的叛徒、特务集团！而这个罪恶集团的得力黑干将就是程九柯！

关于"412阴谋暴动案"

为使同志们对下面所提及的"412阴谋暴动案"有个大致的了解，我们现在先简要地来说一下这个"案件"到底是怎么一回事。盛匪世才为了巩固和加强他的反动统治，极尽造谣、诽谤和陷害之能事。于1942年3月27日一手策划暗杀了机械化旅旅长盛世骐（盛匪之弟、留苏学生，比较靠近苏联和共产党。）于是说什么：徐杰（陈潭秋）周彬（毛泽民）多次秘密开会，筹划在四二年四月十二日盛世才召开的"4.12"纪念民众大会上刺杀盛世才、邱宗潘（盛之岳父）盛世骐（盛之弟）和李英奇等，然后组织暴动，占领督办公署，以夺取新疆军政大权。盛匪还造谣说："这个阴谋暴动案与苏联有关，徐杰与苏联驻迪化（注：即乌鲁木齐）领事馆取得联系和指示"云云，嫁祸于共产党，以达到其彻底肃清中共在新疆的力量之目的。就这样，在盛匪的亲自指挥下，一个共产党"4.12阴谋暴动案"被捏造出来了。盛匪世才以特务头子、新疆警备处长李英奇为首，组织了一个法西斯审判委员会。特务头子李英奇为捏造案情，还毒辣地炮制了一个"悔过提纲"，发给狱中的自首变节分子，让他们按照"提纲"编号、虚构具体情节，为杀害陈潭秋、毛泽民和林基路三同志寻找"证据。"

程九柯在新疆监狱的滔天大罪

程九柯于1942年9月被盛匪软禁。软禁后，程九柯根本不敢想去如何跟敌人进行坚决的斗争，而只是希望盛匪对他"施加仁政"，得以释放。敌人把陈潭秋、毛泽民等十多人拉到了刘公馆，对此，程九柯不敢骂敌人半句话，不敢抗议半个字。相反，程九柯却"对盛世才抱有幻想，希望他能把我们释放送回延安"，"在自己的灵魂深处，有怕坐牢、怕死的思想。"这真是一副十足的贪生怕死、毫无骨气的奴才相。

1943年4月，程九柯被送到第一监狱。这时，程九柯整天苦闷寡言，念念不忘的是上刑、拷打、怕死。他自己交代说："敌人把我们抓进监狱来，是为了审讯，使我们承认他一手制造的假案4.12暴动案，这样必然就要对我们上刑、拷打、怕死的思想更加发展。"在讨论"4.12"问题时，程九柯无限恐惧地说："我们在监狱中失去了一切自由，命运完全掌握在敌人的手中，不向盛世才承认，就绝不会放过我们。"言为心声，程九柯的叛徒嘴脸不是已经由他自己活活地刻画出来了吗？

5、6月间，程九柯第一次被提审。在审讯中，敌人还没有上刑，也没有拷打，程九柯就被吓得发抖，满口承认了"4.12暴动案"，最后在记录本上签了狗名，按了爪印。审讯完毕，回到号子里，程九柯又根据审判官的指示，把审讯的全部情况向本号人员讲了一遍，并积极地为反动派效劳，作"诱降""策反"工作。程说："根据现在的情况，不承认恐怕不利。你们应该怎么处理你们自己考虑吧。"审讯后的第二天，看守发了纸和"悔过提纲"，程九柯就老老实实地按照这个"提纲"，写了彻底叛党投敌的"悔过书。"他就是这样写的：

几年以来，新疆省在盛督办领导之下，四百万人民安居乐业，欣欣向荣，我们共产党准备于一九四二年四·一二暴动。在这以前，刺杀了机械化旅长盛世骐。徐杰、周彬等与苏联驻迪化领事馆合谋进行暴动,准备在四•一二纪念大会上刺杀盛督办,夺取政权,因有戒备,使共产党的这一暴动计划未能得逞。当时我在阿克苏工作,没有参加这一类暴动活动。我拥护新政府,拥护盛督办,今后亦不参加这类活动,特此声明。

程九柯(手印)
一九四三年月日

就这样,程九柯完全出卖了灵魂,出卖了革命,成了杀害陈潭秋、毛泽民和林基路三同志的可恶帮凶。

1944年春,程九柯由第一监狱被押到第二监狱。在狱中程九柯无耻地充当叛徒头子马明方、方志纯的联络交通员,还多次发表声明脱离共产党,参加国民党,为国民党效劳。程九柯在狱期间并就参加了国民党的秘密特务组织。到1946年6月11日,张××借释放政治犯为名,把程九柯这批叛徒、特务打入延安,为准备内战搜集重要情报。程九柯一伙叛徒,为了到延安后不致暴露其叛徒的真面目,便决定迟走一个月。在这一个月的时间内,程九柯亲自参与策划、组织订立"攻守同盟",并与张××谈判,销毁档案材料,以便欺骗党、欺骗毛主席,长期隐藏在我们党内,干着不可告人的各种罪恶勾当。

程九柯真是罪恶累累,罄竹难书!

坚决打倒大叛徒、大特务程九柯!

打倒程九柯,捣毁"地下黑司令部"

【短评】千军万马追穷寇,万里东风扫残云。长期以来,披着"老革命"的外衣,混进红色权力机构——革委会的程九柯,在毛泽东思想这面照妖镜面前,现出了原形,被广大的无产阶级革命派推上了历史的断头台。真是大快人心!

程九柯是什么东西?现在已经查明,他就是伙同大叛徒马明芳、方志纯、张子意之流出卖毛泽民、陈潭秋、林基路等同志，双手沾满了革命烈士鲜血的大叛徒、大特务；是拜倒在蒋匪介石、盛匪世才脚下的国民党反动派的忠实走狗，是一个咒骂"共产主义不适合中国国情""放弃共产主义信仰"的可耻的自首叛党分子。必须坚决把他打倒！

有人说：程九柯的干劲不足，就是喜欢抹稀泥，旗帜不鲜明等等！难道真是这样吗？不！此人"是顽固学校毕业的"，他的资产阶级反动立场顽固得很！他搞反革命活动的干劲足得很！

就是他，几十年来，跟叛徒们订立攻守同盟，毁赃灭迹，抗拒党和人民的审查，欺骗党，欺骗毛主席！真是罪该万死！

就是他，伙同黑武光、周天行、王大昌之流，罗网叛徒、特务、国民党的残渣余孽，"组成了一个暗藏在革命阵营的反革命派别，一个地下的独立王国"，也就是航院的"地下黑司令部。"充当这个黑司令部的前台总指挥。

还是他，煽阴风，点鬼火，纠集小臭虫陆志芳、程曰平之流，死保周天行，大刮右倾翻案妖风，妄图颠覆革委会，犯下了滔天罪行。

大叛徒、大特务程九柯的罪行累累，罄竹难书。现在是彻底清算的时候了。

现在，随着顽固不化的走资派周天行被揪出，航院"地下黑司令部"的阵脚已经大乱，他们彻底灭亡的时刻已经来临。革命的同志们，让我们团结起来，发展大好形势，乘胜前进，打倒程九柯、彻底捣毁"地下黑司令部"，把那些张九柯、李九柯、王九柯们统统揪出来示众，不获全胜，誓不收兵！

剖析"地下黑司令部"死保周天行的反革命伎俩！
刘天章连四排在"打倒周天行"大会上的发言选登

毛主席教导我们："各种剥削阶级的代表人物，当着他们处在不利情况的时候,为了保护他们现在的生存,以利将来的发展,他们往往采取以攻为守的策略,……或者吹捧一部分人,攻击一部分人;或者借题发挥,'打开一个缺口',使我们处于困难地位。总之,他们老是在研究对付我们的策略,'窥测方向',以求一逞。有时他们会'装死躺下',等待时机,'反攻过去'。……我们革命党人必须懂得他们这一套,必须研究他们的策略,以便将他们战而胜之。切不可书生气十足,把复杂的阶级斗争看得太简单了。"

航院的阶级敌人,是一批异常顽固的、阴险的敌人,为了保住将要失去的"天堂",他们进行了垂死的挣扎,使尽了一切阴谋手段,但终究是"机关算尽太聪明,反误了卿卿性命"!下面我们一一剖析"地下黑司令部"保周的反革命伎俩。

一、捧武保周

周天行是武光带来的一员干将,又是武光走后在航院的代理人,这一点,敌人再清楚不过了。要保住周天行,首先要保住武光,这就是敌人的第一个策略。

早在66年五月份,航院的一小撮凭着他那反革命的敏感,预计到一场大风暴即将来临,他们的末日快到了。在一次会议上,方复之汇报到武光搞的"几个号",周天行特别感兴趣,当即指示方准备武光的关于大跃进的材料,这为六月初的"武光风"留下了伏笔。

六月初,强大的革命风暴如千军卷席,把敌人冲得胆战心惊。当时,周天行、程九柯整天在统战部活动,大叛徒王大昌从市委打电话回来,问家里情况怎样,希望他们能"顶住",周天行连连表示同意,说:"要顶住,要顶住。"

但革命潮流是挡不住的,很快,周被革命师生揪住了,打得落花流水。正当革命派乘胜追击的时候,地下黑司令部前台总指挥出场了,程九柯、胡水鬼等人在主楼前和俱乐部搞了几个闪电式的飞行集会,蔡德麟和方复之合伙抛出武光的所谓"红材料",慷慨陈词、跺脚拍胸、鼻涕眼泪齐来,很卖力气地进行了一番表演,大肆吹捧大叛徒大特务武光如何好,"是红线的代表""同旧市委斗争,受迫害的英雄。"从而欺骗了不少不明真相的革命师生。武光既然是航院"红线"的代表，周天行又是这"红线"上的红人，则周天行是"好干部"，这就是为后来周天行的翻案留下了伏笔。后来证明，陆志芳、程曰平之流死保周天行，最大的王牌就是用武光的话作依据的。

二、打王（恒）保周

运动初期，地下黑司令部为了保护周天行，即定下了打王（恒）保周的基调。工作组时，陆就指示吴葆朴把航院的许多问题一股脑儿推到王恒身上，从而悄悄为周开脱。他们还通过手下的爪牙贴出不少大字报，造成假象，似乎"王问题最大，而周不太多。"

66年12月，王大昌、孔令闻、胡孝宣、方复之等人讨论对干部的看法时，又一次订下了打王保周的调子，据何家云交代："程九柯、王大昌、张仲禹等都认为王恒是四类，周天行比王恒好，程九柯是狠打王恒，死保周天行的。"这些包庇周天行的言论包括周天行自己都是这样散布的。

三、大造保周翻案的舆论

六七年四月上旬，陆志芳到处张贴为周翻案的大字报。陆的大字报说："某副院长说：'周天行跟前市委是一般关系，王恒、王大昌跑前市委比周天行还多呢'！'周天行能力强，有干劲，毛著学习抓得紧，工作细致。'当谈到三结合是否有可能结合周天行时，他说：'大有可能。'"

陆的大字报还说："×××（政治部）讲，'周天行要么是黑帮，要么是一、二类，直到如今，我还没有相信周天行是前市委的黑线人物，周天行在我院干部中威信很高"。×××干事说："周天行干劲足，工作比较慎重，作风正派，毛著学习抓得紧。"

六七年五月，周天行亮相会之前，程九柯，×××，×××，等人为了联合发言表态，在张仲禹家研究了一天，讨论是否是三类的问题，最后采用程九柯的意见，"不具体说是几类，只提不是四类。"王××代表这四人的发言就是这样讲的。这个发言由程九柯组织，方复之等人分头写的。

也是在五月初，程九柯，张仲禹等人在张仲禹家开黑会，就在那次会上，定下了"如果王恒不是四类，则航院无四类……如果周天行是四类，那我们至少是五类。"

毛主席在八届十中全会上说："凡是要推翻一个政权，总要先造成舆论，总要先做意识形态方面的工作。革命的阶级是这样，反革命的阶级也是这样。"航院的"地下黑司令部"为了保周夺取航院政权就是这样散布复辟舆论的。

四、拉一派，打一派妄图分裂红旗战斗队

516兵团的同志，经过调查研究，澄清了王恒的许多问题，为解放王恒做了许多工作，他们的成绩是很大的。因而引起了"地下黑司令部"的注意，他们认为516能量很大，如果能拉过来，是自己一支得力部队。于是他们又是谈话，又是访问，又吹又拍千方百计要把革命小将拉下水。程九柯说"有个516保王恒，将来就要有个兵团保周天行。"

在三系一次斗胡孝宣那天上午，三个516同学找张仲禹谈话时，张当时就说："希望516在干部问题上继续做工作，不要光搞个王恒问题，如果把主要干部问题都闹清了，你们对运动的贡献是很大的。"

在六七年七、八月间，张仲禹、岳全瑜、冯志新，×××等人和516兵团座谈时，又向他们提出"不能光解决王恒一个人，要全面贯彻毛主席的干部路线"，鼓励516兵团参与为周天行翻案。

"地下黑司令部"除了拉516之外，还在革委会里寻找他们的代言人，吹捧这些同志是"群众的代言人"，"是毛主席干部路线的代表"，"地下黑司令部"就是这样利用革命队伍内部在干部问题上的分歧，吹捧一部分人，打击一部分人，为航院一小撮翻案，保护他们自己过关的。

五、保王为保周，结合王为结合周

航院的一小撮阶级敌人看到王恒的问题逐渐清楚了，结合王恒

已成大势所趋，于是立即改变了他们的策略，由"打王保周"，变为"高唱结合王恒"，他们提出，"不批就保，立即结合王恒。"一时，"立即结合"的呼声达到了十二万分的热度。

这到底是怎么一回事呢？

原来这里隐藏着一个极大的阴谋。这就是："立即结合王恒只是一个幌子，目的是为了立即结合周天行。"

岳全瑜交代："程九柯说：王恒问题解决了，周天行问题也就解决了。"

何家云交代："到后来结合王恒的呼声很高，程九柯说也可以结合，并说，如王恒结合了，周天行的问题也就解决了。当时，我、岳、张仲禹、冯志新、方复之等都同意这个看法。"

方复之交代："当时我们认为王恒解放很重要，王恒对周天行的看法表态很重要，我、岳、冯、何，首先去找王恒谈过一次话，了解对周天行的看法。"

同时还大造"周天行比王恒好"的舆论，还动员王恒参加他们的战斗队。

但是，敌人的阴谋并没有能够得逞。航院广大用毛泽东思想武装起来的无产阶级革命派，及时地识破"地下黑司令部"的阴谋诡计，916的同志当即指出："毛主席对犯错误干部的政策是'一批二保'。不批判，立即结合王恒是错误的。王恒可以先使用。领导班子是政权问题，革委会绝不能让有严重的问题的人进去。周天行是走资派，双方有很大分歧，先挂起来，放到以后再解决，应该先结合问题较少的，意见比较统一的干部。所谓立即结合王恒，就是要立即结合周天行、方复之之流，就是航院的资本主义复辟。"后来证明，这种"先易后难"的做法，是符合林副主席指示精神的。（下接第 13 号第 2 版）

清理阶级队伍战报

第 13 号，1968 年 5 月 27 日共 4 版

打倒大叛徒、大特务程九柯

彻底摧毁航院"地下黑党委"

【红旗社二十四日讯】今晚，我院数千名革命师生员工在东操场举行了"打倒大叛徒、大特务程九柯，彻底摧毁航院'地下黑党委'誓师大会。"会场自始至终一派怒气腾腾，呼声震天，"打倒大叛徒、大特务程九柯！""打倒以马明芳、方志纯、张子意为首的叛徒集团！""毛主席的好战士、党的优秀干部毛泽民、陈潭秋、林基路同志永垂不朽！""为死难烈士报仇雪恨！""彻底摧毁航院的地下黑司令部！""将无产阶级文化大革命进行到底！"口号阵阵，波澜起伏，犹如宜将剩勇追穷寇，百万雄师过大江之气势！

今天的大会是由韩爱晶同志主持的。

刘天章连一排的代表在会上做了长时间的发言，义愤填膺地揭露了以马明芳、方志纯、张子意为首的叛徒集团，怒不可遏地控诉了叛徒集团叛卖我毛泽民、阵潭秋、林基路烈士的滔天罪行，初步批判了大叛徒、大特务程九柯的反革命罪恶。

王恒同志在会上也做了重要揭发。

打一场人民战争

【社论】大炮已咆哮，航院在怒吼，彻底摧毁航院"地下黑党委"的战斗打响了！

我们的战斗,是波澜壮阔的人民战争。"要打好仗,不光要干部齐心,还要战士齐心。""战士觉悟提高了,明白了为什么打仗,怎样打法,个个摩拳擦掌,士气很高,一出马就打了胜仗。"

所以,告诉同志们,"地下黑党委"是航院资产阶级最集中、最顽固的堡垒,是大叛徒、大特务、顽固不化走资派武、周、程、王、张亲自开办经营的黑铺子。大叛徒、大特务黑武光就是这个黑铺子的黑老板,顽固不化走资派周天行是黑铺子的二老板,大叛徒、大特务程九柯及其同伙是黑铺子的前台掌柜;这家黑铺子,有其核心股东——"八人小组",有其心腹伙计——"经风雨"战斗组,有其售货员——小爬虫陆志芳、程月平之流,还有一班吹吹打打捧场的虾兵虾卒。现在,尽管黑老板、黑掌柜已隔离惩办,但是,黑铺子并没有倒店关闭,还有一些黑掌柜黑伙计仍在四处活动,贩卖倒卖,支撑门面,经营黑货。因此,我们的大炮务必对准武、周、程、王、张的门楼,大轰!特轰!轰他个精光,彻底摧毁武、周、程、王、张的黑铺子,把他们所经营的反革命黑货撕于光天化日之下,把残余的黑掌柜、黑股东、黑伙计、黑售货员统统揪出来示众。

广大的革命红旗战士、革命干部和一切革命的同志,让我在毛主席最新指示的指引下,积极行动起来,组织起真正的铜墙铁壁,全力以赴,英勇杀敌,在这场决战决胜的搏斗中,把这一小撮牛头马面乌龟王八蛋统统淹没在人民战争的汪洋大海里,烧死在革命战争的野林怒火中!

"平原"漫笔

言 午

赫赫有名的孔大先生令闻,曾经在所著的"航院校史"一书中这样鼓吹:"米高扬"程九柯从平原省带来了一批庞大的人马,这一批人马,精明能干,身负重任,为航院的建设和发展做出了很大的"贡献",是一批难以寻找的"老革命""好干部"。孔大先生此举一笔,深得"米高扬"眉飞色舞，倍加欣赏，真不愧为十足的摇头摆尾的巴儿狗。

没想到，孔先生一笔不慎，倒反过来帮了我们的大忙，下面就让我们透过孔先生的字句行间察看一下，究竟这一批人马是一些什么货色？是怎么精明能干？身负何种重任？

郭复来：曾窃据航院第一任组织部部长之职，原来是一个地地道道的地主分子。

张仲禹：曾窃据航院副院长之职，是一个众所周知的可耻叛徒。

隋哲民：曾窃据航院五系总支书记之职，原来是一个老叛徒。

潘　君：曾窃据原保卫部部长之职，原来是一个假党员，有极其严重问题的家伙。

田成祥：曾窃据原二科科长之职，原来是一个日本特务。

于高光：曾窃据图书馆馆长之职，原来是一个老牌的反革命修正主义分子。

张文甫：曾窃据印刷所所长之职，原来是个右倾机会主义分子。

马彩彬：曾窃据行政科科长之职，原来是一个变节分子，国民党员，右派分子。

啊哟哟哟！原来是这样一帮乌龟王八蛋！真是"庞大"之极！收获不小！在此，还得感谢孔先生之启发诱导啰！

又有人提出，武民高升为组织部部长，岳全瑜新任组织部副部长，张有瑛久任宣传部长，这究竟又是何故？

此题本人不作回答，还是"自己解放自己"，让他们自己"解放"为佳！

当然，不会都坏，谁个劣，谁个不劣，群众眼睛雪亮。

朱东明又出来了

昔日嚣张一时、声嘶力竭、歪头歪脑的跳梁小丑朱东明上哪儿去了？原来阴居修道去了，听说又出来，怎么出来的？

噢！原来是五月十八日的一次斗争会上，一、六系、教务部的广大革命群众把这狗崽子从狗洞里拖出来的，并当场扒开了他的画皮，这狗东西，原来是黑武光保护下来的政治大扒手、漏网大右派、文化大革命中恶毒攻击中央文革的现行反革命分子。

当场斗得好！斗得真痛快！

周狗装死了

近日来，这位前黑市委忠实走狗，黑武光的大弟子周狗天行突然"老实"起来了，"修养"起来了，昔日的捶胸顿足、抗议声明、唾沫横飞、嚣张一时的"气势"不见了，替而代之的乃是唯唯诺诺，"是，是，是""我有罪""我为自己涂脂抹粉""我为自己翻案"之类的"低头认罪。"

周天行真的认罪了吗？不！《划时代文献》中指出："要善于掌握阶级斗争的新动向、新特点、新问题"，周天行这种变化，就是阶级敌人的最新动向，"为了保护他们的生存，以利将来的发展，"他开始装死躺下了。"'装死躺下，等待时机，反攻过去'"，这就是阶级敌人的一种手段，我们必须识破他！毫不怜惜，穷追猛打！

痛打黑武光的黑爪牙唐邑！

【红旗社五月二十五日讯】今天上午，红航、红七系、基础课广大革命师生员工怒不可遏，一举把大特务、大叛徒黑武光的黑爪牙唐邑从阴沟洞里拖出来了，斗了一通，真是大快人心！

在今天的斗争会上，这一只跪倒在苏修脚底下的断了脊梁骨的癞皮狗，在光焰无际的毛主席最新指示的阳光照射下，在同志们揭发的铁铮铮的事实面前，终于现出了癞皮狗的原形，原来，这狗东西是多次盗窃我机密情报,泄露科研机密,为苏修服务的地地道道的黑武光的黑爪牙!

让我们高高举起革命大批判的铁拳,把这只狗奴才,打成肉饼,批入墓地,遗臭万年。

清理阶级队伍战报

第 14 号,1968 年 5 月 29 日共 6 版

我院数千名革命师生员工紧急动员隆重集会

热烈庆祝毛主席最新重要批示公开发表

【红旗社二十八日讯】东风劲吹,阳光普照,我们伟大领袖毛主席最新重要批示发表了。

今晚,我院数千名革命师生员工紧急动员,隆重集会,热烈庆祝毛主席最新重要批示的公开发表。

当井岗山同志传达了毛主席最新重要批示、中共中央和中央文革文件以及《北京新华印刷厂军管会发动群众开展对敌斗争的经验》时,全场掌声雷动,呼声震天,高呼:毛主席万岁!万万岁!!向北京新华印刷厂革命工人学习!表达了我们对伟大领袖毛主席无限热爱、无限信仰、无限崇拜、无限忠诚的革命豪情。

今天的大会是由韩爱晶同志主持的,并号召全院大力办好毛泽东思想学习班。

刘春田同志传达了市革委会今天下午召开的庆祝毛主席最新重要批示公开发表大会上吴德同志的讲话。

北京航空学院文革资料选编 第四卷

在今天的大会上，梁兴德同志同时又传达了我们伟大领袖毛主席和他亲密战友林副主席亲自批发的学习门合同志的有关文件。

清理阶级队伍战报

第 15 号，1968 年 5 月 30 日共 4 版

掌握政策，稳、准、狠地打击敌人

本报评论员

正当我院清理阶级队伍群众运动处在第二战役的高潮中的时候，伟大领袖毛主席下达了光辉的"五·一九批示"，这是把对敌斗争推进到夺取全面、彻底胜利的最可靠保证。

新华印刷厂军管会的同志运用毛主席的伟大战略战术，在阶级斗争的大海洋中，自如地驾驭了对敌斗争的规律，使自己处于完全有利的主动地位，稳、准、狠地打击敌人。这是很值得我们学习的。

毛主席一再教导我们："政策和策略是党的生命，各级领导同志务必充分注意，万万不可粗心大意。"

概言之，当前我院运动中的政策问题，主要是划清敌我界线和区别对待清理对象这两大问题。为了解决这两大问题，各级领导应当站在群众前头，组织群众认真学习毛主席最新重要批示、中共中央和中央文革的文件以及新华印刷厂的先进经验，用党的政策武装群众，把群众运动纳入毛泽东思想的轨道。只要更多的群众起来自觉地掌握了毛主席对敌斗争的政策和策略，事情就好办了。谁是敌人，谁是朋友，谁个劣，谁个不劣，谁个稍次，谁个最劣，广大革命群众一目了然。

新华印刷厂的先进经验告诉我们，对于顽固不化的反动分子必须坚决打击，狠揭狠批，毫不留情；对于一般的分子，讲明政策，指明出路，"坦白从宽，抗拒从严"，摆开强大的政治攻势，展开凌励的政策攻心，分化瓦解，区别处理；对于犯有严重错误的人采取启发革命和揭发批判相结合。下面，我们提出几个区别对待：

对叛徒、特务、自首变节分子以前已主动交代和长期隐瞒潜伏的区别开来，在运动中主动交代的，处理从宽，立功可以折罪。有一般政治历史问题，如参加过国民党或特务组织已向组织交代清楚，做过组织结论，没有新的活动要与叛徒、特务区别开来；交代清楚表现好的和表现不好干了坏事的，特别是在无产阶级文化大革命中表现好的和表现不好的区别开来。

把反党、反社会主义、反毛主席的反革命修正主义分子和拥护党、拥护社会主义、拥护毛主席但说过一些错话，做过一些错事的人区别开来；把现行反革命和传播过流言蜚语的人区别开来。

把没有改造好的地、富、反、坏、右分子和接受改造，表现较好的区别开来，把一贯投机倒把，贪污盗窃，蜕化变质，腐化堕落，流氓阿飞与犯有一般偷盗行为，贩卖行为，作风不正具有流氓阿飞习气的人区别开来。

把顽固不化的走资派和一般的走过资本主义道路的人区别开来，把自觉地、主观地和一般糊涂人区别开来。

把走资派的死党、爪牙与受了走资派蒙蔽的人区别开来；把走资派的代理人，破坏生产破坏文化大革命的和受了蒙蔽干了一些坏事的人区别开来；把混入群众组织的坏头头与受了走资派利用的群众组织的头头区别开来；把该组织的群众和坏头头区别开来。

总之，清理阶级队伍是一场政策性、策略性很强的硬仗，我们必须严格掌握毛主席关于对敌斗争的一系列政策，讲究斗争艺术。那种把敌人看成铁板一块，采取"赶鸭子杀头"的做法是鲁莽的做法，这种人实际上是过高看见了敌人的力量，而低估了自己的力量，看不到毛主席政策对分化瓦解敌人营垒的强大威力。

运动中出现的新情况很多，这些都要我们活学活用毛泽东思想，运用政策，随时分析，不断总结正面反面的经验，提高斗争水平。

在清理阶级队伍众运动的火线上
院革委会清理阶级队伍领导小组举办短期学习班

【红旗社二十九日讯】毛主席教导我们："办学习班是个好办法，很多问题可以在学习班得到解决。"毛主席指示我照办，毛主席挥手我前进。在清理阶级队伍激战的火线上，院革委会清理阶级队伍领导小组于二十三日至二十五日举办了毛泽东思想学习班。参加这次学习班的主要有院、部、系清理阶级队伍领导小组的成员。

在学习班，又一次认真学习了《516通知》《划时代的文献》《乘胜前进》和毛主席以及中央首长关于清理阶级队伍的一系列指示和讲话，通过学习，进一步用毛泽东思想和党的方针、政策武装了同志们的头脑。

在学习班，同志们又着重检查了我院清理阶级队伍群众运动中出现的一些问题，强调提出：必须克服单纯军事观点的现象，必须更进一步突出毛主席最新指示，必须更进一步发挥党的方针、政策的巨大威力，必须更进一步开展广泛的形式多样化的革命大批判，从政治上、思想上、理论上、组织上把埋在航院代表国民党反动派利益的以黑武光、周天行、王大昌、程九柯、张仲禹为首的一小撮叛徒、特务、顽固不化走资派斗倒批臭，清洗干净。

学习班提出了：在对敌斗争中，树立起坚强的无产阶级的队伍，争取团结同盟军，团结一切可以团结的力量，稳、准、狠地打击一小撮顽固不化的阶级敌人。

英勇战斗在校医院的一支小分队

校医院3211、3221支左小分队

校医院支左小分队孟静儒专案组，经过二十余天的日夜奋战，终于把这个自称"老运动员"的狡猾狐狸揪出来了，为彻底揭开校医院阶级斗争的盖子打开了一个重要缺口。

这个专案组是在对孟进行三次短兵相接的战斗都未成功之后组织起来的。就在敌人十分狡猾、十分猖狂的时候，这个小组的同志们带着对一小撮阶级敌人的无比憎恨，对毛主席无限热爱的强烈阶级感情，总结了前几次失败的经验教训，认真学习了毛主席的最新指示和教导，深刻认识到这就是共产党和国民党残酷的阶级斗争，他们用战无不胜的毛泽东思想做武器，进行了大量的调查研究工作，通过调查落实，抓住孟的一个要害问题，穷追猛打，经过几天的连续战斗，终于突破了第一个突破口，打掉了敌人的嚣张气焰，打乱了敌人的阵脚，在铁的事实面前，孟不得不低头认罪，交代自己的一些问题。

但敌人是十分狡猾的，交代了一些问题又企图抵赖，蒙混过关。他们再次学习毛主席教导，"敌人是不会自行退出历史舞台的。"他们又连续作战，打好政治攻心仗。

他们人少，全组共四人，其中两人有下厂任务，另外两人又刚参加工作，对情况不熟悉，困难很多。他们用毛主席的教导作为精神武装："发扬勇敢战斗，不怕牺牲，不怕疲劳和连续作战的作风。""下定决心，不怕牺牲，排除万难，去争取胜利。"在毛主席教导的鼓励下，他们精神抖擞，斗志昂扬，夜以继日，连续战斗。就是这样，他们过了多少个战斗的夜晚。

他们的组长贫农出身的王建华同学，身体有病，正服药，他带着对一小撮阶级敌人的刻骨仇恨，斗志最高，每次总是带领大家克服一个又一个困难。他晚上发烧，仍然坚持战斗。他们每一个战士，就是这样，在对敌斗争的关键时刻，不是想休息、逍遥，而是战斗！

他们在调查过程中也遇到种种困难，每次往往要碰钉子，他们不辞辛苦,一次又一次认真细致地调查。有一天为调查一个线索就到全市、全院六、七处地方进行十多人次的调查,连饭都没有吃。他们对待每一个战斗,每一个调查的问题,都是这样严肃认真,一丝不苟。

他们紧紧依靠医院的革命群众,有事找他们商量,还作群众工作,争取一些受蒙蔽的群众。

他们现在已经连续战斗二十多天,与孟面对面的斗争近二十次,克服了种种困难,识破了敌人种种阴谋和花招,终于把一个个问题弄清了,攻破了,孟也不得不老老实实地把自己及其幕后操纵者的罪恶活动一一交代出来。在他们取得一定成绩之后,目前正以更坚定的立场,更饱满的战斗意志为彻底揭开校医院阶级斗争的盖子,揪出校医院一小撮阶级敌人而夜以继日的奋战。

"地下黑党委"进行反革命夺权铁证如山

——初揭"地下黑党委"

编者按:伟大领袖毛主席教导我们:"世界上一切革命斗争都是为着夺取政权、巩固政权。"从我院革委会成立以后的阶级斗争事实,再一次证实了毛主席的这一英明论断是一条颠扑不破的真理。

航院无产阶级革命派夺权以后,以大叛徒、大特务、顽固不化走资派黑武光、周天行、程九柯、张仲禹为首的"地下黑党委"一天也没有甘心于自己的失败,他们时刻梦想恢复他们失去的天堂。从5月28日"揭发地下黑党委罪行大会"上所揭发出来的由八人小组成员×××所一手策划的所谓革委会组织机构改革方案,就是"地下黑党委"企图颠覆革委会、进行反革命夺权的狼子野心的大暴露!

下面摘录部分同志的几点发言:

张树泉同志揭发:

68年3月19日,武×奉王××(他自己心中有鬼,不敢出面)指示,召开了一个会议,这个会议上讨论了一个由武×提出的机构改革方案,在这个方案中,他们要把院革委会常委领导下的院七办、刘天章连等极为重要单位转归"政治部"管,把红武连这样的重要专政工具转归什么"保卫组"管,(在另一次会上,他们还要搞什么"五人人事组"搞"老、中、青"三结合,排挤革命小将,连戴维堤都要排挤在外,后来没有办法,就把戴维堤填上了!等等)他们甚至取消革委会各组、部的公章;凡是在政治部范围的机构,只有政治部的章才有作用;再者每个小单位到底需要多少人,需要什么样的人,都由政治部决定。他们甚至公然把院七办的公章拿走,等等。一句话,他们就是要否定革命小将,否定新生的红色政权,就是搞资本主义复辟。其狼子野心,昭然若揭!

段孔莹揭发说:

(一)一九六八年二月十七日事件:

①不许召开纪念刘天章会议,认为纪念刘天章是派性,是别有用心,讲纪念刘天章必定提打倒周天行,那就冲击院内运动大方向。

②×××干部传达院革委会会议时说,刘天章连和七办从常委走后就不听革委会的,叫东偏西,还说,就因为有这批人,干部才不敢说话等等。

(二)一九六八年二月十六日

在革委会上由陈××提出决定今后外调权利归政治部,必定由王××签字才可以。

(按:妄图阻止革命群众进行清理阶级队伍,真是痴心妄想!)

在会上还要成立揪黑手领导小组,有梁××、王××、张××、武×等。(按:搞地下黑七办,明目张胆地进行反革命夺权。)

(三)朱茫大反映,办理一个同志人事手续时,干部部何××讲:"王××有指示,一切人事调动要通过他。"

(四)干部部某工作人员讲:"王××有指示,七办人员不可靠,查看档案要通过王××,要认真审查七办人员。"(注:七办人员已经经过了严格的审查,他们又提出要审查,这是为什么?)

(五)王××讲:"七办是临时机构,不应把公章放在这。"要把公章"集中"起来。事实上他们后来也把公章拿走了。(按:这不是反革命的夺权又是什么？）

（六）王××讲："七办不是合法机构，没有经过常委讨论，是韩爱晶一人拉起来的。"（按：攻击革命小将。事实是，成立七办经过常委讨论，由韩爱晶负责抓）。

（七）讨论确定人事小组时没有戴维堤，有人提出"没有戴维堤怎么行？"结果他们说"好吧！把戴维堤填上吧"！（按：排挤革命小将）

（八）他们搞"老、中、青"三结合，但就是没有革命小将。

革命的同志们，从以上看来，"地下黑党委"的右倾翻案、右倾分裂、进行反革命夺权的言行，已经够触目惊心了。让我们高举"三反一粉碎"的战旗，穷追猛打"地下黑党委"，夺取无产阶级文化大革命的全面胜利。

把砸烂旧政治部的战鼓擂得更响

本报观察员

五月十七日，"彻底砸烂旧政治部串联誓师大会"胜利地召开以后，旧政治部的无产阶级革命派和革命群众，和砸烂旧政治部支左部队共同战斗，乘胜前进，使原来死气沉沉的旧政治部的反右倾和清理阶级队伍的运动开始出现了生气，旧政治部的运动大有希望！

旧政治部第七办公室刚成立，就率领砸烂旧政治部的文化革命大军，朝着旧政治部的右倾翻案，右倾复辟发起了猛烈的进攻。五月二十四日，旧政治部在主——243召开了"粉碎右倾翻案妖风，彻底揭开旧政治部阶级斗争盖子"大会，大会胜利地开了一整天。这个会开得好，它大长了无产阶级革命派的志气，大灭了资产阶级保皇派的威风，对旧政治部的右倾保守，右倾翻案进行了猛烈地冲击。会上揭发出大量的右倾翻案、右倾复辟的事实，深刻地教育了到会的红旗战士和革命同志。

会后，旧政治部第七办公室组织了讨论，征求反映，研究新的战斗部署，准备再战。

砸烂旧政治部的战斗是一场硬仗。我们不仅要从组织上彻底把这个航院右倾复辟的顽固堡垒砸烂，更重要的是要从思想上彻底肃清旧政治部在航院广大师生中的修正主义流毒。黑武光、周天行之流多年来牢牢地控制着旧政治部，打着"红旗"反红旗，蒙蔽迷惑了不少群众。"航院的政治空气好"，"航院的政治部很特出"，这些舆论不仅在无产阶级文化大革命以前，"誉"载北京城，就是在无产阶级文化大革命进行了二年多的今天，这些舆论也不时从喜欢刮右倾翻案妖风的人们的嘴里忍耐不住地迸发出来。航院的政治空气果然好吗？如果说好的话，那也是黑武光、周天行之流大搞资产阶级政治，修正主义的空气确实是好，而且是打着"红旗"的，在"航院政治空气好"的"好"里面塞满了修正主义的鸦片。航院的政治部果然特出吗？如果说特出的话，那也是黑武光、周天行之流玩弄反革命两面派的伎俩确实是特出。以上这些，除了证明砸烂旧政治部是何等的必须而这个任务又是极其艰巨以外，是得不出其他的结论了！

我们希望旧政治部的无产阶级革命派继续奋勇前进，希望旧政治部要革命的同志奋起直追，更希望旧政治部那些多次受"蒙蔽"很深的人们迅速猛醒，"反戈一击"，和全院广大革命师生一起，为彻底摧毁航院"地上"的"地下"的黑司令，为彻底砸烂旧政治部而共同英勇地奋斗！

乘胜前进，把砸烂旧政治部的战斗进行到底！不获全胜，绝不收兵！

向"地下黑党委"轰一炮

戴维堤

×××，你这个"地下黑党委"的干将，当主要常委去市革委会学习时,你利用窃踞的职权,几天之内在航院变了天。韩爱晶拉了七办要清理阶级队伍,你却伙同一些人公开对抗,以反派性为名,大搞右倾翻案,并亲自出马,大会动员给头头们写大字报,送到市革委会学习班。你们放风说七办是派性产物。为此,你们拉了地下黑七办,成立了所谓"揪黑手小组。"你伙同××、×××等人要调整革委会组织机构,把政治部的某些人封官许愿,公然把革命小将排斥在外,夺了人事大权。你亲自到档案室,大叫:"今后看档案要经过我批准。"你还要亲自控制财权,出差报销要经你签字……请问×××,你要干什么?你这不是右倾复辟活动又是什么?你们还要把院七办归旧保卫部管,你到底想要干什么?

清理阶级队伍战报

第 16 号,1968 年 6 月 1 日共 4 版

一支战斗在教务处的小分队

明 月

四二三三班下教务处支左小分队是一支敢顶逆风的小分队,他们坚决按毛主席的指示办事,怀着对阶级敌人的刻骨仇恨,誓把大权夺回到无产阶级革命派手中的决心,很早就进入了教务处。和教务处革命的同志们在阶级清理队伍中团结战斗,做出了一定的成绩。

教务处一直在一小撮牛鬼蛇神唐欣甫、张锡圣、许建钺之流控制下,是黑武光、周狗天行之流极力推行刘邓修正主义教育路线的顽固据点,也是教务部中两派闹得十分激烈的单位之一,这是由于教务部的走资派、阶级异己分子、富农分子、反革命两面派范子真兴风作浪而造成的。

长期以来就是这个范子真在教务部上蹿下跳，挑拨离间，掀起翻案妖风，胡说什么"教务部除了沈元之外没有一小撮"，还大叫："批判我的那一派是执行资产阶级反动路线，我要坚决站在保我的这一派的立场上！"气焰十分嚣张，加剧分裂意见不同的两派群众，拉一派、打一派，挑动群众斗群众，妄图混淆阶级阵线。

但是支左小分队的战士们心明眼亮，识破了敌人的诡计，和教务处革命群众一起开办了毛泽东思想学习班，特别是通过学习毛主席的最新指示，以及对反革命两面派范子真的罪行的揭发，广大革命群众深刻认识到，当前的斗争是我们与国民党反动派、资产阶级和一切剥削阶级你死我活的残酷斗争的继续，再闹资产阶级派性，就是对革命的犯罪，对毛主席的不忠，应该紧密地团结起来，共同对敌。这样，教务处的两派革命群众的隔阂基本上消除了，也能在一起齐心合力，共同对敌了。

清理阶级队伍，首先就是建立领导班子问题。这个问题斗争是很激烈的。有严重的资产阶级派性的人就想以自己这派的人为领导核心；一小撮阶级敌人也削尖脑袋企图钻进领导小组。支左小分队的战士们与广大革命群众一起学习了毛主席有关阶级斗争、无产阶级专政的教导，明确表示：领导成员必须是无限忠于毛主席、忠于毛主席的革命路线，出身于工人、贫下中农、立场坚定的无产阶级革命派参加。通过斗争，终于产生了由无产阶级革命派组成的三人领导小组。毛主席教导我们："政策和策略是党的生命，各级领导同志务必充分注意，万万不可粗心大意。"遵照毛主席这一伟大教导，他们采取了发展进步势力，争取中间势力，团结一切可以团结的人，利用矛盾，各个击破，孤立、打击一小撮顽固分子的策略。

他们在斗争中，注意发现左派，发展和壮大左派队伍，争取中间群众。他们一方面放手发动群众，让革命派发挥闯劲，发扬造反精神。在斗争中经受锻炼、成长壮大，一方面给予热情的支持和鼓舞，与造反派打成一片，更准更狠地打击敌人。在斗争唐欣甫、许建钺、张锡圣的过程中，就团结了一切可以团结的人，利用了一切可以利用的力量，最大限度地孤立了一小撮阶级敌人。

随着运动的深入开展，斗争越来越激烈。有严重问题的人看到自身难保，就打起鬼主意，打消耗战，想方设法尽量拖延时间，不把烈火烧到自己头上，等待运动高潮过去而蒙混过关。支左小分队的战士们牢记毛主席"千万不要忘记阶级斗争"的教导，识破了敌人的鬼花招。

这一支小分队，在毛主席最新重要批示发表后，闻风而动、雷厉风行，当晚马上召开小分队会议，认真学习、深入讨论毛主席最新批示，并拟定了向新华印刷厂先进经验学习的战斗措施，决心以门合同志为榜样，头可断，血可流，毛主席革命路线不能丢，"一切想着毛主席，一切服从毛主席，一切紧跟毛主席，一切为着毛主席"，不夺取教务部清理阶级队伍的全面胜利不罢休！

学习"五·一九"批示，粉碎右倾翻案妖风

三〇一《干到底》

正当全国无产阶级文化大革命夺取全面胜利的重要时刻，伟大领袖毛主席的光辉"五·一九"批示发表了。这是对我们无产阶级革命派的最大关怀、最大鞭策！在前段运动中，我系我室存在着严重的右倾复辟的危险。某些在文化大革命中一直表现不好，又未得到群众的充分谅解的人，借反派性大反《红旗》的人，即使有严重的社会关系问题，甚至有攻击无产阶级司令部的反革命言行的人，却被某些人看中，不通过革命群众，采取"组织手段"任命为基层的领导核心，另一方面却打击，排斥革命的红旗战士进入领导核心。同时，还有人对革命小将吹吹拍拍，腐蚀拉拢。这一切都是严重的阶级斗争。毛主席最新批示传达以后，室革命领导小组立即组织了毛泽东思想学习班。在学习班上，大家活学活用毛主席最新批示，认真学习"新华印刷厂"的经验，总结我室前段工作的经验教训，全室出现了一个生动活泼的新局面。大家一致表示，今后一定牢记毛主席"政策和策略是

党的生命"的教导，高举"三反一粉碎"的战旗，彻底批判地下黑党委在院及我系我室搞的右倾复辟罪行，把隐藏在阴暗角落中的黑手统统揪出来！不获全胜誓不收兵！

清理阶级队伍战报

第 17 号，1968 年 6 月 5 日共 8 版

新疆生产建设兵团负责同志裴周玉传达大特务武光材料

现初步弄清武光是一个假党员、真特务。1930 年秉承国民党 CC 特务机关旨意，钻进北京地下党团组织内，进行破坏活动。1946 年，利用窃据的职权，在美国战略情报局指挥下将美国女特务王光美打入我军调部。大量事实证明，武光是钻进党内 40 年的大特务。

（1）大特务武光简历：

武光原名张青甫，又名张庆甫。生于 1911 年河北深泽县人，诡称 1926 年入党，1930 年被国民党 CC 特务机关派遣往北京，潜入地下党团，窃据北京团委书记河北省团委特派员等要职。1932 年以"国民党危害民国罪"在石家庄被捕入狱。1937 年释放后，经大特务林枫窃据北方局晋西南特委书记。1942 年底到晋察冀，先后窃据平北（平即北平）地委副书记，地委组织部长，冀察区党委农工部长，北京市委副书记兼组织部长，以及察哈尔省省委组织部长等职。1954 年调北京航空学院任党委书记兼院长。1963 年调任新疆自治区党委书记处书记兼自治区副主席。

(2) 武光充当特务的经过：

武光在小学读书时，是一个活跃分子。当时被其反动老师狄佑民（CC 特务，现已窜逃台湾）马国勋（CC 特务，已被我镇压）看中，狄于 1926 年将其介绍加入国民党，从此，武光即在狄、马二匪指挥下进行特务活动。1928 年春，匪国民党、河北省党部派李凤池（CC 特务，现判死刑缓期执行）到深泽县主持清党和筹备，组织县党部。由于武光反革命有"功"，被选送天津匪国民党部受训。回县后，积极参与筹划匪党登记活动，并亲自介绍彭思明（旧北京市工会主席、三反分子）等数人加入匪国民党。1929 年春匪国民党深泽县党部成立，武光被委任县党部执行委员兼宣传部长，月薪 40 多元现洋。匪党部成立后，武光亲自主持起草宣言书，告全县民众书。并利用城乡庙会和开办训练班，大肆传布反动的三民主义，五权宪法等，造谣诽谤我党，拼命效忠蒋匪。

(3) 潜入北京，打入我地下党团组织：

1930 年初，武被国民党 CC 特务机关派遣到北京打入地下党，从此，武光即伪造 26 年在翟少池（曾任深泽县情报股长，当时在北京活动）介绍其入团。曾诡称当时党团不分，入团即入党。武光潜入北京以后，以拉洋车为名，钻进工人队伍。经过王国华、雷在民、平杰等三人关系混进党内，很快骗得信任，由于武光告密，王、雷、平等三人先后被捕，北京及河北省地下党团组织相继遭到严重破坏。在这严重时刻，CC 特务武光大露头角，骗取了北京市团委书记要职。1932 年 8 月，武又自命河北省委特派员到保定、石家庄"视察"，又骗取中共直中特委兼团委书记，是年 12 月，以国民党员危害民国罪被捕。武光在石家庄被捕后，直中特委即遭受严重破坏。据当时天津伪"庸报"登载，国民党为了进行反共宣传，欺骗人民群众，曾利用武光在法庭上辱骂诽谤我党。由于武光有特殊使命，在狱中备受优待。

(4) 日寇投降后的活动：

日寇投降后，武光伙同刘仁，将日特改编为中统特务，并利用其窃据的职权，将日、美、蒋特务打入我内部，大肆进行特务活动。1945年9月间，刘仁城工部刚进京西妙峰之后，武光急忙派女爪牙，王继芝进城与匪中统局北平区特务组长崔益三、黄建中接头联络。武光为了方便特务活动，即将崔益三发展为地下党员。46年1月，重庆政协决定成立军事三人小组，并在北京设立军事调停执行部。美国战略情报局得悉后，想方设法将大量特务塞军调部，以控制局面。2月间，美国战略情报局北平站特务头子"布来迪"指派女特务王光美，经过地下党的关系，打入我军调部。大特务崔月犁得悉后，连夜赶到张家口，与大特务头子刘仁、武光策划。武光当即以北平市委副书记兼组织部长身份专程抵京，刘仁决定要武光乘美国飞机，后改坐火车，化装进京，到我军调部游说。武光到京后，即钻到崔月犁处，经张大东联系，以汇报北平地下工作为名，到北京饭店与×××接谈，取得军调部附设英文翻译。后武光召集任冰（CC特务）、崔月犁、张大东密谋将女特务王光美打入我军调部里的办法。当时决定由任冰办理手续，崔负责与王光美的联络，并通知美国特务机关。1947年2月，匪中统局北平区主任李玉才准备去南京参加大特务头子陈立夫召开的会议时，特派特情毛汉民连夜赶到昌苑（昌平附近）与武商议。

与此同时，武光将我党大量秘密文件经中统特务毛汉民转移给特务头子李玉才。李匪获武光的情报后，如获至宝。

（5）结论

武光从20年代，即以参加国民党CC特务组织，1930年又经CC特务机关打入我北平地下党，团组织，从事破坏活动。由于武光告密，使北京、石家庄等地地下党团组织遭到严重破坏。

同时从武光口供和我们的调查材料中，足以证明，武光参加特务组织是确实无疑的。武光一贯声言，他的入党介绍人是翟少池（CC特务），但在审讯时，武光却支吾其词，回避非答复，诡称我不认识翟少池，他也不一定认识我，则证明他的所谓入党介绍人纯系捏造，而恰恰反证了武光是假共产党，真国民党CC特务。其次，30年春开县党部执行委员、中部筹金饭碗，背井离乡到北京拉洋车掩饰武光伪称是由于国民党的迫害。但调查材料证明，直到 1932 年武光初任深泽县党部执行委员兼宣传部长。这个铁的事实雄辩地证明，武光的拉洋车，作地下工作完全是假的，被 CC 特务机关派遣打入我党团进行破坏是真的。

抗战期间，武光吹牛（与刘少奇如何如何）实质上是与刘少奇、彭真、林枫、刘仁等特务、内奸集团打在一起，结成死党。日寇投降后，其特务活动达到登峰造极的程度，特别是伙同刘仁在美国情报局指挥下，将美国女特务王光美打入我内部成为晋升之阶。

全国解放后，武光得到了刘少奇、彭真的重用，63 年，刘少奇按其反革命的战略部署，将武安置到新疆地区，操纵党政大权。刘少奇、王光美借出国"访问"之机，抵到新疆视察，为武光拉场面。武光这个奴才，竟以主人姿态陪同，以显示其与刘少奇是"刘世家族"的亲属关系。武光是潜伏在党内几十年的大特务。在无产阶级文化大革命中，终于把这个家伙揪出来了，这是毛主席亲自发动的无产阶级文化大革命的伟大胜利！是战无不胜的毛泽东思想的伟大胜利！

清理阶级队伍战报

第 18 号，1968 年 6 月 8 日共 4 版

彻底砸烂反革命右派组织《经风雨》

反革命右派组织《经风雨》是十二月黑风的产物，它与《联动》一样，是中国赫鲁晓夫的保皇军。它的成立，是与以后的二月反革命逆流密切相配合的。正当全国亿万革命群众在无产阶级司令部的号召下，掀起了批判资产阶级反动路线的高潮，这些国民党的残渣余

孽，见机不妙，也打着"组织起来投入战斗"的旗号，搜罗一些国民党的残渣余孽，那些挂着党员招牌的反动教授，组成了《经风雨》。他们配合社会上的反动逆流，猖狂攻击中央文革，攻击江青同志，分裂无产阶级司令部。在以武周程王张为首的航院地下黑司令部的指挥下，与旧政治部《乐无穷》一起死保周天行。另外他们来往于清华、北大、京工、科学院之间，收集情报、科研动态，分析形势，传谣言，开黑会，上蹿下跳，十分卖力。

《经风雨》都是些什么人？我们只简单介绍几个就可以看出来《经风雨》的本来面目：

周国怀：《经风雨》第一号头目，他的情况早已介绍多次，其人已叛国。

赵震炎：《经风雨》三大头目之一，黑武光的高参，城工部党员，反动教授。早在37年赵就参加了由其反动祖父国民党中将组织的"地主武装"受训练。38年在中学时，就参加过特务组织《牛力社》并当过中队长。他可以随便检查其他学生的日记，为反动派卖命，曾记"大功"一次。41年进西南联大时参加了特务外围组织《铁马体育会》，45年赵系当时西南联大工学院三个理事之一。另外二个，一个是叛徒，一个樊恭修（工大）是个黑帮。

49年赵由三反分子何东昌和反动教授屠守锷拉入党内，入党时，赵竟欺骗组织假报小资产阶级出身。

赵本人曾帮助其父母倒卖黄金、毛线等物，还放高利贷。

其祖父是国民党中将，国民党中央参政员伪浙江省保安司令。其父是国民党少将军医，国民党中央军医署办公厅主任，伪军联合总署付署长等职。二叔是国民党中将高参，国民党反共战地视察官，伪浙江保安司令。姑夫也任过伪浙江保安司令。

赵全家主要人员十多口，除赵本人与一右派弟弟在大陆外，其余全部在台湾或美国。

赵的老婆褚巽元出身大地主，大资本家，大官僚。其祖父是伪浙江省临时政府副主席，其叔父是国民党三青团头目，伪县参议员，六姑在美国，姑夫在美新处效劳，三姑在台湾。其弟是台湾的空军驾驶员，其舅是军统特务。连赵家保姆之弟也是中美合作所特务，现在台湾。

就是赵震炎这个老混蛋，被他们推选为主管政治思想工作的头头，真他妈混蛋透顶。

叶家康：《经风雨》发起人之一，三大头目之一，周天行的小爪牙、亲信，叛国分子周国怀的"亲密战友。"出身工商业兼地主，祖父是伪商会会长，父亲是国民党和青年党"双料党员。"曾任伪公安局长，其母也是国民党员，六叔在台湾，六姐在澳门，堂舅在香港。

张宁：《经风雨》高参，核心组成员之一，黑帮分子潘良之亲信，会由黑帮分子点名到旧市委教学处工作。城工部党员。出身地主兼资本家，其父系逃亡地主资本家，右派分子。岳父在日伪时期当保长，自卫队中队长，中统特务，被管制过。

我们再看看《经风雨》成立之后都做了些什么事，看看他们是怎样进行反革命活动的。

（一）《经风雨》是反对中央文革，分裂无产阶级司令部的急先锋

我院反革命组织《八一》纵队的反革命大字报《四问》（八一纵队写的大字报仅有《三问》，《三问》之后是两篇《也问》——编者注）中央文革出笼后，在我院刮起了十二月黑风，《经风雨》也跳将出来配合，大叫"有些东西好像感到问得还有道理"，"中央文革领导这么大的史无前例的运动，那能一点缺点错误都没有？"甚至说"提提意见是可以的。"《经风雨》和《八一纵队》配合得如此紧密，是一对反革命组织。

六七年元旦前后，《经风雨》的一系列黑会上，借传中央决定将被捕的西纠联动分子交群众监督改造一事丧心病狂地为西纠、联动、李洪山、易振亚之流鸣冤叫屈，大叫"中学生抓了很多"，"抓人多了，会使人不敢讲话"，"江青对联动问题过严了。"《经风雨》不打自招，原来他们与西纠、联动等反革命组织就是一丘之貉。其中张宁、叶家康、陆士嘉、张启先、周国怀、赵震炎、张继堂等特别卖力。

不仅如此，《经风雨》这批牛鬼蛇神们竟然狗胆包天，把矛头直指我们敬爱的江青同志，尽分裂无产阶级司令部之能事。他们攻击江青同志所用言词之恶毒、反动简直无法下笔。真是猖狂已极，混蛋透顶。《经风雨》反对中央文革，攻击江青同志，分裂无产阶级司令部，就是地地道道的反革命。

林副统帅说："江青同志是我们党内女同志中间很杰出的同志，也是我们党的干部中间很杰出的干部。她的思想很革命，她有非常热烈的革命感情，同时又很有思想，对事物很敏感，很能看出问题，能发现问题，并采取措施。……在文化大革命期间就可以看出她的伟大的作用，她一方面忠实执行毛主席的指示，另一方面她又有很大的创造性，能够看出问题发现问题，文化革命中间树立了许多丰功伟绩。"

《经风雨》的反革命小丑们，竟敢和林副统帅、唱反调，疯狂地反对江青同志，妄图分裂无产阶级司令部，罪该万死。

《经风雨》不但常开黑会，还在下面猖狂地进行反革命活动。66年12月8日，《经风雨》的头头周国怀伙同罗琦，诬蔑无产阶级司令部"干部如此被动可能是中央的意图。由中央说话扭。"（原文如此——编者）公开与毛主席对一些负责同志说的"你们要政治挂帅，到群众里面去，和群众在一起把无产阶级文化大革命搞的更好"的指示对抗。

66年12月，《经风雨》干将张启先在下面大放其毒说："武斗现象长期未解决，是由于中央文革抓得不紧，引导不力。"极力为一小撮挑起武斗，破坏文化大革命叛徒、特务、走资派及混入群众组织里的坏头头开脱罪责。就是这个反动的家伙，68年初还猖狂反对江青同志。

反革命组织《经风雨》还把反动谣言"毛主席出外视察回来后对抓人问题三点指示"刻印散发，以便达到其反对中央文革，反对江青同志的目的。《经风雨》的反革命活动，会上会下如此频繁，配合得如此紧密，绝非偶然，正是他们反动阶级本性的大暴露。

(二) 刘邓黑司令部的忠实爪牙

《经风雨》的先生们，由于其阶级本性决定，他们对那些被群众揪斗、打倒的叛徒、特务、走资派无限同情，对群众揪斗这些牛鬼蛇神恨得咬牙切齿。从几个例子就可以看出他们反革命的嘴脸。

1. 清华揪反革命修正主义分子蒋南翔之后，《经风雨》的坏头头叶家康、周国怀、张宁之流十分心痛。叶、周拿出八大委员名单，把已被我们揪出的叛徒、特务、走资派、黑帮的狗名数了又数，并抄下来说："过去党内传达揭露的党内斗争人数都没有这次多。"随后便怀着对无产阶级司令部的刻骨仇恨把名单撕个粉碎。张宁则以介绍反革命分子易振亚大字报为名，借蒋南翔之口为蒋翻案，胡说："蒋南翔在清华园看大字报时对《井冈山》人说：'你们的材料核实了吗？'"

2. 清华开数十万人斗争战略情报特务，刘少的臭老婆王光美大会，大长了无产阶级革命派志气，大灭了一小撮阶级敌人的威风；但张宁、陆士嘉在《经风雨》黑会上极力丑化小将，美化王光美，说什么"事先没准备好如何斗，结果很乱，很被动"，"王光美很不在乎"，再三强调："王光美不是普通工作人员，而是国家主席的夫人"，一句话，打在刘少奇王光美身上，痛在《经风雨》心上。

3. 67年元旦，首都革命群众组织游行，表示坚决打倒中国赫鲁晓夫刘少奇、邓小平的决心。对于这样的革命行动，《经风雨》经过讨论，决定不集体参加游行。会上《经风雨》的先生们都支持叶家康、赵震炎、宋作舟的意见："革命小将喊这类口号是可以的，但我们是党员干部，这样重大的问题在中央未表态前，我们不宜明确表态。"好一个不表态！他们还梦想："可能最后毛主席像对待王明一样，给刘少奇当个中央委员。"叶家康表面上不得不参加游行，回来后不打自招一句泄露天机："喊这些口号时，我举了手，但嘴里没喊。"好一副反革命保皇嘴脸！好一个反革命两面派！

他们还诬蔑聂元梓对党内另一个最大的走资派邓小平的大字报"很没有力量"，是"别有用心"！

"世界上绝没有无缘无故的爱，也没有无缘无故的恨。"只要这么几条，《经风雨》的反革命嘴脸已经很清楚了，他们就是刘邓的一批忠实爪牙。

（三）我院地下黑司令部的一支别动队

67年3月，反革命组织《经风雨》本着他反革命的嗅觉，为了保存力量，企图东山再起，就改头换面，分散兵力。

"葵花向阳"是我院地下黑司令部进行反革命活动的得力别动队之一。

它一成立，就与地下黑司令部保持了密切的联系，进行右倾翻案活动，为周天行翻案。他们派出郭兴宗与岳全瑜联系，得到不少指示，以开座谈会、叫小爬虫陆志芳澄清问题为名，行反复宣传黑指示之实。并与旧政治部《乐无穷》等串联，为死保周天行奔忙。叶家康为岳全瑜出谋献策。在最紧张的时候，叶一天之间要找岳二三次之多。真是猖狂已极。

毛主席教导我们："我们的敌人是落后的、腐朽的反动派，他们是注定要死亡的，他们的阶级本能引导他们老是在想，他们自己怎样了不起，而革命势力总是不行的，他们总是高估自己力量，低估了我们的力量。"《经风雨》这些小丑们就是这样一批反动派。在他们与旧政治部《乐无穷》公开搞联合行动时，吸收了地下黑司令部的一员大将范子真，参与和领导他们的活动，他们通过范与武周程王张的另一员干将罗琦密切联系，向他们请示工作，交黑指示，他们还出面召开了辅导员座谈会，企图来扩大他们反革命影响，到黑武光被揪出来后，见势不妙，急忙布置退却。去年12月在岳全瑜家召开了由康庆生、罗琦、范子属、何家云等参加的会议，布置退却，暂停活动。

但阶级敌人是不会甘心他们的失败的，他们在今年二、三月间反派性时，认为机会又到，就是这伙人，多次去曹传钧家了解我院学习班的情况，并与旧政治部陈翠娣密切来往，大整红旗战斗队的黑材料，以达到攻击革命小将，搞垮红色政权，为周天行翻案的罪恶目的，真是阴险至极，罪该万死。

从上述活动可清楚看到，"葵花向阳"就是地下黑司令部的马前卒，最得力的别动队。

（四）《经风雨》是资产阶级知识分子统治我院的马前卒

史无前例的无产阶级文化大革命彻底摧垮了刘邓黑司令部，彻底清算了刘邓修正主义教育路线的流毒，毛泽东思想红旗遍插各个领域。教育革命的烈火越烧越旺。资产阶级知识分子统治我们学校的现象将连根铲除。但是"帝国主义和国内反动派绝不甘心于他们的失败，他们还要做最后的挣扎……他们将每日每时企图在中国复辟。"《经风雨》的先生们就是这样一批披着共产党员外衣的资产阶级知识分子，反动学术权威，他们不甘心失去夺走的"天堂"，所以纠集在一起，死保刘邓黑司令部在航院的代理人——以武、周、程、王、张为首的地下黑党委。

《经风雨》的先生们"不同意修正主义党委的提法"，就连自己是资产阶级知识分子也不承认。他们以学习五七指示为名，公开对抗五七指示，他们说："主席讲的是现象，这种现象在我院当然也存在，但并不一定就是说学校所有单位都是资产阶级知识分子统治的。"并说"我们和某些党员老教师不算资产阶级知识分子"，公开叫喊："文法学院中反动学术权威比较好找，理工学院就很不容易找到，我院宁挹可算一个，其他就很难肯定了。"

尽管《经风雨》先生们装模作样地高喊"揭发批判修正主教育、科研路线"，但却没有什么实际行动。他们"好像唱戏一样，有些演员演反派人物很像，演正派人物老是不像，装腔作势，不大自然。"他们就是这样一些人。

（五）阴谋活动的方式

《经风雨》的黑干将们，为了进行上述一系列罪恶目的，并能掩人耳目，有相当一套"高明"的特务手段，进行有组织有计划的阴谋活动：

1. 严密的组织机构。《经风雨》有三人"勤务组"负责领导，"勤务组"吸收了三个"高参"组成六人"核心组。"下设政治思想工作、学习、宣传、对外联系、组织发展等分工负责。《经风雨》成员经常向头头们汇报思想、可谓组织严密。

2. 多变的组织形式 66.12 月由各系副职及党员教授二个组合并成《经风雨》后，在"十二月黑风"、"二月逆流"期间，进行了极其频繁的活动。反击"二月逆流"开始后，他们感到《经风雨》大难临头，于是"活动不灵活"宣布"解散"，而实际上分三个组分别由，叶、赵、周带领活动，即后来的《从头越》《葵花向阳》及周国怀组织，从而更加隐蔽的地进行反动活动。

3. 神秘的活动地点：《经风雨》的活动地点是经常变化的，周国怀、叶家康、张启先、王幼纯、赵震炎等的家都是重要活动据点，还借用过 608 教研室，陈列室主北 320 等地做联络地点，派有专人值班，白天以窗上挂不挂小飞机做标记，晚上以灯光为信号，十分神秘。

4. 频繁活动：《经风雨》经常以分析形势、交流情况、汇报思想、学习文件、讨论大字报为名，频繁活动，除全组活动外，经常有小型串联会、座谈会、个别交谈会进行反革命勾当。

5. 活动经费；平日一毛不拔的铁公鸡教授们，突然"慷慨"了，几个人出钱做《经风雨》活动经费，可见他们对《经风雨》反革命活动多么热心。

不管《经风雨》先生们反革命经验怎样丰富，不管《经风雨》先生们如何阴险毒辣，但是他们终究逃脱不了毛泽东思想的阳光，逃脱不了用毛泽东思想武装起来的红旗战士和革命群众的惩罚：历史已宣判了《经风雨》的死刑。

乘胜追击

评论员

反革命右派组织《经风雨》被揪出来了，真是大快人心！

物以类聚，人以群分。现已查明，《经风雨》成员绝大部分出身剥削阶级家庭，绝大部分人都是国民党的残渣余孽，地主阶级的孝子贤孙，是一帮历史反革命。他们伴随"十二月黑风"而起，在"二月逆流"中干尽了坏事。他们死保中国的赫鲁晓夫刘少奇，死保航院以武、周、程、王、张为首的"地下黑党委"，事实俱在，不容抵赖；他们恶毒攻击中央文革，诬蔑谩骂江青同志，炮打无产阶级司令部，铁证如山！他们哪里是什么"文化人"，分明是国民党潜伏在我们阵营内的一伙反革命匪帮！

但是，前些时候在航院就有一些人对于《经风雨》的材料不给宣传，左右刁难。说什么"上纲太高了"，"还不能定性呀"等等。我们要问某些自称"对周天行问题，问心无愧"，口称"对毛主席忠"的人：你们说给《经风雨》定什么性好？！上什么纲合适？！人们如果不健忘的话，就是这些人死保周天行至今还赖账，不认错；就是这些人借反派性为名，行右倾翻案活动之实；就是这些人大整红色政权的黑材料；大叫大嚷"为什么要搞《乐无穷》"的还是这些人。毛主说："世界上绝没有无缘无故的爱，也没有无缘无故的恨。"这些人，爱什么，恨什么，不是很清楚了吗？不站在人民的立场上说话、办事，就是站在敌人的立场上说话，办事；不做人民的朋友，必定做敌人的朋友。

全院革命同志们以战无不胜的毛泽东思想为照妖镜，再接再厉，乘胜追击！把潜伏在航院的叛徒特务走资派、国民党的残渣余孽及一切反革命分子统统揪出来示众！

清理阶级队伍战报

第 19 号，1968 年 6 月 8 日共 4 版

旧政治部革命群众和支左小分队
召开活学活用"5.19"批示讲用会

对毛主席"5.19"批示活学活用，坚决照办

【本刊讯】六日上午，政治部在主 243 召开了"活学活用 5.19 批示"讲用会。大会在"敬祝毛主席万寿无疆"和《东方红》的歌声中开始，随后，政治部的同志们畅谈活学活用"5.19"批示的体会。

同志们在讲用中着重谈到怎样揭开旧政治部阶级斗争盖子的问题，指出了旧政治部捂盖子的原因。他们结合伟大领袖毛主席亲自批转的新华印刷厂经验，认为政治部中也必须狠抓阶级斗争，把大特务黑武光、走资派政治大骗子周天行等把持和控制下的旧政治部揭开，彻底清除国民党反动派的残渣余孽。

同志们在讲用中还谈到了旧政治部搞现行反革命活动、右倾翻案活动的人还没有很好清理，学习新华印刷厂经验后，一定要集中力量给予突破，把那些隐藏着的诬蔑我们伟大领袖毛主席和林副主席、周总理、中央文革，破坏无产阶级文化大革命的反革命分子揭发出来，进行斗批，狠狠打击，毫不留情。同时，要反对"三右"，粉碎右倾翻案妖风，把右倾翻案的黑手和小爬虫揪出来。

同志们讲用中还谈到了怎样把新华印刷厂的经验运用到政治部的问题。一致认为要把伟大领袖毛主席亲自批转的最好的经验，当作党的政策坚决贯彻，坚决执行。

最后，七办朱芒达同志为大会做了总结发言，指出了政治部阶级斗争新动向，提出了下阶段的主要任务，以夺取清理阶级队伍的全面胜利。

密切注视阶级斗争的新动向！

本报观察员

　　阶级斗争的实践告诉我们：每当无产阶级提出一个新的革命口号的时候，阶级敌人也必然跳出来，把革命口号接过去，加以歪曲，去掉其革命的内容，用来和无产阶级作拼死的斗争。这种打着"红旗"反红旗的手法，是在无产阶级专政条件下，阶级敌人向无产阶级进攻的重要手段。在当前的情况下，应当特别警惕这一点。

　　伟大领袖毛主席下达的光辉的"5.19"批示，是对处于清理阶级队伍高潮中的全国无产阶级革命派最大关怀，最大支持，最大鞭策，是给我们无产阶级革命派撑腰的。它教导我们更好地掌握对敌斗争的政策和策略，更加猛烈地向阶级敌人进攻，稳、准、狠的打击敌人。在我们看来，这就是"批示"和"经验"的精神实质之所在。

　　但是，有些人却不是这样。他们歪曲主席的批示，借口讲究"政策和策略"，否定当前轰轰烈烈清理阶级队伍的群众运动，为隐藏在航院的叛徒、特务和顽固不化的走资派翻案，为处于四面楚歌的地下黑党委解围，这是不能允许的。

　　事实正是这样。现在，从阴沟里刮出了一股阴风。他们公然否认革命群众对叛徒、特务、顽固不化的走资派、国民党残渣余孽斗争的主流，说什么群众运动"打击面太宽"啊！什么清理对象"也要重新考虑"呀！甚至还有人把顽固不化的走资派也说成是"推一推就可以掉下去、拉一拉就可以站过来的人"等等。奇谈怪论，纷纷传来。

　　应该怎样来回答这些君子国的先生们呢？这里用得着伟大导师列宁的一句话："资产阶级及其走狗们大声喊叫我们犯了错误，在一百个错误后面就有一万个伟大而英雄的行动。"我院清理阶级队伍的群众运动的功绩是灿烂辉煌的，不可磨灭的，它必将在航院无产阶级文化大革命史上，闪烁着不可磨灭的战斗的光辉。

　　我们不禁要问：资产阶级的老爷们，你们有什么资格在我们面前哼一声！正是你们，在运动发动之前，极力压住阶级斗争的盖子，不让群众起来揭发；在群众发动起来以后的今天，你们又给群众运动大泼冷水，妄图使革命就此止步，迫不及待地使运动来个急刹车，生怕隐藏在航院的叛徒、特务、顽固不化的走资派及其形形色色的反革命分子这几种宝贝绝了种。你们是革命的罪人，只有老老实实地站在历史的被告席上，接受革命群众的审判。奉劝那些"心怀善良"，思想右倾的同志别再上当。

至于我们——无产阶级革命派，在运动中虽然有这样那样的错误，但这是前进中的缺点，是不可避免的，而且我们完全可以在毛泽东思想指引下把它克服的。用不着，也不允许资产阶级的老爷们评头品足、指指点点

无产阶级革命派的战友们，让我们团结起来，揭穿阶级敌人的阴谋诡计，坚定不移地将清理阶级队伍的群众运动进行到底！

把清理阶级队伍的群众运动推向新高潮

政治教研室支左小分队和政治部七办几同志座谈纪要

航院的旧政治部，是航院旧党委推销刘邓修正主义黑线的得力工具，是航院一小撮走资派借以维护资产阶级知识分子统治我们学院的机构，是反革命修正主义分子把持我院的桥头堡。而政治教研室，则又是旧政治部的一个重要成分，由第二号走资派周天行的臭老婆陆文亲自控制，成为其在航院贩卖资修黑货的推销店。如何解决旧政治部和政治教研室的问题，将是关系到航院文化大革命能不能进行到底的问题，关系到大批判的成效如何以及无产阶级革命派能否彻底结束资产阶级知识分子统治我们学院的问题。因此，同志们决心要把政治教研室的清理阶级队伍的斗争搞到底！不获全胜，绝不收兵！

（一）

在座谈中，大家认为，旧政治部、政治教研室还没有很好揭开盖子的原因，就在于敌友我三者还没有很好地分清。我们伟大领袖毛主席说："谁是我们的敌人？谁是我们的朋友？这个问题是革命的首要问题。"目前，适当地区分政治教研室的敌友我，也是其文化革命的首要问题。那些是革命的对象，那些是"推一推掉下去，拉一拉站过来"的人，那些是中间派，那些是同盟军，那些是依靠力量，这些都要经常注意，分辨清楚，这样就能使运动向纵深发展。

在政治教研室，有人散布一种糊涂观念，就是什么："依靠群众，就不管群众中的先进，中间，落后，不管'左中右'，不管是犯了错误甚至犯了很严重错误的也好，都要依靠。"同志们在座谈中认为：这是一种彻头彻尾的糊涂观念。散布这种观念的人是完全歪曲了伟大领袖毛主席"依靠群众"的伟大教导，从而为他自己的观念服务，把运动拉向右转。

我们说的依靠群众，只能是我们伟大舵手毛主席亲自主持制订的"十六条"中提出的"依靠革命左派"，争取中间派，团结大多数；也就是依靠群众中的积极分子，凭借这批骨干去提高中间分子，争取落后分子。而绝不是依靠落后分子。那种胡说对犯有严重错误的也得立即依靠的人，不是糊涂就是别有用心。

（二）

政治教研室有人散布什么"斗争是由于生活联系、生活问题开始的。"

人与人之间的关系只是"生活关系"吗？只是"生活关系"引起的"生活斗争"吗？能够把严肃的政治斗争纳入"生活问题斗争"的轨道吗？针对这个问题，政治部七办负责同志及其他同志做了认真的批判。郭世杰同志指出：毛泽东思想告诉我们，人与人之间的关系，在有阶级社会中，只能是阶级关系。毛主席的亲密战友林彪同志告诉我们，世界上的万事万物，必须用阶级斗争这个总根源去观察，才能看清楚。人与人的关系也是从阶级斗争总根源出发的。因此，郭世杰同志明确指出，散布政治教研室的斗争是由于生活关系、生活问题而引起的，这完全是站不住脚的，是糊涂账，必须予以驳斥。

（三）

旧政治部"斗私批修兵团乐无穷纵队"，是旧政治部在前一阶段活动得很厉害的组织。它竭尽全力为旧航院翻案，为航院一小撮翻案，它是个联系广泛的组织。"它是否有黑手操纵？地下黑司令部的黑手是怎样插进来的？它是否是保守组织"等等，都是旧政治部现在争论的焦点。政治部领导小组的（1）（2）（4）条都谈到"乐无穷"问题，作为意见供大家辩论，通过不同意见、不同观念的战斗性辩论，弄清事物的本来面目。大家一致认为，要鼓励这种辩论，鼓励大家发表意见，鼓励写大字报，同时鼓励大家揭发"乐无穷"的一系列活动，从思想上弄清楚斗争的实质。

"乐无穷"的问题，必须触及；旧政治部，教研室今后的发言必须针对具体问题，对具体情况做具体分析。不要老是空谈政策，空谈理论。理论必须联系实践；学用必须一致。

（四）

你是革命派吗？你就必须参加革命，投入革命的洪流。你不是革命派吗？你就是采取什么"明哲保身，但求无过"，"你搞你的原子弹，我吃我的逍遥饭"，"只要不搞到我的头上就行"等做法。

目前，政治教研室有人认为："自己反正是线内的人，随你们怎么搞吧。"这种态度是很消极的。

伟大领袖毛主席教导我们："什么人站在革命人民方面，他就是革命派。什么人站在帝国主义封建主义官僚资本主义方面，他就是反革命派。"上述那种自认为反正是线内就不积极地争取革命，不努力进行自我革命，自我改造的人，也许现在的确还不是反革命，但如果长期下去，势必有一天会滑到反革命的立场上去的。

因此，对此种人的病要治好，就必须按照毛主席教导我们的办法，先向患者大喝一声：同志，你危险啊！然后再慢慢给他治疗，使他积极地投入革命，进行自我革命。

（五）

伟大领袖毛主席教导说："无产阶级革命事业的接班人，是在群众斗争中产生的，是在革命大风大浪的锻炼中成长的。"

同志们认为：下政治教研室是来进行阶级斗争的。因此，必须做到"认真"两字，极端地负责任，在阶级斗争的大风浪中锻炼成长。尽最大努力，把政治教研室清理好。

同志们认为：在清理阶级队伍的斗争中，必须努力学习毛主席著作，按毛主席的指示办事；必须努力学习毛主席主持制订的一系列方针政策，稳、准、狠地打击一小撮阶级敌人。

同志们认为：对待敌人要分化瓦解，采取"坦白从宽，抗拒从严"的政策，对大胆坦白交代，彻底揭发的，要表扬，要从宽处理；对顽固不化、抗拒到底的人，将从严处理。

在座谈中，大家还谈到了要向革命的教员学习，要开展谈心活动，进行细致的思想工作，要开展批评和自我批评等等，同时也欢迎革命的教师给支左同学们和政治部七办提出宝贵的意见。

老右倾机会主义新右倾翻案罪行
——打倒右倾翻案急先锋罗琦

红四系革命委员会

无产阶级文化大革命的强劲东风，撕开了反革命两面派的伪装，露出他们狰狞的本来面目，罗琦这个老机会主义分子、四系顽固不化的走资派，又对人民犯下了不可饶恕的罪行。毛主席教导我们："凡是要推翻一个政权，总要先造成舆论，总要先做意识形态方面的工作，革命的阶级是这样，反革命的阶级也是这样。"罗琦这个右倾翻案的急先锋,在地下黑司令部的指挥下,为推翻航院和四系的新生革命政权进行了大量的反革命舆论工作,充当了航院地下黑党委反革命夺权的黑秀才。

(一)

毛主席主持制订的"十六条"明确指出:"一大批本来不出名的青少年成了勇敢的闯将,他们有智慧,有魄力。""他们革命大方向始终是正确的,这是无产阶级文化大革命的主流。"

北航红旗,是在两个阶级、两条路线的剧烈搏斗中产生的一支左派队伍,是北京高校五面红旗之一,是航院红色政权的坚强支柱和强大后盾。一小撮阶级敌人要想反夺权,就不得不首先把矛头指向坚强的战斗队,指向革命的红旗战士。罗琦就是这一小撮之一。

罗琦经常散布"党员都比红旗战士好"的右倾言论,狂妄叫喊:"等北航红旗改完了错误,我才入红旗。"他恶毒地辱骂韩爱晶同志是"小政客",攻击"红旗战士代表大会权力太大了,太高了",等等,还有许多。从他一系列言论就不难看出罗琦是个什么货色。

中国伟大的红卫兵运动震撼全世界,横扫一切牛鬼蛇神。帝修反和地富反坏右无不拼命诬蔑谩骂红卫兵的革命行动,而走资派罗琦与它们唱一个腔调,这就清楚地说明:罗琦是一个不折不扣的帝修反的应声虫,国民党反动派的代言人。

罗琦否定红卫兵革命小将、否定无产阶级文化大革命的阴谋绝不会得逞。

(二)

四系某些基层干部存在着严重的右倾情绪,罗琦看中了这一点,极力挑拨这些干部和革命小将的关系,煽阴风点鬼火,企图借这些人之手来打击革命小将。他对一支书挑拨说:"我这个总支书记还没批判,可把你们批判得够呛。"以此来煽动对小将的不满。罗琦还在一些基层干部中说:"我倒不想在革委会起什么作用,只想和革命小将平等说话。"言外之意就是革命小将不讲道理,不平等对他。他发挥不了"作用"是革命小将的罪过，用心何其毒也。

同志们，右倾翻案急先锋罗琦出于对革命小将的不满和仇恨，诱导和煽动一些受批判的干部，利用保守思潮，为自己的反夺权搞翻案服务，以推翻新生革命政权而代之。司马昭之心，路人皆知也。

（三）

毛主席教导我们："革命的根本问题是政权问题。"罗琦为了反夺权，他不仅抓舆论，也在搞组织。他在下面拼凑一个黑班子就是为其反革命夺权做组织上的准备。

罗琦利用一切机会，安插自己的亲信，拉自己的队伍。他往专业连队安插亲信，往各班级安插亲信抓党权，还要向刘天章连安插亲信以抓专案大权。总之，千方百计反夺权。他还多次召开黑会，策划于密室，大搞翻案的统一行动。罗琦在右倾翻案妖风中是充当了多么不光彩的角色呀！

十分明白，罗琦在组织地下黑班子，在准备反夺权。罗琦就是睡在我们身边的赫鲁晓夫似人物，顽固地要搞复辟的家伙。

（四）

翻一下罗琦的历史，就可以看出：罗琦早已是个右倾机会主义分子。57年他配合右派向党进攻，胡说："右派的话也是应该考虑的。"59年他专门搜集大跃进的阴暗面，企图配合彭德怀否定大跃进。62年他又跳出来批评党对高级知识分子尊重不够等等。这个"老机"在武光、周天行的包庇下，飞黄腾达，一手控制了四系党政大权，把四系变成了搞×××典型、搞修正主义、资本主义复辟的顽固堡垒。

在两条路线的斗争中，罗琦的表演清楚地说明了他是属于资产阶级司令部，他已完全堕落为一个反革命两面派，右倾翻案的急先锋。

打倒两面派罗琦！反对右倾机会主义！

粉碎右倾翻案妖风！揪出翻案黑干将！右倾翻案急先锋罗琦不投降就叫他灭亡！

清理阶级队伍战报

第 20 号，1968 年 6 月 13 日共 4 版

对毛主席的重要指示活学活用，步步紧跟，立即照办
我院胜利召开活学活用毛主席著作讲用会

在毛主席光辉的 5.19 批示指引下
我院清理阶级队伍斗争出现新局面、新气象

【红旗社 13 日讯】今日航院，战地黄花分外香，在毛主席 5.19 重要批示的指引下，各系部、教研室都普遍举办了毛泽东思想学习班，在各部系的讲用会基础上，全院于十二日隆重召开《活学活用毛主席著作讲用会》。

在会上，化学教研室和 5233 班支左小分队，向全院汇报了他们遵照林副主席的"结合实际，才能学得懂、记得住、用得上"的教导，采取边学习、边总结、边战斗的方式，一方面总结了自己的经验，一面又找出了与新华印刷厂的差距，在毛主席 5.19 重要批示的指引下，取得了对敌斗争的巨大胜利。他们表示在今后的对敌斗争中，更好地活学活用毛主席著作，决心将这场政治大革命进行到底。二系加工间的师付汇报了他们用毛泽东思想这个锐利的武器放手发动群众，破获了现行反革命分子王祖成案件，大长了无产阶级革命派的志气，大灭了资产阶级的威风。红航兵团某部件组的同志们，介绍了他们在教学革命探索的道路上，粉碎了资产阶级知识分子的进攻，创造出第一等的工作。他们决心用自己的战斗来为结束资产阶级知识分子统治我们学校的现象斗争到底。

"雄关漫道真如铁，而今迈步从头越"，在伟大领袖毛主席的指

挥下，我院的对敌斗争已经取得了伟大的胜利。在下阶段的对敌斗争中，我们要以门合同志为榜样，誓死捍卫无产阶级革命路线，在对敌斗争中再立新功。

让我们以实际行动来迎接我院第二次活学活用毛泽东思想积极分子代表大会的召开。

稳准狠的打击敌人
——供应科对敌斗争的一些体会

在毛主席 5.19 重要批示的指引下，供应科和 4631 支左小分队的同志们，立即认真学习新华印刷厂对敌斗争的经验，通过这一段的学习，他们深深体会到打击阶级敌人要稳、准、狠，要对他们进行政策攻心，分化瓦解。

要取得对敌斗争的胜利，就必须要带着对阶级敌人的刻骨仇恨，跟他们拼刺刀。

供应科的同志们，通过学习，清楚地看清了这一场斗争，是一场严肃的政治大革命，在斗争中"不是东风压倒西风，就是西风压倒东风。"因此他们首先在斗争会上，以自己辛酸的历史控诉了旧社会、国民党反动派的反动罪行，批驳了阶级敌人的种种无耻谰言，强烈控诉了国民党反动派抓壮丁的滔天罪行，这就揭穿了钟琼章受过国民党预备少尉军官，青年军特务连特殊训练后遣散的政治目的，有一位工程科的老师付在控诉地主分子吴平旦对他的迫害打击时抽了风，当时到会的同志们，气得咬牙切齿，通过忆苦思甜，更进一步激烈起广大革命群众投入到与国民党反动派的长期斗争中去。

对一小撮阶级敌人的反动罪行必须采取小会穷追和大会批斗交替使用，政策攻心和重炮猛轰相结合。

毛主席教导我们："和国民党的反共政策作战，需要一整套的战术"。我们也就发动群众提高了一套战术。我们先采用由七办、革命小组和群众所组成的战斗组,首先向这一小撮敌人交代政策,然后就深追问题,发现漏洞抓住不放,穷追到底,然后让他写成材料,这种小会追斗会,战斗灵活,既宜政策攻心,又宜放几发炮弹。但光靠小会追斗是不行的,毛主席告诉我们:"敌人往往总是过高地估计自己的力量,过低地估计人民的力量。"我们根据"以打对打,以拉对拉"的政策,把那些反动气焰较高的家伙交给群众,广大群众,用毛泽东思想这个千钧棒,把他打得老老实实。

对于有严重问题,还未最后定性的人,要从严要求,也要向他交代政策。

我们伟大领袖毛主席教导我们:"凡是反动的东西,你不打,他就不倒。"我们知道你不做工作,他们是不会自动交代的。如三青团员青年军、特嫌分子钟琼章,我们先找他谈四、五次,反复交代党的政策,但他的态度反很恶劣,千方百计想破坏运动。他为了蒙混过关,他就装着狗胆扬言:"我八辈都给你们填上,你们给我搞清楚好了。""还查出我的问题,可以枪毙。"但过一会又装出一副可怜相,自己写道:"钟琼章,你这个胆小鬼,你这个小丑终于被揪出来了。"他就是一计不成又一计,总是千方百计地耍阴谋。供应科的同志们根据毛主席的对任何事物都要问一个为什么的教导,分析了这样嚣张的原因,一方面他认为他的历史证明人找不到,另一方面,他受过特殊训练,诡计多端,颇能迷惑一部分人,当我们把他拉到大会上,广大群众把他的历史、现行问题一摆,他不得不低下狗头。批斗会后我们又进一步做政策攻心的战斗。

供应科的同志们,就是这样发动群众,牢牢掌握好党的政策,稳、准、狠地打击了阶级敌人,取得了一个又一个的伟大胜利。目前供应科的同志在支左小分队的协助下,正沿着毛主席 5.19 重要批示,奋勇前进!

清理阶级队伍要依靠无产阶级左派
红七系王文懋同志在汇报系学习班情况时的发言摘录

在相信和依靠什么人的问题上，存在着领导思想上的右倾的现象。这种右倾思想的反映，就是忽视两条路线的斗争，甚至忘记两条路线的斗争。

有些人认为，红旗不红旗都无所谓，大家现在都是"无产阶级革命派"。因此，谁出身好，历史没有问题，谁就是"左派"，谁就是清理阶级队伍所依靠的骨干。这在客观上是在搞右倾翻案就是模糊我们的阶级队伍。有些干部，表面上参加了"三结合"，但在思想上并没有结合。他们对红旗战士还是看不顺眼，左看像个"牛鬼蛇神"，右看像个"坏头头"；而他们对原来那班气味相投的人，还是觉得最可信用，并且把这种思想变为行动。这样必不能很好发动和依靠广大的红旗战士，甚至会排挤和打击红旗战士，这是绝对不能容许的。

在干部问题上，有些右倾思想严重的人，对干部在两条路线斗争中的表现几乎一点也不在意，只要这个干部没有政治历史问题，就以为是"左派"，就应该成为革命三结合核心。我们和这种人的看法相反。看一个干部是不是左派，能不能成为革命三结合的领导骨干和核心，除了看他的家庭和政治历史没有重大问题外，最主要的是要看他对毛主席、对毛泽东思想、对毛主席的革命路线的态度。那些二月逆流的干部，那些积极参与地下黑司令部大搞右倾翻案活动的干部，即使他们的家庭和历史都没有什么问题，他们也绝不是"左派"，而是干部中的右派。

更为危险的是，有人公然抹杀人民内部的倾向性的斗争，认为凡是人民内部矛盾，就无所谓，随便那一种倾向占上风都似乎一样。于是他们就理直气壮地去排斥左派，依靠右派。

毛主席说："除了沙漠，凡有人群的地方，都有左、中、右，一万年后还会是这样。""党外有党，党内有派，历来如此。"人民内部的倾向斗争，包含着深刻的阶级斗争内容，是两种世界观斗争。由我们伟大领袖毛主席亲自批转的北京新华印刷厂的经验很可贵的之点，就是他们坚决依靠左派，争取中间派团结教育人民中的右翼部分，并对他们有所提防，狠狠打击顽固的右派。那些坚决依靠人民中的右翼部分的人，正好说明他们自己是假左派，是右翼分子。

把揭发批判会作为教育群众发动群众的战场

化学教研室全体革命群众及 5233 班下化研支左小分队发言摘录

如何在狠抓阶级斗争的实际中发动群众、依靠群众、并引导大家提高阶级斗争和路线斗争觉悟呢？

在前一段运动中，我们虽然开过几次会，但由于存在着单纯军事观点和材料挂帅的思想，把审斗会搞成了几个人忙忙碌碌落实材料的"核实会"而广大革命群众只是起了喊口号助威的作用。针对这种情况学习了新华印刷厂经验之后，我们决心按照毛主席"宣传群众、组织群众、武装群众"的教导，克服形形色色的单纯军事观点和材料挂帅的思想，把每次揭发批判会作为发动群众教育群众的课堂。

立足点站对了，办法也就跟着来了个彻底的改变。毛主席说："仗要一个一个地打，饭要一口一口地吃。"专案组就把以前揭发的材料分几个专题，准备搞专题审斗会。每次审斗会之前，我们都召开了相应的串联会，一方面广泛地听取教研室群众的揭发，但更重要的是抓住这个大好时机来教育群众、提高群众的阶级斗争和路线斗争觉悟。有一次开王世荣、朱昌中怎样包庇重用坏人打击排挤工农出身教师的串联会，群众揭发的大量事实，简直把广大革命师生的肺都气炸了。反动党团骨干分子、国民党的残渣余孽生病，王世荣、朱昌中派几个人牺牲"天天读"去排队给他买鸡买鱼，他们自己每日都登门慰问，真是关怀备至；现行反革命分子李寿令的房屋纠纷，儿子升学，他的反革命狗老婆退职等等，他们都四处奔波，跑遍一机部某公司，假借组织名义，为李寿令撑腰，欺骗政府，抗拒群众运动。然而对我们贫农出身的共产党员宗学章同志，刚刚来航院仅仅几个月，他们就狼狈为奸，处处积虑，使用了各种卑鄙手段，排挤出了化学教研室。62年宗学章同志重回教研室，这时他家中经济非常困难，身患重病，但这两个混蛋却分配他去清查仓库，让宗学章同志楼上楼下搬几十公斤重的蒸馏水……。听到这儿很多同学都气哭了。串联会结束时一个同学含着眼泪、怀着深厚的无产阶级感情做了总结，他说："同志们，同学们：在化学教研室里，反动党团骨干，国民党残渣余孽，历史反革命、现行反革命，飞黄腾达，无法无天，而我们贫农出身、优秀的共产党员遇到如此打击迫害，不但在政治上迫害我们，而且对我们的肉体也如此摧残，这难道还有一点无产阶级专政的味道吗？没有！一点也没有！！这就是地地道道的资产阶级专政。照此下去'那就不要很多时间，少则几年十几年，多则几十年，就不可避免地要出现全国性的反革命复辟，马列主义的党就一定要变成修正主义党，变成法西斯党，整个中国就要改变颜色了'。同志们，同学们！难道我们能允许这种现象继续存在下去吗？"不能！一千个不能！一万个不能！愤怒的呼声犹如强大的动力，激励着我们向着一小撮阶级敌人冲锋陷阵。

斗私批修立新功

4631下供应科支左小分队讲用摘录

我们四月中来到供应科"支左"，由于时间短，任务重，科内阶级斗争复杂，即要建立专案，搞外调，又要复课，又缺乏同敌人面对面斗争的经验。能不能完成任务？针对这些活思想，支左小分队召开了向主席请教会。学习了"老三篇"，和"放下包袱，开动机器"，检查了这些活思想的根源就是一个"私"字，一个"怕"字。怕紧张，怕艰苦，怕影响学习，怕负责任。我们用白求恩、张思德、老愚公三面镜子照了自己。觉得应该像白求恩同志那样毫不利己，专门利人，像张思德那样全心全意，像老愚公那样克服困难，决心做阶级斗争的闯将，同时又要做斗私批修的模范。狠斗"私"字，猛批"修"字。小分队还学习了主席的"……革命战争是民众的事，常常不是先学好了再干，而是干起来再学习，干就是学习。"同学们学了主席的教导心明眼亮，信心十足，决心把供应科的一小撮阶级敌人揪出来斗倒斗臭，不获全胜，绝不离开供应科。

我们决心高举毛泽东思想伟大红旗，在主席 5.19 批示指引下，向门合同志学习，把清理阶级队伍运动进行到底！

打倒现行反革命分子邵群

红二系革委会

"宜将剩勇追穷寇，不可沽名学霸王"．在坚决粉碎了邵群的右倾翻案妖风之后，在彻底揭露了二系资产阶级代理人邵群之后，我系广大无产阶级革命派，革命群众遵照毛主席"千万不要忘记阶级斗争"的伟大教导，认真学习了北京新华印刷厂开展对敌斗争的经验，经过深入细致的调查研究，把现行反革命分子邵群揪出来了。这是毛泽东思想的又一伟大胜利，是毛主席革命路线的又一伟大胜利，真是大快人心！

邵群是个什么东西？现在已经很清楚，邵群就是一个顽固不化的走资派，是国民党在二系的代理人，地下黑司令部的黑干将，还是一个不折不扣的现行反革命分子。

就是这个邵群，企图要群众讨论"按毛泽东思想办事，是否也会犯错误？"来达到他煽动群众去怀疑毛泽东思想的罪恶目的。

就是这个邵群，在文化大革命期间，还以"党章上没有规定以毛泽东思想为指导"来否定毛泽东思想是全党全军和全国一切工作的指导方针，为其反毛泽东思想辩护。

就是这个邵群，恶毒攻击延安整风是"虎头蛇尾"，是"王明路线的继续"，企图否定毛主席正确领导的延安整风运动，否定毛主席的无产阶级革命路线，真是罪该万死！

就是这个邵群，在看了周总理代表无产阶级司令部做着关于不要冲中南海指示的传单之后，对冲中南海这一严重政治事件不仅不反对，而且把矛头直指我们心中最红最红的红太阳毛主席，说什么："冲一冲有什么关系，冲到谁头上，谁就不高兴了。"真是混蛋逻辑，混蛋透顶。

就是这个邵群，恶毒攻击无产阶级司令部的重要组成部分中央文革"是些文人，没有实际斗争经验，下车伊始，就哇啦哇啦。"攻击伯达同志，污蔑江青同志，支持其女儿．整康生同志的材料。

就是这个邵群，包庇纵容反革命组织"八一纵队"，把大毒草"一、二问"说成是"小孩子问问没什么，提提意见没啥。"

还是这个邵群，两次写匿名信给陈伯达同志，猖狂反对群众运动，否定我院红旗夺权，否定红卫兵的功勋，并攻击陈伯达同志。

现行反革命分子邵群罪恶累累，罄竹难书。我们要把邵群打翻在地，再踏上千万只脚，让他遗臭万年，永世不得翻身。

想当初，在刚揭发邵群问题，但还没有触及其反毛泽东思想的实质时，邵群暴跳如雷，一蹦三丈高，高喊"你们把矛头指向我是错误的"，"我要和你们辩论。"气势汹汹，真是老虎屁股摸不得，气焰是何等的嚣张！

然而，历史的逻辑就是这样：谁跳出来反对毛主席，反对战无不胜的毛泽东思想，反对毛主席的革命路线，反对无产阶级文化大革命，谁就必然碰得头破血流，变成不齿于人类的狗屎堆。中国赫鲁晓夫刘少奇如此，航院的谭震林周天行如此，二系的邵群也肯定如此。

坚决打倒现行反革命分子邵群！

狠狠打击现行反革命

【短评】新华印刷厂的经验告诉我们："特别是那些恶毒攻击伟大领袖毛主席和林副主席，恶毒攻击中央文革，反对无产阶级司令部的现行反革命分子，一旦发现，就狠狠打击、毫不留情。"认真学习这一经验，对于我院清理阶级队伍群众运动的开展有着特别重要的意义。

在前一阶段中，有的单位对坏人的历史搞的较多，而对敌人的右倾翻案、现行反革命活动批得不够，打得不狠，搞得不多，甚至还有人公然宣扬"历史问题决定一切"的反动谬论，说什么顽固不化的走资派"周天行如果没有几十个假职务、还是二类干部"，"×××如果没历史问题，还是好干部"等流言，对坏人实行"不倒不打"的政策，这是一种错误偏向，必须坚决纠正。

诚然，对坏人的历史问题必须追查清楚，但更重要的是要抓现行问题，抓对无产阶级司令部的态度问题，只有这样，才能把清理阶级队伍的群众运动搞深搞透。

学习新华印刷厂的经验以后，许多单位在抓坏人的右倾翻案、现行反革命活动方面，较之过去有了很大的进步。例如红三系斗批了反对敬爱的江青的右倾翻案的小爬虫韩凤华，狠狠斗批了现行反革命分子朱东的黑后台马铁犹，又如红四系、红二系抓住罗琦、邵群反对无产阶级司令部、大搞右倾翻案的罪行，打掉了他们的反革命气焰，把这两个顽固不化的走资派、现行反革命揪了出来。他们的斗争好得很，我们坚决支持。

我们希望全院革命师生员工在搞坏人历史问题的同时，大揭大批坏人的右倾翻案，现行反革命罪行。把清理阶级队伍运动搞得更好。

清理阶级队伍战报

第 21 号，1968 年 6 月 15 日共 4 版

贫下中农痛斥范子真

根据教务部来稿改编

一切阶级敌人总是过高估计自己的力量，轻视人民的力量。范子真就是这样一号人物。想当初，他飞扬跋扈，横行霸道，目中无人，不可一世，妄图一口吃掉无产阶级革命派，按其主子周、武、程、王、张之意企图破坏无产阶级文化大革命。曾几何时，他们成了众叛亲离的孤家寡人，人人喊打的过街老鼠。

在教务部斗争范子真大会上，乐亭县代张庄贫下中农以大量的、无可辩驳的事实，揭穿了范子真的庐山真面目。范子真根本不是共产党，而是代表国民党蒋介石利益的富农分子，是我们贫下中农不共戴天的敌人。

贫下中农以自己血泪斑斑的历史，控诉了范子真一家人伙同当地的地主富农，残酷剥削、欺压贫下中农的滔天罪行。

代张庄大队贫协主席、大队群众专政委员会副主任李运兴同志揭发了范子真这个剥削阶级的孝子贤孙，经常三十元、五十元寄给他带着富农帽子的老混蛋，可是范对贫下中农却每次回家理都不理，这是多么鲜明的剥削阶级的阶级感情啊！哪还有一点共产党员的立场！

中共党员、贫农、大队治保主任、大队群众专政委员会委员杨书年同志揭发，范子真早在他念书时就参与了剥削活动，与其反动老子开鲜果铺，放高利贷，从解放区往敌占区倒卖粮食，发国难财。更有甚者，范子真还纠集一群地主、富农、牛鬼蛇神带头闹分村，与我红色政权分庭抗礼，拒绝参加斗争地主范传保的大会。范子真早年就是一个地地道道的反革命。今天，范子真顽固站在刘、邓黑司令部一

边，破坏无产阶级文化大革命是有其阶级根源的。

中国人民在伟大领袖毛主席的英明领导下，拿起了枪杆子，建立了自己的政权，但这些乌龟王八旦是不会甘心于他们失败的。

贫下中农痛斥了范子真企图反攻倒算的反革命阴谋。一九五九年，范子真回家一头就钻进地主家，与当地地主来往频繁，并领他臭婆娘认地边，认磨房，企图变天。不仅如此，范子真还极力包庇坏分子、投机倒把分子、破坏集体经济的范奎林（范子真的狗弟），并为他搞投机生意提供方便。范子真为了钻入革命队伍，他又欺骗贫下中农开假证明，企图混入"三结合"中来搞反革命政变。范子真所犯下的反党反人民的滔天罪行，真是罄竹难书！

就是这个范子真，长期受到我院一小撮特务、叛徒、顽固不化的走资派的庇护，漏掉了贫下中农对他的专政。反动的历史必须重新颠倒过来，代张庄全体社员大会通过决议，决定给范子真带上反动富农分子的帽子。并警告他若再不老实低头认罪，就把他揪到代张庄交贫下中农批斗。

贫下中农痛斥范子真大长了无产阶级革命派的志气，大灭了一小撮阶级敌人的威风。

一切阶级敌人，看起来貌似强大，实际上不过是银样镴枪头一根，纸老虎、泥足人一个，虚弱得很。

让我们虚心地向贫下中农学习，誓将这场政治大革命进行到底。

魔高一尺，道高万丈

404 教研室及下 404 支左小分队

"顽固分子，实际上是顽而不固，顽到后来，就要变，变为不齿于人类的狗屎堆。"

反革命分子施可畏，在清理阶级队伍的运动中，顽固地对抗运动，充当丧家的资产阶级乏走狗。

当革命群众揭发批判叛国分子周国怀时，施可畏这个周国怀的小走狗，拒不揭发周国怀的罪行，反而强调对周国怀要"实事求是"，真是混蛋透顶。施可畏凭着他反革命的嗅觉、预感到这次运动中快要落水，于是拼命挣扎，煽阴风、点鬼火，制造反革命舆论，叫嚣什么"揪周国怀一小撮不符合政策，是乱了自己，长了敌人的志气。"什么"404除了周国怀以外，没有第二个，要说联系的话，我们都是受蒙蔽的。"企图把水搅混、蒙混过关。他还要挟革命群众，"到必要的时候反击。"真是气焰嚣张，反动透顶。

在运动当中，施竟公开多次销毁材料，妄图守住关口，消踪灭迹，抗拒到底，真是狗胆包天。当革命群众批判他时，他变成一只癞皮狗，装死躺下，问什么都推说"记不清了"，表演出一副落水狗的可怜相。可是，在宿舍里时，又张牙舞爪，拿着大剪刀故意绞得吱吱作响，在桌子上插着刀子，妄图给革命群众施加压力，反动气焰十分嚣张，又是一副跳上岸的咬人狗凶相。

最近，施可畏大量的反毛主席反毛泽东思想的罪行被广大革命群众揭出来后，他又耍起了哈吧狗的新花招。

（1）抽象承认，具体否定，狗性其实不改；

（2）用业务问题掩盖政治问题，用漂亮外衣掩盖其狗体；

（3）给自己扣上一顶大帽，企图在大帽子下开小差，是只戴花帽的狗。

敌人的策略是很狡猾的，他们有各种斗争手段。"我们革命党人必须懂得他们这一套，必须研究他们的策略，以便将他们战而胜之。"不论施可畏采取什么手段，都逃不掉，溜不走，只有老实交代，痛改罪行，夹着尾巴走路，才有出路，如果继续竖起狗尾巴、顽抗到底，只有死路一条！

彻底砸烂反革命右派组织"经风雨"誓死保卫江青同志

红六系《经风雨》专案组

敬爱的江青同志,是我们最最敬爱的伟大领袖毛主席的亲密战友和好学生,是以毛主席为首、林副主席为副的无产阶级司令部中一位身经百战的杰出的指挥员,是文化革命的英勇旗手。

"独有英雄驱虎豹,更无豪杰怕熊罴。"早从三十年代起,敬爱的江青同志,就用毛泽东思想这一战无不胜的武器,和叛徒、特务、假党员以及国民党反动派做坚决斗争,勇敢地捍卫了毛主席革命文艺路线。

解放以后,敬爱的江青同志,长期带病坚持和迫害她的党内一小撮叛徒、特务和走资派刘、邓、陶及其爪牙们作斗争,坚定不移地捍卫了毛主席革命路线。

近几年来,敬爱的江青同志,高举毛主席革命文艺路线的大旗,亲自领导文艺改革,把帝王将相、资产阶级赶下了舞台和银幕,为工农兵占领舞台和银幕立下了不朽的功勋。

在史无前例的无产阶级文化大革命中,敬爱的江青同志,高举毛泽东思想伟大红旗,站在斗争的最前线,以她热烈的革命情感、高度的革命敏感和杰出的创造能力,稳、准、狠地批判、揭露和打击了资产阶级反动路线,勇敢地坚持、捍卫和发挥了毛主席无产阶级革命路线,建立了独特的、伟大的历史功勋。

在无产阶级文化大革命的两个阶级、两条道路、两条路线的激烈搏斗中,我们广大《红旗》战士、革命的共产党员和无产阶级革命派,越来越敬爱江青同志,我们深深地认识到:江青同志对毛主席最忠,对毛泽东思想最忠,对毛主席革命路线最忠,江青同志是无产阶级文化大革命的伟大旗手。敬爱的江青同志永远是我们广大《红旗》战士、革命的共产党员和无产阶级革命派学习的崇高的光辉的榜样。

"世上绝没有无缘无故的爱,也没有无缘无故的恨。"那些叛徒、特务、顽固不化的走资派和社会上的牛鬼蛇神,以及他们的孝子贤孙们，对我们无产阶级文化大革命的伟大旗手，我们敬爱的江青同志却怕得要死，恨得要命。最近，由我院广大革命群众揪了出来的反革命右派组织《经风雨》的黑干将们，就是这样一小撮对江青同志怕得要死、恨得要命的反革命小丑。

由剥削阶级的孝子贤孙、国民党残渣余孽、漏网大右派、刘邓黑司令部在航院的代理人武、周、程、王、张，以及沈元之流的忠实爪牙勾结拼凑成的反革命右派组织《经风雨》，极尽造谣诬蔑、恶毒攻击之能事，疯狂地反对我们敬爱的江青同志。这些牛鬼蛇神胡说什么："江青讲话爱激动。""江青比较年轻，难免有些地方掌握不够稳。""毛主席批评了江青抓人抓得太多了，运动搞左了。"真是混蛋透顶，猖狂已极。但是《经风雨》这几只苍蝇碰壁，嗡嗡叫，几声凄厉，几声抽泣，只不过是蚍蜉撼树，丝毫无损于我们敬爱的江青同志的伟大光辉形象，却使他们自己的反革命嘴脸暴露无遗。他们丧心病狂地诬蔑和攻击我们敬爱的江青同志，其罪恶的目的，正如列宁同志所深刻揭露的："这一切实际上是资产阶级反对无产阶级的阶级斗争手段，是保护资本主义而反对社会主义。"一句话，他们反对毛主席革命路线，妄图复辟他们资本主义的"天堂。"

毛主席教导我们："牛鬼蛇神只有让它们出笼，才好歼灭它们，毒草只有让他们出土，才便于锄掉。"反革命右派组织《经风雨》的黑干将们，既然迫不及待地跳了出来，配合其黑主子——谭震林、杨、余、傅及关、王、戚之流疯狂反对我们敬爱的江青同志，就让他们和其黑主子同归于尽吧！让我们高举毛泽东思想的"千钧棒"，把反江青同志的急先锋，反革命右派组织《经风雨》砸个稀巴烂！

誓死保卫江青同志！

谁反对江青同志就打倒谁！

彻底砸烂反革命右派组织《经风雨》！我们的伟大领袖毛主席万岁！万万岁！

清理阶级队伍战报

第 22 号，1968 年 6 月 17 日共 4 版

《编者按》两年来的文化大革命告诉我们，要发展大好形势，就必须继续不断地开展革命的大批判。那种"两豆塞耳、不闻雷声"，那种"刀枪入库，马放南山"的错误思想必须坚决纠正；那种认为革命大批判只是"隔着城墙骂老爷"的单纯军事观点必须马上纠正。革命的大批判本身就是一场政治大革命，是组织上夺权的继续，我们万万不可掉以轻心。

本报今天发表的《周天行反毛泽东思想罪证如山，不容抵赖》一文，值得一读。过去几十年来，中国赫鲁晓夫及其在航院的代理人武、周、程、王、张猖狂地反毛泽东思想罪行累累，不可容忍。

红旗战友们，革命的同志们，让我们拿起笔做刀枪，掀起革命的大批判新高潮。用自己的战斗来保卫毛主席，来巩固和健全我们的革命委员会。

周天行反毛泽东思想罪证如山，不容抵赖
——评最近揭露出来的周天行的"批注"

老问题不能回避

毛主席教导我们："革命是历史的见证人，革命的群众运动是大海的怒涛，一切妖魔鬼怪被冲走了，社会上各种人物的嘴脸，被区别得清清楚楚，党内也是这样。"

顽固不化的走资派、大政治骗子周天行在无产阶级文化大革命的怒涛之下，充分地暴露出他的反革命嘴脸。他和他的臭婆娘陆文，小爬虫陆志芳、程曰平主动跳出来，充当义务反面教员，演出了一幕

又一幕的丑剧。"放火烧书"就是其中很"精彩"的一幕，它为全院革命同志提供了很好的反面教材。

我们要问陆文、陆志芳、程曰平，你们口口声声说什么周天行的"批注"是刻苦学习毛主席著作的表现，是热爱毛泽东思想的表现，既然如此，你们为什么要放火烧书？又为什么要涂改"批注"？

还有大叛徒、大特务程九、张仲星之流一个个使出了吃奶的力气为周天反毛泽东思想的"批注"百般辩解，说什么"能学到这样就不错了。"我们要问：你们对于周天行之流放火烧书和涂改批注又该如何解释？

周天行之流的销赃灭迹也罢，程九柯之流的百般辩解也罢，恰恰说明了阶级敌人对于革命群众揭露出周天行反毛泽东思想的"批注"恨得要死，怕得要命。"凡是敌人反对的，我们就要拥护。"牛鬼蛇神如此反对我们抓周天行的"批注"，如此反对我们批判周天行的"批注"，正好从反面说明我们抓得准，批得狠。

还有地下黑司令部的某些黑干将们像阿Q忌讳头上的疮疤一样回避周天行反毛泽东思想的"批注"问题。他们把周天行政治骗子的问题和周天行对毛泽东思想的态度问题截然分开。请问：世界上还有热爱毛泽东思想的政治骗子吗？

过去揭发出来的两本书的"批注"，已经足以说明周天行是一个反毛泽东思想的坏家伙。这一点是不能回避的。

现举几个例子说明：

1. 毛主席明确指出："然而思想落后于实际的事是常有的，这是因为人的认识受了许多社会条件限制的缘故。我们反对革命队伍中的顽固派，他们的思想不能随变化了的客观情况而前进，在历史上表现为右倾机会主义。"

反革命修正主义分子周天行在毛主席这段话旁边也狂妄地、挑衅地写道："落后于实际就是右倾机会主义吗？"

毛主席的话句句是真理，一句顶一万句，而周天行狗胆包天，公然提出质问，是可忍孰不可忍！

2. 毛主席语录："只要不是敌对分子，不是恶意攻击，允许大家讲话，讲错了也不要紧。各级领导人员，有责任听别人的话。实行两条原则：①知无不言，言无不尽；②言者无罪，闻者足戒。"

周天行在这条语录旁边写道：有责任！目前是言者有罪。

周天行这条"批注"是1961年写的，当时我党回击了彭德怀右倾机会主义的进攻，罢了他的官，并且批判了形形色色的反三面红旗的反动言论，而周天行却跳出来高叫"目前是言者有罪"，这是为谁张目，为谁鸣冤叫屈，不是很清楚了吗？！

3.毛主席语录："所谓领导权，不是要一天到晚当作口号去喊，也不是盛气凌人地要人家服从我们，而是以党的正确政策和自己的模范工作，说明和教育党外人士，使他们愿意接受我们的建议。"

周天行在这条语录旁边写道："现在不愿意也得愿意。"

以伟大领袖毛主席为首的中国共产党是全中国人民的领导核心。没有这样一个核心，社会主义事业就不能胜利。全国广大人民群众衷心拥护党的领导，拥护党提出的总路线和各项方针政策。而周天却胡说："现在不愿意也得愿意。"把党的领导说成是强加在群众头上，这不是恶毒攻击党的领导又是什么？周天行在1961年写这条"批注"，矛头不是指向三面红旗又是什么？

周天行对两本书的"批注"就是反毛泽东思想的大毒草，必须进行批判。绝对不能允许周天行为他的反动"批注"翻案。为简短起见，我们只举了上面三个例子，是旧话重提。下面我们揭发最近揭露出来的周天行反毛泽东思想的恶毒"批注"。

最近揭露出来的"批注"

1.在斯大林全集第十一卷有这样一段话："这是不是说我们谷物业的发展现在处于'停滞状态'，或者甚至'退化'了呢？弗鲁姆金在他的第二封信里正是这样提出问题的。……他在这封信里直截了当地说，我们不能而且不应当在报刊上谈到退化，但是我们在党内不应当掩盖，这种落后等于退化'。"

周天行在斯大林这段话旁边写道：我们是不是这样？

请看，周行行和苏联的右倾机会主义分子弗鲁姆金多么合拍！

紧接着，斯大林又说了这样的一段话："退化是什么？它在农业中应当表现在什么地方？显然，它应当表现于农业的后退和下降，表现于从新的经营方式倒退到旧的中世纪的经营方式。……但是，难道我们现在看到的是诸如此类的事实吗？每年都有几万几十万户农民由实行三圃制改为实行四圃和多圃制，由使用不良种子改为使用纯种子，由使用木犁改为使用犁和机器，由低级的农业文化改为高级的农业文化，这难道不是大家都知道的吗？这算什么退化呢？"

周天行在旁边写道：我们是不是退化？

周天行是在1961年学习这本书的。他竟然诬蔑我们的农业"退化"，这完全是胡说八道。我们的农业在公社化以后，有了一个很大的跃进。水利化、机械化的程度大大提高，耕作技术大发展，产量增加。而周天行却攻击我们的农业"退化"，这也是对人民公社的恶毒攻击。这和彭德怀攻击人民公社"办糟了"的反动言论又有什么不同？完全是一路货色！

2. 在斯大林全集十一卷有这样一段话"几年以前托洛茨基就犯过这种错误，硬说'下雨'对农业没有作用。……现在弗鲁姆金也犯了同样的错误，撇开对农业起决定作用的气候条件，力图把一切都归咎于我们党的政策。"

周天行在旁边写道，党的政策为主？天灾为主？

由于连续三年的自然灾害，我们国家曾遇到暂时的困难。在这种情况下，周天行提出"党的政策为主？天灾为主？"的问题，很显然是企图把我们遇到的暂时困难归罪于我们党的政策。联系他在八院工作期间曾经散布"三分天灾，七分人祸"的谬论，其狼子野心不是昭然若揭了吗？

3. 在《苏联社会主义经济问题》一书有这样一段话："否认这个原理的人，事实上就是否认科学，而否认科学，也就是否认任何预见的可能性，因而也就是否认领导经济生活的可能性。"

周天行在旁边写道："我国有人说不平衡是事物发展的规律，因而放任领导，制造不平衡，结果就不能领导经济。"

周天行这段反动"批注"把毒箭直接射向我们的伟大领袖毛主

席。在大跃进中，毛主席反复指出："事物的发展总是不平衡的"，"平衡是相对的，不平衡是绝对的，这是普遍的规律，这个普遍的规律难道不适用于社会主义社会吗？应当说社会主义社会同样适用这个规律。"还说："平衡的破坏，由不平衡走向新的平衡，……这是好事。""反对不平衡是错误的。"毛主席这些英明指示极大地鼓舞了广大革命群众和革命干部的冲天干劲。他们打破陈腐的清规戒律，突破束缚手脚的洋框框，创造了一个又一个人间奇迹，实现了国民经济的大跃进。而周天行竟诬为"放任领导，制造不平衡，结果就不能领导经济。"真是混账之极，反动透顶！

4. 在"苏联社会主义经济问题"中有这样一段话："某些同志断定说，经过一个时期，不仅工业和农业间，体力劳动和脑力劳动间的本质差别会消失，而且它们之间的任何差别也会消失。这是不对的。"

周天行在旁边写道："亦工亦农"的口号不对。

农村人民公社把工农商学兵结合起来，亦工亦农，亦文亦武，逐步消灭城乡之间、工农之间的差别，这是向共产主义过渡的重要措施之一，是伟大领袖毛主席的伟大战略决策之一。周天行竟敢狗胆包天，胡说"亦工亦农"的口号不对，和毛主席公开对抗，真是罪该万死！

5. 毛主席语录："如果我们不能在大约三个五年计划的时期内基本上解决农业合作化的问题，即农业使用畜力农具的小规模的经营跃进到使用机器的大规模经营，包括由国家组织的使用机器的大规模的移民垦荒在内，（三个五年计划期内，准备垦荒四亿亩至五亿亩），我们就不能解决年年增长的商品粮食和工业原料的需要同现时主要农作物一般产量很低之间的矛盾，我们的社会主义工业化事业就会遇到绝大的困难，我们就不可能完成社会主义工业化。"

周天行狂妄地在旁边写道：估计得快了一点。

陆志芳、程曰平曾经无耻地吹捧周天行学习毛主席著作很认真很刻苦，难道这就是你们所说的认真刻苦吗？

周天行以不可容忍的狂妄态度凌驾于我们伟大领袖毛主席之上，企图在毛主席著作中找矛盾，挑毛病，可以说到了费尽心机的程度，这绝不是什么认真刻苦地学习毛主席著作，而是彻头彻尾的反毛泽东思想的罪行！

6. 毛主席1966年在"关于目前国际形势的几点估计"一文中，针对当时的国际形势分析了美、英、法同苏联的关系；指出："美、英、法同苏联的关系，不是或者妥协或者破裂的问题，而是或者较早妥协或者较迟妥协的问题。"

周天行竟然在旁边写到：没有破裂？

请同志们看一看周天行是何等的嚣张！他做出一副比毛主席还要高明的样子，竟敢公然对毛主席的精辟分析提出怀疑，真是狗胆包天！

7. 最近我们还发现，在解放前周天行的学习笔记上竟然写着这样的话："一切权力归农会是错误的。"

"一切权力归农会"的战斗口号是我们伟大领袖毛主席在《湖南农民运动考察报告》提出的，周天行胡说这个口号是错误的，这不是明目张胆地反对毛主席又是什么？周天行还恬不知耻地以"马列主义权威"的架势胡说什么"马列主义中没有农民专政这个名词""农民落后，报复'一切权力归农会是错误'"，真是反动透顶！

结束语

林彪副主席教导我们："毛主席是当代无产阶级最杰出的领袖，是当代最伟大的天才。""毛主席比马克思、恩格斯、列宁、斯大林高得多，现在世界上没有那一个人的水平比得上毛主席的水平。""毛主席的话水平最高，威信最高，威力最大，句句是真理，一句顶一万句。""毛泽东思想是当代马克思列宁主义的顶峰，是最高最活的马克思列宁主义。"

对毛主席，毛泽东思想采取什么态度这是一个根本立场问题。对毛泽东思想是承认还是抵制，是拥护还是反对，是热爱还是仇视，这是真革命和假革命，革命和反革命，马克思列宁主义和修正主义的分水岭和试金石。已经揭发出来的大量事实证明，周天行一贯抵制、反对、仇视伟大的毛泽东思想，是一个反毛泽东思想的坏家伙；是假革命，反革命；是修正主义分子，是我们不共戴天的仇敌。

全院革命同志团结在毛泽东思想的基础上、高举毛泽东思想伟大红旗，彻底清算周天行反毛泽东思想的滔天罪行！

谁反对毛主席就打倒谁！

谁反对毛泽东思想就打倒谁！

坚决打倒周天行！

战无不胜的毛泽东思想万岁！

伟大领袖毛主席万岁！万岁！！万万岁！！！

打倒陆文

十七日上午，政治部广大革命群众审斗了航院右倾翻案的急先锋、假党员、漏网大右派、顽固不化的走资派陆文，大长了无产阶级革命派的志气。

陆文这个变色小爬虫，她几十年来的历史，她打着红旗反红旗的拙劣手段，她的反革命臭味相投的丈夫周天行，已足足反映出她的丑恶本质，揭穿了她反革命修正主义的面目。

陆文早就是一个假党员，在铁的事实面前，她不得不承认她伪造历史，到处招摇撞骗，追随周天行推行机会主义，山头主义、地方主义的罪恶活动。

陆文在57年的反右斗争中，站在资产阶级反动立场上，向党进攻，攻击党的领导、攻击三面红旗，攻击肃反运动。又与右派分子抱成一团，结成死党。是一个典型的漏网右派。在62年，她又贼心不死，配合社会上的右倾翻案妖风，又跳出来为自己翻案，与国内外阶级敌人的反华配合得极其紧密，同唱一个腔调。

走资派陆文多年来利用旧政治教研室作为推销刘邓修正主义黑线的工具，大肆贩卖周天行"政治落实业务""业务第一""技术第一"等修正主义黑货，恶毒地反对毛泽东思想，反对毛主席的革命路线，是资产阶级知识分子统治旧航院的黑干将。

伟大的无产阶级文化大革命，像大海怒涛，把一切妖魔鬼怪的丑恶嘴脸，冲刷得清清楚楚。陆文这个妖婆，很快被广大革命群众揪出来了。可是她贼心不死，疯狂对抗，攻击广大革命群众"像一群热锅上的蚂蚁"，和刘少奇攻击义和团运动为"乌合之众"一个腔调。她对革命大字报怕得要死，攻击为"逼死人"。她顽固站在资产阶级反动立场上，耍阴谋、放暗箭，把革命群众打成反革命，用以保护他们一小撮，妄图阻挡革命洪流。

在批判资产阶级反动路线时，她又把自己和周天行打扮成"受害者"，借批判之机，疯狂攻击革命群众，否定群众运动，攻击革命委员会执行了"形"左实右路线。她操纵保守势力，利用小爬虫程曰平、陆文芳为顽固走资派周天行翻案。她和地下黑司令部秘密串联，策划于地下黑司令部，点火于基层，妄图刮起猛烈的妖风，把周天行和自己梳妆打扮，企图混入新生的革命政权。司马昭之心，路人皆知，她的阴谋早已被无产阶级革命派识破。

敌人的策略是很狡猾的，他们会采取"腐蚀侵袭，分化瓦解，拉出去，打进来"等等手法。陆文正是这样一个家伙。她指示小爬虫程曰平、陆文芳之流，去做革委会某些人的思想工作，妄图把他们拉出去，寻找代理人。她还亲自出马，为周天行销毁反革命罪证出谋划策，烧、改批注。自己出大字报，要翻案。真是机关算尽。可是却误了这个陆文卿卿的性命。

"敌人是不会自行消灭的。"陆文这个反革命修正主义分子是绝不会甘心失败的，我们无产阶级革命派一定要发扬勇敢战斗、连续作战的作风，痛打落水狗，把她斗倒斗臭，不获全胜，绝不收兵。

打倒黑武光！打倒周天行！

打倒地下黑司令部！

打倒陆文！打倒航院一小撮！

无产阶级文化大革命万岁！

我们的伟大领袖毛主席万岁！

清理阶级队伍战报

第 23 号，1968 年 6 月 20 日共 4 版

院清理阶级队伍领导小组
召开各部系清理阶级队伍负责人会议

【本报讯】院清理阶级队伍领导小组于十八日晚，召开了各系部清理阶级队伍负责人会议。就目前的对敌斗争，交换了看法，并对一些问题进行了讨论。

会议认为，当前我院运动形势大好，在毛主席 5.19 重要批示指引下，运动向纵深发展，对那些埋藏得很深的阶级敌人发动了新攻势。会议严肃地指出，目前，阶级敌人还在进行右倾翻案和分裂活动。有的自己公开跳出来；有的装死躺下；有的到处制造流言蜚语。他们想松懈我们的斗志，搞垮我们的队伍。针对新动向，到会的同志决心带领广大群众，在战场上学习毛主席的光辉著作，坚决杀退这股妖风，用自己的战斗行动来学习门合同志，一定紧跟毛主席的伟大战略部署，誓将革命进行到底！

反右倾 鼓干劲 誓将革命进行到底

【评论】在毛主席 5.19 重要批示的指引下，我院对敌斗争出现了新的局面。广大革命群众发扬勇敢战斗、不怕牺牲、不怕疲劳和连续作战的作风，对阶级敌人发动了更加猛烈的进攻，使运动向纵深发展。我院目前的形势好得很。

在目前，右倾翻案仍然是我们运动的主要危险。毛主席教导我们

说：“敌人是不会自行消灭的。无论是中国的反动派，或是美国帝国主义在中国的侵略势力，都不会自行退出历史舞台。”"正是因为他们看到了中国人民解放战争在全国范围内的胜利，已经不能用单纯的军事斗争的方法加以阻止，他们就一天比一天地重视政治斗争的方法。"

前一阶段，出现了所谓"革命造反派是一代天骄，是成吉思汗，只识弯弓射大雕"言下之意就是"造反派只能打天下，不能坐天下"的反动观点。在中央文革的正确领导下，这种否定革命小将的反革命阴谋已被我们揭穿。

在目前我院对敌斗争推向一个新高潮时，又有那么一些顽固站在资产阶级立场的人，又在煽阴风，点鬼火。拿着几百万倍的显微镜，度量运动之外，来寻找群众运动的支流，然后就大喊："这样做太左了""那样做不符合策略啊"，他们一心一意就是要使运动带上温和的色彩，这是右倾投降的表现。

目前一些阶级敌人"顶牛"和"自杀"的出现，这绝不是偶然的。

更有甚者，进行心理战，大刮"回家风"，来动摇军心，瓦解队伍。

毛主席教导我们："已经有了充分经验的中国人民及其总参谋部中国共产党，一定会像粉碎敌人的军事进攻一样，粉碎敌人的政治阴谋，把伟大的人民解放战争进行到底。"在目前，我们各级革命委员会要带领广大红旗战士、革命群众努力学习毛主席的《老三篇》学习《将革命进行到底》等光辉著作，杀退右倾翻案妖风。发扬解放军的光荣传统，誓将对敌斗争进行到底。像门合同志那样，做到无限忠于毛主席的无产阶级革命路线，一心向着毛主席！

革命大批判的一种好形式

【本报评论员】九〇七的革命同志们办了一个短小精悍的展览。

它是进行革命大批判的一种好形式！

　　这个小展览，展出了国民党反动军官孙振均长期精心保存下来的上千张反动照片中极小的一部分。"管中窥豹，略见一斑。"这个"极小的一部分"已经惟妙惟肖地刻画出了孙振均是地主阶级的孝子贤孙，是美帝国主义的忠实走狗，是蒋匪帮的反动军官，是一颗埋藏在革命阵营内的定时炸弹！

　　无产阶级的伟大导师毛主席谆谆告诫我们："对于我们的国家抱着敌对情绪的知识分子，是极少数。这种人不喜欢我们这个无产阶级专政的国家，他们留恋旧社会。一遇机会，他们就会兴风作浪，想要推翻共产党，恢复旧中国。"

　　孙振均正是这样的一个反动家伙。在强大的无产阶级专政面前，这个孙振均，发狂般叫嚣对地主、资产阶级"深恩难报"，妄想反对无产阶级专政；咬牙切齿地嗥叫要"八姓一心，永结联珠"，恨不得将天下的魑魅魍魉都纠集起来，把共产党杀个精光而后快。从所展出的、他精心保存的反动照片中就足可清楚地看出，这个孙振均对旧社会的腐朽生活无限留恋，朝夕回味，无时无刻不在梦想变天！难怪他对着新社会像巫婆般咒骂："今不如昔！"

　　这样一个对共产党怀有刻骨仇恨的鬼蜮，在航院却受到了大特务、大叛徒黑武光、张仲禹之流的百般包庇和重用，给他戴上了"院工会副主席""进步教授"等桂冠，并派他到社会主义学院镀金，在政治和生活上对其关怀备至。他们的反革命爱憎是何等分明啊！

　　这个短小精悍的展览活生生地告诉人们，被推翻的地主、资产阶级每时每刻都在梦想复辟！同时又告诉人们，党内一小撮走资派、叛徒、特务，是无产阶级专政下的最危险的敌人！我们千万不能忘记阶级斗争，必须坚定不移地把无产阶级文化大革命进行到底！

　　这个小展览，以一种新形式，生动有力地进行了一场革命大批判，好得很！我们希望全院革命同志都去看一看，上一堂阶级斗争教育课。同时希望有条件的单位也举办这种革命大批判的小展览，或创造出革命大批判的更好形式来。

坚决镇压现行反革命

十七日晚 362 召开了斗争恶毒攻击江青同志、攻击中央文革、攻击文化大革命、拐弯抹角地把矛头指向无产阶级的伟大导师毛主席的现行反革命分子郭荣子大会，真是大快人心！

但在会上，这个反革命小丑没有一丝一毫低头认罪的表现，死不悔改，不见棺材不落泪。

毛主席教导我们："凡是反动的东西，你不打，他就不倒。"对反革命小丑郭荣子也是这样，必须坚决斗争，毫不留情！让我们高举毛泽东思想的批判大旗，把这个反革命小丑斗倒，斗垮，叫她遗臭万年，永世不得翻身！

坚决镇压一切现行反革命！

无产阶级专政万岁！

这是干什么？

"我们看事情必须要看它的实质。""一进门就抓住它的实质。"

解放已经十七年了。可是，在食堂科，还有人把几张人民公敌蒋匪介石的狗相，藏在家中。同时，还有许多匪军官、土豪地痞、太太小姐的怪样相片，不少日伪反动杂志、蒋匪造谣报纸、黄色下流的色情书籍、猥亵的女人裸体像、反动的国民党徽章、日伪钱币、日本鬼子军用望远镜等。这是什么行为？

这样一种人，他们不喜欢我们这个无产阶级专政的国家，他们留恋旧社会。一遇机会，他们就会兴风作浪，想要推翻共产党，恢复旧中国。他们企图在中国复辟，夺回他们失去的"天堂。"革命同志们，"我们务必不要松懈自己的警惕性。"

假的就是假的，伪装应该剥去
——揭开假党员陆文的画皮

政治教研室清理阶级队伍领导小组、革命群众

今年一月，专案组同志审问陆文是不是共产党员时，陆文居然脸不红心不跳、煞有介事地拍着胸脯说："我可以郑重宣告，我是履行了入党手续的中国共产党党员"，"就是把我的骨头烧成灰，我也是真党员。"真是如此吗！历史是最好的见证人。

正如毛主席所说："假的就是假的，伪装应当剥去。"……"隐瞒是不能持久的，总有一天会暴露出来。"现在陆文的骨头还没有烧成灰，但历史已"郑重宣告"陆文是一个地地道道的政治骗子、是一个混进党内近25年的假共产党员。

1944年以前，陆文五体投地地为国民党反动派效劳，她曾在国民党统治区的一个县里当政工队员，从事反共反人民的反动宣传。1944年2月由于某种原因，遭入我广东五桂山区抗日根据地。据陆文说她是同年9月由梁宏介绍入党的，当时是单线联系，并有声有色地说同她一道举行入党宣誓仪式的还有两个党员，监誓人是阮鸿川，还胡说什么当时与她在一个小组的还有两个党员，一是林秀，一是她的单线联系人张成。陆文这些交代完全是前言不对后语的谎言：1. 既然是在根据地入党的，而那时党组织是公开的，因此根本不存在什么单线联系，2. 既然是单线联系，怎么又还有什么党小组，这岂不是奇闻！

大量调查材料证明，她的所谓单线联系人张成，现在根本不承认陆文是党员，她的所谓监誓人也说陆文不是党员，陆文最初工作时的党支部的党员，现在也没有一个能证明陆文是党员。可悲的是，唯一能证明她是党员的只是拍着胸脯的她自己。

列宁说："吹牛撒谎是道义上的灭亡，它势必引向政治上的灭亡。"时间只过了几个月，陆文也不能为自己做证明了，在铁的事实

面前，陆文不得不哭丧着脸说："我的灵魂丑恶，我没有入党，我欺骗了党和人民"，"我只向梁宏提出过入党要求，但我编成梁宏介绍我入党。"这几句话就道破了陆文的其人、其貌，这就是长期隐藏在革命内部的反革命、政治大骗子。

陆文在根据地根本不是党员，又怎么能够招摇撞骗成了党员呢？事情经过是这样的：1945年陆文离开了部队回到自己家乡，1946年1月又到了广州，由诸桦介绍加入了资产阶级政党中国民主同盟，46年3月间陆文到香港找母亲见到了大梅。陆文说："我欺骗大梅说组织上要我找你，以后把组织关系交给你，请接我的组织关系"就这样陆文从此就撞骗成"党员"了。

陆文，这个假党员在我们党内隐藏这么久、这么深，这充分说明了阶级敌人是极其阴险狡猾的，他们企图长期潜伏在我们的革命阵营内部，等待时机，以求一逞，恢复他们被无产阶级夺去的"天堂"。我们必须遵循主席的教导，切不可书生气十足，念念不忘阶级斗争，对阶级敌人的一切阴谋诡计，时刻保持高度警惕。

方复之是如何攻击三面红旗的？
——斗争方复之大会发言摘要

我们伟大的领袖毛主席教导我们："凡是错误的思想，凡是毒草，凡是牛鬼蛇神，都应该进行批判，绝不能让他们自由泛滥。"现在，我们来揭发批判方复之恶毒攻击三面红旗的罪行。

一九六一年，由于三年自然灾害和苏修背信弃义撕毁几百个经济技术协定，使我国在经济上处于暂时困难时期。因此，国际上帝修反对我们幸灾乐祸，大肆攻击三面红旗，演出了反华大合唱。在国内，以刘少奇为首的一小撮混进党里的叛徒、特务，走资派也利令智昏，以为复辟的时机已到，竭力鼓吹"三降一灭""三和一少""三自一包"，大刮"单干风"疯狂地进行复辟资本主义的勾当。就是在这时候，航院的大叛徒、大特务武光、程九柯、王大昌、张仲禹之流配合其主子，在我院大刮右倾复辟妖风。由方复之把持的旧宣传部对其主子心领神会，更是卖力地攻击总路线，大跃进，人民公社三面红旗。请看：

方复之为了搜集大跃进的阴暗面，在形势教育中会说："特别注意平时较落后和'思想特殊'的人物，他们把群众里错误和片面意见系统化了……。"他让反动学生南极之流利用暑假走了好几个省，专门收集阴暗面，以至南极敢跳出来攻击毛主席和三面红旗。谁反对毛主席就打倒谁！

方复之在九月二十三日向旧党委常委汇报中还更露骨地说"物价还不稳定，生活水平降低了"，"人为地造成了高价，出现了一批偷盗、投机倒把者"，什么"过去是见困难就上，见荣誉就让，现在是见队就排，见东西就抢"，什么有些人对城市工作成绩伟大有怀疑等等，方复之专门汇报阴暗面，其用心何在，不是昭然若揭了吗？

不但如此，方复之还把群众意见归为三条：一、"对于三年大跃进怀疑，否认。"二、"对党的某些政策不理解，有意见。"三、"对困难有牢骚。"方复之之流把这些东西加工创造之后，便猖狂地向三面红旗进攻。他在 9 月 29 日拟定的讨论题则更进一步暴露了其用意。他阴险地提出："我们当前产生这么大的困难，是天灾造成的，还是工作中的缺点造成的？是路线决策上的问题，还是执行中的问题？"请注意"路线决策"四个字。在这里，方复之不是公然把矛盾矛头指向了以毛主席为首的党中央，又是什么呢？

方复之还极力否定人民公社产生的必然性。他说："高级社停留时间太短，以后又未经过实验，干部群众没有思想准备，一个月就公社化了。"接着，他就恶狠狠地说："搞得稳一点儿好不好？"请看这和右倾机会主义分子彭德怀说人民公社"办早了"又有什么两样？简直同出一辙，他还胡说："食堂不办了，供给制取消了。规模化小了，人民公社优越性何在？"方复之想以此否认人民公社的优越性是办不到的。人民公社优越性是集体所有，人的思想革命化。方复之污蔑党的"调整、巩固、充实、提高"政策。把大跃进的社会主义事业写得萧条冷落。什么"许多任务厂下马了，生产下降了，学校停办了，工人积极性不高。"他甚至用帝修反咒骂我们的语言说："现在人们只顾自己。不讲风格，人与人的关系冷淡多了，小偷也多了，人们的思想是不是落后了？"等等。

方复之把困难时期描绘得和资本主义社会人不为己、天诛地灭一样，居心何在？"世界上绝没有无缘无故的爱，也没有无缘无故的恨"，方复之究竟站在哪一个阶级的立场上为谁张目，不是十分清楚了吗？

事实证明，凡攻击三面红旗的人都没有好下场。赫鲁晓夫也罢，彭德怀也罢，刘少奇也罢。武周程王张方复之也罢，都接二连三完蛋了，成了不齿于人类的狗屎堆。（本报有删改）

北京航空学院革命委员会清理阶级队伍领导小组公告

航院旧保卫部是旧政治部的重要组成部分，是航院以武光、周天行、程九柯为首的修正主义黑党委对广大革命群众实行资产阶级专政的重要工具。多年以来，旧保卫部在大叛徒程九柯以及张亭、潘君之流一手控制下，不搞无产阶级专政，不是保卫毛主席、保卫毛主席的革命路线、保卫社会主义制度，而是忠实地贯彻刘邓资产阶级反动路线，忠实执行彭、罗、旧公检法一套，大整革命群众，大搞神秘化，死抱洋教条，旧框框不放，对抗毛主席的革命路线。在旧党委的包庇重用下，多年来历史反革命分子竟然窃踞了保卫科长的重要职权，反革命分子、流氓分子也多次出在旧保卫部，旧保卫部是什么货色，不是昭然若揭了吗？

在轰轰烈烈史无前例的无产阶级文化大革命中，旧保卫部中某些人顽固地站在资产阶级反动路线一边，死保旧党委，死保工作组，疯狂围攻和镇压红旗战士，直至如今他们某些人对旧党委万分留恋，对新生的红色政权革命委员会和革命小将恨之入骨，大刮右倾翻案妖风，大反无产阶级革命派的派性。更令人不能容忍的是，旧保卫部中某些人竟猖狂地炮打中央文革。是可忍，孰不可忍！

总之，旧保卫部是地地道道的资产阶级的专政工具，是烂掉了的单位。

另外，旧保卫部中人员成分极其复杂，许多人已根本不适合作保卫工作。

根据广大革命群众的强烈要求，根据中央首长有关"新政权和旧机构不要沾边"的指示，根据旧保卫部的具体情况，决定成立新的保卫部。新保卫部的任务是，高举毛泽东思想伟大红旗，念念不忘阶级斗争，念念不忘无产阶级专政，誓死保卫毛主席，誓死保卫林副主席，誓死保卫以毛主席为首，林副主席为副的无产阶级司令部，誓死保卫中央文革和江青同志，誓死捍卫毛主席的无产阶级革命路线，誓死保卫无产阶级文化大革命的光辉成果，坚决维护院革命委员会的革命权威。坚决镇压反毛主席、反林副主席反中央文革的一切现行反革命分子，坚决镇压航院一小撮叛徒、特务、顽固不化的走资派和一切地、富、反、坏、右分子，严厉打击流氓盗窃分子，发动群众对阶级敌人实行专政，担负起航院的治安保卫工作。具体决定如下：

①由戴维堤、刘建华、刘伏生、吕香孝、董志明、郭文炳等同志以及红武连组成院革命委员会保卫部。自即日起进行工作。

②根据保卫部的具体情况和清理阶级队伍的需要，旧保卫部所有人员一律停止工作，集中起来，办学习班，学主席著作，批判旧公检法，清理阶级队伍，彻底揭开旧保卫部阶级斗争盖子。此项工作由旧政治部清理阶级队伍领导小组负责。

③旧保卫部所有人员担负起校门的守卫任务，并定期参加劳动，经过一定的考验，表现较好者经审查批准可以逐步参加到红色政权的办事机构中来。

④废止旧保卫部的一切公章，代之以院革命委员会保卫部的新公章。

此公告自公布之日起执行。

（口号略）

一九六八年六月十八日

清理阶级队伍战报

第 24 号，1968 年 6 月 22 日共 4 版

审斗"航院的谭震林"周天行大会胜利召开

【本报讯】二十号上午，在俱乐部胜利召开了审斗航院的谭震林、顽固不化的走资派周天行大会。大会的发言，详细地揭发和剖析了周天行"批注"的反动本质，揭露了"批注"从多方面抵制和反对毛泽东思想的滔天罪行，把周天行的丑恶嘴脸暴露在光天化日之下。

发言指出：最近揭露出来的连同很早揭露出来的周天行的"批注"，就是反毛泽东思想的大毒草。他污蔑三年困难时期出现的一些问题的原因是什么"三分天灾，七分人祸"，污蔑"农业退化了"，实际上就是攻击总路线、大跃进、人民公社。他和修正主义头目彭德怀唱的是一个腔调。

发言指出：周天行出于反动的立场，污蔑"一切权力归农会"的英明指示是错误的，攻击"农民落后、好报复"，因而在土改时他极力包庇地富，打击贫下中农。他还污蔑党的领导是"官僚主义""不愿意也得愿意。"污蔑伟大领袖毛主席的亦工亦农正确思想是"不对的。"在 62 年右倾翻案妖风中，他积极配合刘少奇、吴晗之流为右倾机会主义分子翻案、鸣冤叫屈，胡说 59 年是犯了"左"倾错误。这一些事实，清楚地说明了他是一个地地道道的刘少奇黑爪牙，是货真价实的反革命修正主义分子。

发言说：周天行还狗胆包天，胆敢把我们最敬爱的伟大领袖说的话贬之为"有人说"，把毛泽东思想砍掉不提，甚至公然散布对毛泽东思想也要"一分为二"的谬论。这就足以说明周天行就是一个赫鲁晓夫式的人物，而根本不是像他的小爬虫陆志芳、程曰平所吹嘘的那样："感情深""热爱毛主席"，"毛著学得好。"小爬虫为其主子周天

行翻案，只能是"搬起石头打自己的脚。"

大会会场充满了战斗的气氛。"谁反对毛主席就打倒谁""谁反对毛泽东思想就打倒谁""打倒刘少奇""打倒周天行"的口号声响彻会场上空。

用办学习班的办法清理阶级队伍
——院革委会部分结合和使用干部第一期毛泽东思想学习班总结

刘天章连四排

【编者按】今天本报发表的《用办学习班的方法清理阶级队伍》一文。值得一读。毛主席教导我们："办学班，是个好办法，很多问题可以在学习班得到解决"。刘天章连四排的经验表明，用办学习班的方法清理阶级队伍，有利于从政治上、思想上、组织上彻底摧毁"地下黑司令部"，有利于贯彻毛主席"扩大教育面，缩小打击面"的指示，团结和挽救要革命的干部，孤立和打击最顽固的敌人，有利于革命的大批判，挖掘藏得更深更危险的敌人。解决许多大会、中会不能解决的问题。

我们希望，各部、系革委会在开好大会、中会的同时，努力办好小型毛泽东思想学习班，以便稳、准、狠地打击敌人，夺取清理阶级队伍的全面胜利。

毛主席教导我们："办学习班，是个好办法，很多问题可以在学习班得到解决。"我们刘天章连四排，在学习伟大领袖毛主席"5.19"批示和新华印刷厂经验后，决定举办毛泽东思想学习班，用办学习班的办法来清理阶级队伍。

第一期学习班是由院、系部分结合、使用干部和支左同学共同组成的。这些干部过去均犯有严重错误。经过无产阶级文化大革命烈火考验，经过批判、帮助、教育，有的改正了错误，进入了"三结合"

权力机构，成了对敌斗争的领导骨干；有的在组织上进入了"三结合"，但在思想上没有"三结合"，立场始终没有转过来，站在新生红色政权对立面，站在革命群众对立面，坚持反动的资产阶级立场，耍阴谋，放暗箭，积极参与了"地下黑司令部"颠覆红色政权的反革命活动，成了右倾翻案的重要干将；有的则已下了水，与敌人同流合污了。也正因为如此，给这些人办学习班，有利于彻底揭开"地下黑司令部"的盖子，"扩大教育面，缩小打击面"，团结要革命的干部，最大限度地孤立一小撮最反动的阶级敌人。

通过办第一期学习班，我们深深体会到，用办学习班的方法来清理阶级队伍，确实是个好办法，许多大会、中会不能解决的问题可以在学习班里得到解决。

一）干部参加学习班，可以集中时间、认真学习毛主席著作，"516"通知及其他有关文件、社论。这样时间集中、问题集中、人员集中，加上面对面的"拼刺刀"，干部认识错误比较快，而且比较深，阶级斗争与路线斗争觉悟提高也快。

二）在学习班里可以进行二个"拼刺刀"：①跟阶级敌人拼刺刀，②跟自己头脑中的"私"字及反动思想拼刺刀。由于均是知情人，谁个好，谁个劣，可以清楚看出。好的肯定、坏的批评，恶劣的斗争，进行短兵相接，刺刀见红的白刃战。这样既做到了区别对待，同时又体现从严要求，达到教育参加学习班所有人员的目的。

三）参加学习班的干部大多是参与了黑司令部的罪恶活动的知情人，把他们集中学习，批判、斗争，教育团结大多数，孤立打击少数坚持不改的坏人。这样可以深追一些问题，挖出更隐蔽更危险的敌人，使清理阶级队伍的群众运动向纵深发展。

四）学习班上便于政策攻心，抓住典型、以点带面、教育大多数。例如刁震川与殷庆荣在学习班上用合法身份搞攻守同盟，我们一发现，便狠狠打击，首先指出他们订攻守同盟是一贯的，是犯罪行为；然后，发动所有干部进行揭发批判，会下我们连续一天一夜进行政策攻心及深追，最后使他们不得不低头认罪，交代了一些问题。在这个基础上，我们又拿到会上去教育其他干部，收到了很好的效果。

五）在学习班上，可以让干部充分表演，同时便于抓干部的活思想及动态，便于及时解决，针对性强，击中要害。例如学习班开学第一天，有四个干部哭了，而且很伤心，泣不成声，有的人先后哭三次，我们并没有被此表面现象所迷惑。经过分析后，我们认为是假的，他们妄图以眼泪来欺骗我们，以便蒙混过关，以后他们的行动也证明我们分析是正确的。我们又反过来教育这些人。

六）我们认为办学习班必须根据毛主席关于"不破不立"的教导，高举革命批判大旗，狠抓航院两个阶级、两个司令部、两条路线的斗争，对干部所犯错误要批判从严、针锋相对、进行斗争。把周天行问题提高到颠覆还是巩固红色政权，要"二月提纲"还是要"516"通知的高度来认识。从斗争中求团结，在斗争中讲策略。在斗争中、在批判中，使干部认识自己错误的严重性，从而改正错误，站到毛主席的革命路线上来，达到真正挽救、团结干部的目的。

搞专案应该注意处理好哪几个关系？

红四系"罗琦专案组"

无产阶级的伟大导师毛主席教导我们："一个正确的认识，往往需要经过由物质到精神，由精神到物质，即由实践到认识，由认识到实践这样多次的反复，才能够完成。"在同党内一小撮顽固不化的走资派、叛徒、特务等阴险狡猾的阶级敌人的反复较量中，我们逐步地认识到，搞专案应正确处理好以下几个关系，才能防止单纯军事观点，才能提高路线斗争觉悟，提高在无产阶级专政下继续进行革命的本领。

一、专案与革命大批判。在抓专案的同时要狠抓革命的大批判，这样就不仅能从组织上打倒敌人，而且能从政治上、思想上、理论上打倒敌人。狠抓革命大批判，才能把敌人斗倒斗臭，才能更深入地发动群众，才能提高广大革命师生员工的路线斗争觉悟。那种认为"专案工作决定一切"的观点是错误的。

二、历史和现行。历史问题要搞，但现行问题更要搞。只有揭露出敌人的现行活动，才能暴露出阶级敌人的反革命两面派嘴脸，识破阶级敌人打着"红旗"反红旗的反革命伎俩；也只有这样，才能高举"三反一粉碎"的革命大旗，将清理阶级队伍的斗争进行到底。那种光重视历史问题，而不重视现行问题，因而认为没有历史问题就打不倒的思想是错误的，而且是极其有害和危险的，是不利于识破在无产阶级专政下的最危险的敌人的。

三、调查研究和发动群众。专案人员的调查研究必须和放手发动群众紧密结合起来，只有这样，才能防止几个人冷冷清清地办案，才能群策群力，打一场人民战争，使广大革命群众都得到锻炼，都提高对敌斗争的本领。

四、对革命小将和对"三红。"在揭露阶级敌人的右倾翻案妖风时，要从对待革命小将和革委会的态度入手，但重点要放在他们对待中央文革、对待人民解放军和对待革委会的态度问题上。只有这样，才能抓住敌人的要害，抓住根本，才能彻底粉碎敌人的右倾翻案妖风。

打退反革命分子关吉泰的猖狂反扑

5231下印刷所支左小分队

我们伟大领袖毛主席教导我们："帝国主义者和国内反动派绝不甘心于他们的失败，他们还要做最后的挣扎。在全国平定以后，他们也还会以各种方式从事破坏和捣乱，他们将每日每时企图在中国复辟。这是必然的，毫无疑义的，我们务必不要松懈自己的警惕性。"

6月15日，发生了一起严重的反革命分子翻案事件，即恶毒攻击我们心中最红最红的红太阳毛主席，攻击林副主席，疯狂攻击总理、中央文革的现行和历史反革命分子关吉泰到市革委会去"告状"，攻击我院清理阶级队伍的群众运动,污蔑院革委会,并无耻地叫嚷什么群众把他打成反革命等等。当其"告状"不成,碰壁之后,仍贼心不死,又跑到卫戍区去"告状"。由于做贼心虚,不敢进去,最后只好夹起尾巴溜回家去了。

国民党的残渣余孽、蒋匪军的机枪手,今天竟然用"告状"来向革命群众进行示威和反扑,气焰何等嚣张!

关吉泰"告状"事件再一次证明"敌人是不会自行消灭的。无论是中国的反动派,或是美国帝国主义在中国的侵略势力,都不会自行退出历史舞台"这一真理的伟大。像关吉泰这样的落水狗也是绝不会认输,不甘心失败,时刻妄图爬上岸来咬人的。所以,我们要发扬鲁迅先生痛打落水狗的彻底革命精神,狠狠打击关吉泰这条落水狗。

我们支左小分队一定牢记毛主席教导:"我们绝不可因为胜利,而放松对于帝国主义分子及其走狗们的疯狂的报复阴谋的警惕性,谁要是放松这一项警惕性,谁就将在政治上解除武装,而使自己处于被动的地位。"提高警惕,坚决打击一切反革命分子的翻案行为,决心把印刷所清理阶级队伍运动搞深、搞透、搞彻底!

院专案办公室召集各部、系有关专案工作座谈会
总结经验、发扬成绩、鼓舞斗志,挖掘深藏敌人

【红旗战报十九日讯】在我院清理阶级队伍群众运动的大好形势下,院专案办公室于19日晚召开了各部、系有关专案工作会议。在会上,交换了各部系专案工作进展情况,并就当前出现的新问题交换了看法。

会议认为,航院的阶级斗争是十分尖锐、复杂的,敌情是严重的。黑武光在航院的黑线很粗、很深。黑武光是有现行活动的,各个部门都有黑武光的黑干将活动着。周天行、程九柯搞意识形态,掌握党权,人事大权,这条黑线也很深。此外,航院还潜伏着相当大的一股

保守势力。右倾翻案、右倾投降、右倾保守仍然是航院运动的主要危险。

会议认为，在前一阶段中，打了几个胜仗，挖出了不少阶级敌人，但公开的、浮在面上的敌人挖得较多，而藏得更深更危险的敌人挖得较少。今后必须克服骄傲自满，麻痹松懈的情绪，进一步放手发动群众，深入开展革命的大批判，把隐藏在航院的特务网及隐藏得更深更狡猾的敌人统统挖出来。

会议认为，前一阶段的专案工作取得了很大成绩。但也存在一些偏向。这就是搞历史问题多，搞档案袋里的材料多，而对敌人的现行问题、右倾翻案活动注意得不够，今后要把重点放到搞现行问题上。誓死保卫毛主席，保卫林副主席，保卫中央文革，保卫江青同志；狠狠打击一切胆敢反对毛主席、反对林副主席、反对中央文革、搞右倾翻案、破坏文化大革命的现行反革命分子。

会议认为，为了稳准狠地打击敌人，必须努力学好新华印刷厂的经验，像他们那样用好毛主席历来关于对敌斗争的政策和策略。做到三条：①对革命群众要坚决依靠，但也要善于引导；②对犯了错误的干部要从严要求，也要注意团结；③对阶级敌人要狠狠打击，也要注意分化瓦解，政策攻心，区别对待。

会议认为，用办学习班的办法清理阶级队伍是一个好办法。革命小将和犯有错误甚至严重错误的干部一起办学习班，有助于帮助犯错误的干部触及灵魂，提高阶级斗争和路线斗争觉悟，有助于进一步划清阶级阵线，争取和挽救干部，分化瓦解敌人。肯定了刘天章连和红四系革委会用办学习班的方法清理阶级队伍的大方向。

最后，会议认为，专案工作是一种尖锐、复杂的阶级斗争，是一场特殊的战争。随着清理阶级队伍群众运动的逐步深入，专案工作显得更为重要。要做好这一工作，必须突出无产阶级政治，用毛泽东思想武装专案工作人员的头脑，搞好思想革命化。大家一致表示，今后一定带着强烈的无产阶级感情、对敌人的刻骨仇恨去和敌人拼刺刀。并在战斗中，做到有决心，有信心。不获全胜，誓不罢休。

向阶级敌人发动更猛烈的进攻

【红旗战报十七日讯】六月十七日上午，基础课革委会召开了批斗顽固不化的走资派王玉森之流勾结牛鬼蛇神统治基础课大会。这个大会开得好，它大长了无产阶级革命派的志气大灭了一小撮阶级敌人的威风。在会上，支左小分队和基础课的革命群众指出：基础课王玉森之流，依靠隐藏在基础课的叛徒、特务、国民党的残渣余孽及形形色色的反革命分子作为统治基础课的社会基础，而资产阶级的右派、形形色色的牛鬼蛇神则又依靠走资派作为他们的后台。他们说，物以类聚，人以群分，走资本主义道路的当权派和牛鬼蛇神就是一路货。他们互相勾结，狼狈为奸、打击、排击（原文如此——编者）真正的共产党员和工农出身的同志，实行资产阶级专政，把基础课及其所属的化学、外语、数学等教研室变成复辟资本主义的独立王国。真是混蛋透顶！

支左小分队及基础课革命群众还愤怒揭发控诉了基础课走资派包庇重用的牛鬼蛇神反毛主席、反毛泽东思想、反对无产阶级文化大革命的滔天罪行。到会群众个个义愤填膺，"打倒刘邓陶！""打倒武、周、程、王、张，砸烂地下黑党委！""打倒王玉森！""誓死保卫毛主席！""誓死保卫林副主席！""誓死保卫江青同志！"等口号声震天动地，一浪高过一浪。

清理阶级队伍战报

第 25 号，1968 年 6 月 25 日共 4 版

不到长城非好汉

【社论】"天高云淡，望断南飞雁。不到长城非好汉，屈指行程二万。"毛主席的这首气势磅礴的诗篇，充分体现出伟大的无产阶级革命家的英雄气概和彻底革命精神。

当前，我院清理阶级队伍的群众运动正在前进中，在胜利中。广大革命的红旗战士及革命的师生员工正在清理阶级队伍的"长征"征途中。在这种情况下，特别需要发扬无产阶级的"压倒一切敌人"的英雄气概和"不到长城非好汉"的彻底革命精神。

几个月来，在以毛主席为首、林副主席为副的无产阶级司令部的直接领导下，我们打了几个大胜仗，取得了大胜利。但必须清醒地看到，在前段的对敌斗争中，存在着"二多二少"的偏向。即：揪出的敌人中，历史问题（包括档案袋中已经写明的问题）搞得多；而对敌人的现行问题（包括右倾翻案活动）搞得少；"浮"在面上的第一线的敌人揪得多，而藏得更深更危险的第二线敌人（特别是特务）揪得少，甚至还没有揪出。针对这种情况，现在必须大搞"三抓"活动，即：①抓敌人的现行问题；②抓深藏的敌人（特别是特务）；③抓革命的大批判。把已经揪出的敌人批倒批臭，把没有揪出的敌人（特别是特务网）统统揪出来。

值得注意的是，现在从防空洞里出来了一股歪风，说什么"黑武光、周天行、程九柯等阶级敌人已经是'死狗'了，革命的大批判也没有意思了！"还说什么"航院的敌人已经揪得差不多了"，"再也没有什么油水"了，因此在他们看来：大家都应该"刀枪入库，马放南山"，回家休息了。这是十足的机会主义论调。

难道敌人真的是"死狗"了吗？否！种种事实表明，阶级敌人并不是"死狗"，他们虽然落水了，但并没有死心，他们一有机会就要爬上岸来咬人。就是在现在，还有人恶狠狠地说："你们把矛头指向我，是执行资产阶级反动路线，我要向上级控告你们。"就是前几天，印刷所的现行和历史反革命小丑关吉泰就到市革委会去"告状"，向无产阶级革命派反攻倒算。看！反革命分子的气焰何等嚣张！很明显，阶级敌人的右倾翻案仍然是航院运动的主要危险。革命的大批判就是重要得很，有意思得很！

航院的阶级敌人真的"揪得差不多"了，"没有什么油水"吗？否！理力教研室不是刚又揪出了一个极其反动的反党集团吗？最近几天不是又发生了几起自杀事件吗？种种迹象表明，航院的阶级敌人不是揪得"差不多"了，而是刚刚触及这些藏得更深更危险的敌人的边缘，刚刚触及航院的特务网的边缘。航院的运动还"大有油水"，"大有潜力可挖"！

航院的资产阶级老爷们把资本主义复辟的希望，在很大程度上寄托在清理阶级队伍群众运动的夭折和垮台上。我们有志气的红旗战士和共产党员一定要使他们的痴心妄想彻底破产。在现在的情况下，谁要是不顾全大局，把"回家休息"放在高于一切的地位，在长征的征途中开小差当逃兵，那么，不管他们在前一段干得多么出色，都从根本上够不上无产阶级革命派的资格，充其量不过是像鲁迅所说的"激烈得快，也平和得快"的小资产阶级革命派。

"要扫除一切害人虫，全无敌"！红旗战友们，革命的同志们，让我们用毛主席"不到长城非好汉"的英雄气概武装起来，拿出更大的信心、决心和耐心，向阶级敌人发动更加猛烈的进攻。清理阶级队伍的伟大斗争，不获全胜，绝不收兵！

狠抓革命大批判，誓将革命进行到底！

红六系革命委员会

当前我院清理阶级队伍的群众运动已经取得了很大的胜利，形势大好。但是，运动越是深入，困难和阻力就越大，斗争就越加尖锐复杂和激烈，最近在我们的队伍里也出现了一些阻碍运动继续深入下去的松劲情绪。正如我们的伟大领袖毛主席所指出的："因为胜利，党内的骄傲情绪，以功臣自居的情绪，停顿起来不求进步的情绪，贪图享乐不愿再过艰苦生活的情绪，可能生长。"在这种情况下，是继续乘胜前进将革命进行到底呢，还是停顿起来使革命半途而废？这是摆在我们每一个革命同志面前的一个现实问题。在这一关键时刻，在各种资产阶级反动思想的挑战面前，有两种做法：一种是不但坚决顶住，而且还要积极进攻，争取主动，狠抓阶级斗争不转向；另一种是消极防御，妥协退让，右倾投降。我们毫不犹豫地选择了前者。当院里一度出现的"松劲厌战情绪"，"回家风"等歪风邪气还没有完全吹进我系时，我们就抓住了苗头及时地组织大家学习《将革命进行到底》等主席著作，进一步用毛泽东思想武装了同志们的头脑，积极地加以引导，狠抓革命的大批判，不停顿地向阶级敌人发动了更猛烈的进攻，掀起了群众对敌斗争的新高潮。这样就牢牢掌握了阶级斗争的主动权。广大革命群众不但没有松劲反而更加斗志昂扬，主动进攻，连续作战，挖出很多隐藏得很深的阶级敌人，夺取了决战阶段的一个又一个的胜利。

我们不断地夺取新胜利的一个很重要的原因，就是深入持久地开展了革命的大批判。强大的无产阶级专政迫使阶级敌人改头换面，乔装打扮，打着红旗反红旗。混入我系的一小撮阶级敌人曹传钧、王幼纯、赵震炎、罗德伟之流，有的装成"老实""无事"的样子；有的把自己说成是"不问政治的业务党员"，是什么"单纯的文化人"；有的装得很"进步"很"积极。"无论他们伪装的手法如何不同，但是有一个共同的特点，就是将其反革命的本性隐蔽着。阶级敌人的这些假面具，确实也欺骗蒙蔽了不少的群众，要打倒他们，首先必须用革命大批判的武器剥开他们的画皮，使他们现出反革命的原形；并从政治上、思想上、理论上把他们批倒、批臭，这样才能增强广大革命群众的阶级斗争观念，看清敌人的反动本质，才能真正宣判他们的死刑，打破他们妄想翻案的幻想。而且只有通过大批判，使一部分受过阶级敌人蒙蔽的中间群众认识提高了，他们才能主动地向无产阶级革命派靠拢，孤立一小撮阶级敌人。只有把革命的大批判和清理阶级队伍的现实阶级斗争结合起来，才能对毛主席的一系列最新指示和"5.19"伟大批示深刻领会，全面落实。实践证明，有了材料不进行批判，人们的思想往往还是认识不上去，看不到问题的严重性。只有通过大批判才能对敌人恨得起来。没有材料不行，光有材料不进行批判也不行。

通过清理阶级队伍，揪出了很多对群众进行阶级斗争教育的活靶子。我们有意识地注意了充分发挥这些"反面教员"的作用，通过斗争会，专题批判会，讲用会，广大群众对刘、邓的一整套反革命修正主义路线有了更加具体的认识，增加了对以刘邓为首的党内一小撮走资派的阶级仇恨，因而对毛主席的无产阶级革命路线理解得更加深刻了，增强了路线斗争的自觉性。

另外，在如何对待阶级敌人的翻案活动方面，有的人一见敌人翻案就很着急，很害怕，就束手无策。我们认为阶级敌人进行翻案是很自然的，因为一切反动派都是不甘心灭亡的，一遇机会他们就会兴风作浪，就会搞右倾翻案活动。右倾翻案和反右倾翻案，是资产阶级复辟和无产阶级反复辟的一个重要斗争形式。右倾翻案风过去有，现在有，将来还会有。敌人每搞翻案，我们就组织群众揭露他们，批判他们，和他们作斗争。他们每翻一次案，广大群众对他们的反革命面目的认识就更进了一步。同时进行一次翻案活动，他们的罪行就加重了一分，到头来只能是"搬起石头打自己的脚。"根据翻案和反翻案的阶级斗争规律，我们有时可以有意识地勒令敌人交出"认罪书"，让他们表演，而往往他们所交出的就是一份地地道道的"翻案书"，这时我们就组织群众对他们进行批判。这样做能够随时反对右倾松劲情绪，经常保持对阶级敌人的警惕性。

通过对敌斗争的实践，我们深刻地体会到：革命的大批判是开展对敌斗争进行"三反一粉碎"的有力武器；是团结教育组织和发动广大群众，增强阶级斗争观念，提高两条路线斗争觉悟的最好的办法。革命大批判威力无穷。只有无情地揭露、狠狠地打击一小撮阶级敌人，广大群众才会看到阶级斗争的客观存在，只有开展革命的大批判，广大群众才能看清阶级敌人的反革命本质，对他们才能恨得起来，才能不断地提高阶级斗争和路线斗争的觉悟。只有很好地持久地开展革命的大批判，阶级敌人才无法进行右倾翻案活动，我们才能夺取并巩固无产阶级文化大革命的全面胜利。人们的思想阵地不用毛泽东思想去占领，形形色色的资产阶级思想就会来腐蚀侵袭我们，各种反动思潮就会泛滥，并占领这块重要阵地。不斗争我们就不能前进，革命就不能发展；不批判就会出修正主义，就会出现资本主义复辟。我们一定要坚持不懈地、深入持久地开展革命的大批判，夺取无产阶级文化大革命的全面胜利。

院革委会召开重要会议

【红旗通讯社23日讯】支农大军刚刚返校，院革委会就召开了全体常委会和委员会。对下段工作进行了讨论和初步安排。

会上革委会副主任井岗山同志，向常委们汇报了前一段清理阶级队伍的情况。常委还对放假问题，毕业生分配问题，以及今后抓紧政治工作进行了讨论，并且决定：

1. 要开展"三抓"活动。抓现行问题，抓埋藏得很深的敌人，抓革命大批判。

2. 毕业生工作小组由匡正芳负责，张有瑛也参加领导工作。

3. 七月十五日以前任何人不得请假回家，坚决把刚刚开始的"深挖"叛、特工作搞好。七月十五日以后，可以酌情考虑。

"鹰"与"鸡"谁飞得高?

浪 涛

在有的单位里,有人散布什么:现在"916"已经变成"619","619"变成"916"了等言论。照这些先生们看来:"鸡"比"鹰"要飞得高。

我们说,散布这种论调的先生,不是无知,就是别有用心。他们有意歪曲或者根本不懂得"916"与"619"之间的斗争实质与斗争的深刻性。历史已经证明,"916"与"619"的分歧绝不是什么"小资产阶级的派别斗争",也不仅仅只是一个要不要打倒周天行的争论,而是要不要捍卫马列主义第三个里程碑的分歧,是要不要造十七年教育战线上资产阶级知识分子统治学校的反的分歧,是要不要捍卫毛主席革命路线的分歧。在这些问题上,"916"的斗争大方向正确得很!"916"就是在阶级斗争风暴中翱翔的一只"鹰"。那种攻其一点,不及其余,否定"916"的说法,就是坚持资产阶级反动立场,搞新的右倾翻案,向无产阶级革命派反攻倒算(当然 619 当中广大群众还是好的)。

剥开这些君子先生们的画皮,肚子里尽是些臭不可闻的鸡屎。正是他们,在反"派性"时,一蹦三丈高,说"你们(916)是极左派,左左先生,形'左'实右"等等,帽子劈天盖地一大堆。而当周天行倒台,"916"胜利之后,他们又"把一切功劳归于自己,把一切错误归于别人",说什么"现在'916'已经变成'619',而'619'已经变成'916'了"。请看他们是多么"一贯正确"!真不知天下还有羞耻二字!

然而,伟大的列宁早在几十年前就给这些人下了结论:"鹰有时比鸡还飞得低,但鸡永远也不能飞得像鹰那样高。""916"是真正的无产阶级革命派,虽然他们犯有这样或那样的错误,但他们始终是"鹰"而他们这些先生却是……。

革命干部要为巩固无产阶级政权而斗争

红评兵

红四系于二十一日晚召开了批斗顽固不化的走资派、右倾翻案的急先锋、老右倾机会主义分子罗琦大会。参加红四系革委会举办的毛泽东思想学习班的干部，在会上揭发批判了罗琦抵制和破坏无产阶级文化大革命以及他大搞右倾投降、右倾翻案、右倾复辟和右倾分裂的滔天罪行，继续与罗琦展开面对面、针锋相对的斗争。这些干部，他们有的曾受蒙蔽参与过罗琦的罪恶活动。但是他们现在看清了罗琦的反革命真面目，反戈一击，大杀回马枪，好得很！一切革命的和要革命的干部，都应该这样做。

无产阶级文化大革命的目的就是反修、防修。"你们要政治挂帅，到群众里面去，和群众在一起，把无产阶级文化大革命搞得更好。"伟大导师毛主席的这一教导，对于防修反修具有伟大的现实指导意义。

革命干部一般说来，对于本单位的敌情和情况，都有比较清楚的了解。因此，他们应该"到群众里面去，和群众在一起"，共同开展对敌斗争和革命的大批判。他们在这个斗争中有可能而且应该发挥其积极的骨干作用，主动带头揭发问题，勇敢地率领广大革命群众向阶级敌人进攻。这样，他们将同广大的革命群众一起，汇合成一股汹涌澎湃的革命巨流，把一切阶级敌人、一切牛鬼蛇神，统统扫除干净。在对敌斗争中发挥出革命领导干部的巨大作用。

同时在另一方面，犯了错误、甚至犯了严重错误而又愿意革命的干部，"到群众里面去，和群众在一起"，经受无产阶级文化大革命的战斗洗礼，冲刷自己身上的一切污泥浊水。这样，他们就将逐步懂得什么是马列主义、毛泽东思想，什么是修正主义；什么是毛主席的无产阶级革命路线，什么是资产阶级反动路线。他们就会大大提高阶级斗争和路线斗争觉悟，逐步掌握伟大领袖毛主席关于在无产阶级专政条件下继续进行革命的一整套理论、路线、方针、方法和政策。从而，改正错误，站到毛主席的革命路线上来。

然而，有些干部并不是这样。他们考虑的只是求得自身的解放，到群众里面去，仅仅是为了取得群众的谅解而去的。这种想法和做法，是错误的，有害的。持有这种观点的人，他最终不会真正得到群众的谅解。

林副主席指出："党内党外，党内是主要的。上层下层，上层是主要的，危险就是出在上层。"

我们希望一切革命的和要革命的干部，都要"经风雨，见世面"，坚决执行毛主席的伟大指示，"政治挂帅，到群众里面去，和群众在一起"，向阶级敌人展开猛烈而持久的进攻，开展深入持久的革命大批判，为巩固和加强无产阶级的红色政权而斗争。

院内简讯

红旗通讯社

最近，理力教研室革命教师和支左小分队揪出了一个五人反革命小集团，该集团政治立场极端反动，恶毒攻击我们心中的红太阳毛主席、林副主席、中央文革、总理。对党的一切方针政策，从上层建筑到经济基础进行了全面污蔑和攻击，实属罪大恶极。院革委会、七办即将召开全院斗争大会，狠批狠斗这一伙现行反革命。据揭发，该集团与基础课的另四个同类集团关系密切，望全院师生大力揭发。

院革委会常委，同意工厂提出的"撤销崔铁桥工厂革委会副主任职务"的意见。大大促进了工厂的清理阶级队伍的群众运动，大长了广大工人的志气。连日来红六系、红四系、红九系、基础课、红一系等单位相继召开揭发批判斗争大会。把曹传钧、罗琦、岳全瑜、王玉森拉出来示众，形势一片大好。

在清理阶级队伍的大好形势下，经红航兵团广大师生员工努力，红航一号首架将于"七一"完成，并请中央首长前来参观指导。目前，广大工人、同学正夜以继日奋战，准备向党的生日献礼。

毕业生工作小组已着手"2"字头的毕业分配工作，即将开办学习班，斗私批修，站好最后一班岗，光荣地离开航院。

最近，工厂广大工人坚决要求把为武光树碑立传的原"八八一"厂改名。已有人建议命名"红旗工厂""五七工厂""七三工厂。"望全院同志广为进言新厂名。

清理阶级队伍战报

第 26 号，1968 年 6 月 27 日共 8 版

在毛主席 5.19 重要批示指引下，狠抓阶级斗争

我院召开斗争以钱植庸、程勉为首的现行反革命集团大会

【本报讯】"宜将剩勇追穷寇，不可沽名学霸王。"在毛主席 5.19 重要批示的指引下，我院基础课理力教研室的革命教员和支左同学，揪出了以钱植庸、程勉为首的现行反革命集团，这是狠抓两条路线斗争，狠抓对无产阶级司令部忠字的结果。使我院运动进入了一个新阶段。

昨天晚上，我院数千名革命师生员工举行大会，愤怒批判斗争了这一小撮反革命分子。在会上理力教研室和支左同学，以对阶级敌人的深刻仇恨彻底揭露了这一小撮反革命的丑恶嘴脸。工人师傅们用自己对毛主席的无限忠诚愤怒地驳斥了阶级敌人的胡言乱语。会场上下群情激昂，口号声一阵高过一阵。这个大会开得好，它是向阶级敌人批判斗争的大会，同时也是一堂生动的阶级教育课。

在会上井岗山同志宣读了院革委会的决定将反革命分子钱植庸

送公安机关实行专政,其余四人交我院革命师生员工进行斗争。

最后王恒同志做了总结。

会后宣读了李敏等九同志"炮打聂荣臻"的大字报。

千万不要忘记阶级斗争

【短评】火光闪闪,炮声隆隆。在清理阶级队伍的大好形势下,我院广大革命师生员工把以钱植庸、程勉为首的现行反革命集团揪出来斗争了,这是战无不胜的毛泽东思想的伟大胜利。

伟大领袖毛主席批示的新华印刷厂的经验有一点,就是"对那些恶毒攻击伟大领袖毛主席和林副主席、恶毒攻击中央文革、反对无产阶级司令部的现行反革命分子,一旦发现,就狠狠打击、毫不留情。"钱植庸、程勉、陈亚洪、高为炳、刘洁民就是这样一些现行反革命分子。他们这一伙人躲在阴沟里,干着见不得人的勾当,他们攻击我们伟大领袖毛主席和林副主席、中央文革、江青同志言论之多,用词之恶毒是从来没有的。钱、程、陈、高、刘实属罪大恶极,该当千刀万剐。我们全院广大红旗战士和全院革命同志,决心生为毛主席而战斗,死为保卫毛主席的无产阶级革命路线而献身!谁忠于毛主席我们就和他亲,谁反对毛主席,谁反对毛泽东思想,我们就和他拼!毛主席是我们心中最红最红的红太阳,战无不胜的毛泽东思想是我们的命根子,谁反对毛主席,谁反对毛泽东思想,我们就坚决打倒谁!

揪出钱植庸、程勉这一反革命小集团还告诉我们,航院的阶级斗争是复杂的,敌情是严重的。今后的清理阶级队伍工作既要重视历史问题,更要重视现行问题。不但要把浮在表面的敌人抓出来,而且要把埋得很深,藏得很久的敌人也挖出来。把敌人的一线,二线,三线人物都挖出来。为此,就要求我们更好地活学活用毛主席著作,更高地举起毛泽东思想伟大红旗,多动脑筋,想办法,发动群众,把一切暗藏的阶级敌人揪出来,斗倒斗臭,不获全胜,绝不收兵。

北京航空学院革命委员会决定

最高指示

人民靠我们去组织。中国的反动分子,靠我们组织起人民去把他打倒。凡是反动的东西,你不打,他就不倒。这也和扫地一样,扫帚不到,灰尘照例不会自己跑掉。

根据现行反革命分子钱植庸恶毒攻击和辱骂我们心中最红最红的红太阳毛主席和林副主席,恶毒攻击中央文革和江青同志的滔天罪行。根据广大革命师生的强烈要求,北京航空学院革命委员会决定:

一、将现行反革命分子钱植庸扭送公安机关法办,实行无产阶级专政。

二、现行反革命分子程勉,陈亚洪,高为炳,刘洁民暂留我院交群众批判、斗争。

誓死保卫毛主席!
誓死保卫林副主席!
誓死保卫中央文革!
誓死保卫江青同志!
无产阶级专政万岁!
打倒钱植庸:打倒程勉!打倒陈亚洪!打倒为炳!打倒刘洁民!

1968 年 6 月 26 日

坚决打倒以钱、程为首的现行反革命集团!
——下理力教研室支左同学发言摘要

革命的同志们:

首先让我们共同敬祝世界人民心中最红最红的红太阳、我们最最敬爱的伟大领袖毛主席万寿无疆!万寿无疆!!敬祝毛主席的亲密战友、我们的林副统帅身体健康!永远健康!!

林副主席说:"毛泽东同志是当代最伟大的马克思列宁主义者。毛泽东同志天才地、创造性地、全面地继承、捍卫和发展了马克思列宁主义,把马克思列宁主义提高到一个崭新的阶段。""毛主席以他伟大的气魄,高度的智慧,胜利地领导了历史上第一次无产阶级文化大革命。"

随着文化大革命的节节胜利,我们伟大领袖毛主席在全国和全世界人民心中的威望愈来愈高,毛泽东思想更加深入人心,全国和全世界人民都感到欢欣鼓舞。无产阶级文化大革命的节节胜利,也激起了帝修反的极大恐惧和仇恨。理力教研室内部的这个现行反革命集团,就是这样的一群混蛋。他们像狂犬吠日一样,更加疯狂地攻击我们心中最红最红的红太阳毛主席以及林副主席和江青同志。是可忍,孰不可忍!

最响亮的歌是东方红,最伟大的舵手是毛泽东。毛主席是中国人民和世界人民的大救星,是我们心中最红最红的红太阳。正如林副主席所说的:"毛主席是我们时代的代表,是党的代表,是群众的代表,是无产阶级的代表,是群众的领袖,是群众的灵魂。"所以,毛主席的健康长寿,是全中国和全世界人民的最大幸福。阿尔巴尼亚人民的伟大领袖霍查同志热情地说:"我国人民衷心祝愿毛泽东同志万寿无疆,愿他像我们的高山一样长寿。"全世界劳动人民都怀着无限深厚的阶级感情,衷心祝愿我们的伟大领袖毛主席万寿无疆,万寿无疆!广大劳动人民的这种真挚感情,却引起了阶级敌人的极端仇恨和诬蔑。现行反革命分子程勉、钱植庸、陈亚洪这群混蛋,竟胡说什么"喊万寿无疆是四旧!"真是反动透顶!打倒现行反革命分子程勉!打倒老右派钱植庸!打倒狗特务陈亚洪;祝毛主席万寿无疆!

这群混蛋还恶毒攻击天天读制度。林副主席教导我们:"大海航行靠舵手,干革命靠毛泽东思想"!在文化大革命中,全国人民以无限热爱、无限信仰、无限忠诚、无限崇拜的心情,积极响应林副主席的伟大号召,如饥似渴地学习毛主席著作,坚持请示汇报制度;全世界革命人民对我们的伟大领袖毛主席,同样无限热爱、无限信仰、无限忠诚、无限崇拜。他们把毛主席著作作为谋求彻底翻身解放的最锐利的思想武器,手捧着红彤彤的《毛主席语录》和毛主席著作,一字一句地、全神贯注地阅读。他们高度赞扬光熠无际的毛泽东思想,是"照耀全世界革命人民走向胜利的灯塔。"而钱植庸这个混蛋却诬蔑说:"请示汇报是使思想僵化,有宗教色彩。"程勉这个反革命也攻击说:"请示汇报是强迫人民去信仰、崇拜毛主席。"反革命分子刘洁民则更恶毒、更露骨地说什么"佛教是由佛法僧组成的。""佛就是偶像,法就是经文,僧就是和尚。"又胡说:"我们都成了小和尚了。"以此来攻击我们的请示汇报是崇拜偶像。看!这个反革命是何等的猖狂!真是罪大恶极!同志们,这群混蛋这样猖狂地诽谤、攻击毛主席,攻击学习毛主席著作,我们能够容忍吗?不能!谁反对毛主席就打倒谁!坚决打倒以钱、程为首的现行反革命集团 1

同国内外一切阶级敌人一样,这群混蛋站在反动的阶级立场上,是永远也理解不了广大劳动人民活学活用毛主席著作的积极性的。广大劳动人民把毛主席著作比作粮食、武器、方向盘。无限忠于毛主席革命路线的好干部门合同志的豪言壮语说:"毛主席著作要天天学,一天不学问题多,两天不学走下坡,三天不学没法活。"广大劳动人民坚持天天读完全是自觉的需要。天天读制度好得很!只有你们程勉、钱植庸之流的混蛋们,才会感到"强迫"!我国是无产阶级的天下,对你们这些反动家伙就是要实行强迫:强迫你们改造,还要对你们实行专政!要把你们统统揪来镇压:我们无产阶级革命派说了话从来都是算数的;你们的螳臂当车,挡不住历史前进的巨轮!低头认罪是可以的，想溜是不行的！

　　同志们，更不能令人容忍的是，在文化大革命初期，正当全国人民兴高采烈地购买和悬挂我们伟大领袖毛主席的画像，并为毛主席的健康而欢呼的时候，钱植庸这个反动透顶的家伙竟敢在主席像下写上日期，等待变天。他咬牙切齿地对反革命程勉说："这个相片总有一天要取下来的。我要看他能挂多少天。"真是反动到了极点！打倒老右派钱植庸！

　　钱植庸这个老右派，随时都发泄对我们伟大领袖毛主席的刻骨仇恨。有一次他同程勉这个坏蛋路过毛主席巨型塑像时，竟狗胆包天地说："总有一天要推倒的。"真是恶毒到了令人发指的地步！坚决打倒老右派、反革命钱植庸！

　　同志们，敌人愈是反对，我们就愈是拥护。让我们振臂高呼：毛主席万岁！祝毛主席万寿无疆！万寿无疆！！

　　这个极端反动的反革命小集团，抓住一切机会来攻击我们的伟大领袖毛主席。高为炳这个反动家伙，是个阴险的反革命分子。在扫四旧时，他竟恶毒地说："青年人都不抽烟，特别是中学生。如果不是主席、中央首长及他们的爸爸妈妈抽烟，可能中学小将也会反对抽烟的！"真是恶毒至极！打倒现行反革命分子高为炳！

　　这个现行反革命小集团同时又是一批反革命修正主义分子，他们同帝修反唱一个腔调，恶毒攻击我们的伟大领袖毛主席，为中国的赫鲁晓夫刘少奇鸣冤叫屈。程勉这个坏蛋就疯狂咒骂说："我认为现在中国是个人独裁。"说什么"文化革命推行个人迷信。"真是狗胆包天！打倒反革命修正主义分子程勉！谁反对毛主席就砸烂谁的狗头！

　　在这个反革命小集团中，老右派高为炳是程勉背后的"老师。"他把一本描写希特勒如何上台、如何独裁的书，"借"给程勉看，鼓动她更恶毒地攻击毛主席。打倒老右派高为炳！我们的国家是无产阶级专政的国家，我们绝不允许你们恶毒攻击毛主席！无产阶级对你们就是要实行独裁！

　　钱植庸这个反革命修正主义分子，竟冒天下之大不韪，胡说什么："毛主席的路线不符合大多数人的愿望。""刘少奇那一套从全民利益着想。"胡说什么"刘少奇有些措施是明智的。相形之下，主席有些地方则较教条。"看！这些反动言论同美帝苏修的有什么两样：真他妈的一派胡言乱语！打倒反革命修正主义分子钱植庸！

　　毛主席的革命路线反映了最广大群众最根本的利益，是全国人民的命根子。全国人民从自己几十年的革命斗争实践中深深认识到，按照毛主席的革命路线办事，我们的事业就胜利，就前进；偏离毛主席的革命路线，我们的事业就失败，就倒退。钱植庸之流从历史的垃圾堆中捡来了"全民利益"等破烂，进行反动宣传。说穿了，你们所说的所谓"全民利益"，就是你们这一小撮牛鬼蛇神及你们的黑主子刘少奇这群王八蛋的利益。你们如此攻击和诬蔑我们的伟大领袖毛主席，而又肉麻地狂热地吹捧刘少奇，为其鸣冤叫屈，这完全暴露了你们和刘少奇是一丘之貉，是一群不折不扣的反共反人民的反革命帮凶。坚决打倒以钱、程为首的现行反革命集团！

　　我们的林副统帅一贯最忠诚、最坚决、最彻底地贯彻毛泽东思想，执行毛主席的革命路线。是毛主席最亲密的战友、最好的学生，是活学活用毛主席著作的典范。在伟大的无产阶级文化大革命中，在党的八届十一中全会上，确立林彪同志为我们的副统帅，这是毛泽东思想的伟大胜利。全国人民都感到欢欣鼓舞，决心紧跟毛主席、林副主席，将文化大革命进行到底。而一切无产阶级的敌人，他们要反对毛主席，就不能不反对林彪同志。这个现行反革命集团，对林副主席是极端的仇恨，他们极力攻击和咒骂我们敬爱的林副统帅。钱植庸这个反动家伙，竟诬蔑林副统帅对毛主席的高度评价是"吹捧"。程勉这个反革命竟攻击林副主席是"挟天子以令诸侯"。这伙反革命分子的其他成员都经常在一起恶毒地攻击诽谤我们的林副统帅，其恶毒的程度，也是我们无法说出来的。

　　谁反对林副主席，就打倒谁！

　　我们敬爱的江青同志，在三十年代是坚强的无产阶级战士。她和鲁迅一样，同无产阶级的敌人，同钻进党内的叛徒、特务、周扬之流进行了英勇的斗争。江青同志完全无愧为毛主席的亲密战友，忠诚学生，无愧为坚强的共产主义战士，无愧为文化大革命的英勇旗手。正如林副主席所说的："江青同志是女同志中杰出的同志，党的干部中杰出的干部，她很有思想，她很有创造，在文化革命中建立了伟大的功勋，江青同志起了特殊作用。"

无产阶级的敌人，他们要反对无产阶级文化大革命，就不能不把矛头对准江青同志。理力教研室内的这个反革命小集团就经常在一起对江青同志进行人身攻击。这群现行反革命分子恶毒攻击江青同志"现在的地位与她对革命的贡献不相称"。老右派高为炳胡说什么"江青入党前也不怎么样。"还诬蔑江青同志有"小资产阶级感情，政策水平不高"。程勉这个坏蛋，竟为王、关、戚开脱罪责。他们对毛主席的亲密战友，江青同志是这样的仇恨。可他们对刘少奇的狗老婆资产阶级分子、美国特务王光美却进行肉麻的吹捧，程勉这个混蛋竟说什么"王光美有大国主席夫人的风度，相当能干。"又说什么"王光美才是政治家"。请看，这群混蛋的反革命阶级立场是何等明显，他们的骨子是如何反动！同样，他们对江青同志的许多恶毒攻击都是我说不出口的，这里仅仅是一小部分。

同志们，理力教研室这个现行反革命集团，在文化大革命中变本加厉地攻击我们的毛主席、林副主席、江青同志，和中央其他首长，对人民犯下了滔天罪行。他们散布的反革命言论是很系统的，据初步统计，这个小集团攻击毛主席、林副主席、江青同志的恶毒语言有150多条，其恶毒程度使我们都无法说出口来。

誓死保卫毛主席！誓死保卫林副主席！
誓死保卫江青同志！
彻底砸烂基础课的现行反革命小集团！

誓死保卫毛主席
——红色工厂工人发言摘要

以钱植庸、程勉为首的现行反革命集团就是一群反动的东西。他们恶毒地攻击我们伟大的领袖、攻击林副主席、攻击中央文革、攻击江青同志，还恶毒攻击我们的社会主义制度，真是反动透顶。

程勉说："活着没意思，没自由"等。告诉你们这一小撮混蛋，今天是我们工人阶级和劳动人民的天下，就是不能给你们自由。有你们自由，就没有我们工人、贫下中农的自由。革命的同志们，我们工人在旧社会受地主资本家的剥削压迫，就是这群混蛋在我们头上作威作福。给他们当牛做马，吃不饱穿不暖，逼得我们东逃西走，一家人得不到团圆。你们这一小撮王八蛋，在旧社会吃着工人的肉，喝着工人的血，我们受尽了你们的折磨。是谁把我们从那黑暗的旧社会解放出来呢？是我们伟大的领袖毛主席，是他老人家教导我们闹革命，翻身当了主人，才永远不受你们这群王八蛋的压迫，才有了今天的幸福生活。这是我们永远也不能忘记的。谁反对毛主席就坚决打倒谁！

我们工人强烈要求逮捕这反革命集团法办。

我们工人对我们伟大领袖毛主席、对林副主席、对江青同志，对无产阶级司令部有着深厚的阶级感情。我们要誓死保卫毛主席、保卫林副主席、保卫江青同志！谁反对，我们工人阶级就坚决打倒他！

毛主席教导我们："凡是敌人反对的，我们就要拥护；凡是敌人拥护的，我们就要反对。"反革命分子程勉她还胡说什么：喊毛主席万寿无疆是四旧。真是反动透顶。

毛主席是我们心中最红最红的红太阳，我们就是要千遍万遍地高呼敬祝毛主席万寿无疆！万寿无疆！！万寿无疆！！！

你们这一小撮反革命，对毛主席对社会主义抱着刻骨的仇恨。而对旧社会，对帝修反却是无限的留恋。爱憎是多么分明。你们时刻准备推翻无产阶级专政，妄想复辟资本主义，盼着你们的干爹回来，再叫我们受二遍苦，告诉你们这永远办不到！。

毛主席教导我们说："无产阶级文化大革命，实质上是在社会主义条件下无产阶级反对资产阶级和一切剥削阶级的政治大革命，是中国共产党及其领导下的广大革命人民群众和国民党反动派长期斗争的继续，是无产阶级和资产阶级阶级斗争的继续。"

今天就是和你们作斗争的时候，我们工人决心把航院暗藏的一切反革命分子、国民党的残渣余孽通通挖出来,决心将这场大革命进行到底。用革命来促进我们的生产,使红航一号早日送上天。

把航院无产阶级文化大革命进行到底！
——王恒同志发言摘要

钱植庸、程勉、陈亚洪、高为炳、刘洁民被航院无产阶级革命派揪出来进行斗争,标志着航院运动又进入了一个新阶段。在这个阶段摆在我们面前的任务是:紧紧掌握毛泽东思想的锐利武器,集中力量打击一小撮现行反革命分子,把一切埋得深、藏得久的敌人统统揪出来,这是阶级斗争的客观规律。今后对那些恶毒攻击我们心中最红最红的红太阳毛主席和林副主席,恶毒攻击中央文革,攻击江青同志,反对无产阶级司令部,污蔑红卫兵运动的现行反革命分子,一旦发现,就毫不留情,坚决打击。

我们不但要彻底地从组织上把敌人粉碎,同时,认真抓好思想政治战线上的对敌斗争,高举毛泽东思想批判大旗,把阶级敌人散布的反革命谬论驳倒,批臭,把敌人散布的流毒彻底肃清。把我院革命大批判轰轰烈烈地开展起来。

当前右倾保守思想,仍是我院清理阶级队伍运动的主要障碍,在清理阶级队伍中,还必须继续反对右倾保守。同时也要很好地掌握党的政策和策略。

我们清理阶级队伍运动已经取得很大成绩,但还没有取得彻底胜利。目前,是把运动搞彻底,还是半途而废？这个严肃的问题摆在我们每个同志的面前。把清理阶级队伍搞彻底,我们的任务还是很艰巨的。我们要牢记:"宜将剩勇追穷寇,不可沽名学霸王"的教导,争当无产阶级革命派,发扬彻底革命精神,誓把航院的无产阶级文化大革命进行到底,不获全胜,绝不收兵！

谁反对文化大革命就打倒谁！

理力教研室革命群众，4911、2911、2231 支左同学

伟大领袖毛主席说："无产阶级文化大革命，实质上是在社会主义条件下，无产阶级反对资产阶级和一切剥削阶级的政治大革命，是中国共产党及其领导下的广大革命人民群众和国民党反动派长期斗争的继续，是无产阶级和资产阶级阶级斗争的继续。"

毛主席亲自发动和领导的无产阶级文化大革命像大海的怒涛，把隐藏在我们党内的以中国赫鲁晓夫刘少奇为首的资产阶级司令部冲垮了，把那些反共反人民、反毛泽东思想的反革命修正主义分子，把那些叛徒、特务、反革命两面派冲刷出来，粉碎了他们复辟资本主义的阴谋，极大地巩固了无产阶级专政。无产阶级文化大革命就是好得很！

然而，理力教研室内的这个反革命小集团，却疯狂地反对革命的群众运动，否定文化大革命。甚至诬蔑文化大革命是"内部争权夺利"，阴险的老狐狸高为炳说什么："白区干部全完了"，什么"知识分子干部全完了。"真是混蛋透顶！

中国赫鲁晓夫刘少奇及其大小黑爪牙都是一批反革命修正主义分子，是隐藏在党内的代表国民党反动派利益的残渣余孽。刘少奇就是多次跪倒在帝国主义和国民党反动派脚下的可耻叛徒。对这些人，我们就是要夺他们的权。岂但要夺权，而且要专他们的政，把他们踩在脚下，使他们永世不得翻身。

这些反革命分子对文化大革命的诬蔑攻击丝毫无损于我们的无产阶级文化大革命运动的光辉，恰恰证明他们是资产阶级的孝子贤孙，是中国赫鲁晓夫的走卒和黑爪牙。

在这场史无前例的文化大革命中，一大批本来不出名的青少年成了勇敢的闯将，革命的红卫兵是"捉拿牛鬼蛇神和资产阶级当权派的天兵天将。"林副主席赞扬红卫兵把那些走资本主义道路的当权派，那些资产阶级反动"权威"，那些吸血鬼、寄生虫"搞得狼狈不

堪"，红卫兵"做得对，做得好！"

相反，阶级敌人对红卫兵则怕得要死，恨得要命。反革命分子、老右派钱植庸、高为炳，反革命分子程勉、刘洁民，反革命分子、狗特务陈亚洪在阴沟里恶毒攻击和诽谤红卫兵运动，胡说什么"红卫兵运动是白色恐怖"，什么"抄家做法是世界各国都没有的野蛮。"钱植庸则更按捺不住满腹的阶级仇恨，咒骂道："现在是中国历史上空前黑暗时期，没有法制，专讲暴力"。

你们这些反革命分子这样起劲地反对红卫兵，则更说明红卫兵的大方向完全正确！说明了红卫兵做得对，做得好！

反革命分子程勉对钱植庸说："文化大革命使教育停顿，后果是不可想象的。"什么"文化大革命把文化界的人都打倒了，今后文化娱乐没法发展了。"什么"我总觉得文化大革命中发展了人压人的现象"等等等等。

你们不是说"文化大革命教育停顿"吗？可爱的先生们，我们文化大革命就是要停顿培养修正主义接班人的资产阶级教育制度。"资产阶级知识分子统治我们学校的现象再也不能继续下去了。""不破不立，不塞不流，不止不行。"对于资产阶级、修正主义教育何止停顿，只有彻底砸烂资产阶级教育制度，才能建立起崭新的无产阶级教育制度。

你们感到发展了"人压人"的现象吗？你们算说对了一半，不过要补充一点，就是无产阶级劳动人民压迫资产阶级及其一切剥削阶级。我国是人民民主专政的社会主义国家，必须对你们这些帝国主义走狗、国民党渣余孽实行专政、实行独裁，只许你们规规矩矩，不许你们乱说乱动，如要乱说乱动，立即取缔、予以制裁。你们今天感到"压迫发展"了，那好得很！正说明经过无产阶级文化大革命，我们的无产阶级专政更加加强了，更加巩固了。我们就是要高呼："无产阶级专政万岁！"

无产阶级文化大革命是毛泽东思想同广大人民群众相结合的运动。无产阶级文化大革命激发起来的巨大精神力量正在转化为巨大的物质力量。正如林副主席说："这次文化大革命损失是最小最小最小，成绩是最大最大最大。"

但理力教研室的这群混蛋同帝修反唱一个腔调，胡说什么"文化革命后，我们国家走下坡路了。"胡说什么"人民生活，物资供应很困难，可能出现 60 年困难情况。"

他们像巫婆那样，恶毒地诅咒"文化大革命前景暗淡"，然而他们的这一痴心妄想却一次又一次地像肥皂泡一样地破灭了！

在无产阶级文化大革命全面胜利的凯歌声中，全国绝大多数省、市、自治区成立了革命委员会。我国今年夏季作物又获丰收。用毛泽东思想武装起来的七亿人民的革命精神更加焕发，社会主义的中国从来没有像今天这样强大。

毛泽东思想指引下的无产阶级文化大革命，激发了全世界人民敢于斗争、敢于胜利的英雄气概。从最近在西欧、北美蓬勃发展的革命群众运动中，人们就可以看到中国无产阶级文化大革命对世界人民所产生的日益增长的影响。

革命改变了人民的精神面貌，带动了工农业生产，"走下坡路"的不是广大革命群众，而恰恰是你们一小撮牛鬼蛇神，你们的日子不好过。我国的无产阶级文化大革命形势一片大好，愈来愈好！

无产阶级文化大革命胜利万岁！谁反对文化大革命就打倒谁！

理力反革命小集团成员简介及其罪恶活动

钱植庸：现行反革命分子，老右派分子。是这个反革命小集团的罪魁祸首。出身于一个大资产阶级家庭，从小就生活在香港，是喝着劳动人民血汗长大的寄生虫。思想一贯反动，上大学时因涂写反动标语受到批判。57 年反右时他是航院有名的大右派周大觉最得力的狗头军师。文化大革命中又跳了出来，恶毒攻击毛主席、中央文革。

程勉：反革命小集团的急先锋。出身于资产阶级家庭。其社会关系极为复杂，有个弟弟是反革命，她的姐夫是个右派，她的公公是全国有名的大右派，她的叔叔是当过伪天津市市长的大官僚。其人反动透顶，恶毒咒骂我们这个无产阶级专政的国家，说什么："这个社会还不如奴隶社会，衣食住都不自由。"还疯狂攻击红卫兵运动是"没有法制"，"是全世界各国都没有的野蛮。"她梦想变天，妄想叛国投敌。她猖狂地攻击毛主席、林副主席、江青同志，罪恶滔天。

高为炳：老右派分子，反革命小集团的黑老师，出身富农，思想一贯反动，国民党员，56年被美国特务樊恭然和武光的黑爪牙唐邑拉入党内。他经常鼓吹资本主义和修正主义的所谓优越性，胡说什么"外国科学技术发展快，生活好，知识分子有前途"等等。文化革命中又跳了出来，煽阴风，点鬼火，妄图为他的右派言行翻案。

陈亚洪：现行反革命分子、特务分子，参加过三青团，国民党，国民党反动上尉教官。他一直隐瞒其特务分子身份，历次运动都被他滑了过去，是个十分狡猾的"老运动员。"文化大革命中，大肆攻击无产阶级司令部，攻击我们的社会主义制度，令人气愤的是，他把广大革命群众对毛主席的敬仰而高呼万寿无疆咒骂为"四旧"，真是罪该万死。

刘洁民：现行反革命分子。出身资产阶级家庭。他的岳父是历史反革命，姐夫是右派分子，他从小就对社会主义制度极为不满。文化大革命中，大肆宣扬抄家、武斗的黑暗，狂吠这是什么欺、诈、骗，是逼、供、信，是"白色恐怖"，真是混蛋透顶！更加恶毒的是他用极恶毒的语言咒骂毛主席、林副主席和江青同志。

毛主席教导我们说："没有肃清的暗藏的反革命分子是不会死心的，他们必定要乘机捣乱。"理力教研室这个反革命小集团就是由这样一批暗藏的反革命分子组成的。他们躲在阴暗的角落里煽阴风点鬼火，到处散布流言蜚语，制造混乱，有的还打起造反旗号，招摇撞骗。当我们最最伟大的领袖毛主席的最新指示刚一发表，这伙反革命分子凭着他们反革命的嗅觉，预感到自己的末日快到了。为了进行垂死的挣扎，更加频繁的活动起来，采取了种种手法来对抗清理阶级队伍的进行。

首先，他们也搞"调查研究"，窥测方向，到处打听七办里有哪些人，各教研室清理阶级队伍领导小组有哪些人。当时，地质学院清理阶级队伍工作搞得较早，于是他们有的到地院去访问，有的去看大字报，有的去买地院"东方红"小报，精心研究对策，活动极其频繁。

为了逃避革命群众撒下天罗地网，他们又到处散布流言蜚语，制造混乱。现行反革命分子程勉叫嚷："现在是高压。"右派分子钱植庸也附和说："现在是极左。"而现行反革命分子刘洁民接着散布："北京××监狱都住满了。"狗特务陈亚洪则一方面在下面找老教师进行恐吓，说："没问题的人，整一下也够呛！"另一方面公然在教研室大会上叫嚷："这次运动每个人都要清一清。"企图把水搅混。

另外，为了避免这个小集团的暴露，他们又互相订立攻守同盟，妄图负隅顽抗。右派分子钱植庸在阴沟里向反革命分子程勉嘱咐："如果发生问题，我们就说我们之间只谈教研室的事。"狗特务陈亚洪也通过其老婆偷偷摸摸地告诉反革命分子程勉说："如果有人问，就说我们谈的是生活问题。"这些反动的家伙，毕竟做贼心虚，生怕别人把自己的罪恶招供出来，赶紧互相表白，右派分子高为炳就跟反革命分子程勉讲："我这个人最可靠，连×××给我讲过许多有问题的话，我跟谁都没有讲过。"反革命分子程勉也分别向几个反革命分子三番五次的表白，一会儿说："我信任你，我不会出卖良心！"毕竟是心虚得很，于是又央求别人说："你不要出卖我。"一会儿又给自己壮胆，说什么"要揪就揪我一个人吧！我不怕！"

这些家伙干的是不可告人的勾当，活动总是鬼鬼祟祟，见不得阳光。他们活动的方式是多种多样的，有时策划于密室，有时去颐和园密谈，有时到积水潭商量，有时利用请吃饭交换情报，有时利用请喝茶互通消息。正如毛主席早就指出的那样："他们有着长期的阶级斗争经验，他们会做各种形式的斗争。"但是无论这批牛鬼蛇神多么狡猾，也无论他们如何顽抗，到头来，终究逃不脱毛泽东思想的阳光。

理力教研室革命群众和支左小分队的同学在毛主席最新指示的指引下，和这些敌人进行了极其尖锐的斗争，终于把这个隐藏了多年的反革命小集团揭露出来了！把这一小撮混蛋一个个揪出来了！这是战无不胜的毛泽东的伟大胜利。

清理阶级队伍战报

第 27 号，1968 年 7 月 2 日共 4 版

北京卫戍区奉命逮捕现行反革命分子钱植庸

根据周总理、伯达、康生、谢富治、温玉成等中央首长命令，中国人民解放军北京卫戍区于6月29日晚将现行反革命分子钱植庸依法逮捕。总理还对斗争现行反革命分子应注意的事情做了重要批示。

宜将剩勇追穷寇

纪念中国共产党诞生四十七周年

【社论】在夺取无产阶级文化大革命全面胜利的凯歌声中，在我院清理阶级队伍的群众运动进入到一个新的阶段的重要时刻，我们以无比自豪、无限荣幸的心情，生气勃勃地迎接以毛主席为领袖的伟大、光荣、正确的中国共产党诞生四十七周年的光辉纪念日！

"钟山风雨起苍黄，百万雄师过大江。"三个月来，在毛主席"5.19"重要批示和一系列最新指示的指引和鼓舞下，我院清理阶级队伍的轰轰烈烈的群众运动，像大海的怒涛，汹涌澎湃，把长期隐藏在我院的、钻得很深的一小撮叛徒、特务、死不悔改的走资派、国民党的残渣余孽和其他反革命分子等等魑魅魍魉，一个又一个地冲刷了出来，取得了我院无产阶级文化大革命空前巨大的胜利。

我们的副统帅林彪同志，在一九四九年就指出："在纪念党的生日的时候，对我们具有重大意义的就是努力学习，用马克思列宁主义、毛泽东思想把自己的头脑武装起来。这样，我们不但可以迅速取

得全国胜利，而且能够巩固这个胜利，建设一个新中国。"

在隆重纪念党的四十七周年这个大喜日子的时候，我们就是要遵循林副统帅的教导，更加努力活学活用毛泽东思想，用毛泽东思想这个明察秋毫的、最尖锐的思想武器，冷静地分析我院阶级斗争的新形势、新特点和新动向，不为我们已经取得的巨大胜利所冲昏头脑，也不为阶级敌人一时伪装的"无害而可怜"的表面现象所迷惑，念念不忘阶级敌人，念念不忘阶级斗争，继续地、坚决地进行"三反一粉碎"的斗争，大抓大揭阶级敌人的现行问题，发展大好形势，发展胜利，把我院的藏得更深更隐蔽的阶级敌人，全部、干净、彻底、一个不剩地揪出来！

革命大批判，是在无产阶级专政条件下进行革命的最锐利的武器，是一项带根本性、长期性的战略措施（而不是所谓的"权宜之计"），是毛主席伟大战略部署的一个重要组成部分。因此，我们必须开展有力的革命大批判，把革命的大批判同清理阶级队伍的斗争紧密地结合起来，而且必须大搞革命大批判的轰轰烈烈的群众运动。只有这样，我们才有可能把藏得最深的二、三线的阶级敌人统统挖出来，也只有这样，才能打歼灭战（而不是"击溃战"），做到挖一个，就打倒一个，使得他们永远没有翻身之日！

"宜将剩勇追穷寇，不可沽名学霸王。"广大革命的红旗战士、革命的共产党员、革命的师生员工同志们，让我们更高地举起战无不胜的毛泽东思想伟大红旗，坚定不移地、毫不手软地把我院清理阶级队伍的伟大群众斗争进行到底，夺取无产阶级文化大革命的全面胜利！

伟大的、光荣的、正确的中国共产党万岁！

伟大的、战无不胜的毛泽东思想万岁！伟大的导师、伟大的领袖、伟大的统帅、伟大的舵手毛主席万岁！万岁！！万万岁！！！

红六系是如何开展革命大批判的?
——与红六系座谈纪要

【编者按】红六系自清理阶级队伍运动开展以来,一直搞得很好,无论对敌斗争,思想教育,革命大批判都做得比较出色。为此,我们与红六系进行了座谈。现将他们的经验介绍如下。

清理阶级队伍是激烈的阶级斗争

文化大革命就是共产党和国民党的斗争,是革命和反革命的斗争,是马列主义和修正主义的斗争,是一场你死我活的阶级大搏斗,如果不搞清理阶级队伍。那么,像赵震炎、叶家康这样一批国民党的残渣余孽就要潜伏下来,给革命留下一个隐患。有朝一日,他们就要复辟,就要变天,骑在人民头上作威作福,人民就要受二遍苦。因此,革委会组织各单位集中几天学习毛主席的最新指示:"无产阶级文化大革命,实质上是在社会主义条件下,无产阶级反对资产阶级和一切剥削阶级的政治大革命,是中国共产党及其领导下的广大革命人民群众和国民党反动派长期斗争的继续,是无产阶级和资产阶级阶级斗争的继续",狠抓阶级斗争,上了阶级斗争的弦,认识到斗争的实质和意义,自然地把斗争矛头"稳、准、狠"地对准了一小撮阶级敌人。

搞清理队伍、革命大批判必须反右倾

由于这是一场严肃的阶级斗争,阶级敌人总是不甘心灭亡的。因此,运动并不是一帆风顺的。运动一开始,阶级敌人就散布了许多谬论,一些有右倾思想的人也跟着传播不少右倾论调,什么"航院特殊","六系更特殊"论,什么"清理出一个就不要清第二个"及"×××是两面派,但不是反革命两面派"等等,以使革命就此止步,或带上

温和色彩。针对这种情况,各单位都组织了红旗战士和革命同志共同学习最高指示,针锋相对地批判了各种错误论调,严厉批判了"杨秉宪当汉奸是生活所迫"的奇谈怪论。使更多的群众受到了教育,认识到右倾思潮确是一种不革命、反革命的思潮,争取了群众,鼓舞了士气,为更好地清理阶级敌人,搞好革命大批判,打下了良好基础。

革命大批判要抓要害问题

对于清理对象有历史问题,又有现行问题,抓什么?突破口选在那里?他们的体会是:重视历史,狠抓现行,一旦发现,狠狠批判,坚决打击。601的杨秉宪有历史问题,但革委会紧紧抓了现行问题,在现行问题中又抓住了杨秉宪对毛主席、林副主席、中央文革,对无产阶级司令部的态度问题。这是一个试金石,一下子敌我了了分明。又如潘天敏在601搞了地下支部,抓住这一问题也可以搞下去,但领导小组抓住了她对江青同志的态度,一下子撕掉了这个"老大姐","好书记"的画皮,使更多的人对她有了更深刻的认识。还有一个×××也是如此。

抓住了要害问题,群众容易发动,大批判来势迅猛,阶级敌人很快就被打倒了。一切问题都迎刃而解了。

革命大批判要多种形式

利用各种形式进行大批判为大批判增添新内容,可以使大批判生动活泼起来。

揭发、批判会。揭发材料,随揭随批,有揭有批,上纲,上线。

批斗,审斗会。继揭批之后开展大型、小型,面对面、背对背的批斗、审斗会,极大地动员了群众。革命同志拍手称快,阶级敌人汗流浃背,浑身发抖。

学习班。以揭为主,并有批判,对犯有一般错误的同志进行教育,让他们在学习班上开头炮,放包袱,轻装上阵。

教师学生结合,搞固定的联合批判,定期出批判文章。

利用忆苦思甜会等一切机会进行大批判,使六系各教研室,研究室形势空前大好。

总之，红六系各单位通过大批判，反了右倾，鼓了干劲。清理了一小撮，树立了自己的阶级队伍。

马列主义的本质就是批判，就是革命。不搞大批判，形形色色的修正主义思潮就会泛滥，就会使我们在组织上得到的胜利不能巩固，时机一到，赫鲁晓夫式的人物就要登台。大批判是保卫文化大革命成果的重要保证。

目前红六系右倾势力很臭，"策略派"没有市场，一小撮阶级敌人威风扫地，革命同志斗志昂扬，决心把清理阶级队伍的群众运动搞彻底。

逍遥有罪，逍遥可耻

《文汇报》曾明确指出：逍遥有罪。在轰轰烈烈的文化大革命运动中，那种躲避革命风暴、藏在世外桃源中逍遥、大毒草《早春二月》的主角萧涧秋式的人物，实在非常可耻！

有这么一个人物：此人在校逍遥了几个月后，又回家去待了8个月，不知搞些什么鬼名堂，回校后又养了两个月"病"。大串联时，她和清华一个男同学（既非团派也非414派的纯逍遥派）一起，到处游山逛水，一起"串联"。清华武斗后，那个男同学就潜入我院，和此人鬼混在一起，在绿园中经常可以看见此两人的鬼影。虽则她班上已对他们此种行为感到愤慨和斥责，可她仍不以为然，继续鬼混，逃避阶级斗争风浪。伟大的无产阶级文化大革命已经轰轰烈烈开展两年多，可此人就逍遥了两年多，鬼混了两年多，吸取人民的血汗，过着无聊的生活。在清理阶级队伍的群众运动中，应将此种人严肃认真地批判批判。

逍遥犯罪，逍遥可耻，把这种资产阶级逍遥派好好批判批判也是非常必要的，以使这种"宝贝"绝种。

谈谈张国焘及其他

张国焘何许人也？历史已经表明，张国焘就是地地道道的共产党的叛徒，民族的败类，一堆臭不可闻的狗屎。正是他，在红军北上抗日的长征征途中，被敌人吓破了狗胆。大反毛主席的正确领导，采取逃跑主义路线，下令红四方面军停止北上，破坏红军抗日；正是他大闹独立王国，自立伪中央，与毛主席党中央分庭抗礼。然而，不管张国焘怎样蠢动一时，为时不久就成了众叛亲离的孤家寡人，最后投入独夫民贼蒋介石的怀抱，变成遗臭万年的叛徒，载入另册。这些，是众所周知的事实，前车之覆，后车之鉴。今天重温这些血淋淋的历史教训，对于后来的人们是大有教益的。

然而，历史的教训往往是不足训人的。张国焘虽然垮台了，但还有人要试着走张国焘的老路，重蹈张国焘之覆辙。这种人往往在政治斗争失败之后，逃避轰轰烈烈的清理阶级队伍的群众斗争，或下厂实习，或回家，或撒手不管事，他们对自己的错误口上不辩，心里不服，伺机再起。为了自己的私利，他们会打着各种美丽的旗子，用最动听（动人心弦）的语言，来美化自己，欺骗群众。然而，张国焘的路是走不通的。毛主席在几十年前就教导我们："一切狡猾的人，不照科学态度办事的人，……都是最蠢的，都是没有好结果的。"

发动群众进行革命的大批判

财务科支左小分队的同学怀着把文化大革命进行到底的决心，早在今年 4 月间就下到财务科，经过两个多月的艰苦斗争，终于打开破了困难局面，全科出现了革命大批判的新局面，形势一片大好。

但是，刚下科里的时候，情况是怎样的呢？那时科里的资产阶级分子褚巽元使用反革命的手腕，还蒙蔽了一部分群众，使群众看不清她的反动面目；科内群众情况也是十分复杂的，据统计有80%人员是有海外关系、家中有被捕、杀、管教等关系的。支左同学搞专案有些神秘化，不能把专案与群众运动很好结合起来，所以运动搞到一定阶段，就遇到了很大的阻力。

正在这时，毛主席光辉的5.19批示像一盏明灯，照亮了支左战士的前进方向。他们第一步在全科开办了学习班，针对财务科具体情况，大学门合和新华印刷厂经验。学门合，主要学门合无限忠于毛主席，心怀一个忠字的精神。科内群众学门合，联系自己，畅谈自己的活思想，狠斗私心，正确处理本人和爱人的问题。若爱人有问题，自己就与之划清界限，并帮助革命群众进行揭发、批判。支左战士们又领导科内革命群众学习毛主席的5.19批示以及新华印刷厂经验，认真对照、体会、联系实际，深刻认识到财务科是个烂掉了的单位，科内阶级斗争是异常激烈复杂的。毛主席说："此件是写得最好的"。他们就讨论"好在什么地方？"认识到人家的政策水平高，能够区分两类不同性质的矛盾，能够团结一切可以团结的人们。而自己也正是在这方面做得不够。经过反复学习、讨论，支左战士决定对一般有牵连问题的人，是教育的问题；对于重点专案对象的人，也专门开办了学习班，向他们交代党的政策，指出其出路；又指出，如在揭发批判中有功，是可以折罪的。就是这样，通过大办毛泽东思想学习班，群众普遍地发动起来了。

在学习班里，支左战士们又很诚恳地听取了群众的意见，处理好了专案与群众相配合的问题：揭发、批判和专案相结合，而以大揭发、大批判为主；集体的揭发批判与小组专案工作相结合，而以全科的集体揭发批判为主；专案小组安排一定的时间，但专案小组主要是采取见缝插针的工作方法。

群众发动起来了，支左战士就领导大家进行了对敌斗争的大揭发、大批判。还在学习班里，支左战士就明确指出下一步要进行大揭发、大批判。所以支左战士一提出要进行大揭发、大批判，马上全科也就动起来了。

矛头首先对准资产阶级分子褚巽元，把她的问题又分成四个专题部分，每次会议专题揭发批判。做到会前有充分准备，人人动手，揭发批判。从前所谓不会讲、不会写的人也发了言；还有的以自己为例子，揭发、批判褚巽元的反动罪行。在揭发批判时，他们又注意到：要以毛泽东思想为武器，学好毛选，狠批敌人；大批判要结合财务科十几年来的斗争，不能空谈；大批判要把财务科和航院联系起来，与刘邓反动路线联系起来，要上两条路线斗争的纲，这样才能看清阶级斗争的实质，提高路线斗争觉悟；矛头要始终对准褚巽元之流，对于大批判时所牵连到的犯了错误的群众，是受教育的问题，是帮助的问题；大揭发、大批，要抓政治斗争不转向，不能因其他问题而放松政治斗争（因为财务科原来的资产阶级作风特别浓，有关生活问题、男女关系问题等不少）。

由于这样做的结果，群众干劲一直很高，又揭发出了褚的很多问题。全科群起而攻之，褚的市场没有了，名声变臭了，彻底地从政治上把褚巽元这个资产阶级分子打倒了。办学习班，促进了大批判；大批判，又反过来提高了群众对毛泽东思想的认识，促进了人的思想革命化。从前财务科是从不参加劳动的，认为那是下等人干的事（这里教授夫人一流人物较多）。现在大有变化，除有病者外，都参加劳动了。新的风气正在形成。

现在，财务科群众和支左战士们正在乘浩荡东风，穷追猛打阶级敌人，从一个胜利走向另一个胜利。

清理阶级队伍战报

第 28 号，1968 年 7 月 6 日共 4 版

理力教研室革命师生对敌斗争经验

在夺取无产阶级文化大革命全面胜利的凯歌声中，在清理阶级队伍的群众运动中，理力教研室全体革命教师和支左同学，揪出了一个现行反革命小集团。这是战无不胜的毛泽东思想的伟大胜利。

现在，回顾对敌斗争的实践，他们有以下几点较好的经验和体会：

（一）要搞好清理阶级队伍的斗争，必须认真学习主席最新指示，学好毛主席历来关于对敌斗争的一系列方针政策。

《理力》的革命教师和支左同学深深感到：清理阶级队伍斗争胜利的取得，靠的是战无不胜的毛泽东思想。

在斗争刚开始时，《理力》的同志们认真学习毛主席的最新指示："无产阶级文化大革命，实质上是在社会主义条件下，无产阶级反对资产阶级和一切剥削阶级的政治大革命，是中国共产党及其领导下的广大革命人民群众和国民党反动派长期斗争的继续，是无产阶级和资产阶级阶级斗争的继续。"在毛主席最新指示的光辉照耀下，教研室革命群众和支左同学得到了充分的发动，清理阶级队伍的斗争在教研室猛烈地开展起来了。初战告捷，首先揪出了两名国民党残渣余孽——复兴社特务分子陈亚洪和三青团骨干分子马宗祥。

当运动进一步深入的时候，出现了许多困难：对于历史问题，周围了解情况的不多，最后是停留在少数人的调查研究上，尤其是到外省市调查，时间拖得很长。于是教研室的运动就渐渐出现了冷冷清清的局面。怎么办？

带着这个问题，同志们又反复学习了毛主席的最新指示，认真地体会、深入地理解主席最新指示深刻意义。经过学习，他们认识到，主席最新指示中的两个"斗争的继续"，就是要联系历史斗争抓现行，就是要把历史上的伟大斗争与当前的伟大文化大革命斗争结合起来，联系历史来搞文化大革命，来斗批现行反革命。"帝国主义者和国内反动派绝不甘心于他们的失败，他们还要做最后的挣扎。在全国平定以后，他们也还会以各种方式从事破坏和捣乱，他们将每日每时企图在中国复辟。"这些国民党的残渣余孽，也必然不甘心于他们的失败，必然有现行复辟活动。

通过深入学习毛主席的最新指示，《理力》同志们在抓历史的基础上，开始抓现行，由着重抓历史转入到着重抓现行。事实证明，从斗批现行反革命入手，已经收到了很好的效果，揪出了这个不甘心于失败的隐藏多年的反革命小集团。群众充分发动起来了，全教研室呈现出了一片热气腾腾的革命景象，对敌斗争轰轰烈烈地开展起来了，运动与以前形成了鲜明的对照。

在清理阶级队伍的斗争中，他们又认真反复学习了毛主席光辉的 5.19 批示及"经验"，反复学习了主席历来关于对敌斗争的一系列方针政策，打有准备之仗，打有计划之仗，突破敌人的薄弱环节，利用敌人之间的矛盾，分化瓦解敌人，等等。从而取得了一个又一个的胜利。事实证明，在对敌斗争中学习主席历来关于对敌斗争的一系列方针、政策，学习和掌握党的方针、政策，就学得深，用得上，收效很大，立竿见影，取得了很大的成绩。

（二）对敌人要突然袭击，进行围歼，分化瓦解，立足于斗。

"在对敌斗争中，应该掌握主动权，给敌人以不意的攻击。"这是《理力》革命教师的一个重要经验，是活学活用毛主席关于对敌斗争指示的实践体会。

反革命小集团中，程勉是一个中枢人物。她与其他四人的联系最密切。所以程在五人中是知道其他各个反革命分子情况最多的一个。同时，与其他四人比较，她被掌握的材料最多。因此，理力教研室决心对程发起突然袭击，并将她进行隔离。

事实证明，由于给敌人以不意的攻击，立即乱了敌人的阵脚。他们一方面集中兵力对程猛攻，另一方面又同时通令其他反革命分子揭发程的问题，然后又施加压力，敦促程揭发其他反革命分子的问题。这样，整个反革命集团的真面目很快就清楚了。

到一定时机，他们又分别对其他几个反革命分子进行围歼，把两个最顽固的老反革命陈亚洪、高为炳放到最后来解决。这样，取得了很好的效果。

总之，他们按照毛主席关于对敌人"给以不意的攻击"的教导，使教研室的清理阶级队伍的斗争取得了很大的胜利。

（三）关于支左小分队的体会

下理力教研室的4911班及其他班的支左小分队，经过前两个多月的实践，深深体会到：革命同学去教研室支左，必须掌握运动的领导权，贯彻伟大领袖毛主席的群众路线，才能使运动大踏步前进。如果不是这样，运动就冷冷清清。教研室阶级斗争是复杂的，支左小分队要不怕困难地干下去，干到底！绝不能遇难而退；同时必须大反右倾，才能使运动进一步深入；必须反对单纯军事观点，突出无产阶级政治，在阶级斗争中活学活用毛主席著作，用主席思想做指导，把清理阶级队伍和革命的大批判结合起来。《理力》教研室对敌斗争的实践证明，这样做的确收到了很好的效果，广大革命群众的阶级斗争觉悟有了很大的提高。

在对敌斗争中，毛主席光辉的"5.19"批示和"新华印刷厂的经验"给支左小分队指出了正确的方向和很好的榜样。他们认真地反复地学习了《批示》和《经验》后，明确了党的方针政策，学习了新华印刷厂的基本做法。这是使清理阶级队伍胜利前进的一个很重要的原因。对现行反革命分子地狠狠打击，揪出反革命小集团，这些胜利的取得，是与支左革命同学认真学习"5.19"批示和《经验》分不开的。

发扬彻底革命精神，坚决、彻底、干净、全部地消灭一切敌人

红一系召开批斗反革命小丑陆志芳大会

【本报五日讯】今天上午，红一系清理阶级队伍领导小组主持召开"批斗漏划大右派、地下黑党委的小爬虫、大流氓陆志芳大会。"

参加批斗大会的革命群众，首先怀着无限崇敬和无限热爱的深厚的无产阶级革命感情，共同敬祝人类的大救星毛主席万寿无疆！万寿无疆！！同时共祝毛主席最亲密的战友林副主席身体健康！永远健康！！然后，大会在雄壮的《东方红》歌声中开始。

大会以战无不胜的毛泽东思想做指导，大家共同学习毛主席的伟大教导："人民靠我们去组织。中国的反动分子，靠我们组织起人民去把他打倒。凡是反动的东西，你不打，他就不倒。这也和扫地一样，扫帚不到，灰尘照例不会自己跑掉。"

在一片愤怒的口号声中，陆志芳连同其黑主子及同伙周天行、张仲禹、陆文、康庆生、徐华舫和蔡德林被拉了上来陪斗，真是大快人心！

会上，发言的同志愤怒地揭发并批判了陆志芳大量的死保航院头号顽固不化的走资派周天行和地下黑党委，大搞右倾翻案活动，为前市委黑帮吴子牧、宋硕之流鸣冤叫屈，在清理阶级队伍运动中，为牛鬼蛇神通风报信，破坏运动，以及他在文化大革命以前的种种罪行。在大量确凿的事实面前，陆志芳及其黑主子和同伙周天行、张仲禹、陆文之流不得不向革命群众低头认罪，其相狼狈不堪。大大地长了无产阶级革命派的志气，大大地灭了一小撮阶级敌人的威风。

又是一阵愤怒的口号声，漏划大右派、地下黑党委的小爬虫、大流氓陆志芳及其黑主子和同伙被押了下去。红一系的广大革命群众决心发扬彻底的革命精神，誓夺清理阶级队伍斗争的全面胜利。

发动群众,狠抓阶级斗争
十分注意掌握党的方针、政策

【短评】本报今天发表的理力教研室的对敌斗争经验,值得各单位一读。

伟大领袖毛主席亲自批示的"新华印刷厂经验",是我们清理阶级队伍运动的一个好榜样。"理力"的同志们认真学习毛主席的重要批示,学习毛主席历来关于对敌斗争的一系列方针政策,并十分注意掌握好这些方针政策,从而使清理阶级队伍的斗争取得了很大的成绩;同时,按照主席关于人类总得不断地总结经验的教导,总结出自己的斗争经验。这是值得我们大家学习的。

"政策和策略是党的生命,各级领导同志务必充分注意,万万不可粗心大意。"因此,我们在对敌斗争中,一定要注意实行正确的政策,不能实行错误的政策;要自觉地实行毛主席的方针政策,不是鲁莽地、粗心大意地实行别的错误政策。我们的经验,就是实行政策的"过程和归宿",总结时,就要以政策作指导,围绕政策的正确贯彻和执行来总结。

"人们的实践,特别是革命政党和革命群众的实践,没有不同这种或那种政策相联系的。"因此,那些不注意掌握政策的同志,一听到讲政策就烦的同志,应该改变自己的态度,认真地学习主席这一英明指示,站到党的方针、政策的立场上来,稳、准、狠地打击一小撮阶级敌人。同时,把总结认真做好。

最高指示

我们对待这个问题的态度,同对待一切"乱子"的态度一样,第一条,反对;第二条,不怕。

顽固分子,实际上是顽而不固,顽到后来,就要变,变为不齿于人类的狗屎堆。

北京航空学院革命委员会保卫部
关于李国瑞、张跃琴全家死亡事件的通告

李国瑞：男 39 岁，死前为机原教研室副主任；

张跃琴：女 37 岁，死前为校医院保健室大夫，李妻。

一九六八年六月二十九日，李国瑞、张跃琴全家五口（张母，及二男孩）死亡。经公安机关及院革委会保卫部多方验证，结果如下：

李、张先将其二子杀死（麻醉后，以毒药注入体内），然后，李、张及张母三人穿上寿衣，倒插房门，合伙服毒，全部身死。

查李、张（死前皆为党员）死前虽已发现问题，但并未进行任何批斗，公然采取法西斯特务手段，杀死其子，全家死亡。李、张是地地道道的叛党分子，是杀人犯，是不齿于人类的狗屎堆。

李、张全家死亡事件，是航院清理阶级队伍过程中阶级斗争更加深入，更加尖锐复杂的表现，是阶级敌人向党、向人民、向社会主义进攻的罪恶手段。

本案有关部门正在进一步调查中。望全院广大革命师生员工加强对敌斗争的警惕性，提高阶级斗争观念，严防阶级敌人和别有用心的人利用此起事件散布流言蜚语，造谣惑众，扰乱军心。保卫部要求各单位革命同志进一步采取措施，防止自杀和其他类似事件发生。

打倒叛党分子李国瑞、张跃琴！

打倒杀人犯李国瑞、张跃琴！

无产阶级专政万岁！

山东省革委会召开本省各地市革委会负责人座谈会

（摘要）

所谓清理阶级队伍，就是要把中国赫鲁晓夫的黑班底——隐藏在党内的一小撮叛徒、特务、死不悔改的走资派及其它反革命分子，从组织上清除出去。清理阶级队伍，主要是这么个意思。重点还是指向党内一小撮顽固不化的走资派。很多事实证明：顽固不化的走资派，有很多他本身往往就是叛徒、特务；有的即使本身不是国民党员、地主分子，但已成为国民党、地主、资产阶级在政治上的代表。

重点是清理党内的，上边的，暗藏的。对于社会上的，着重是搞现行反革命集团和现行反革命分子，特别是那些恶毒地攻击伟大领袖毛主席和林副主席，恶毒地攻击中央文革，反对无产阶级司令部的现行反革命分子，一旦发现，就要狠狠地打击，毫不留情。

清理阶级队伍战报

第 29 号，1968 年 7 月 11 日共 4 版

支左小分队支左工作初步总结

我们伟大领袖毛主席说："人类总得不断地总结经验，有所发现，有所发明，有所创造，有所前进。"我们按照毛主席的伟大教导，为战斗在我院各部系科室的、起着重大作用的、由毛主席的红卫兵、革命的红旗战士组成的支左小分队，做一初步的总结和介绍，其主要经验如下：

(一)支左小分队是清理阶级队伍中发动和依靠革命学生的一种好形式,是攻克某些顽固堡垒必须组织的突击队。

"阶级斗争一抓就灵。"我院清理阶级队伍的开展,对敌斗争的新阶段新任务,要求我们有新的战斗组织形式与之相适应。这样,按照伟大领袖毛主席"要依靠学校中广大革命的学生"的教导,一个个由天兵天将组成的捉拿牛鬼蛇神的战斗小分队产生了。这些小分队,斗志高昂、人马精悍;这些小分队,是清理阶级队伍斗争的先锋、革命的闯将;他们发扬敢想、敢干、敢革命的红旗战士的造反精神,大造叛徒、特务,党内一小撮顽固不化的走资派和现行反革命分子的反,杀向了阶级斗争的最前线。

航院的运动也和文艺界一样,是不平衡的。

某些单位的运动,盖子掀得高,揭开了;一些单位,盖子正在揭;而还有一些单位,却由于某些原因,而使得运动没有深入开展起来,领导权仍然被一小撮叛徒、特务、走资派窃据着,压住盖子,镇压群众,保护阶级敌人。对于这样的单位,派进支左小分队是非常必要的。"扫帚到了,政治影响才能充分发生效力。"支左小分队开进后,夺回了被一小撮阶级敌人篡夺了去的权,这些单位的运动就迅速地轰轰烈烈地开展起来。

校医院就是这样。虽然试点了两个多月,它却仍然冷冷清清,没有大字报,没有发动群众揭发批判,每天政治学习都不结合清理阶级队伍。同时,某负责人还想方设法阻止支左小分队进入。但是,支左小分队的同志们坚定地说:"历史的潮流是阻挡不住的,管你让不让进,我们是毛主席的红卫兵、革命的红旗战士,我们是来闹革命的,我们来定了。"于是,他们勇往直前,排除障碍,开进了校医院,深入调查研究,按照伟大领袖毛主席的教导"支持和援助真正的无产阶级革命派,坚决反对右派",和校医院的革命群众一道,踢开了绊脚石,扫清了"叛、特、资、反",清理了阶级队伍,重新组织了红色政权——革命的领导班子,把毛泽东思想伟大红旗高高地插上了校医院。

像校医院这样的单位，要真正揭开阶级斗争的盖子，使清理阶级队伍的运动胜利前进，就必须开进支左小分队，把扫帚搞到里面去扫。支左小分队就是我们的红扫帚。

另外，那保守势力很强的、资产阶级知识分子统治我院的桥头堡旧政治部，也与这有相似之处。小分队的开进，敲破了里面的沉闷空气，掀起了清理阶级队伍的群众运动。还有教务部一些科室也是这样。所以许多单位的革命群众都称赞说：开进支左小分队是好办法，很起作用。

（二）支左小分队必须掌握主动权、领导权，同时与本单位革命群众密切结合。

支左小分队下到各单位后，怎么办？下理力教研室的4911班同学给我们明确的回答：必须掌握运动的领导权、主动权，也要注意依靠本单位群众，贯彻群众路线。

4911班支左小分队刚下去时，没有主动争取掌握运动的领导权，所以，开始一个月，支左小分队只在其中起呐喊助威作用。再加之教研室某些教员思想比较右倾，因此，运动冷冷清清。当时，小分队中有这样的想法："与其这样下去，还不如撤出教研室。"同学可有可无，插不上手，连材料都不给他们看全。

面对这种情况，支左小分队认真学习了毛主席光辉的"5.19批示"，统一了思想。他们认识到清理阶级队伍的重大政治意义，从而重炮猛轰教研室，批判了右倾机会主义思想，掌握了运动的领导权，这时，对敌斗争就轰轰烈烈开展起来了。小分队与理力革命群众一同战斗，揪出并斗批了一个恶毒攻击我们最最敬爱的伟大领袖毛主席、林副主席、中央文革和敬爱的江青同志，恶毒攻击无产阶级文化大革命和红卫兵运动的以钱植庸、程勉为首的现行反革命五人小集团，使教研室的对敌斗争取得了伟大的胜利。下旧政治部的支左小分队，也由开始未掌握领导权到掌握领导权，使运动很大地向前发展，把斗争推向了新的高潮。他们和政治部的左派革命教师共同组成七办，和革命教师一起，领导清理阶级队伍的斗争，组织一个个斗批大会，横扫混进旧政治部的一小撮"叛、特、资、反",取得了很大的胜利。

事实证明:革命的根本问题是政权问题,领导班子就是政权。清理阶级队伍要搞好,就必须首先组织起一个革命化的联系群众的领导班子,支左小分队必须参加领导班子,从而带领群众对敌人进行战斗,使运动轰轰烈烈地开展起来。不这样,支左就不会收到很好的效果,运动就会冷冷清清。

(三)必须在清理阶级队伍斗争中活学活用毛泽东思想,突出毛泽东思想。

"大海航行靠舵手,干革命靠毛泽东思想。"

在清理阶级队伍尖锐复杂的斗争中,支左小分队必须认真学好毛主席著作和毛主席关于肃反、审干的一系列理论路线、方针政策,突出政治,斗私批修。这样,才能反对单纯军事观点,把清理阶级队伍的斗争搞深搞透,进行到底!

下化学教研室的5233班支左小分队,在活学活用毛著讲用会时说:我们在前一阶段,存在着单纯军事观点和材料挂帅的思想,把审斗会搞成了几个人忙忙碌碌落实材料的"核实会。"而广大群众只是起了喊口号助威的作用。针对这种情况,我们学习了毛主席的5.19光辉批示和新华印刷厂的经验之后,我们决心按照毛主席"宣传群众、组织群众、武装群众"的教导,克服了单纯军事观点和材料挂帅的思想,把每次揭发批判会当作发动群众的战场。

在斗争中,小分队红旗战士发扬无产阶级革命造反精神,在艰苦复杂的对敌斗争中,也时刻注意克服自己头脑中的私字,斗私批修,促进思想革命化。下供应科的6431支左小分队讲用时说:我们四月中来到供应科支左,由于时间短,任务重,科内阶级斗争复杂,即要建立专案,搞外调又要复课,同时又缺乏同敌人做面对面斗争的经验。能不能完成任务?针对这些活思想,支左小分队召开了向毛主席请教会。学习了"老三篇"和《放下包袱,开动机器》。检查了这些活思想的根源就是一个"私"字,一个"怕"字。怕紧张、怕艰苦、怕负责任。我们用白求恩、张思德、老愚公三面镜子照了自己。觉得应该像白求恩同志那样毫不利己、专门利人；像张思德同志那样全心全意地为人民服务；像老愚公那样克服困难，决心做阶级斗争的闯将，斗私批修的模范。一定把任务完成！

其它，如战斗在教务处的4233班支左小分队，认真学习了毛主席关于"政策和策略是党的生命"的教导后，注意贯彻党的政策，按政策办事；下政治教研室的支左小分队认真学习了毛主席的"无产阶级革命事业的接班人，是在群众斗争中产生的，是在革命大风大浪的锻炼中成长的"教导后，决心尽最大努力，把政治教研室的清理阶级队伍斗争进行到底！

总之，战斗在各单位的支左小分队，都在阶级斗争中活学活用毛泽东思想，用最高指示来指导清理阶级队伍的工作，取得了很大的成绩。他们的斗争实践，又一次深刻地证明了敬爱的林副主席的。英明论断："大海航行靠舵手，干革命靠毛泽东思想。"他们取得的胜利，就是毛泽东思想的胜利，是靠毛泽东思想的指导而取得的。

向支左小分队学习

【社论】我们伟大的统帅毛主席号召"人民解放军应该积极支持左派广大群众"。人民解放军坚决响应，积极支持左派，在支左中建立了丰功伟绩，革命小将决心学习解放军。

毛主席的这个伟大号召，革命小将坚决响应，他们组成了一支支支左小分队，开进各个单位，支持左派广大群众；他们不怕困难，勇往直前；他们相信群众，依靠群众；他们活学活用毛泽东思想，用战无不胜的毛泽东思想指挥自己去战斗，在清理阶级队伍的对敌斗争中，建立了累累战功。这些地方，充分体现了无产阶级革命的大无畏精神，是值得我们大家认真学习的。我们大家要学习他们"照毛主席的指示办事"的精神。每个同志的能力不同，但只要有像他们那样的精神，就一定能大有作为，就一定能在清理阶级队伍的斗争中做出显著成绩。

向支左小分队学习，夺取我院清理阶级队伍斗争的全面胜利！战无不胜的毛泽东思想万发！！

向中国京剧团无产阶级革命派学习
把我院清理阶级队伍工作搞得更好

【本报讯】跟随江青同志在文化大革命中建立了丰功伟绩的中国京剧团的无产阶级革命派，在目前清理阶级队伍的斗争中又立了新功，取得了"乱敌人，树队伍"的好经验。

《北京日报》于七日介绍了他们的经验，并加了"编者按"。"编者按"说："清理文艺队伍彻底不彻底，是关系到能否树立一支无产阶级革命文艺队伍的大事，是关系到文艺界的无产阶级文化大革命能否胜利进行到底的大事。在清理阶级队伍工作中，中国京剧团的无产阶级革命派已经做出了显著的成绩。"

"'不破不立'。中国京剧团无产阶级革命派的经验证明，必须乱敌人，才能树队伍。为了乱敌人，树队伍，这就是要用战无不胜的毛泽东思想不断武装群众、发动群众，始终不渝地把斗争矛头指向一小撮阶级敌人，主动地、不停顿地向敌人进行猛烈进攻；这就是要条条落实毛主席的最新指示，贯彻执行党的政策，严格区分两类不同性质的矛盾，调动一切积极因素，团结一切可以团结的力量，最大限度地孤立和狠狠地打击一小撮阶级敌人；这就是要把革命群众的大揭发、大检举合作深入细致的调查研究结合起来，以便掌握确凿的证据和大量第一手的材料，稳、准、狠地打击阶级敌人；这就是要把革命的大批判、清理阶级队伍和本单位斗批改紧紧结合起来，以革命的大批判带动清理阶级队伍工作的深入开展，以清理阶级队伍中揭发出来的大量事实充实、丰富革命大批判的内容。这样做的结果，从始至终乱的是敌人。不管阶级敌人怎样垂死挣扎，也逃不脱'人民战争'的天罗地网。这样做的结果，就能把挖出来的坏人和以中国赫鲁晓夫为代表的反革命修正主义路线联系起来，揭深批透，批倒批臭，彻底肃清其流毒。这样做的结果，才能使广大无产阶级革命派和革命群众在阶级斗争的大风大浪中经受考验和锻炼，锤炼对伟大领袖毛主席、战无不胜的毛泽东思想、毛主席的无产阶级革命路线的赤胆忠心，大大提高阶级斗争和路线斗争觉悟，从而为树立一支毛泽东思想武装起来的无产阶级革命文艺队伍奠定基础。"

我们向全院革命同志推荐他们"乱敌人，树队伍"的好经验，虚心向他们学习，认真总结经验，把我院清理阶级队伍的群众运动搞得更好。

一定要按照党的政策办事

向东飞

毛主席教导我们："政策和策略是党的生命，各级领导同志务必充分注意，万万不可粗心大意。"在我院清理阶级队伍的群众运动向纵深发展的时候，我们更要注意政策和策略，坚决按照党的政策办事。

我院广大革命小将，在这场清理阶级队伍的群众运动中，立下了不朽的丰功伟绩。但由于这场运动的史无前例，革命小将的还缺乏对敌斗争经验，运动中产生一些不符合党的政策的行动，是可以理解的，可以原谅的，也是不足为怪的。那种抓住革命小将的缺点、错误而横加指责的做法，是没有道理的，错误的。无限上纲，欲把革命小将置于死地而后快的行动，绝不是什么革命行动，而是百分之百的右倾机会主义。这种行动，只能使亲者痛、仇者快。我们坚决反对。

然而革命小将自己绝不能放低标准，而要严格地要求自己。我们不怕犯错误，但犯了错误则要总结经验教训，使后来的工作做得好些，错误犯得少些。这就"务必充分注意"掌握党的方针政策。一有偏差，就立即改正。要坚决防止那种形"左"而实右的做法。要废止逼供信；不要变相体罚；重证据，而不要轻信口供。因为体罚不能触及灵魂，轻信口供容易造成翻案。我们要时刻保持清醒的头脑，学会阶级斗争的客观规律，每一言，每一行，都要符合人民的利益，都要按照党的政策办事。否则，我们就要犯大错误。

"政策和策略是党的生命。"我们要誓死保卫党的生命，就要坚决和自觉地执行和捍卫党的政策，时刻注意讲究对敌斗争策略。我们要敢于斗争，还要善于斗争。那种只顾主观动机，不顾客观效果的想法和做法，是错误的，并且是极其有害的。我们要力求不犯政策错误。犯了则要求改正，改正得越迅速，越彻底，就越好。

校医院在前进

校医院清理阶级队伍领导小组、下校医院支左小分队

正当史无前例的无产阶级文化大革命从决定性胜利走向全面胜利的关键时刻，在第五个回合的激烈战斗中，我院清理阶级的群众运动如火如荼，正向纵深发展，正挖掘藏得更隐蔽、埋得更深的一小撮阶级敌人。形势一片大好。

在两个阶级、两条道路、两条路线斗争最激烈的校医院，形势也越来越好。在校医院，第一线的、赤膊上阵的阶级敌人，被揪出来了，并且已经把他们打翻在地了。广大的无产阶级革命派、革命群众，充分发动起来了。他们说："过去看不到阶级斗争，看到的只是上班、下班，病人和医生。这次揭露出来的一小撮反革命分子的罪恶事实，使我们看到了一个小小的校医院，阶级斗争就如此尖锐复杂。"他们的积极性更高了。白天上班，夜里战斗；夜里值班，白天战斗。群众发动的深度和广度，群众的积极性，其斗志昂扬，精神振奋，是以往任何时候所无法比拟的。原来两种不同观点的革命群众，现在也已联合起来，共同对敌。在同敌人的激烈斗争中，一支无限忠于毛主席，无限忠于毛泽东思想，无限忠于毛主席革命路线的坚强的战斗队伍，

正在逐渐形成。他们学习了毛主席"5.19"重要批示，开办了学习班，不断总结经验，做到了更加稳准狠地打击一小撮阶级敌人。革命有力地推动了生产。人少医疗任务多，他们就都把工作顶起来，出现了抓革命促生产的新局面。

目前，正通过总结，发扬勇敢战斗的精神，进一步发动群众，开展革命的大批判，同时深挖第二线第三线得更加隐蔽的阶级敌人。

在这种大好形势下，一小阶级敌人彻底地被孤立了。一小撮隐藏得更深的反革命分子，预感到末日的来临。正如毛主席所教导的："凡属将要灭亡的反动势力，总是要向革命势力进行最后挣扎的。"在校医院也正是如此。最近发生的畏罪自杀事件，就是反革命势力向革命势力最后挣扎的一种表现。也正好反映了校医院革命势力同反革命势力的斗争，达到了最激烈的程度。这也正好说明我们击中了阶级敌人的要害，已触及了第二、第三线的阶级敌人，已为我们打响下一阶段的战斗揭开了序幕。

毛主席教导我们："我们中华民族有同自己的敌人血战到底的气概，有在自力更生的基础上光复旧物的决心，有自立于世界民族之林的能力。""发扬勇敢战斗，不怕牺牲，不怕疲劳和连续作战（即在短期内不休息地接连打几仗）的作风。"校医院广大革命群众和支左同学都一致表示：誓将清理阶级队伍的战斗进行到底！不获全胜绝不收兵！

校医院在胜利！校医院在前进！

清理阶级队伍战报

第 30 号，1968 年 7 月 13 日共 4 版

宣判周天行、陆文修正主义死刑

政治教研室全体革命同志

我们伟大领袖毛主席教导我们："凡是要推翻一个政权，总要先造成舆论，总要先做意识形态方面的工作。革命的阶级是这样，反革命的阶级也是这样。"

毛主席的这一教导，向我们明确指出：社会主义社会里的阶级斗争，集中到一点，就是无产阶级要巩固无产阶级专政同资产阶级要推翻无产阶级专政的斗争，而资产阶级要推翻无产阶级专政，总要先造成舆论，总要先做意识形态方面的工作，总要利用政治课等宣教阵地，作为他们散布和造成反革命舆论的工具。

因此，十七年来，在高等学校的政治课中，存在着两个阶级、两条道路、两条路线的激烈斗争。

党内最大的走资派刘少奇，为了在中国复辟资本主义，通过反革命修正主义分子彭真、陆定一等人，长期窃据政治课的领导权，疯狂地反对毛泽东思想，反对广大人民群众学习毛主席著作，偷偷摸摸地贩卖修正主义黑货，千方百计地阻挠政治课的改革。

党内最大走资派刘、邓、陶是如此，彭、罗、陆、杨是如此，他们在航院的代理人武、周、程、王、张等也是如此。航院党内顽固不化的走资派周天行和陆文，在 1962 年 8、9 月间，通过黑武光的黑关系，相继回到航院。回航院后不久，很快就窃取了政治课的领导大权。他们一贯地紧跟其黑主子刘少奇、旧市委、旧中宣部和旧教育部，推行一整套修正主义教育路线，疯狂地反对毛主席，反对毛泽东思想，反对毛主席的无产阶级革命路线。但是，由于他们打着"红旗"

反红旗，披着马列主义的外衣反对马列主义，挂着共产党员的招牌干着反共的勾当。因此，在无产阶级文化大革命中，周、陆之流招摇撞骗，蒙蔽群众，恬不知耻地一再贴出大字报，吹嘘他们在政治课改革中的所谓"成绩"，一个劲地往自己脸上涂脂抹粉。胡说什么"政治课的改革还是高举毛泽东思想红旗的，抵制了旧中宣部、旧市委、紧跟了中央军委、国防科委，在高等学校中还是算改得比较早的。"说穿了，就是一句话，政治课改革是红线而不是黑线。67年8、9月间，小爬虫陆志芳、程曰平之流，在东操场的群众大会上，也像鹦鹉学舌一样，跟在其黑主子的后面，学着其黑主子的腔调，说什么，政治课改革是红线，提出来最早，是一大功劳。在航院刮起了一阵阵为周、陆翻案的妖风。

为了剥开周、陆的画皮，粉碎右倾翻案妖风，将其原形暴露于光天化日之下，把他们批倒，批臭，现将1962年以来，政治课改革中的两条路线斗争、阶级斗争盖子揭开，看看周、陆之流在其中究竟扮演的是什么角色！

一、周、陆之流反对毛主席关于政治课的教学方针

周、陆之流，一再标榜自己：1962年就提出了"政治课革命化的道路。"真他妈的胡说八道。周、陆之流的"政治课革命化的道路"，究竟是什么货色？现不妨摘录几段，拿出来示众：

周、陆在其政治课革命化的总结中写道："基于我们对革命化的基本要求的上述认识，同志们认为'学习理论，联系实际，提高认识，改造思想'的方针，对高等学校的政治理论教育也是适合的，应该坚决执行。"

周、陆之流要"坚决执行"的上述十六字方针，原来就是刘邓黑司令部的黑货！

这个"方针"的炮制者，是老牌的反革命修正主义分子杨献珍。

这个"方针"的后台老板，就是中国的赫鲁晓夫刘少奇。

第一、这个"方针"排斥了毛主席著作的学习。

他们在这个"方针"中所讲的"学习理论"中的所谓"理论"，

是把毛主席著作排斥在外的。例如老牌反革命修正主义分子杨献珍，在他的哲学总结中，就把毛主席的《实践论》《矛盾论》等伟大的哲学著作，排斥在马克思主义经典著作之外。

什么叫理论？革命的实践出理论。因为世界是发展的，反映世界客观规律的理论也在发展。认识是从低级往高级发展的。毛泽东同志在当代的无产阶级的伟大革命实践中，天才地、创造性地、全面地继承、捍卫和发展了马克思列宁主义，把马克思列宁主义提高到一个崭新的阶段，即毛泽东思想的新阶段。因此，在毛主席的著作中，既综合了前人的成果，又加上了新的内容。所以毛主席著作就是我们当代革命的理论，就是我们当代的经典著作，就是我们当代的最系统、最完整、最结合当前革命实际的理论。毛主席就是我们当代最伟大的理论家。正如林副主席所讲的那样："我们学习马克思列宁主义……主要是学习毛泽东同志的著作。……"而这个十六字"方针"却反其道而行之，排斥和反对学习毛主席著作。真是罪该万死！

第二、这个"方针"是使理论与实践隔离。

他们的所谓"学习理论，联系实际"，是要我们先学理论，把理论学好了，掌握了，然后再去联系实际。这是把理论与实践隔离的"阶段论。"这实际上纯粹是为理论而理论的谬论。

周、陆之流，在他们的"政治课革命化"的总结中，就是这样说的。他们说，政治理论课是"给学生理论武器，因之，也不一定每一点都得马上立竿见影，在这种意义上，这也是对学生的基本建设。"

毛主席教导我们："对于在职干部的教育和干部学校的教育，应确立以研究中国革命实践问题为中心，以马克思列宁主义基本原则为指导的方针，废除静止地孤立地研究马克思列宁主义的方法。"

而周、陆等反革命修正主义分子却与毛主席唱反调，在这个"方针"中提倡静止地孤立地研究马克思列宁主义。真他妈的混蛋透顶！打倒修正主义分子周天行、陆文！

第三、这个"方针"不是学以致用，而是"修养"式的闭门思过。

毛主席教导我们："对于马克思主义的理论，要能够精通它，应用它，精通的目的全在于应用。"

林副主席教导我们："学习毛主席著作，要带着问题学，活学活用，学用结合，急用先学，立竿见影，在用字上狠下功夫"

而他们的这个"方针"，却是先学习理论，掌握所谓"理论武器"，然后再联系实际。他们的所谓"实际"，不是中国革命问题的实践，而是思想上的一些认识问题，因此他们在后面就紧接着是"提高认识，改造思想"。

这就抹杀了两个阶级、两条道路的政治斗争，抹杀了我们思想上的灭资兴无的斗争，模糊了我们为革命而学，为社会主义、共产主义而学的目的。这种从理论到理论，从思想到思想的闭门思过，闭门修养，只会越养越修。这个方针，早在1959年康生同志就对它进行了严肃的批判，指出今后必须用毛主席所指出的"对于马克思主义的理论，要能够精通它，应用它，精通的目的全在于应用"作为理论教育的指导方针。

周、陆之流，在1962年底仍然坚持这个十六字的修正主义方针，这不是明目张胆地反对毛主席关于政治课的教学方针，又是什么？

谁反对毛主席就打倒谁！打倒周天行！打倒陆文！

二、周天行、陆文之流紧跟刘邓黑司令部借反"教条主义"为名，大反毛泽东思想

顽固不化的走资派周天行、陆文，在政治教育战线上的两条路线、两个司令部的激烈斗争中，旗帜是很鲜明的，他们是紧跟紧追刘邓黑司令部的。

1964年春，教研室的革命同志，在"工业学大庆，农业学大寨，全国学解放军"的形势鼓舞下，主动与测绘学院联系，去测绘学院学习、取经，可是这个顽固不化的走资派，周天行却没有去，他的臭妖婆陆文也没有去。而相反，1964年3、4月间，黑市委在市委党校召开一个抵制学习解放军的黑会，不仅周天行参加了，担任中队长，且陆文也积极参加了。1964年7、8月间，由旧高教部、旧中宣部、旧市委召开的黑会（全国政治理论课工作会议），臭妖婆陆文却又积极参加了。顽固不化的走资派周天行及其臭妖婆陆文，究竟紧跟那个司

令部，不是很清楚了吗？

1964年的全国政治理论课工作会议，是一个反党、反社会主义、反毛泽东思想的黑会。陆定一之流在这个黑会上，全盘否定了1957年、1958年教育大革命的成果，排斥了毛主席著作的学习，恢复了他们的所谓"系统理论教育"。会上只批判"教条主义"，不反对修正主义。

周天行和其臭妖婆陆文，在这个黑会刚一结束，就立即在教研室以十天的时间，来贯彻这个黑会的"精神"，借反"教条主义"为名，大反毛泽东思想。

1. 臭妖婆陆文，胡说什么"反教条主义是两条路线斗争的集中点"。"政治教员队伍的问题就是教条主义"。

周天行也在1964年给研究生讲哲学课中，胡说什么"当前的主要危险是教条主义"，"政治课教学中的主要危险仍然是教条主义。"这完全是胡说八道。

当前的主要危险不管是国内还是国外，都是修正主义。

关于这问题，毛主席讲得很清楚："在现在的情况下，修正主义是比教条主义更有害的东西。我们现在思想战线上的一个重要任务，就是要开展对于修正主义的批判。""修正主义，或者右倾机会主义，是一种资产阶级思潮，它比教条主义有更大的危险性。"

政治课教学中的主要危险，也是修正主义。例如，杨献珍、胡乔木、胡华等等，他们都是修正主义分子。

他们把教条主义作为"主要危险"的目的之一，是为了转移斗争大方向，贩卖修正主义的黑货，复辟资本主义。

2. 臭妖婆陆文，胡说什么"教员过去是起留声机的作用。"她疯狂地把过去按毛主席著作所讲的课都说成是教条主义。并举例说，有人讲《湖南农民运动考察报告》，只按陈伯达同志的四条来讲，多一条也不行，少一条也不行。言下之意，这就是"教条主义。"她还恶狠狠地说："现在教条主义和我们的矛盾是敌我矛盾了，必须一棍子打死。"

我们的革命教师，过去在讲课中尽管有这样或那样的缺点和错误。但是我们按毛主席著作来讲课，按陈伯达同志介绍的《湖南农民运动考察报告》来讲课，这完全没有错。讲毛主席著作中的基本原理原则是完全正确的。引一些毛主席的话也完全是正确的。毛主席的话，句句是真理，一句顶一万句。他们把这些都说成是"教条主义"，这正说明他们是修正主义，正说明他们反对马克思列宁主义、毛泽东思想的基本原理原则。

正如毛主席所指出的"否定马克思主义的基本原则，否定马克思主义的普遍真理，这就是修正主义。""修正主义者，右倾机会主义者，口头上也挂着马克思主义，他们也在那里攻击'教条主义'。但是他们所攻击的正是马克思主义的最根本的东西。"

臭妖婆陆文的"现在的教条主义和我们的矛盾是敌我矛盾了，必须一棍子打死"。也就说明她和毛泽东思想是敌我矛盾，她要把毛泽东思想"一棍子打死。"真他妈的反动透顶：打倒陆文！

对毛泽东思想采取什么态度，是承认还是抵制，是拥护还是反对，是热爱还是仇视，这是真革命和假革命，革命和反革命，马克思列宁主义和修正主义的分水岭。要革命，就要拥护毛泽东思想，按毛泽东思想办事。是反革命，就必然要贬低、歪曲、抵制、攻击、反对毛泽东思想。顽固不化的走资派周天行和其臭妖婆陆文，反对毛泽东思想，这正暴露了他们的假革命，反革命，修正主义者的丑恶嘴脸。

打倒反革命修正主义分子周天行！

打倒反革命修正主义分子陆文！

战无不胜的毛泽东思想万岁！

食堂科斗争经验点滴——稳、准、狠

食堂科十分注意掌握党的方针政策，斗争自首变节分子叛徒李朴，做到了稳、准、狠。他们对李朴进行了半年多的仔细调查研究，边调查边搞。他们调查非常认真、非常仔细，采取政策攻心等办法，因而对情况了解得全面而且深刻。

对大特务褚书芳,也打得准、稳、狠,进行了深刻的调查,现在也基本定案。

经过斗争,食堂科七办同志深有感触地说:对褚书芳过去航院一小撮走资派,大特务武光之流还把她安插在教务科排课,接触许多机密,这完全说明了武周程王张之流和褚是一丘之貉,千方百计地包庇褚。现在,褚被广大群众揪出来,这就是对武光,周天行之流的沉重打击,是无产阶级革命派的伟大胜利。

现在,食堂科的革命同志决心再接再厉,抓紧定案工作,深入持久地开展革命大批判,使广大群众的阶级觉悟不断提高。

清理阶级队伍战报

第 31 号,1968 年 7 月 18 日共 4 版

开辟胜利的航道

旧政治部清理阶级队伍初步总结(摘要)

旧政治部十五年来,一直被我院最大的一小撮叛徒、特务和死不改悔的走资派黑武光、周天行、程九柯之流把持着,成了航院修正主义党委的核心组成部分,成了镇压无产阶级革命派和广大革命群众的"刽子手",成了航院"复辟资本主义的"生力军"。林付统帅十分尖锐地指出:"被党内一小撮走资本主义道路的当权派控制的这一部分国家机器,实际上是资产阶级的国家机器。"航院的旧政治部也就是这样的一个"资产阶级的国家机器",是航院一小撮大搞资产阶级

专政的得力工具，因此，必须彻底摧毁旧政治部！而要做到这一点，就必须从清理阶级队伍的这一战役上做一根本的解决。

旧政治部清理阶级队伍的斗争是复杂和曲折的，它经历了下面几个主要阶段。

一、夺权，首先必须把清理阶级队伍的领导权牢牢地掌握在真正的无产阶级革命派手中。

旧政治部和旧学院办公室的领导权，长期以来被控制在一小撮叛徒、特务和顽固不化的走资派手里，是一个资产阶级的顽固堡垒。在这里，敌情严重，阶级斗争极其尖锐、复杂。因此，要在这里进行清理阶级队伍的斗争，要真正把这一小撮坏人清洗出去，领导权究竟掌握在谁的手里，这就是个关键问题。

毛主席教导我们：革命的根本问题是政权问题。

林副主席指出："政权就是这个班子的问题，班子搞好了，就能保证毛主席革命路线的执行，无产阶级的利益就有保证。"

遵照毛主席和林副主席的教导，我们首先在各单位认真地挑选、大胆地提拔真正的无产阶级革命左派组成各级领导班子。在建立领导班子的过程中，存在着两条路线的激烈斗争。有人说，"你们拉一派""你们是青一色干到底的""偏听偏信""极左派""不民主""不能代表我们""看你们能领导好？！"云云。他们讽刺、挖苦、打击、丑化、刁难、散布流言蜚语、挖墙脚，妄图夺取这场清理阶级队伍严重斗争的领导权。我们和诸如此类的来自极"左"和右的方面的干扰做了坚决的斗争，顶逆流、战恶浪，终于组成了三结合的有代表性的领导班子。这样，就使得清理阶级队伍斗争的领导权被牢牢地掌握在广大的革命左派手中。在这个基础上，我们进行了发动群众的工作。"

二、坚决进行"三反一粉碎"的斗争

旧政治部究竟是个什么货色？让我们翻开它文化大革命两年多来的历史，就一目了然了。

就是这个旧政治部，自从文化大革命的第一天起，就死保黑武

光、周天行、程九柯，从阴沟里刮出了一股"武光风"，企图扭转运动的大方向；

就是这个旧政治部，在成立革委会时，就千方百计地把大叛徒、大特务程九柯塞进了三结合的临时权力机构，窃据了革委会常委的要职；

就是这个旧政治部，为了死保周天行，不惜工本为其涂脂抹粉，乔装打扮。"一'批'二保三结合"就是他们的行动纲领。为此，他们帮周写"检查"，把周天行反毛泽东思想一百例大事化小，小事化了，找根据，查背景，亲临讲台为其辩护，充当了十足的保皇小丑；

还是这个旧政治部，自革委会成立以来，积极地参与了地下黑党委的罪恶活动，采取拉出来、打进来的手法，搬弄是非，挑拨离间，企图把新生的革委会搞垮；

也还是这个旧政治部，在航院的几次反复中，都站在第一线，镇压群众，把矛头指向革命小将，攻其一点，不及其余，整革命小将的黑材料，欺骗中央首长，"自以为得计，长资产阶级的威风，灭无产阶级的志气，又何其毒也！"

由此就可足以说明，旧政治部是航院复辟资本主义的桥头堡，是右倾翻案的急先锋。要彻底地揭开旧政治部阶级斗争的盖子，就必须坚决地进行一场"三反一粉碎"的斗争。因此，政治部领导小组就紧紧抓住了这一点。

但是，正如"十六条"中所指出的："这种阻力主要来自党内一小撮走资本主义道路的当权派和旧的社会习惯势力。"旧政治部的一小撮混蛋预感到了他们末日的来临，于是，便从阴沟里放出空气，说什么"又要整群众了！""不要把矛头对准群众呀！""政治部没有一小撮"呀，什么"有坏人捣乱""实行资产阶级专政"呀，等等。另外，旧政治部的右倾保守势力是相当顽强的，他们对"三反一粉碎"不理解，站在资产阶级立场上，提出什么"要顾全大局"呀，"要团结"呀，"都有派性"呀，"要做自我批评"呀，等等。

面对这种情况怎么办？这时，领导小组狠抓了对主席最新指示的学习。毛主席说："无产阶级文化大革命，实质上是在社会主义条件下，无产阶级反对资产阶级和一切剥削阶级的政治大革命，是中国共产党及其领导下的广大革命人民群众和国民党反动派长期斗争的继续，是无产阶级和资产阶级阶级斗争的继续。"毛主席的深刻教导，给我们指出了前进的方向，使我们认识到这场斗争就是你死我活的阶级斗争，是国共两党长期斗争的继续。认识提高了，路线斗争觉悟提高了，敌人的种种阴谋被识破了，排除了来自"左"的和右的（主要是右的）方面的干扰，坚定不移地把"三反一粉碎"的斗争进行到底。

不论大会小会，领导小组都反复地向群众说明进行"三反一粉碎"斗争的重要意义。于5月24日，政治部领导小组召开了揭发充当地下黑党委的得力打手、航院右倾翻案的急先锋"乐无穷"大会，会上揭发出来的大量罪恶事实，深深地教育了广大群众，使他们进一步认识到在旧政治部进行"三反一粉碎"斗争的必要性和重要性。会后，各单位在领导小组的带领下，对本单位、对旧政治部、旧学院办公室的"四右"进行了无情的揭露和批判。这样，局面打开了，运动向深一步发展了，为旧政治部清理阶级队伍运动扫除了障碍。

三、认真地、全面地学习和贯彻落实毛主席"5.19"重要批示和北京新华印刷厂的对敌斗争经验。

正当我们进行"三反一粉碎"的斗争，向阶级敌人发动猛烈进攻的关键时刻，毛主席的"5.19"重要批示和北京新华印刷厂的对敌斗争经验下达了！这是伟大领袖毛主席对我们斗争的巨大关怀、鼓舞和鞭策！政治部领导小组对此极为重视，在院传达的第二天，我们就召开了领导小组和七办全体人员会议，认真地学习并讨论了这个《批示》和《经验》，对前段工作进行了总结，使运动更加健康地向前发展。会议着重指出，必须"狠抓阶级斗争不转向"。会议并决定举办学习《批示》和《经验》的学习班。紧接着，各单位都纷纷举办了总结式、战斗式和辩论式的学习班。在学习班上暴露出了不少问题。正如毛主席所指出的："阶级敌人是一定要寻找机会表现他们自己的"，一些家伙跳出来肆意歪曲《批示》和《经验》说，"现在要反左"啦、

"不要打击面过宽"啦,等等。广大革命群众则一针见血地指出:学习"5.19"批示和"经验",就是要狠抓阶级斗争;对敌人就是要狠;对于那些犯了严重错误的人就是首先要从严要求,对其错误就是要进行严厉的揭发和批判,而他们自己也必须接受革命群众的审查。对这些人,也存在着一个"推一推就掉下去,拉一拉就站过来"的问题。对其所犯严重错误不管,这本身就是"推";首先从严要求,对其所犯严重错误进行无情的揭发和批判,这本身就是"拉","以斗争求团结,则团结存;以退让求团结,则团结亡。"我们绝不能像某些人所高喊的那样,首先放弃斗争而去讲什么"团结"。

在广大革命群众的反击下,一小撮阶级敌人妄图颠覆革委会、把旧政治部这个新生的领导班子扼杀在摇篮里的痴心妄想,再一次遭到了可耻的失败。又一次为旧政治部清理阶级队伍的斗争开辟了胜利的航道,在阶级斗争的大风浪中胜利前进!

三言两语致政审组及有关人员

红旗一兵

【编者按】《三言两语》这张革命大字报提出了清理阶级队伍及政审中的重要问题:即如何正确地按照伟大领袖毛主席的"依靠革命左派"的阶级路线办事,如何组织无产阶级的阶级队伍?

毛主席的亲密战友、我们敬爱的林副主席教导我们:"对毛泽东思想抱什么态度,是一个很重要的问题。我们就是要抓对毛主席的态度、对毛泽东思想的态度问题。"

要树立无产阶级的队伍,首要的问题,就是要看他是否忠于伟大领袖毛主席,是否忠于以毛主席为首,林副主席为副的无产阶级司令部。这是革命者的大节,是革命与反革命的分水岭和试金石。《三言两语》就以生动而深刻的分析,说明了这个重要的问题,说明了这个大道理。

要完全地清理阶级敌人，要进一步树立我们无产阶级的阶级队伍，我们就要切实不忘这一点，一定要抓住这个大节，建立起一支完全忠于伟大领袖毛主席的阶级队伍来。

《三言两语》这篇革命大字报，鲜明、泼辣地批判了中国赫鲁晓夫散布在一些同志中的错误思想和流毒，坚定勇敢地捍卫了毛主席的正确路线。

现在，许多同志赞扬它，可见它的精神代表了广大革命群众的意见，反映了广大革命红旗战士和革命师生员工忠于毛主席，跟着毛主席干革命的愿望和决心。因而，应该引起有关同志的充分注意，以便迅速纠正自己的错误，把立足点移过来，站到正确的革命立场上来。

同志们，我们现在掌握着很大的权力。但不知大家想过没有："这个权力是怎么来的？"我们伟大的领袖毛主席亲自领导的这场史无前例的无产阶级文化大革命，发动了向资产阶级的总进攻，现已取得了决定性的胜利。在航院，红旗战斗队、广大红旗战士两年多来，为捍卫毛主席无产阶级革命路线，同院内外阶级敌人进行了艰苦的斗争，红旗英雄刘天章、周锡坤烈士流尽了最后一滴血，献出了年青的生命。许多革命同志废寝忘食地工作着，……。现在，我们取得了初步的胜利，揪出了航院一小撮，夺回了党政财文大权。我们这些同志受红旗战士和革命师生员工委托来掌了这个权，这是多么来之不易啊！因此，我们应该为谁掌权，对谁专政，要突出什么政治，岂不是很清楚了吗？

我们要为毛主席争气，为无产阶级掌权，在航院就必须为革命的红旗战士掌权。因为红旗战斗队在航院就代表了无产阶级的利益，代表了毛主席的革命路线。红旗战士的"派性"就是无产阶级的党性，我们必须立场坚定、观点明确。我们就是要"派性"十足。

可是，据查某些人利用红旗战士交给自己的权力，不为红旗战士讲话，不听取红旗的正确意见，一意孤行，按旧框框办事，搞资产阶级反动路线。两年多来的文化大革命没有真正触及他们的灵魂，他们不突出毛主席的无产阶级革命路线，不突出两条路线的斗争，不看关键时期的表现，不看大节，不看是否忠于毛主席和毛主席革命路线，不抓主要矛盾，仍老保思想严重的要命，典型的"唯成份论"，岂非咄咄怪事？！

某些同志在阶级成分上大搞宁"左"勿右，就怕自己犯"包庇坏人"的错误。为此，他不惜牺牲一些优秀红旗战士的政治生命。这些人，起码是私心作怪。我们真为红旗英雄刘天章庆幸，亏得他以生命献于革命，使某些人不得不承认他是革命者。若天章烈士还活着的话，说不定到了某些人的手里，又要刮起阴风，给他戴上"痞子""反革命""不可靠"等帽子（抓他的出身问题，大搞反动"血统论"对联，或搞宁"左"勿右）。反革命分子吴仙虎（贫农出身）或许能来个"对党忠诚""犯错误是认识问题"的结论。这话说得似乎有点过分，然而也未必打没（原文如此——编者）中某些人错误路线的要害。文化大革命中的可耻跳梁小丑朱东明，某些人不是一再要对他宽容，要按机密分配吗？请这些人好好地触触自己严重的右倾灵魂吧！

另有一些人、站在反动的资产阶级立场上、以感情代替政策、滥用职权。他们对大节好、斗争性强，运动中一直坚定地站在毛主席革命路线一边的红旗战士排斥打击、抓住一点，不及其余、夸大错误、无限上纲、偏听偏信。而对某些"出身好"的老保、顽固地跟着刘邓跑的小丑、小爬虫，或者什么事也不干的逍遥派、"中间派"们则无限欣赏，这难道是可以令人容忍的吗？！

我们不禁要问某些同志：什么是党的阶级路线？什么是毛主席的无产阶级革命路线？毛主席关于无产阶级专政条件下继续进行革命的理论、路线是什么？

毛主席教导我们，对任何事物都要进行阶级分析。"凡有人群的地方、都有左、中、右。"依靠革命的左派，团结中间派，孤立打击右派，这是党的阶级路线。有成份论，不唯成份论，重在政治表现，尤其是重在关键时刻的表现，重在轰轰烈烈的文化大革命运动中的政治表现。只有这样，才能不犯错误。有些人不按毛主席的教导办事，还想按照封建主义、资本主义、修正主义的老一套办事，这是行不通的。同志们是红色新政权革命委员会的办事人员、掌权者，而不是黑武光、周天行之流的旧政权的驯服工具。同志们是无产阶级的代表、共产党员、红旗战士，是搞阶级斗争和无产阶级专政的，这就必须按照毛主席的教导办事，而不是按照其他的什么东西办事。

目前，清理阶级队伍和政审工作中存在着反毛泽东思想的唯成份论偏向，这是完全错误的，请有关同志引起重视，抵制并肃清反动的"血统论"的流毒。

是混饭还是卖命？

食堂科供应组

一只小狐狸褚书芳被广大革命群众揪出来了，好得很！这个长期隐藏在革命队伍内部的大特务、国民党员、贪污能手，也和其黑主子刘少奇、黑武光之流一样，被革命的洪流冲刷了出来，这是毛泽东思想的又一伟大胜利。

褚书芳被揪出后，态度仍不老实。胡说什么"我加入国民党"是什么"怕失业"，"混口饭吃"。

事实真是这样吗？不，完全不是。

事实上，她是反革命分子贾博令介绍的最可靠的亲信，"精明能干"，是为国民党法西斯卖命的走狗。她入"党"一年之久，特务分子贾博令、李伦中，点名要褚加入特务组织国民党保卫小组，褚是这个组织的有名的活跃分子。她直到49年解放前夕仍然起劲地搞着特务活动。

伟大领袖毛主席说："为人民利益而死，就比泰山还重；替法西斯卖力，替剥削人民和压迫人民的人去死，就比鸿毛还轻。"褚书芳这个特务分子，就是替法西斯卖力的家伙，对人民犯下了许多罪行。比鸿毛还轻！

警告特务分子褚书芳，不要再耍滑头！坦白从宽，抗拒从严！只有老老实实向党向人民交代自己的一切罪行，才能从宽处理，有你出路；如果顽抗到底，拒不交代罪行，就只有死路一条！

清理阶级队伍战报

第 32 号，1968 年 7 月 22 日共 4 版

北京市革命委员会转发
东鹿角大队清理阶级队伍的一个材料

各区县革命委员会：

东鹿角大队清理阶级队伍，开展对敌斗争的做法，对我们很有启发。其中一条重要经验，是以两个阶级、两条道路、两条路线斗争为纲，查党史，挖叛徒；查村史，抓特务、反革命；查重点的家史，找漏划地富；查队史（社会主义革命时期），揪走资派。这既是清理阶级队伍的好方法，也是对群众进行两个阶级、两条道路、两条路线斗争教育的好方法。现发给你们参考。

北京市革命委员会
一九六八年七月十六日

东鹿角大队清理阶级队伍开展对敌斗争的经验

平谷县王辛庄公社东鹿角生产大队共有六个生产队，四百三十户，二千一百五十三口人。这个村距平谷县城五里，解放前夕是敌我争夺的拉锯地区，通常是敌人白天到这里抓丁、抢粮，夜晚我党领导的区小队到这里活动。于一九四二年建党，一九四六年因叛徒出卖，党支部书记等同志被捕牺牲，其他党员有的跑到北山根据地坚持武装斗争，有的背叛革命当了顽军、伙会（地主武装），有的甚至加入了国民党。解放以后，经过镇反、肃反虽然处决了两个罪大恶极的伙

会头目，逮捕了三个有血债的反革命分子，但是，这个村的问题并未全部搞清，阶级阵营混乱，一些叛徒、特务和反革命分子隐藏了下来，有些甚至在走资派包庇下，混进了干部队伍。

东鹿角大队从四月份开始进行清理阶级队伍的群众斗争，现已取得重大胜利，其主要经验是：

用毛主席的最新指示，放手发动群众。

四月十日，毛主席关于无产阶级文化大革命是政治大革命的最新指示下达后，东鹿角大队党支部和革命委员会立即召开支委会和全委会进行学习，大家联系本村的阶级斗争实际，深入地进行了讨论，从心眼里感到毛主席太英明伟大了，就像到过东鹿角一样，看透了贫下中农的心。同时也预感到这场斗争将是极其尖锐复杂的，他们把敢不敢率领广大人民群众向阶级敌人发动进攻，看成是忠不忠于毛主席的严峻考验。他们果断地决定把毛主席的最新指示立即传达到群众中去，相信群众一定会发动起来，彻底揭开阶级斗争的盖子，把那些暗藏的阶级敌人统统挖出来。

当晚，他们就自己动手油印了上千份毛主席的最新指示，连夜把全村的黑板报都写上毛主席的最新指示，还抄成大字报贴在六个队的集合地点。第二天清早社员刚一出工，就收到、看到和听到了毛主席的最新指示。

为了帮助群众理解毛主席的最新指示，大队党支部和革委会召集大会讲解，组织小会讨论，采取个别辅导的方法，使全村男女老少都能理解。在组织学习讨论的过程中，发现有的干部、党员和社员存在着阻碍这场斗争顺利开展的右倾情绪。例如有的中了中国赫鲁晓夫"阶级斗争熄灭"论的毒，存在和平麻痹思想，敌情观念淡薄；有的刚结合进来的老干部则"怕"字当头，怕再犯资产阶级反动路线的错误，怕搞乱了没法收拾，怕耽误了当前生产，等等。针对这些活思想，大队分别办了党员、干部和社员的毛主席最新指示学习班，在学习连里大搞忆、比、查、挖活动。通过忆旧社会的苦，比新社会的甜，忆贫下中农无权的苦，比贫下中农掌权的甜，大大激发了贫下中农的阶级感情，查出了阶级敌人在各个革命时期的破坏活动，挖出了总根源是中了中国赫鲁晓夫的毒，没有狠抓阶级斗争。阶级敌人干的坏事一桩桩，罪恶一件件，使干部和社员擦亮了眼睛，那些有右倾情绪的人也受到了深刻的教育，他们说："伟大领袖毛主席又在一个关键时刻给我们指出了前进的方向"，"这些年阶级敌人没有睡觉，我们却吃了中国赫鲁晓夫'阶级斗争熄灭'论的迷魂药，打起盹来了。"大家纷纷表示，坚决按照毛主席的最新指示办事，把那些暗藏的叛徒、特务、顽固不化的走资派以及一切反革命分子统统挖出来。绝大多数党员在清理阶级队伍、开展对敌斗争中，都能走在群众的前面，起到了先锋作用。

用毛主席的调查研究方法摸清敌情

这个大队有一个坚强的革命领导班子。五名正副主任平均年龄只有二十四岁，他们都出生在苦大仇深的贫下中农家庭。他们懂得要为贫下中农掌好权，必须按照毛主席的指示办事。然而他们也清醒地意识到，和叛徒、特务、老牌国民党作斗争，只有发动起群众，组织浩浩荡荡的革命大军，才能取得胜利。于是他们下定了决心，白天和社员同劳动，夜晚坐在毛主席像前反复学习最高指示。他们觉悟到：只有用毛主席的最新指示武装群众，把群众充分发动起来，摸清敌情，才能领导好这场战斗。

他们遵照伟大领袖毛主席的教导，召开了几十次调查会，有计划、有目的地个别走访了老党员、老干部、老贫下中农，与他们一起学习毛主席的最新指示，倾听他们讲述村里的斗争历史，发现线索再进一步分析、研究、调查，逐渐摸清了底细，对一些人的重大问题设立了专案。

在调查研究过程中，他们和贫下中农一起总结出了一套清理阶级队伍的方法，即以两个阶级、两条道路、两条路线斗争为纲，查党史，挖叛徒；查村史，抓特务、反革命；查重点户的家史，找漏划地富；查队史（社会主义革命时期），揪走资派。

例如，在查党内两条路线斗争史时，大队党支部和革委会引导群众回忆四任党支部的经历，让群众提问题找线索，顺蔓摸瓜。当群众回忆到第一任党支部书记等同志被捕牺牲时，对当时的有些党员提出怀疑。大队革委会引导群众进一步查线追根，最后终于挖出了一九四六年出卖了全村党员名单的两个叛徒。这两个叛徒不仅出卖了组织，而且参加了伙会和国民党，干了许多坏事。这个大队通过查党史，还在第一届党支部和干部当中挖出了另外三个自投伙会的叛徒，挖出了五个混进党内的国民党员。

又如，在查村史时，发动群众回忆了敌我两方面政权的情况。群众反映当时我区小队几次进村不久被敌人包围，是×××、×××两个人放烟火引来的敌人。还有人反映，他们经常见区小队进了村，就跑到伪大乡去报信，一次过河都没来得及脱裤子……。

专案小组汇集了群众提供的这些线索，经过内查外调和追问，这两个人原是专门侦察我方活动情况，向伪大乡和伙会报告的特务。由于他们的特务活动，在一次突围中使我三名武装干部壮烈牺牲。

由于大队党支部和革委会深入群众、依靠群众，同时把群众揭发和专案调查结合起来，比较准确地掌握了敌情，就有力地领导革命群众向暗藏的阶级敌人进行了斗争。

用毛主席制定的政策和策略武装群众稳、准、狠地打击敌人

群众发动起来，斗争热情空前高涨，坏人一个个地被揪了出来。但是，也出现了一些新的问题，有些人出于义愤想揪斗全部有政治历史问题的人，有一次就把二十几个当过伙会的人都游斗了。已经揪出来的叛徒、特务和顽固不化的走资派也乘机造谣说："这次运动是过了筛子过箩，只要有点毛病的谁也跑不了，筛死了算。"一度搞得村内空气十分紧张，有些被敌人抓去在伙会里做了几天饭的人，也惶惶不安了。

针对这个情况，大队革委会又反复学习了毛主席有关教导，召集骨干分子开会，向群众宣传政策，明确打击目标。这个大队共有地富反坏分子××人，当过顽伪军和伙会的××人，国民党员××人，三青团员×人，叛徒、特务、顽固不化的走资派及有其他问题的××

人，共计×××人。大队负责同志引导群众讨论，对这些人是一律打击好，还是区别对待好？他们组织广大贫下中农学习了毛主席关于利用矛盾，分化瓦解，争取多数，孤立少数，打击最主要、最顽固的敌人的教导，群众的政策水平提高了，一致认为："敌人是最愿意我们打击一大片，最害怕我们打击一小撮的。"大队党支部和革委会综合群众的意见，因势利导，提出对有问题的人要进行阶级的全面的历史的分析，要做到"三看"，即一看阶级出身；二看当时的历史背景；三看民主革命时期、社会主义革命时期和文化大革命中的一贯表现。经过群众反复讨论、反复比较，最后确定把斗争锋芒集中在××个人身上，其中叛徒×名，特务×名，顽固不化的走资派×名，历史反革命分子、反动党团骨干分子×名，现行反革命分子×名，混子（原文如此——编者）群众组织干了许多坏事的刑满释放分子×名。大队革命委员会还向有一般历史问题和犯了严重错误但还不属于敌我矛盾的人交代了政策，指明坦白交代，戴罪立功是有出路的，使其与敌人划清界限。因为正确区分了两类不同性质的矛盾，这些人纷纷与一小撮阶级敌人划清界限，一方面交代了自己的问题，一方面揭发检举了敌人，给贫下中农向阶级敌人斗争提供了子弹。

为了最大限度地孤立一小撮阶级敌人，大队革委会还及时做了揪斗对象的家属、子女以及和他们关系密切的人的思想工作。除了召开各种会议进行教育外，还个别谈话，交代政策，帮助他们划清界限，并且吸收他们参加对敌斗争。因为这项工作做在了敌人的前头，因此不少坏人的家属、子女能够放下包袱，轻装上阵，参加了对他们的斗争和监督。在对敌斗争中，刚一出现武斗的苗头，大队革委会就引导群众学习毛主席"要用文斗，不用武斗"的政策，大讲文斗的好处，大摆武斗的害处。因为群众从思想上解决了问题，因此，这个大队在对敌斗争中始终没有现打人和体罚现象。群众把精力集中在对一小撮阶级敌人的揭发批判上，揭得深，批得透，斗倒斗臭了敌人。

这个大队的贫下中农和革命干部，在坚决执行毛主席规定的对敌斗争政策和策略的过程中，深深地体会到：政策绝不是束缚群众的框框，而是使对敌斗争更有力进行的保证。

用战无不胜的毛泽东思想深入持久地开展革命大批判

清理阶级队伍、开展对敌斗争的实践充实了革命大批判的阶级内容。革命大批判向纵深方向发展，推动了活学活用毛主席著作群众运动的进一步开展。

广大贫下中农和革命干部深刻地体会到：革命大批判本身就是毛主席无产阶级革命路线的重要组成部分，如果只把暗藏的阶级敌人挖出来，而不从政治上、思想上、理论上把他们批倒批臭，清理阶级队伍就不可能取得完全彻底的胜利，阶级敌人还会有复辟的危险。因此，这个大队在清理阶级队伍、开展对敌斗争中，把揪出来的敌人放到群众中去，有组织有领导地狠批狠斗。广大贫下中农面对着新挖出来的这一小撮叛徒、特务、顽固不化的走资派以及其他反革命分子，狠批中国赫鲁晓夫的"阶级斗争熄灭"论、"叛徒哲学"，以及招降纳叛、结党营私的反革命修正主义路线，狠批了党内一小撮走资派包庇坏人，坏人勾结走资派的罪恶勾当。他们用毛主席的伟大教导，批判中国赫鲁晓夫的反动谬论，肃清修正主义路线在本村的流毒，提出改革的措施。现在这个大队革命大批判已成风气，田间、地头、街口到处都是革命大批判的战场。较难发动的老年妇女，许多人也能联系本村阶级斗争的实际，上纲上线地进行批判。革命大批判狠狠地打击了阶级敌人，深深地教育了群众。广大党员和干部在斗争中经受了锻炼和考验，党组织和新生的革命委员会在斗争中进一步得到了巩固。革命促进了生产的大发展，不断出现新的生产高潮。广大贫下中农热情地歌颂革命大批判说："大批判深入搞，阶级敌人跑不了；大批判持久搞，红色江山保得牢；大批判广泛搞，生产出现新面貌。"

北京市革命委员会办事组
1968 年 7 月 16 日印发

清理阶级队伍战报

第 33 号，1968 年 7 月 24 日共 4 版

最高指示

对于广大人民群众是保护还是镇压，是共产党同国民党的根本区别，是无产阶级同资产阶级的根本区别，是无产阶级专政同资产阶级专政的根本区别。

院清理阶级队伍领导小组
关于在全院开展忠诚老实运动的通知

一、为使我院教职员工中有一般政治历史问题和复杂社会关系的同志放下包袱、轻装上阵、更积极地投入清理阶级队伍的工作，同时，结合审干工作进一步挖掘埋藏在我院的阶级敌人，院清理阶级队伍领导小组决定在全院教职员工中开展忠诚老实运动。

忠诚老实运动，是广大革命群众在无产阶级文化大革命中提高了阶级觉悟，对我们敬爱的伟大领袖毛主席表示无限忠诚的自我教育运动，也是一次群众性的审干运动。在忠诚老实运动中，大量的是人民内部矛盾问题，各单位领导小组必须严格掌握党的方针政策，正确处理人民内部矛盾的问题，但也要重视群众中揭发出来的重要敌特线索，绝不放过一个坏人。

二、这次忠诚老实运动由各部系清理阶级队伍领导小组结合本单位的具体情况进行安排，全院不再开统一动员大会。一般要求准备一至二周，运动进行二周左右，共一个月的时间，各单位的忠诚老实运动要求在八月廿五日前完成。

三、各单位领导小组要组织大家学习毛主席的新三段、老三篇，

"放下包袱，开动机器""中国社会各阶级的分析"等文章，认真学习主席最新指示、批示与新华印刷厂先进经验充分地做好思想动员工作。

通过忠诚老实运动要向大家进行一次无限忠于毛主席，无限忠于毛泽东思想，无限忠于毛主席的无产阶级革命路线的三忠于教育，提高广大革命师生员工的阶级觉悟和路线斗争觉悟。通过忠诚老实运动要使一些有一般政治历史问题的同志从思想上得到解放，并掌握重点，进一步打击一小撮阶级敌人。总之，要保护人民，镇压一小撮阶级敌人。

四、在忠诚老实运动中要大学解放军、开展谈心活动。除有严重的政治问题和复杂的社会关系拒不交代者，一般不开专人揭发会、批判会和斗争会。

五、进行的方式有：

1. 自我坦白交代和别人揭发。（以自我坦白交代为主）
2. 背靠背揭发和面对面揭发。（以背靠背为主）
3. 书面交代、揭发和口头交代揭发（以书面为主）
4. 大会、小会和个别谈心。（以小会和个别谈心为主）

院清理阶级队伍领导小组
一九六八年七月廿日

我们开展忠实老实运动的做法和体会

在轰轰烈烈地群众对敌斗争取得基本胜利的基础上，我系又在教职员工中开展了忠诚老实运动。毛主席教导我们："不同质的矛盾，只有用不同质的方法才能解决"清理阶级队伍主要是解决敌我矛盾问题，用发动群众开展对敌斗争的方式进行；全面审干主要是解决人民内部矛盾问题，用狠抓思想教育开展忠诚老实运动的方式进行，开展忠诚老实运动是对广大革命群众进行"忠"字教育的好形式，是从组织上思想上巩固成果树立队伍，夺取无产阶级文化大革命全面胜利的一个重要步骤，就进一步深挖漏网的阶级敌人来说也是清理阶级队伍运动的继续。下面谈谈我们开展忠诚老实运动的一些做法和体会。

进行内查外调，做好准备工作

我们遵照毛主席"不打无准备之仗，不打无把握之仗"的教导，在开展清理阶级队伍运动的过程中，号召全体教职员工都填写了"工作人员登记表"，系里成立了审干组，在不影响对敌斗争的原则下，做了一些审查档案和外调工作，为下一步开展忠诚老实运动做准备。在普遍审查档案的基础上抓重点，即新老领导班子成员，在要害部门工作的人员和平时已掌握的有问题的三部分人为重点审查对象。本着"审干从严"的原则，在本人和家庭的问题上，以本人的问题为主（即本人历史问题，历次政治运动中的问题和文化大革命中的问题）。在家庭社会关系问题上，以家庭主要成员主要社会关系和海外关系问题为主。经过仔细认真地审查，发现这个过去所谓"政治质量高"的六系教职员工队伍的情况相当复杂，有的本人历史和历次政治运动中有各种各样的严重问题，有的隐瞒剥削阶级家庭出身和严重的海外关系，这些问题大都被旧当权派中的一小撮叛徒、特务、走资派出于其反革命的目的长期包庇下来不予处理，至于有一般问题的就更多了，通过这些工作为开展忠诚老实运动做了组织上的准备。

进行全面动员，狠抓思想教育

毛主席教导我们："掌握思想教育，是团结全党进行伟大政治斗争的中心环节。"我们按照毛主席的这一伟大教导，狠抓了思想教育这个中心环节，使同志们在头脑里牢固地树立起一个"忠"字，自觉地投入这一伟大运动。在全系动员大会上，列举了大量事实，讲清开展这一运动的目的和意义，反复强调对我们的伟大领袖毛主席，对毛泽东思想和毛主席的无产阶级革命路线要心怀一个"忠"字，狠抓一个"用"字，要自觉地忠、无限地忠，交代我党对干部的一贯政策，解除各种思想顾虑，并提醒一些有问题的人不要存在侥幸心理，说明有问题交代比不交代好，早交代比晚交代好，主动交代比被迫交代好，要自己争取主动，抱着对革命事业高度负责的态度帮助组织上把问题搞清楚。

在全面动员的基础上，以各教研室为单位大办毛泽东思想学习班，进行忠诚老实教育，学习了《老三篇》，《放下包袱，开动机器》，《反对自由主义》等光辉著作及空军第二次活学活用毛泽东思想积极分子代表会议的经验，以"斗私，批修"为纲，亮思想，放包袱，端正态度，进一步明确目的意义，通过讲用会，讨论会，组织生活等活动，使大家树立起了"忠诚老实光荣，隐瞒欺骗可耻的"思想，有的单位发现一部分人很紧张，表现反常，学文件也学不下去，坐卧不安，心情不定，为了解除一些不必要的思想顾虑，领导小组组织大家讨论：如何正确对待家庭和社会关系问题？对党忠诚老实有哪些好处，不忠诚老实有哪些害处，我们应从走资派的蜕化发展过程中吸取什么教训？以及我党对干部在思想教育和组织纪律方面有哪些政策？经过反复讨论和个别谈话，使大多数同志都心情舒畅积极主动地投入了运动。

抓住重点批判，区分两类矛盾

在全面动员层层发动的基础上，每个人都填写了"交代"和"揭发"两种表，基本上形成了轰轰烈烈的坦白运动，绝大多数同志态度是端正的，积极地找领导小组谈话，交代和揭发问题，很多红旗战士、革命的党员和勤务员以身作则，把所有弄不清楚的问题或家庭社会关系在文化大革命中的变化情况都积极地向组织上谈，对于这些同志我们给以表扬和鼓励。但是也有极少数的人，态度不老实，有些问题过去长期隐瞒了，这次还想混过关去，有些人我们已经掌握了他的问题，找他进行了个别谈话，群众也揭发了，但是他就是不交代，别人都积极地填了表，他交白卷，还说："我没有问题了，都交代了"；有的人在文化大革命中被抄了家，但与家庭划不清界限，不但不交代家庭的问题还为家庭翻案，对红卫兵抄家不满；有的人自己不写材料，三番五次地找勤务员谈话，不老实交代问题光想摸底；还有的人想方设法钻政策界限的空子等等。对于这样的人，各个单位发动群众对他们进行了重点批判帮助，着重地批判那些政治上的两面派和有重大隐瞒而态度又十分恶劣的人。抓了重点批判，也进一步从反面教育了广大群众，说明对党对毛主席不忠诚老实的人没有好下场。重点批判也促进了主动交代，使那些本来犹豫不决的人也主动地交代了自己的问题，在进行批判时，一般地不用写发言稿而采用口头批判的方式，这样形式活，效果好，被批判的人在群众运动的巨大威力下触及了灵魂，思想上也得到了很大的提高，吸取了教训，端正了态度。

因为在忠诚老实运动中大量的问题属于人民内部矛盾，所以我们采取了背靠背和面对面相结合的方法，即大多数人的问题不在群众中公开，一般地揭发问题不用大字报，而是写书面材料或找各级领导小组谈话，对于少数有重大隐瞒并且态度恶劣的人的问题，经系领导小组同意可在群众中公布并进行面对面的批判帮助，这样做防止了人人过关和打击面过宽的现象。

革命大批判是推动各项工作顺利进行的强大动力，在忠诚老实运动中也要开展革命的大批判。根据我们的体会，在这一运动中可以按以下两个方面进行：抓住审干和忠诚老实运动中揭发出来的走资派包庇坏人坏事，招降纳叛的大量事实，狠批刘邓在干部和组织工作中的反革命修正主义路线；随时随地注意批判形形色色的资产阶级反动思潮和各种错误思想，开展了革命的大批判，就能保证运动健康地发展，就能使运动搞得生动活泼而防止冷冷清清和单纯军事观点。

毛主席教导我们："在有阶级存在的社会内，阶级斗争不会完结。"我们在开展忠诚老实运动时也不能麻痹大意，仍然要念念不忘阶级斗争，时刻警惕阶级敌人利用人民内部的矛盾，挑拨离间，把水搅混，以便他们搞右倾翻案复辟活动。在我们处理人民内部矛盾时，也会遇到属于敌我矛盾的问题。一方面是一些有严重问题的人本来已经处于人民内部矛盾和敌我矛盾的边缘上，由于态度恶劣，对抗运动，使矛盾的性质转化为敌我矛盾，另一方面，忠诚老实运动在某种意义上来说也是一次继续深挖和更广泛地揭露阶级敌人的过程，有些在前阶段漏网的阶级敌人在这一阶段可能要被揪出来，特别是对恶毒攻击我们的伟大领袖毛主席，林副主席，恶毒攻击中央文革和江青同志的现行反革命分子，一旦发现就要坚决打击，坚决镇压，是不受时间和阶段限制的，在这期间处理一些敌我矛盾问题不但不影响我们处理人民内部矛盾，相反，会大大促进这一运动的开展，并且能使同志们克服和平麻痹思想，时刻保持对阶级敌人的高度警惕性。

目前我系忠诚老实运动正在健康地进行着。有战无不胜的毛泽东思想，有用毛泽东思想武装起来的广大革命群众，我们一定会取得这一运动的全面胜利。

红七系反复辟的胜利

红七系《反复辟》

最高指示

凡是错误的思想，凡是毒草，凡是牛鬼蛇神，都应该进行批判，绝不能让它们自由泛滥。

今年一、二月份，报刊上发表了许多有关反对资产阶级和小资产阶级派性的文章，这在思想上对我们革命造反派是一个极大的帮助。我们抱着良好的愿望，认真地检查自己所受的资产阶级和小资产阶级派性的影响；同时，又帮助持有不同观点而又犯了错误的同志提高认识，克服其资产阶级和小资产阶级的派性。但是，就在这时，我院、我系的一小撮叛徒、特务、走资派及其黑爪牙、小爬虫，却利用这个机会，从阴沟里刮出了一股右倾翻案的妖风，企图全面否定革命小将；全面否定文化大革命；把造反派整垮，把韩爱晶、井岗山拉下马，以达到其颠覆革命委员会的罪恶目的。但是，他们自以为得计，自以为很聪明，其实都是最蠢的，都是没有好结果的。

现在，阻碍我系运动向前发展的右倾翻案小集团及其坏头头，终于被我们广大无产阶级革命派揪出来了！这是毛主席无产阶级革命路线的又一重大胜利!

下面,就让我们来看看这伙见不得阳光的鬼蜮是如何刮妖风、掀恶浪的吧!

这个右倾翻案小集团的代表人物说:"《干到底》是派性组织。""这次反派性先把王文懋、李深的派性整整。""我们系极'左'思潮占统治地位。"等等。这时,这个小集团的"英雄"们就紧紧地跟上来,推心置腹地说:"过去想不通,话不敢说。今天你这样说很好,能代表我们的意思。我们对这些问题就早有看法,我们不敢说。""韩爱晶、井岗山有什么群众基础?王文懋、李深在党员中又有什么威信?"更有甚者,竟直截了当地说:"我院运动受王、关、戚的影响太大了。"够了!够了!这些就足够表明他们反对革命的政治态度了。

"《干到底》是派性组织"吗?算他说"对"了!《干到底》就是无产阶级派性组织!干到底,就是革命到底,就是响应最高统帅毛主席的伟大号召,坚决进行"三反一粉碎"的斗争,把无产阶级文化大革命进行到底!把长期隐藏在我院的一小撮"叛、特、资、反"都统统揪出来,夺取我院无产阶级文化大革命的全面胜利!你们对《干到底》这样咬牙切齿,正说明了你们站在反动的资产阶级派性立场上,反对无产阶级派性,企图为中国赫鲁晓夫刘少奇及其在航院的大大小小的代理人翻案,为资产阶级知识分子统治旧航院的现象翻案,企图恢复旧秩序。你们的言论,是地地道道的反革命言论!

"极'左'思潮占统治地位"吗?不对!右倾先生们,你们对什么是"极'左'思潮"一窍不通!所谓"极'左'思潮",就是阶级敌人散布流言蜚语,把矛头指向"三红",企图分裂并搞垮无产阶级司令部、新生的革命委员会和人民的钢铁长城——人民解放军。说穿了,你们的这种言论,就是不让广大革命群众革命,如要革命,就是"极'左'"思潮,企图使革命就此止步,你们诬蔑和攻击革命委员会,恰巧暴露你们自己是极"左",忽而极右,忽而极"左。"这只能充分暴露了你们反对革命的真面目!

"韩爱晶、井岗山、王文懋、李深没有群众基础,没有威信"吗?错了!错了!他们对党、对伟大领袖毛主席有着深厚的无产阶级感情，他们都是从资产阶级的反动路线的重重压迫下冲杀出来的，他们在文化大革命中建立了累累战功，是革命造反派的好头头，们在广大革命群众中有基础，有威信。这也不必奇怪，在你们这些"修养派"右倾先生们看来，在一小撮叛、特、资看来，自然是"没有群众基础、没有威信"了。

"我院运动受王、关、戚的影响太大了"吗？又不对了！我院运动是受以毛主席为首、林副主席为副的无产阶级司令部及其参谋部中央文革英明正确的领导，所以，以《红旗》为代表的我院广大无产阶级革命派，在文化大革命中建立了和不断地建立不朽的丰功伟绩！其实，你们的这种言论很明显，就是企图借反王、关、戚为名，行否定我院文化大革命，否定中央文革的铁拳头——北航红旗否定革命委员会之实！你们这是痴心妄想、可笑不自量！

"机关算尽太聪明，反误了卿卿性命。"历史的发展，已使你们这帮右倾翻案的"英雄"们，变成了一群令人耻笑的小丑！

彻底粉碎右倾翻案妖风！

打倒刘邓陶！打倒武周程王张！

把文化大革命进行到底！

伟大领袖毛主席万岁！万万岁！

清理阶级队伍战报

第 34 号，1968 年 7 月 27 日共 4 版

把周天行大抓典型的修正主义思想基础及其反革命的政治目的批倒批臭

原宣传部革命群众

金猴奋起千钧棒，玉宇澄清万里埃。

反革命修正主义分子、顽固不化的走资派周天行，在旧航院推行了一整套修正主义的政治工作路线，毒害很深。其中抓典型所放的毒，不仅影响了全航院、全北京市，而且早已影响到全国。我们必须高举毛泽东思想的革命批判大旗，彻底清算其流毒。

周天行抓典型，是为他培养资产阶级接班人，巩固资产阶级知识分子对学校的统治树立活样板，是为他及其资产阶级黑司令部复辟资本主义树立活样板。周天行大抓×××典型，推广全国，是他主动配合刘邓资产阶级黑司令部在全国全面复辟资本主义，抵制毛主席最高指示的罪恶阴谋活动中，所采取的一个重要而阴险的反革命政治手段。

周天行的这一罪恶活动，到底为刘邓资产阶级黑司令部立下了多大的汗马功劳，只要看看他树起这个典型后，刘邓资产阶级黑司令部的反映，就十分清楚了。

人们可曾记否？×××典型还刚刚在航院被周天行树起来，几乎在同一时期，全国的许多有名报刊，如《中国青年报》《光明日报》《××日报》《前线》杂志、《上海青年》报以及旧北京修正主义黑市委印行的小册子，就接连不断地以各种不同的方式大登特登，为之捧场叫好；科委中的某些人也急急忙忙地做出了大力推广的决定。这难

道是偶然的事吗？不，绝不！刘邓资产阶级黑司令部早就想找到这样一个把青年引向修正主义泥坑的活样板，而"×××典型"正是这样的"好样板"，于是乎，他们才这样紧锣密鼓地互相配合，为之捧场叫好。听听吧：修正主义旧市委的黑喉舌《前线》编辑部看了×××的文章后，竟然叫喊起来："嘿！好长时间没有看到过这样的好文章了！"大黑帮邓拓便立即指使喽啰们速速登出，并下了黑令："要配社论"！旧高教部的头头们也高兴得发狂了，意味深长地说："好！真有点像徐××式的典型！"可见，刘邓黑司令部是怎样器重周天行所推荐的这个活样板啊！

顽固不化的走资派周天行，为什么能在刘邓黑司令部复辟资本主义的舌噪声中，在千方百计地抵制毛主席最高指示的罪恶行径中，如此卖力、积极主动地以一个小丑的角色表演了这样一手呢？

冰冻三尺非一日之寒。让我们剥开周天行反革命修正主义的画皮，问题就很清楚了。

早在 1954 年，周天行一钻进航院就露骨地叫喊："教师在各教学环节中做学生思想工作"，以培养"不愧为时代优秀人物的专家"。请同志们注意，周天行在这里所说的"教师"，就是教授、讲师这一批旧的资产阶级知识分子！试问靠了这批人，在各个教学环节中，用资产阶级的一套灌输学生，能把学生培养成为什么样的"时代优秀人物"呢？周天行自己说得很清楚，所谓"时代优秀人物"者，就是"专家"也。也就是他所鼓吹的"付博士、博士、科学院院士"，把学生培养成资产阶级的反动技术"权威"，高居于人上的"精神贵族"，成为资产阶级的接班人和骑在人民头上的老爷。

中国赫鲁晓夫刘少奇，曾这样无耻地叫嚣过："我们的党员、团员和革命的知识分子都要下苦功夫学习，认真钻研业务，良好地掌握各种专门技术和科学知识。凡是有条件的，都应当努力使自己成为'又红又专'的红色专家。"看！周天行和他的主子的腔调是多么一致啊！所不同的，仅是刘少奇黑主子比周奴才更"高明"、更狡猾，在"专家"上戴上了"红色"的桂冠。要知道，周天行毕竟还不过是一个小奴才呀！

随着年代的推移，周天行的反革命经验也变得越加丰富了，其花腔也耍得越加巧妙了。1962年，周天行第二次混进航院，又立刻叫嚷："政治是为业务服务的。""在某种意义上说，专业就是政治的表现，没有专业就没有政治。"并且竟然以此来作为他们在我院推行高教60条，作为他们起草五个修正主义黑文件的"理论纲领。"

　　毛主席在1965年指出："突出政治和反对突出政治的斗争深入发展到一个新的阶段。"周天行在1962年就成为明目张胆反对突出政治的坏家伙，成为这个新阶段的急先锋。

　　周天行的反动谬论是猖狂反对毛泽东思想的伟大真理的。毛主席在论述政治与业务的关系时教导我们："政治总是第一，政治总是统帅，政治总是头，政治总是率领军事、率领经济、率领业务、率领技术的。"毛主席又教导我们说："政治与业务这一矛盾中，主要的矛盾方面是政治，把政治抽去了，就等于把灵魂抽去了。"主席的深刻教导，一针见血地戳穿了周天行的反动本质。周天行胡说"没有专业就没有政治"，"政治是为业务服务的"不正是他明目张胆地与毛泽东思想相对抗吗？周天行胡说"专业就是政治"，不正是他抽掉了政治，抽掉了灵魂吗？周天行如此明目张胆地反对毛泽东思想，真是死有余辜，罪该万死！坚决打倒反革命修正主义分子周天行！

　　周天行在制造了这些反对突出政治的反动谬论后，便给人们铺出了一条被盖上了伪装的通向修正主义泥坑的"舒坦的"道路。他十分狡猾地煽动说："只有把毛泽东思想运用到业务中去"，"才能扎根"，"才能走进新天地"。简直放屁！周天行的所谓"把毛泽东思想运用到业务中去"就是他所说的"渗透"一词的具体解释。在他看来"渗透"之后就是"扎根"了。那么请问，"扎"的是什么"根"呢？很明显，所扎的只能是修正主义的根！在他看来，"渗透"之后就是"走进新天地"了。那么请问，所"走进"的是什么样的"新天地"呢？很明显，走进的只能是修正主义、资本主义复辟的"新天地"！由此可见，他的用心是多么恶毒啊！

　　周天行甚至无耻到了这样的地步，他竟胡说："学毛著不解决业务问题，知识分子不服气。"他的这句话包藏了极其阴险的反革命祸心，这是他在学校抓毛主席著作学习的黑纲领，就是把毛主席著作的学习引导到单纯为了解决业务问题的邪路上去，否则"知识分子"就"不服气"！至于人的思想革命化呢？他那是不管的！这是地地道道的修正主义破烂货！必须给予彻底的批判！

周天行与旧的资产阶级知识分子是相依为命的，旧的资产阶级知识分子是周天行统治学校的社会基础，业务则是他们统治学校的资本，因此，必须解决业务问题，使得这一批旧的资产阶级知识分子服气，否则，其资产阶级的反动统治就不能持久。无怪乎，周天行在贯彻高教60条的文件中规定：教研室主任必须由"有业务"的教授讲师来当；系主任也必须由"有业务"的教授或所谓"红色专家"来当；重大科研项目必须是由"有业务"的教授主任来定；科研经费也必须是由"有业务"的教授主任点头决定，人事调整，谁该留和谁不该留还必须是由"有业务"的教授来决定。凭什么留这个人而不留那个人？教授说，这个人业务上有一套。看！"有业务"的资产阶级知识分子就是如此吃香！周天行根本拜倒在资产阶级知识分子的脚下。这是1957年右派分子向党进攻时所大肆叫嚷的"教授治校"的真实写照！

党内的资产阶级代表人物，他们都懂得，老的资产阶级知识分子总是要死的，必须要培养一大批在业务上"过得硬"的修正主义苗子来接班。靠了这一大批"修苗"，然后移到社会上的各个角落，作为修正主义传宗接代的"种子"。因此，长期以来，周天行就处心积虑地到处寻找这种"渗透"得好、"解决业务好"的典型，为其上述的反革命政治目的服务。

我们有了对周天行的这种浓厚而反动的修正主义思想基础的了解，就知道他为什么在1964年前就在我院大树××这样的典型，紧接着于1965年又大树特树×××这样的典型，而且是那样的主动积极，那样的声嘶力竭，那样的枉费心机。

特别要注意的是，我们的伟大领袖毛主席，于1964年就尖锐地指出："现在学校课程太多，对学生压力太大。讲授又不甚得法。考试以学生为敌人，举行突然袭击。这三项都是不利于培养青年们在德智体诸方面生动活泼主动地得到发展的。"刘邓资产阶级司令部的黑干将们，拼命想方设法来歪曲、篡改和抵制毛主席的这一英明指示。旧市委的黑喉舌《前线》，在刊登×××文章时所配的黑社论《学习的生动活泼主动性从何而来》中，明目张胆地篡改主席的这一英明指示，它说："按照毛主席的指示，使学生能够生动活泼地、主动地学习，这是当前教学改革中的一个根本问题。"它竟然狗胆包天地把"在德智体诸方面生动活泼主动地得到发展"，篡改为单是学习即业务一项，还胡说这是"根本"，真是反动透顶！

周天行以其灵敏的反革命嗅觉，意识到此事有来头，有重大的政治背景，于是乎，他便立刻心领神会耍着奴才的腔调说："《前线》杂志肯定了方向，我们要号召学习他的方向。"他并亲自做什么"想得远，联得近"的文章，在《中国青年》上大肆鼓吹，紧密地配合刘邓黑司令部的反革命阴谋活动。当有人提出反对意见时，周天行就挥舞大棒说："全国典型已经客观存在，这不是我院问题，也不是科委问题，而是涉及全国性的问题。"企图以"全国性"的大帽子压制反对者，生怕他苦心经营的活样板遭到什么"不幸"。更令人气愤的是，他还进一步威胁全院师生员工说："学不学×××的问题，是革不革命的问题。"歇斯底里发狂到了如此地步！

尤其令人不能容忍的是，在毛主席"向雷锋同志学习"的伟大号召下，全国英雄不断涌现，就在周天行大吹特吹×××典型时，我们时代的又一无产阶级的真正英雄人物王杰出现了，全国立刻掀起了一个向英雄王杰学习的热潮，我院全体同志都纷纷提出意见，责问旧院党委为什么不大力组织学习，周天行竟然跳出来恶狠狠地说："学王杰也要落实到学习×××典型上！"看！反革命修正主义分子周天行的反动立场是何等鲜明、何等坚定啊！他竟然这样用他树起的培养资产阶级接班人的活样板，来对抗群众学习用毛泽东思想哺育出来的真正的无产阶级英雄人物，以此来破坏把毛泽东思想真正学到手、落实人的思想革命化的群众运动。真是反动透顶！坚决打倒反革命修正主义分子周天行！

我们的红旗英雄刘天章烈士，以他敏锐的政治见解，早在文化大革命的初期（1966年7月22日），就用烈火般的语言，在大字报中写道：

"毛主席教导我们：'不破不立，不塞不流，不止不行。''破'就是革命，'破'不是反对院党委政治部树立的典型本人，而是要大破院党委政治部贩卖的反动黑货。不破资产阶级塞进我们脑子里的'金童玉女'的形象，就不能树立真正的活学活用毛主席著作的革命化典型，不彻底扫除周天行——陆文之流的遗毒，我们就不能更好地活学活用毛主席著作。我们要打倒周天行，打倒臭透了顶的反党分子陆文，彻底清算前北京市委一切修正主义影响。

毛泽东思想万岁！"（摘自刘天章同志大字报）

事过两年了，现在看来天章同志的话是多么尖锐，无产阶级立场是多么鲜明，他的批判是多么深刻啊！

亲爱的全院革命同志们，让我们学习天章烈士鲜明的无产阶级立场，学习他对敌人的刻骨仇恨，拿起笔，作刀枪，高举毛泽东思想伟大红旗，实行无产阶级政治挂帅，"走上海机床厂从工人中培养技术人员的道路"，摧毁资产阶级的旧大学，把修正主义批倒批臭，把周天行批倒批臭，夺取我院文化大革命的全面胜利！

打倒修正主义！打倒周天行！战无不胜的毛泽东思想万岁！

要很好地重视革命大批判

【短评】今天本报发表的原宣传部和范兴言同志的文章，是刺向反革命修正主义分子周天行的锐利的投枪和匕首。

反革命修正主义分子周天行，长期以来，在我院贯彻和推行了一整套修正主义的政工路线。他极力利用思想教育阵地，千方百计地要把广大学生培养成资产阶级的接班人，培养成不问无产阶级政治，一心只想读书做官的修正主义苗子，为他配合刘邓黑司令部全面复辟资本主义、巩固其在我院的长期统治创造必要的条件。为了达此目的,他就必然不惜工本地去树立业务上"过得硬"的活样板,而且手法狡猾,毒害很深,不可漠然视之。我们必须高举毛泽东思想的革命批判大旗,彻底、干净、全部地肃清周天行在我院所散布的修正主义流毒,反其道而行之,坚决"走上海机床厂从工人中培养技术人员的道路",坚决走与工农兵结合的道路,使其修正主义黑货没有丝毫市场,使其复辟资本主义的迷梦彻底破产。

受蒙蔽无罪,反戈一击有功。范兴言同志本人是我院周天行修正主义政工路线的受害者,他愤怒地控诉了周天行对他的毒害,表示坚决要走与工农兵结合的道路。我们希望所有被周天行之流所利用、所毒害的同志,都站出来反戈一击,投入革命的大批判,把周天行彻底批垮批臭。

我院革命大批判取得了很大的成绩,但是开展得还不够有力,还没有形成真正的群众运动,这是藏有后患的一大缺点。我们希望全院广大革命的红旗战士和广大革命的师生员工,对革命大批判予以应有的足够的重视,把革命大批判摆在首位,把批判我院的一小撮同批判党内最大的一小撮结合起来,把革命大批判同清理阶级队伍结合起来,人人动笔动口,打一场真正的人民战争,把革命大批判深入持久地开展下去,夺取我院文化大革命真正全面的胜利!

听毛主席的话,坚决走与工农兵结合的道路

范兴言

我们心中最红最红的红太阳毛主席最近深刻地教导我们:"大学还是要办的,我这里主要说的是理工科大学还要办,但学制要缩短,教育要革命,要无产阶级政治挂帅,走上海机床厂从工人中培养技术人员的道路。要从有实践经验的工人农民中间选拔学生,到学校学几年以后,又回到生产实践中去。"毛主席的伟大号召,像一盏灿烂的明灯,照亮了我国无产阶级教育革命的道路,是我们将无产阶级教育

革命进行到底的战斗纲领，是培养无产阶级革命事业接班人，反修防修的百年大计。毛主席的最新指示，句句说到了我们的心坎里，我们一定要高举毛泽东思想伟大红旗，把旧的资产阶级教育制度砸个稀巴烂！

　　1965年底，我和全院广大革命师生一样、怀着对伟大领袖毛主席深厚的阶级感情，努力学习毛主席著作。我院一小撮走资派对广大群众活学活用毛主席著作的群众运动怕得要死，恨得要命。他们把我写的一篇谈用"二论"指导学习的文章拿过去，取其所需，大加删改，以"宣传毛泽东思想"为幌子，打着"红旗"反红旗，偷梁换柱，借题发挥，利用《上天》报、广播站等宣传工具，以写评论、加按语等手法，大肆贩卖修正主义黑货。中国赫鲁晓夫在航院的代理人周天行更是赤膊上阵，亲自作报告，写文章，鼓吹"政治落实业务"，引导青年走只专不红的道路。毛主席教导我们："看一个青年是不是革命的，拿什么做标准呢？拿什么去辨别他呢？只有一个标准，这就是看他愿意不愿意、并且实行不实行和广大的工农群众结合在一块。"中国赫鲁晓夫及其在航院的代理人武、周之流猖狂反对青年与工农结合，反对青年到群众斗争的大风大浪中去锻炼，长期维持资产阶级知识分子在我院的统治，他们引导青年一头钻进书堆，成天围着教室转，步资产阶级知识分子的后尘，走进了修正主义的死胡同。学校被他们办成了资产阶级的大染缸。在这种学校里只能培养出脱离无产阶级政治，脱离工农群众，脱离实际斗争的"三脱离"的资产阶级接班人。毛主席的最新指示宣判了旧的资产阶级教育制度的死刑，也给我们广大知识青年指出了与工农结合的光明大道。我是一个在资产阶级知识分子统治学校里念了十八年书的学生。现在即将毕业分配。我决心遵照毛主席的最新指示，到工农兵中去，坚决走同工农兵结合的道路，在三大革命运动中，改造世界观，尽快地使自己成为有社会主义觉悟、有文化、有实践经验的无产阶级知识分子，迅速赶上亿万革命人民前进的雄伟步伐。

北京航空学院文革资料选编 第四卷

清理阶级队伍战报

第 35 号，1968 年 7 月 29 日共 4 版

我们最最敬爱的伟大领袖我们心中的红太阳

毛主席无比亲切地接见了首都红代会负责同志

并做了极其重要的长时间的最新指示

毛主席身体非常健康，这是我们首都红卫兵和全体革命师生的最大幸福、最大欢乐

参加接见的还有伟大领袖毛主席的亲密战友，我们敬爱的副统帅林彪同志以及敬爱的周总理、伯达、康生、江青、姚文元、谢富治、黄永胜、吴法宪、叶群等中央首长

《七月二十八日讯》

东方红，太阳升。一轮红太阳照在我们心窝里，……

七月二十八日早晨四点到八点半，我们最最敬爱的伟大领袖、我们心中的红太阳毛主席，无比亲切地接见了首都大专院校红代会正副组长聂元梓、谭厚兰、蒯大富、韩爱晶、王大宾等同志，并做了极其重要的长时间的最新指示。毛主席的指示像春天的雨露，滋润着广大红卫兵战友的心房；像大海中的灯塔，指引着革命的航船。毛主席的指示，是对我们红卫兵的最大关怀、最大爱护、最大鼓舞，为我们广大毛泽东思想红卫兵和革命师生指明了前进的方向。我们一定要紧跟毛主席的伟大战略部署，全面落实毛主席的最新指示，坚决按毛主席的指示办事，跟着伟大导师、伟大舵手毛主席，在大风大浪中胜利前进！

毛主席身体非常非常健康，红光满面，神采奕奕，这是我们航院、首都北京全体红卫兵和革命师生的最大幸福、最大欢乐，也是全中

国、全世界的红卫兵和革命人民的最大幸福、最大欢乐，让我们共同最衷心地祝愿我们最敬爱的红司令，全世界无产阶级的伟大革命导师毛主席万寿无疆！万寿无疆！！万寿无疆！！！让我们无比激动地千遍万遍高呼：毛主席万岁！毛主席万万岁！！！

参加接见的还有伟大领袖毛主席的亲密战友、我们敬爱的副统帅林彪同志以及敬爱的周总理、伯达、康生、江青、姚文元、谢富治、黄永胜、吴法宪、叶群、汪东兴，还有温玉成、吴德、黄作珍等同志。林副主席也做了极其重要的指示。总理、伯达、江青、康老等首长非常亲切地勉励了首都广大红卫兵。

被接见的红代会负责同志无比幸福、无比激动，无限光荣，感动得热泪盈眶，他们从内心高呼：毛主席万岁！万万岁！！决心听毛主席的话，无限忠诚地按毛主席指示办事，沿着伟大舵手毛主席所指引的航向乘风破浪胜利前进！

热烈欢呼毛主席接见大专院校红代会核心组！毛主席的接见是对我们的最大关怀，最大鼓舞，最大鞭策！

坚决执行毛主席最新最高指示，坚决制止武斗！坚决执行"七·三"《布告》，反对武斗！

毛主席热爱我热爱，毛主席支持我支持，毛主席指示我照办，毛主席挥手我前进！

紧跟毛主席伟大战略部署，牢牢掌握斗批改大方向！

无产阶级文化大革命全面胜利万岁！

毛主席的无产阶级革命路线胜利万岁！

战无不胜的毛泽东思想万岁！

伟大领袖毛主席万岁！万万岁！！

北京航空学院革命委员会关于立即在全院开展认真学习中央"七·三"和"七·二四"《布告》的通知

最高指示

政策和策略是党的生命，各级领导同志务必充分注意，万万不可粗心大意。

我们伟大领袖、伟大统帅毛主席亲自批示"照办"的"七·三"和"七·二四"《布告》，是毛主席的伟大战略部署，是保卫无产阶级文化大革命、夺取全面胜利的极其英明的措施。"七·三"和"七·二四"《布告》，不仅适用于广西和陕西，同时也完全适用于全国各地、适用于北京、适用于我们各大专院校。对待"七·三"和"七·二四"《布告》的态度，就是对待我们伟大领袖毛主席和战无不胜的毛泽东思想的态度。

林副主席讲："对毛泽东思想抱什么态度，是一个很重要的问题。我们就是要抓住对毛主席的态度、对毛泽东思想的态度问题。"对"七·三"和"七·二四"《布告》，是坚决执行、坚决照办，还是拒不执行甚至反对，或者是口头上执行、行动上不执行，这是区别革命、不革命和反革命，对伟大领袖毛主席忠不忠的重要标志。

院革命委员会、红旗总勤务站号召我院全体红旗战士和革命同志立即紧急行动起来，迅速掀起一个学习、宣传、执行《布告》的高潮。各部、系革委会和各级革命小组要认真组织学习《布告》，广泛宣传《布告》，勇敢捍卫《布告》，使伟大领袖毛主席的声音和党的政策深入人心，家喻户晓。紧跟毛主席的伟大战略部署，搞好我院斗批改，把无产阶级文化大革命进行到底！

战无不胜的毛泽东思想万岁！

我们伟大的领袖毛主席万岁！

一九六八年七月二十八日

紧跟毛主席最新伟大战略部署

【社论】领导我们事业的核心力量是中国共产党。指导我们思想的理论基础是马克思列宁主义。

正当我们按照毛主席的伟大战略部署，在我院开展轰轰烈烈的清理阶级队伍群众运动，向夺取文化大革命全面胜利奋勇前进的时候；正当一小阶级敌人在一些高校挑起严重武斗的关键时刻，我们最最敬爱的伟大导师、我们心中最红最红的红太阳毛主席和他最亲密的战友林彪副主席，敬爱的周总理以及中央其他首长，无比亲切地接见了大学红代会核心组五位负责同志，并做了长时间的极为重要的伟大指示。这是我们革命的红卫兵和广大无产阶级革命派的最大幸福。伟大领袖毛主席最了解、最关怀我们革命的红卫兵，极为及时地给我们指出了不断前进的方向。我们革命红卫兵、革命师生员工，最最热烈地欢呼毛主席的亲切接见，最最坚决地执行毛主席的伟大指示，最最衷心地祝愿我们伟大领袖毛主席万寿无疆！万寿无疆！万寿无疆！

由我们伟大领袖毛主席亲自批准的中共中央、国务院、中央军委、中央文革的"七·三"重要《布告》，是毛主席的最新伟大战略部署。全国人民都最热烈地拥护这个《布告》，正掀起一个大力宣传《布告》、制止武斗的热潮。可是一小撮阶级敌人却反其道而行之，变本加厉地挑拨是非，在一些高校制造严重大规模武斗，残酷镇压群众，严重破坏国家财产，极力转移革命斗争的大方向。是可忍，孰不可忍？！

必须严肃指出，对"七·三"《布告》的态度，就是对待伟大领袖毛主席、对毛泽东思想的态度。对"七·三"《布告》，是拥护还是反对，是执行还是抵制，这是革命和反革命的分水岭。无视"七·三"《布告》，在暗地里继续制造分裂，挑起严重武斗的一小撮阶级敌人，是土匪，是国民党，必须坚决消灭之！对于那些跟着一小撮坏人挑起和参与武斗者，必须采取"坦白从宽，抗拒从严；首恶必办，胁从不问；受蒙蔽无罪，反戈一击有功"的政策；对于那些对"七·三"《布告》漠然置之不理者，必须给予严厉的批评和教育。武斗严重脱离工人、农民、战士，严重脱离学生的大多数，也严重脱离过去支持过自己的大多数人；武斗使亲者痛、仇者快，打了学生、打了群众、打了自己的阶级弟兄，却放走了走资派、放走了阶级敌人，也严重破坏国家财产，这是地地道道的犯罪行为。学生打学生，群众打群众，工人不高兴，农民不高兴，战士不高兴，自己学校的大多数学生不高兴，就连拥护自己的学生的大多数也不高兴。武斗的双方群众，必须坚决执行"七·三"《布告》，按照毛主席的指示，把混入自己组织中的坏人，坚决果敢地揪出来，给予严厉的惩办。

我们伟大领袖毛主席的亲自亲切接见，是对制造武斗的这一小撮阶级敌人的当头一棒。广大的红卫兵革命战友，广大的无产阶级革命派和广大的革命群众，让我们立即行动起来，对挑动武斗的一小撮阶级敌人展开强大的政治攻势，掀起大力宣传"七·三"《布告》、坚决制止武斗的热潮，使这一小撮阶级敌人的罪恶阴谋归于彻底破产！

凡是敌人反对的，我们就要拥护，凡是敌人拥护的，我们就要反对。一小撮阶级敌人挑动武斗的罪恶目的，就是企图转移革命斗争的大方向，保护一小撮叛徒、特务、走资派、反革命过关，维持旧的秩序和习惯势力，我们必须揭露他们的罪恶目的，反其道而行之，牢牢掌握革命斗争的大方向；我们必须坚定不移地进行斗批改，始终把斗争的矛头对准真正的一小撮阶级敌人。在当前，就是坚定不移地把清理阶级队伍的斗争进行到底，稳、准、狠地打击阶级敌人，把革命的大批判同清理阶级队伍紧密地结合起来，并迎接无产阶级教育革命波澜壮阔的新高潮，胜利完成一斗二批三改的伟大历史使命。

广大革命的红卫兵，广大无产阶级革命派，广大革命的师生员工同志们，伟大导师毛主席亲自关心我们，给我们做了最正确、最重要、最明确、最及时的伟大指示，让我们紧跟伟大领袖毛主席的最新战略部署，立即行动起来，坚决消除武斗，坚定不移地进行我院的斗批改，坚决夺取我院无产阶级文化大革命的全面的胜利吧！最后胜利必将属于用毛泽东思想武装起来的革命人民！

清理阶级队伍战报

第 36 号，1968 年 8 月 2 日共 4 版

红六系革委会主任宋光庆同志
在斗争现行反革命小集团大会上的发言摘要

　　毛主席教导我们："在有阶级存在的社会内，阶级斗争不会完结。"

　　我们现在所进行的忠诚老实运动，除了正确解决大量的人民内部矛盾问题外，在同时，也就是进一步更加广泛、更加深入地挖掘隐藏在我们队伍中的一小撮阶级敌人。特别是对于那些恶毒攻击我们最最敬爱的伟大领袖毛主席和林副主席，恶毒攻击中央文革和江青同志的现行反革命分子和现行反革命集团，我们一旦发现，就毫不留情地坚决打击、坚决镇压！这是不受时间和运动阶段所限制的。

　　在我院我系清理阶级队伍的群众运动取得巨大胜利和我系忠诚老实运动正在深入开展的大好形势下，由孔宪洽、张习、贺尧其等组成的恶毒攻击伟大领袖毛主席和敬爱的江青同志，疯狂反对无产阶级文化大革命的现行反革命小集团，被我系广大革命师生员工揪出来了，这是战无不胜的毛泽东思想的又一伟大胜利！让我们一千遍、一万遍地高呼；毛主席万岁！毛主席万万岁！！

　　史无前例的无产阶级文化大革命的滚滚洪流，无情地荡涤着社会上的一切污泥浊水，同时也就刺痛了红六系的这伙反革命小集团肮脏而丑恶的资产阶级灵魂，动摇了他们的经济基础和社会基础，打破了他们复辟资本主义的黄粱美梦。因此，他们对以毛主席为首、林副主席为副的无产阶级司令部，对这场伟大的无产阶级文化大革命——政治大革命，恨得要死，怕得要命。末日来临的共同命运，使这

一群臭味相投的反革命小丑，集合在一块，结党营私，狼狈为奸。这些家伙，在政治上极端反动，在生活上极端腐败糜烂。白天伪装革命，晚上却干着见不得人的罪恶勾当。

这些家伙，整天鬼混在一块，不是吃吃喝喝，便是谈情说爱。为了填补其精神上的无限空虚，攻读旧书，甚至凑在一块，听孔宪洺的老婆从苏修那里带回来的糜烂腐朽的西方音乐用以对抗无产阶级文化大革命。

这些家伙，除了在生活上无比腐败肮脏而外，在政治上更是十分反动。他们经常到一块放毒，疯狂攻击无产阶级文化大革命。这个现行反革命小集团的头目孔宪洺胡说："文化大革命是利用小资产阶级的狂热性搞起来的。""现在文化大革命收不了场了。"明目张胆把攻击矛头指向我们的伟大领袖毛主席，真是反动至极！谁反对毛主席就打倒谁！打倒孔宪洺！这帮家伙，与我们的无产阶级革命事业是格格不入的，他们处处进行攻击。现行反革命分子贺尧其，恶毒地污蔑由文化大革命的伟大旗手江青同志亲手培育出来的革命现代京剧样板戏，胡说这是什么"孔夫子穿西装。"这和帝修反攻击我们无产阶级新文化的腔调有什么两样？

革命油画、无产阶级文艺的又一朵大香花《毛主席去安源》创作成功后，全国人民都无不兴高采烈、欢欣鼓舞，而这个反革命分子贺尧其，却别有用心、千方百计地从中挑刺，胡说这儿"不符合实际情况"，那儿也"不真实"等等，妄图否定伟大领袖毛主席是安源工人的大救星，为中国的赫鲁晓夫刘少奇打抱"不平"，真是混蛋透顶！

毛主席教导我们："世上绝没有无缘无故的爱，也没有无缘无故的恨。"这一帮家伙爱什么，恨什么，是站在哪一个阶级的立场上，是些什么东西，难道还不清楚吗？

更为恶毒的是，由现行反革命分子张习从一小撮叛徒、特务、走资派那里弄来了毛主席和江青同志大量没有公开发表的生活照片，违抗中央命令，大肆翻印，广为散发。有的照片严重地歪曲主席形象，有的根本不是主席照的，而是画出再拍下来的。在这同时，她还大量地散布主席和江青同志在生活方面的流言蜚语，对我们的伟大领袖毛主席、对敬爱的江青同志进行恶毒的人身攻击，真是反动至极！打倒反革命分子孔宪洽、张习、贺尧其！誓死保卫毛主席！誓死保卫江青同志！

他们攻击内容之恶毒，有许多是我们不能说出口的。

这帮家伙有固定的活动地点：张习的宿舍和贺尧其的宿舍；有严密的组织计划，特别是在清理阶级队伍的伟大群众运动中，这一伙反革命小丑，预感其末日之来临，急急忙忙地销毁罪证，订立反革命的攻守同盟，企图对抗革命的群众运动，逃避过关。反革命分子张习做贼心虚地说："潘天敏就是因为一句话被打成反革命的。"特别是当系办公室的革命同志贴出要全面审查张习问题的大字报，无产阶级的铁扫帚扫到张习头上的时候，这些家伙更是慌了手脚。反革命张习同孔宪洽订立攻守同盟说"我们的关系和毛主席、江青的问题，千万不能讲，讲出来就完蛋了！"孔也和其老婆说："这个话不能跟一般人讲，他们听了就是反革命了！"当六研的革命同志给孔贴出通令时，反革命贺尧其给孔壮胆说："你主要是家庭社会关系问题，文化革命方面他们没掌握什么情况。"还说："在文化革命中你没有问题，我也没有问题，要有大家都有。"他们费尽了心机，绞尽了脑汁，迷信他们的攻守同盟。但是，在战无不胜的毛泽东思想和革命的群众运动的巨大威力面前，他们的这一切都是徒劳的。真是"机关算尽太聪明，反误了卿卿性命。"到头来，只能落得个像今天这样的"不齿于人类的狗屎堆"的可耻下场！

值得大家注意的是，这一伙反革命小集团，是有其背景、有其后台的。他们受一小撮叛徒、特务、死不改悔的走资派的支使，他们的联系是相当广泛和密切的。在这里，我们要警告你们这一小撮反革命，只有老老实实地交出你们的黑后台、黑根子和你们的全部罪行，才能争取革命群众的宽大处理。如果再继续顽抗，那是不会有好结果的。

无产阶级专政万岁！

毛主席万岁！万万岁！

念念不忘阶级斗争

【短评】我们伟大领袖毛主席指出："原来的反革命分子肃清了，还可能出现一些新的反革命分子。如果我们丧失警惕性，那就会上大当，吃大亏。"

在忠诚老实运动中，红六系又揭露和批斗了一个新的现行反革命小集团。这是他们牢记毛主席的教导，念念不忘阶级斗争的结果，是毛泽东思想的又一伟大胜利。

我们开展忠诚老实运动，主要的大量的是解决人民内部矛盾，在这中间，往往夹杂着极个别的敌我矛盾，如果我们思想上阶级斗争观点不强，丧失警惕性，那就会让那些反革命分子滑过去，继续破坏和捣乱。因此，我们必须像红六系红旗战士和革命师生一样，念念不忘阶级斗争。不管什么地方出现反革命分子捣乱，就应该坚决斗倒斗臭他。

当然，反革命分子确实不多了。如果说现在还有很多反革命分子，这个看法是不符合实际的。但是我们切切不可丧失警惕！

斗倒斗臭孔张贺反革命小集团

红六系批斗发言综合整理

我们伟大导师毛主席教导我们："千万不要忘记阶级斗争。"红六系广大红旗战士和革命师生，用战无不胜的毛泽东思想做强大武器，狠抓阶级斗争不转向，又揪出了一个孔、张、贺现行反革命小集团，这是毛泽东思想的又一伟大胜利！是进一步揭开六系、六研阶级斗争盖子，深入清理阶级敌人的重大进展。六系广大革命师生斗批了这一小撮反革命分子，彻底清算了这一小撮反革命分子罪行。

现在，我们彻底揭露孔、张、贺的反党反社会主义反毛泽东思想的罪恶活动，让成千成万的善良人看清这伙人面兽心的、暗藏的反革命小集团是如何干着大家意想不到的罪恶勾当，看清他们是多么反动的一些家伙，从而把这些反动家伙连同他们的反动思想一起抛进历史的垃圾堆里去。

孔宪洺：现行反革命阴谋小集团的核心人物。阴险、毒辣、狡猾，极端反动，道德极端败坏。孔在史无前例的无产阶级文化大革命中，丧心病狂地攻击我们最敬爱的伟大领袖毛主席、敬爱的林副主席、文化大革命的伟大旗手江青同志、无产阶级司令部和无产阶级文化大革命。他从叛徒、特务、走资派、联动分子那儿贩来大量反革命谣言和诽谤，直接恶毒攻击伟大领袖毛主席。这里，我们揭发的只是其中很少一部分。

反革命分子孔宪洺疯狂叫嚣"把江青同志摆得过高了。"他还编造无耻谎言挑拨中伤毛主席的家庭关系，真是无孔不入，卑鄙无耻！

孔极恶毒地诬蔑和攻击说："以毛主席为首的无产阶级司令部都是毛主席身边的人，因此是家庭统治。"这是一句比储安平的"党天下"恶毒万分的黑话，暴露孔宪洺穷凶极恶的反革命面目，孔是一个货真价实的反革命右派分子。

孔不放过任何时机诬蔑我们伟大领袖毛主席。孔胡说："现在百货大楼，买什么都很挤，就是买毛选的柜台没人买。"孔就是这样疯狂，借我们现在大量发行毛主席的红宝书，使每个革命人民都有了红宝书之机，顽固地站在反动立场发泄他内心的仇恨和不满，真是反动透顶！

孔造谣诽谤文化大革命的伟大旗手、我们敬爱的江青同志，孔胡说："江青同志住的豪华极了，穿的讲究。""戚本禹跟江青最紧。""×××挨斗，是因为江青对他有意见，把她抛出来的。"孔明目张胆地给我们敬爱的江青同志栽赃，从政治上陷害和诬蔑江青同志，其用心何其毒也！打倒反革命分子孔宪洺！！

反革命分子孔宪洺还从生活到政治无孔不入地恶毒攻击我们敬爱的林副主席和周总理。无中生有，造谣诬蔑，恶毒中伤我们敬爱的林副主席、周总理。誓死保卫林副主席！誓死保卫周总理！打倒反革命孔宪洺！

孔对中国赫鲁晓夫刘少奇，却奉若神明，崇拜得五体投地。孔标榜他最崇拜两个人：希特勒、刘少奇。他无耻地吹捧"少奇同志的党性比毛主席还纯"，真是颠倒黑白、混蛋透顶、恶毒之极。打倒刘少奇！誓死保卫伟大领袖毛主席！

孔还学着帝修反的反革命腔调，恶毒攻击无产阶级文化大革命是"靠小资产阶级狂热性搞起来的。""文化大革命这样干下去不行，工业会垮台的。""我看困难时期的教训吸收还不多。"攻击红卫兵"扫四旧过头了！"否定红卫兵揪出隐藏在我党内的叛徒、特务，如丧考妣地哀鸣："揪出那么多叛徒？各部部长全完了，白区党全完了！"

"打倒杨余付的证据不全……"等等。孔宪洺和帝修反唱一个腔调，穿一条裤子，像巫婆一样时刻诅咒无产阶级司令部，诅咒无产阶级革命事业，诅咒文化大革命。

然而，事实与这些老爷们的愿望恰恰相反，无产阶级文化大革命成绩最大最大最大，毛泽东思想广泛深入人心，促进了全国人民思想革命化，同时进一步解放了生产力。无产阶级文化大革命的滚滚洪流，必将埋葬资本主义和一切剥削制度，把帝修反和孔宪洺之流的丑恶嘴脸冲刷和揭露出来，遭到灭顶之灾。孔宪洺不投降就叫他灭亡！打倒孔宪洺！

张习：现行反革命小集团中的一员。张恶毒攻击我们伟大领袖毛主席，大搞反革命两面派，是地地道道的保工作组保走资派的保皇小丑，是刘邓反动血统论"老子英雄儿好汉，老子反动儿混蛋"的积极鼓吹者，是现行反革命赖锐锐、孙茜玲的亲密狗友。

一九六六年八月，伟大领袖毛主席亲自决定撤销工作组，广大无产阶级革命派从资产阶级反动路线下解放了出来，许多受反动路线迫害的红旗战士激动地流下了热泪，千万遍高呼："毛主席万岁！"可张习却阴险地说什么："中央有意要考验每一个党员，如果动摇，以后准开除党籍。"以煽动某些人死保刘邓工作组，死保刘邓伪"中央"，对抗红旗战士执行的毛主席革命路线。张习死保走资派周天行及其资产阶级臭妖婆假党员陆文，死保恶毒攻击江青同志的现行反革命分子、其狗母张子余和大叛徒、大特务、大汉奸朱欣陶。

红旗一月革命夺权时，张极力反对。系办公室也成立了红旗夺权小组，反革命分子张习对夺权小组极为不满，大造反夺权舆论，想一切办法搞垮夺权小组。她大耍两面派，上蹿下跳，到各教研室煽风。到系勤务组头头那里，对夺权小组成员大肆诬蔑，造谣中伤，以达到其否定红旗夺权的反革命目的。张习这个反革命分子，就是以她反革命两面派之能事，企图搞垮夺权小组，为航院一小撮走资派翻案，但是她的阴谋并没得逞，而是搬起石头砸了自己的脚。

张在文化大革命初期，与反革命分子孙茜玲、赖秃子勾勾搭搭，亲密无间，积极给孙茜玲借军衣，嘴里不停地叫什么"赖高参，赖参谋。"

文大革命的怒涛，激烈地冲刷着一切妖魔鬼怪，张习这个反革命小丑也被广大革命群众揪出来了，这是战无不胜的毛泽东思想的伟大胜利。

贺尧其：现行反革命分子，为反革命分子孔宪洽通风报信，叛徒分子。

贺长期以来，打着出身好的假面具，钻入革命队伍。文化大革命中，坚持反动立场，恶毒攻击无产阶级司令部，恶毒攻击文化大革命，犯下了滔天罪行。

贺利用机会对孔说："文化大革命中你没问题，我也没问题，如果有问题，那大家都有问题。"从而订立攻守同盟，保他自己和现行反革命小集团。孔立即领会，以为反革命小集团的罪行没有被革命群众掌握，于是孔气焰十分嚣张，百般抵赖，猖狂反扑。贺在斗争会上公然为反革命孔宪洽开脱罪责，打信号、做手势，进行指挥，暗示孔那些可以交代，那些不能交代，真是猖狂之极。他完全站在现行反革命孔宪洽一边，是一个地地道道的反革命派。

贺和孔订立攻守同盟的原因，就是因他自己也是恶毒攻击无产阶级司令部、攻击文化大革命的现行反革命分子，是反革命集团的一员。

贺恶毒攻击中央文革，攻击敬爱的江青同志，胡说："江青同志爱激动，不讲正经话。"这是多么恶毒的攻击！

　　文化大革命的伟大旗手、我们敬爱的江青同志是毛主席的亲密战友，是我党女同志中杰出的同志，是我党最优秀的干部之一，她的话句句代表我们最敬爱的伟大导师毛主席的声音，我们坚决执行，坚决照办。我们无产阶级革命派最热爱江青同志。谁反对江青同志就打倒谁！打倒贺尧其！贺还恶毒地诬蔑："中央文革只会唱高调。""中央文革是秀才班子，秀才造反，三年不成。"贺对高举毛泽东思想伟大红旗的中央文革有多么刻骨的仇恨：贺甚至还极其恶毒地诬蔑"中央没人了，夫人们都出来了"，诬蔑伟大的文化大革命""一年多停步不前，中央对局势控制不住"，"文化大革命后生产上不去，秧插不上，这样下去将来又要没饭吃。"这完全是颠倒是非，混淆黑白，用他的反动封建主义、资产阶级世界观，诬蔑和诽谤我们伟大领袖毛主席亲自发动的文化大革命。

　　反革命分子贺尧其还学着苏修的腔调，恶毒诬蔑红卫兵运动，胡说："我嫂子挂门板挨斗，残酷到极点。""红卫兵乱搞男女关系，女的怀孕不少。"这和蒋介石把我们共产党诬蔑为杀人放火、奸淫抢掠有什么区别！贺完全是大卖国贼、大坏蛋蒋介石的狗奴才！

　　贺是修正主义苗子，深受院内外一小撮的赏识，是旧航院的大红人。他紧抱资产阶级教授的粗腿，在文化大革命中还对反动学术权威沈元、崔济亚崇拜得五体投地。

　　贺死保刘邓工作组，打击讽刺谩骂革命左红旗战斗队，到处抄红旗的大字报，准备秋后算账，妄图大抓红旗右派，叫嚷什么"红旗还当左派？不当右派就不错了。"就是这样一个反红旗的干将，铁杆保皇派，于去年夏天，却摇身一变，假惺惺打起了"造反"的旗号。可是，"捣乱，失败，再捣乱，再失败，直至灭亡——这就是帝国主义和世界上一切反动派对待人民事业的逻辑，他们是绝不会违背这个逻辑的。"反革命分子贺尧其站在反动资产阶级立场上到处捣乱，到头来，只能是搬起石头砸自己的脚，绝没有好下场！打倒现行反革命分子贺尧其！

　　革命的同志们，今天，我们揭露和批斗了这样一个反动面目丑恶之极的反革命小集团。这是伟大的毛泽东思想的又一伟大胜利。我们还必须牢记伟大领袖毛主席的教导："宜将剩勇追穷寇，不可沽名学霸王。"

我们要高举毛泽东思想红旗，乘胜追击，将这个反革命小集团的黑后台和一切现行反革命分子统统揪出来示众，并把他们的反革命罪行揭深揭透、批倒斗臭，不获全胜，绝不收兵。

战无不胜的毛泽东思想万岁！

我们最敬爱的伟大领袖毛主席万万岁！

清理阶级队伍战报

第 37 号，1968 年 8 月 7 日共 4 版

新的起点

本报编辑部

我们最敬爱的伟大领袖毛主席，亲自召见首都红卫兵核心组，做了最正确、最英明的长达五小时的指示。

谢副总理八月三日在清华，又传达了伟大领袖毛主席又一最新最高指示，学生好比泥土，工人农民好比砂子，学生和工人结合，就能形成团粒结构。并且具体指出了创办新清华的方法和措施。

联想到我们伟大领袖毛主席关于"从有实践经验的工人农民中间选拔学生"的教育革命最新重要指示；

结合首都百万工人毛泽东思想宣传队在清华的革命行动；

这一切，难道不足以使我们深思吗？他预示着一个新的伟大的变革，他越来越清楚地使我们理解着这样一种崭新而深刻的思想。这就是：

迅速打扫旧基地

伟大领袖毛主席在接见红代会核心组时，明确指出：有些学校，搞了些斗黑帮，但很不够嘛！

高等院校十几年来，是资产阶级专了我们无产阶级的政，是刘邓一小撮反革命修正主义分子把持着。中国赫鲁晓夫在高等院校大肆推销了他的什么"读书做官""入党做官""业务挂帅""分数第一"等修正主义黑货，大搞什么"教授治校""专家治校"，把大专院校弄得乌烟瘴气。资产阶级知识分子被捧为神明，而广大工农群众却被排斥在外，无权过问。这样，大专院校不折不扣成了刘邓复辟资本主义的工具。

无产阶级文化大革命一声炮响，给高等学校送来了光辉的毛泽东思想，送来了毛主席的伟大号召："教育要革命"，"资产阶级知识分子统治我们学校的现象再也不能继续下去了。"一大批本来不出名的革命青少年在这个伟大召唤下，冲杀出来了。他们迎着风暴，顶着高压，杀上了政治舞台，把一小撮盘踞在教育战线的叛徒、特务、走资派统统赶下了台。

政权已由无产阶级革命派夺了回来，文化革命取得了决定性胜利。但一小撮阶级敌人绝不甘心于他们的失败，他们的反动思想还存在，他们的影响很深、流毒很广。"反映旧制度的旧思想残余，总是长期地留在人们的头脑里，不愿意轻易地退走的。"因此，现在我们面临的重大任务，就是清除旧的基地。也就是清理阶级队伍，批判修正主义。大搞斗批改。破字当头，立在其中，清除旧的基地，从而建立崭新的工农大学。

工农作大学的主人

旧大学中，知识分子成堆，工人农民寥寥无几。

旧大学中，像俞平伯一类的资产阶级知识分子占统治地位，而工人则仍被统治，毫无发言权。

这样，旧大学势必成为修正主义的黑染缸。教育要革命，染缸要砸烂,这是毫无疑问的。但怎样进行教育革命呢？如何彻底改造旧大学？这是我们革命学生、教师、工人苦苦思考的问题。

谢副总理在清华的讲话指出,要留五千工人在清华大学,不能少留。这和派工人毛泽东思想宣传队来清华一样,是毛主席的伟大战略部署。

留下干什么？我们应该深刻地理解。

在这里,我们要认真学习毛主席关于教育革命的最新指示,结合最新指示来理解这一措施,结合毛主席的伟大召见来理解这一伟大措施。

这是一个新的伟大措施。实行这个措施后,旧大学的成分发生了重大的变革,这难道不是很清楚的吗？

新的道路的新起点,通往工农大学的天桥,就已经出现在我们的面前,工人农民作为领导和主力军的新型大学,就将出现在我们面前,教育革命的新高潮就将出现在我们面前！

大叛徒程九柯是如何迫害徐天河同志的？
——在7.20审斗程九柯大会上,程九柯专案组（胡敢）发言
（摘 要）

伟大领袖毛主席在一九六五年一月中共中央政治局召集的全国工作会议上告诉我们:"千万不要忘记阶级斗争。""整个过渡时期存在着阶级矛盾、存在着无产阶级和资产阶级的阶级斗争。"

中国赫鲁晓夫刘少奇在航院的代理人,一小撮叛徒、特务、顽固不化的走资派武光、马文、程九柯之流,十几年来,疯狂地反对毛主席的无产阶级革命路线,极力推行反革命修正主义路线,实行资产阶级专政,罪恶滔天！

毛主席说:"世界上一切革命斗争都是为着夺取政权、巩固政

权。""革命的根本问题是政权问题。"

林副主席讲:"政权就是这个班子的问题,班子搞好了,能保证毛主席革命路线的执行,无产阶级的利益就有保证。一个坏班子,就不能保证毛主席革命路线的执行,不能保证无产阶级的利益,不能保证社会主义的向前发展。"大叛徒、大特务武光、程九柯之流,为了反对毛主席的革命路线,推行反革命修正主义路线,就千方百计地要篡夺航院的各级领导,把叛徒、特务、顽固不化走资派,地、富、反、坏、右安插到航院各级领导岗位,保证反革命路线的实施。在1953年、1954年提拔干部的时候,武光、程九柯之流就是这样干的。

1953年程九柯为干部处长,武光为其黑后台,提拔干部时,为了忠实于他们这伙国民党反动派的私利,肆无忌惮地招降纳叛,把当时就已经查明参加国民党三青团的李振秋一次连升三级。

毛主席说:"对立统一规律是宇宙的根本规律。"在资产阶级向无产阶级猖狂进攻的时候,总是有代表无产阶级利益的革命者站在斗争的最前线,迎头痛击资产阶级的进攻。徐天河同志,就是其中特别突出的一个。他,虚心地听取了群众的意见;他,牢牢地记住了党的干部政策、德才兼备的原则,并以这个原则反复地衡量了一下提拔的这些干部,然后就以"舍得一身剐,敢把皇帝拉下马"的大无畏的英雄气概,敢革命、敢造反。不管你是什么"处长""院长"的庞然大物,只要你反对毛主席的干部政策,就誓死与你拼到底!在1954年10月,在党支部组织生活上,徐天河同志就用毛主席任人唯贤的干部政策向着"招降纳叛"拼凑黑班子的资产阶级反革命政策猛烈进攻,向大叛徒程九柯进攻,颗颗炮弹打中要害。

毛主席教导我们:"各种剥削阶级的代表人物,当着他们处在不利情况的时候,他们往往采取以攻为守的策略。"大叛徒程九柯之流眼看抗不过去,就采取了退却的策略。武光、程九柯之流策划了一番之后,就假惺惺地召开处务会议,检查干部政策。这是一个大阴谋!明明提拔干部是他们一小撮人主要是程九柯干的,他们却要以干部处的名义检查,明明提拔干部的时候,他们是审查了的,了解的,他们却要提出来重新审查。黑武光任命大叛徒马文主持下"重新审查",

那么他们就可以开小差溜之大吉了，这样的"审查"，连个屁也审查不出来。

程九柯之流蒙混过关以后，绝没有放下武器，而是以百倍的疯狂，在一个早上猛扑过来。在检查之后，程九柯就拿起了资产阶级的大棒，向徐天河迎头打来，说"徐天河有个人主义""怀着个人主义提意见。"把灾难强加在徐天河同志头上。

林副主席说："公和私的标准，就是拥护还是反对伟大领袖毛主席。"忠于毛主席、忠于毛泽东思想、忠于毛主席的无产阶级革命路线，是最大的公，最大的好。可是大叛徒程九柯却把忠于毛主席革命路线的徐天河同志打成"严重个人主义。"这颠倒是非到了何等的程度：是可忍，孰不可忍？

"彻底的唯物主义者是无所畏惧的。"徐天河同志在高压之中，坚持真理，英勇斗争，毫不屈服，表现了一个共产党员的高贵品质。最后弄得这伙国民党反动派也毫无办法，只好采取了组织手段，对徐天河实行资产阶级专政。

56年11月，武马程潘这伙叛徒就把徐天河排挤到政治教研室，把徐削职为民，并且置于反革命修正主义分子于高光、孔令闻之爪下。于、孔继承了程九柯的衣钵，接过程九柯的镇压棍，更加疯狂地迫害徐天河。

1957年2月伟大领袖毛主席向全党全国发出了整风的伟大号召。号召全体党员，全国人民反对主观主义、官僚主义和宗派主义。航院的一小撮叛徒、特务、资产阶级右派分子即武、周、马、程之流，他们打着"红旗"反红旗，把革命的口号接过去，加以歪曲利用。他们借整风之机想方设法要把矛头对准无产阶级革命派徐天河同志。他们耍阴谋，放暗箭，造谣言，横加罪名，断章取义，无限上纲，恨不得把徐天河一脚踩死。

整风初期，他们就利用职权，把徐天河确定为整风重点；反右后期，他们又再一次把徐列为"帮助"重点。开了十一次"批判斗争会"，会上一而再，再而三地逼迫徐天河同志承认错误，接受罪名。10月15日晚几个小时的会议，就是逼徐承认讲了"党内也有钩心斗角，不开诚布公。"这一句话，揭发者本人在会上都一再说："我体会有这个意思"，"我觉得有这个意思。"但于、孔之流就强硬地在会上逼。对于他们捏造的罪名，徐天河同志总是严词拒绝。他们就胡说徐天河"坚持错误。"真是反动透顶！

本来徐天河同志在反右斗争中，立场坚定，旗帜鲜明，对右派怀有刻骨的仇恨，对包庇右派等坏人的所谓"领导干部"，也愤恨至极。

对于这样一个好同志，程九柯之流却打击他，"长资产阶级的威风，减无产阶级的志气，又何其毒也！"

在整徐天河的过程中，程九柯、马文都亲身出马，发泄对徐天河的仇恨。而他们这些"党政领导人"对政治教研室批判右派是置若罔闻的，这也恰恰暴露了他跟资产阶级右派站在一起的反动立场。

批判会以后，政治教研室党支部在于高光、孔令闻的指挥下，炮制出一个黑决定，把徐天河同志开除出党，毁灭徐天河的政治生命。

之后，大叛徒、狗特务程九柯利用窃据的监委职务，进行半年多整黑材料工作以后，于8月27日抛出了一个给徐天河"留党察看两年"处分的黑决定。这个决定比政治教研室的决定来得更狡猾，更毒辣，这伙有长期阶级斗争经验的狗徒们深深地懂得，给留党察看处分，自己留有余地，还可以唱正面人物，装"好人。"察看期满后，只要死死地维持处分不撤销，徐的党籍同样保不住，政治生命同样毁灭了。

因此，在62年甄别时，他们就是死死地维持处分决定。对徐天河的多次申诉，对于徐天河含着血泪写的长达8万字的材料漠然置之，采取应付的态度。更为恶劣的是，当处分决定快要维持不住的时候，他们就采取了极不正当的手段，无中生有地捏造事实。最后一次的复查报告中，给徐天河定罪的两条主要罪状都是捏造的，这就是反革命修正主义分子孔令闻证明的徐主张公开档案，叛徒王大昌证明的徐说"大字报上有人说青年人被摧残了，我自己近年来也遭摧残了，身体不好……。"这些破烂货是不值得一驳的，只要用他们自己原有的证明材料和前前后后的处分决定就可以驳个精光。叛徒们的丑恶嘴脸可耻之极！他们只能采取这样的手段，否则就没法过日子。

经过三番五次的策划后，63 年 1 月维持原处分决定的第三次复查报告出笼了，费了九牛二虎之力，总算达到了毁灭徐天河的罪恶目的，把忠于毛主席，忠于毛泽东思想，忠于毛主席的无产阶级革命路线的革命干部徐天河开除出了党组织。

伟大的无产阶级文化大革命，已经取得了决定性的胜利。无产阶级胜利之日，就是资产阶级难受之时。国民党反动派的残渣余孽武光、程九柯之流残酷迫害徐天河同志长达 15 年之久，现在应该是你们这伙狗叛徒难受的日子了。你们竖起耳朵老老实实地听着徐天河同志的血和泪的控诉！老老实实地听着无产阶级革命派和革命群众的彻底揭发批判！

清理阶级队伍战报

第 38 号，1968 年 8 月 9 日共 4 版

聂荣臻必须悬崖勒马

【社论】领导我们事业的核心力量是中国共产党。我们伟大导师毛主席是党的代表，伟大的毛泽东思想是党的指导思想，以毛主席为首、林副主席为副的无产阶级司令部，是全党、全军、全国和广大革命群众唯一的领导中心。只能有这样一个中心，不能有第二个中心。我们亿万革命人民，都要紧紧团结在这个领导中心的周围。

可是国防科委聂荣臻等人，却像杨成武那样大搞什么"多中心论"，刮起右倾分裂主义的妖风。

聂荣臻等人对无产阶级司令部的战斗号召阳奉阴违，口是心非，符合胃口的就执行，不符合胃口的就拒绝执行；对自己掌管的单位、

部门，大搞独立王国，"以我为中心"；他们判断是非，不是以对待无产阶级司令部抱什么态度作为标准，而是以对自己是否拥护作为标准。聂荣臻猖狂地、不择手段地从政治上陷害伟大领袖毛主席，陷害林副主席，至今拒不低头认罪。聂荣臻等人恬不知耻地自我吹嘘"一贯正确""一贯高举""是正确路线的代表"、是"无产阶级司令部的代表"，步王明、博古、张闻天这些"老机"的后尘，"要做核心，要人家承认他是核心"，大搞资产阶级山头主义、个人主义。谁要是批评了他，炮轰了他，谁就被扣上"炮打无产阶级司令部"的罪名，打成"516分子"，进行搜查、抄家，对革命群众实行资产阶级专政。聂荣臻多年来顽固地推行刘少奇反革命修正主义科技路线，反对政治挂帅、反对四个第一，极力推行资产阶级技术挂帅、名利挂帅、物质刺激、专家路线和白专道路，妄图把科研和教育引向修正主义泥坑。总之，聂荣臻已经有一套修正主义的东西、滑得够远的了。

聂荣臻现在大搞"多中心论"的资产阶级山头主义反动理论，大搞"以我为核心"，如果不悬崖勒马，听任发展下去，"就会滑到危险的泥坑里去。"

我们要严肃地警告聂荣臻，如果你仍坚持反动的"多中心论"，继续猖狂对抗我们伟大领袖毛主席和林副主席，我们就忍无可忍，把你从无产阶级革命队伍中清理出去，扫入历史的垃圾堆，抛到茅坑里去！

聂荣臻必须悬崖勒马、痛下决心，用毛泽东思想改造自己的资产阶级世界观，才能不滑到万丈深渊。

反动的"多中心论"有罪，炮打聂荣臻有理。

程九柯等一小撮
在政治教研室残酷迫害革命干部徐天河同志的罪行

政治教研室革命群众

最大的走资派刘少奇疯狂打击迫害革命干部刘格平等同志，以保护他们一小撮。

中国赫鲁晓夫在航院的代理人程九柯之流，也疯狂打击迫害革命干部徐天河等同志，以保护大特务武光、大叛徒程九柯等一小撮。现在，把他们对徐天河同志进行迫害的滔天罪行拿出来示众！

一、煽阴风，点鬼火，大造反革命舆论

徐天河同志来政治教研室后，同志们都反映很好。孙发祥曾提出让徐天河担任支书。这可吓坏了程九柯等，他们便急忙通过黑爪牙于高光、孔令闻在群众中放风，胡说什么徐天河"思想上有情绪""在干部处犯了错误，受了批评，搞支部工作不合适。""在干部科想当科长，闹名誉地位"等等，散布流言蜚语，一个劲地往徐天河同志脸上抹黑。

二、定重点，找材料，组织围攻

大叛徒程九柯等一小撮，对徐天河同志坚持毛主席革命路线，敢于革命的精神，怕得要死。他们一心想把徐天河同志置于死地而后快。57年3月，他们乘整风之机，通过黑爪牙于、孔在支委会上确定徐天河为重点。整风后期，乘叶星向其汇报工作之际，再次将徐天河同志列为重点。

8月初，反革命修正主义分子于高光、孔令闻组织力量，到处收集材料，对徐天河同志进行围攻。程九柯、王大昌、马文等都前来教研室参加围攻。

三、逐步升级，强行开除党籍

整风反右后期，当时大家都很清楚，支部讨论所谓徐天河同志的问题，只是对徐进行一些帮助，并没有认为要给徐处分。但由于徐天河同志高举毛泽东思想伟大红旗，严厉驳斥了强加予他的种种罪名，英勇地和这一小撮坏人进行了不调和的斗争。于是大叛徒程九柯等怀恨在心、恼羞成怒，利用职权，逐步升级，仅以拒绝帮助为名，由重点帮助到给予处分，到留党察看，到开除党籍。

　　大叛徒大特务程九柯等一小撮残酷迫害徐天河同志的问题，绝不仅仅是一个人问题，而是两条道路、两条路线的斗争。为什么过去程九柯等能在航院横行霸道、结党营私？就是因为当时航院的党政大权被这一小撮叛徒、特务、走资派武、周、程、王、张篡夺。现在，我们以红旗为代表的广大革命群众，夺了一小撮走资派的权，建立了红色政权革命委员会。我们要牢记伟大领袖毛主席的教导，千万不要忘记阶级斗争，巩固红色政权，把大叛徒大特务走资派武周程之流在航院颠倒的历史再颠倒过来。我们要深入持久地开展革命大批判，批倒批臭刘邓反革命修正主义路线，肃清其流毒。

　　打倒刘少奇！
　　打倒黑武光！
　　打倒周天行！
　　打倒程九柯！
　　无产阶级文化大革命全面胜利万岁！
　　毛主席的无产阶级革命路线胜利万岁！

程九柯之流就是反动派

十院十一所革命委员会乐宁碧等几同志

　　千钧霹雳开新宇，万里东风扫残云。

　　在无产阶级文化大革命夺取全面胜利的今天，我们原十院十二所无产阶级革命派的几位战友参加了你们审斗大叛徒、大特务、顽固不化的走资派、杀害革命烈士的刽子手程九柯大会。这个大会是高举毛泽东思想伟大红旗的大会，是毛泽东思想的伟大胜利！我代表十二所无革派表示坚决支持！

毛主席教导我们说："无产阶级文化大革命实质上是在社会主义条件下，无产阶级反对资产阶级和一切剥削阶级的政治大革命，是中国共产党及其领导下的广大革命人民群众和国民党反动派长期斗争的继续，是无产阶级和资产阶级阶级斗争的继续。"黑武光、程九柯之流就是国民党反动派。他们不甘心失败，公开与彭真反革命集团以及我所顽固不化的走资派刘火明之流勾结在一起，猖狂的反对毛主席的革命路线，打击迫害革命干部徐天河等同志达十五年之久。真是罪恶滔天，罪该万死！

假的就是假的，伪装应该剥去。在史无前例的无产阶级文化大革命中，这个被颠倒的历史终于颠倒过来了，恢复了历史的本来面目。这个被程九柯之流踏在脚底下的革命干部终于又走上了无产阶级政治舞台。这是毛主席革命路线的伟大胜利！

同志们，战友们！你们发扬了敢于斗争、敢于胜利的大无畏彻底革命精神，造了一小撮叛徒、特务、走资派的反。你们不愧为毛主席的优秀红卫兵，我们向你们学习！向你们致敬！

坚决打倒刘、邓、陶！

坚决打倒彭罗陆杨！

打倒大叛徒大特务程九柯！

无产阶级文化大革命全面胜利万岁！

毛主席的无产阶级革命路线胜利万岁！我们心中的红太阳毛主席万岁！

向伟大领袖毛主席敬献决心书

国防科委（直）卫东革命造反派隆重纪念毛主席《炮打司令部》大字报和《十六条》发表两周年大会

最最敬爱的伟大领袖毛主席：

旭日东升照长空，锦绣河山一片红。在全国无产阶级文化大革命取得了决定性的伟大胜利的大好形势下，在遵循您的伟大战略部署，进一步发展大好形势，夺取无产阶级文化大革命的全面胜利的阵阵凯歌声中，我们——无限忠于您的无产阶级革命战士，满怀战斗豪情，隆重集会，热烈庆祝您亲手写的《炮打司令部》的大字报和您亲自主持制定的《十六条》发表两周年。

在这个具有伟大历史意义的日子里，《人民日报》发表了"在以毛主席为首的无产阶级司令部的领导下团结起来——纪念毛主席《炮打司令部》（我的一张大字报）发表两周年"的重要社论，传达了以您为首，林副主席为副的无产阶级司令部的声音，深刻地阐明了您的光辉思想，尖锐地揭露了"多中心论"的反动本质，给我们指明了当前的革命任务。我们热烈欢呼，我们纵情歌唱，我们兴奋，我们跳跃！千言万语涌上心头，千歌万曲汇成一个最强音：毛主席万岁！毛主席万岁！！毛主席万万岁！！！

最最敬爱的伟大领袖毛主席啊！爹亲娘亲，不如您老人家亲，河深海深，不如您老人家的恩情深。亿万人民翻身解放，全靠您的英明领导；中国革命和世界革命从胜利走向胜利，全靠您的伟大思想。

最最敬爱的伟大领袖毛主席啊！您以当代最伟大的无产阶级革命家的气魄和胆略，亲自发动和领导了史无前例的无产阶级文化大革命，粉碎了一切阶级敌人复辟资本主义的阴谋，解决了在无产阶级专政下继续革命的理论和实践问题，把马克思列宁主义发展到一个崭新的阶段。

您亲手写的《炮打司令部》的大字报和您亲自主持制定的《十六

条》，以雷霆万钧之力，摧毁了隐藏在党内的以刘少奇为总头目的资产阶级司令部；您的大字报和《十六条》，"唤起工农千百万"，组织起了浩浩荡荡的文化革命大军，把党内一小撮走资派和一切阶级敌人打得落花流水，取得了无产阶级文化大革命的决定性胜利，并将取得全面胜利。您的大字报和《十六条》是文化大革命的宏伟纲领，是社会主义革命和建设的伟大历史文献，是对国际共产主义运动最杰出的贡献，是我们亿万革命群众的行动准则和指路明灯。一切无产阶级革命战士，无限热爱她，热情歌颂她，坚决执行她，誓死捍卫她。一切阶级敌人，对您的大字报和《十六条》，怕得要命，恨得要死，总是千方百计地破坏她，干扰她，进行垂死挣扎。

也有某些人，表面上拥护您的《炮打司令部》的大字报和《十六条》，实际上却是阳奉阴违，反其道而行之。他们一直顽固地"站在反动的资产阶级立场上，实行资产阶级专政，将无产阶级轰轰烈烈的文化大革命运动打下去，颠倒是非，混淆黑白，围剿革命派，压制不同意见，实行白色恐怖，自以为得意，长资产阶级的威风，灭无产阶级的志气，又何其毒也！"他们竟敢冒天下之大不韪，对抗您的大字报，公开践踏《十六条》。

长期压在我们头上，不许我们革命，不准我们造反的聂荣臻，就是这样的一个人。

毛主席啊，毛主席！提起聂荣臻，我们怒火满胸，愤慨万千。我们有满腹衷肠要对您倾诉，我们有多少被压抑的话要向您汇报。我们要控诉聂荣臻！我们要清算聂荣臻！我们要向您敬献一颗红心。我们就在您老人家的身旁，为您的革命路线放哨、站岗，而聂荣臻却恨我们对他"不忠"，把我们踩在脚下，实行高压政策，制造白色恐怖。在那为了捍卫您的革命路线而横遭镇压、迫害的日子里，我们抬头望见北斗星，心中想念您老人家。我们坚信：革命真理——您的光辉思想必将战胜邪恶，我们最最敬爱的伟大领袖——您一定会支持我们，清算聂荣臻罪行的一天，必将到来！

这一天终于来到了！您一系列最新指示，向我们发出了清算聂荣臻罪行的战斗号令。在隆重纪念您的《炮打司令部》的大字报和《十六条》发表两周年的庄严日子里，我们满怀高昂的战斗意志向您表决心；我们要誓死捍卫您，誓死捍卫您的伟大思想，誓死捍卫您的革命路线，誓死捍卫以您为首、林副主席为副的无产阶级司令部，誓死捍卫您的大字报，誓死捍卫《十六条》！我们要以您的伟大思想为强大武器，同聂荣臻斗争到底！坚决炮打聂荣臻，彻底揭开国防科委阶级斗争盖子！

　　毛主席啊，毛主席：我们为什么要同聂荣臻斗争到底呢？难道仅仅是因为他打击、迫害了我们吗？不！最最主要的是因为他猖狂地反对您，不择手段地从政治上陷害您，陷害您的亲密战友林副主席，至今拒不低头认罪；因为他恬不知耻地自我吹嘘"一贯正确""一贯高举"、是"正确路线的代表"，是"无产阶级司令部的代表"，步王明、博古、张闻天的后尘，自封"核心"，和杨成武一样，大搞资产阶级山头主义、个人主义的反动的"多中心论"，对以您为首，以林副主席为副的无产阶级司令部分庭抗礼，推行右倾分裂主义，把他主管的部门变成了一个针插不进、水泼不进的独立王国；因为他文化大革命两年来一直坚持资产阶级反动路线，残酷镇压革命群众，不允许革命群众对他有任何批评，谁要批评了他，炮轰了他，谁就被扣上"炮打无产阶级司令部"的罪名，打成"516分子""反革命分子"，进行搜查、抄家，限制自由，剥夺政治权利，对革命群众实行资产阶级专政；因为他资产阶级派性十足，为了保自己，拉一派，打一派，挑动群众斗群众，给党的事业造成了极大的损失，严重地干扰了您的伟大战略部署；因为他多年来顽固地推行刘少奇的反革命修正主义科技路线和教育路线，反对政治挂帅，反对四个第一，反对党的领导，反对群众路线，反对知识分子与工农群众相结合走又红又专的道路，极力推行资产阶级的物质刺激，名利挂帅，专家路线和白专道路，妄图把我们的科技、教育事业推向资本主义、修正主义的深渊；因为他打击、排斥革命领导干部，包庇重用叛徒、特务和走资派，执行了一条招降纳叛、藏污纳垢的组织路线；因为他惯常玩弄资产阶级政客手段，上骗下压，阳奉阴违，以致在他把持下的部门，您的指示被封锁、歪曲、抵制，您的命令被破坏、践踏。总之，大量事实证明，聂荣臻推行的一套东西，是完全违反您的教导，违反您的方针、政策、路线和思想的。

所以，我们认为，不和聂荣臻做坚决斗争，在国防科委就不能把无产阶级文化大革命进行到底，不清算聂荣臻的罪行，就不能把国防科委办成红彤彤的您的思想的大学校。

所以，我们认为，炮打聂荣臻，彻底清算聂荣臻的"多中心论"和一切违反您的思想的罪行，彻底揭开国防科委的阶级斗争盖子，是完全符合无产阶级文化大革命当前的大方向的，是紧跟您的伟大战略部署的，是进行文化大革命第五个战役，夺取文化大革命全面胜利所必需的。

最最敬爱的伟大领袖毛主席啊！《人民日报》七月二十二发表的您的最新指示和七月二十八日您接见首都红卫兵代表所作的极为重要的指示，是对我们无产阶级革命战士的最大教育，最大支持，最大鼓舞，最大鞭策。《人民日报》"八五"社论，体现了以您为首、以林副主席为副的无产阶级司令部的伟大战略思想，给了我们锐利的思想武器。我们决心沿着您所指引的方向，在以您为首、以林副主席为副的无产阶级司令部的英明领导下团结起来，把无产阶级文化大革命进行到底，把无产阶级教育革命和科技革命进行到底，为彻底实现您所制定的宏伟纲领奋战终生！

我们永远永远忠于以您为首，林副主席为副的无产阶级司令部——这一全党、全军、全国和广大革命群众唯一的领导中心，绝不承认什么另外的"中心"，坚决粉碎聂荣臻的"中心。"

最最敬爱的伟大领袖毛主席啊！您亲自批准的"七·三""七·二四"布告，是保护广大人民群众、镇压一小撮阶级敌人的最新战斗号令。我们——无限忠于您、无限忠于您的伟大思想、无限忠于您的革命路线的无产阶级革命战士，最听您的话，最勇敢、最坚决地贯彻执行您的一切战斗号令。我们保证认真严格地遵守她，坚决彻底地执行她，不折不扣地实现她，坚定勇敢地捍卫她。如果有谁胆敢违抗、破坏，定叫他粉身碎骨，彻底灭亡！

最最敬爱的伟大领袖毛主席啊！在捍卫您、捍卫您的伟大思想、捍卫您的革命路线的斗争中，我们无限忠于您、誓死保卫您的赤胆红心是永远永远不会变的，我们向一切阶级敌人作殊死斗争的坚强决心是永远永远不动摇的，我们一定遵循您的伟大教导："下定决心，不怕牺牲，排除万难，去争取胜利。"

我们坚信，在您的伟大思想的灿烂光辉照耀下，胜利一定属于无限忠于您的无产阶级革命战士！

最最衷心地敬祝您老人家万寿无疆！万寿无疆！！万寿无疆！！！

一九六八年八月五日

清理阶级队伍战报

第 39 号，1968 年 8 月 14 日共 4 版

毛主席关于教育革命最新指示（7.28）

　　学问不是在学校里学出来的，社会是个最大的大学。小学六年太长，中学六年太长，荒废无度。又要考试，考试干什么呢？一样不考，那才好。考试不是办法，一本书考十题，一本书一百个观点，不只是十分之一嘛？对其他 90% 怎么办？谁考马克思，谁考恩格斯，谁考列宁，谁考林彪同志，黄永胜同志，群众需要。高中、初中、小学课程重复，大学也重复，中学要删繁就简。

　　到图书馆读书是个办法。

　　没什么出名的教授，先生教书这个办法是个害人的办法。组织个小自修组。

　　真正的大学校是工厂、农村。

（本院内部学习，请勿外传）

黄洋界上炮声隆

——重炮猛轰科委的反动"多中心论"

我们最最敬爱的伟大领袖毛主席接见首都红卫兵代表时,英明、正确、尖锐地批评了科委的反动"多中心论。"我们,毛主席的红卫兵和无革派坚决响应。

毛主席指示我照办,毛主席挥手我前进!我们紧跟伟大领袖的战略部署,重炮猛轰科委的反动"多中心论",彻底批判"多中心论"这一资产阶级山头主义反动理论,撕开聂荣臻所谓"一贯正确""一贯高举",是"正确路线的代表""无产阶级司令部的代表"的伪装。

"领导我们事业的核心力量是中国共产党。"我们伟大导师毛主席是党的代表,我们全党、全军、全国只有一个领导中心:以毛主席为首、林副主席为副的无产阶级司令部,不能有第二个中心。我们革命红卫兵和无革派,都要紧紧团结在这个领导中心周围。

科委聂荣臻等人步王明、博古之后尘,"要做核心,要人家承认他是核心",用以猖狂对抗我们伟大领袖毛主席和他的亲密战友林副主席,我们绝对不答应。聂荣臻等人这样搞下去,如再坚持不改,势必是"结果垮台。"

让我们"森严壁垒,众志成城",更紧密地团结在以毛主席为首、林副主席为副的无产阶级领导中心周围,架上千万门大炮,重炮猛轰科委的资产阶级反动"多中心论"。

对于敌对思想,"毫无疑义地是应该采用残酷斗争或无情打击的手段的。"因为那些坏人正在利用这种反动"多中心论"对抗我们伟大领袖毛主席和林副主席,我们如果还对他们宽容,那就正中坏人的奸计。科委的资产阶级敌对思想反动"多中心论"不投降,我们就叫他灭亡!

踢开抵制教育革命的绊脚石

——批斗反动学阀沈元大会发言稿（摘要）

67届毕业生大批判组沈元专案组

编者按：67级毕业生即将离开航院了。在这短短的离别前夕，他们响应毛主席"要立新功"的伟大号召，"高举无产阶级文化革命的大旗，彻底揭露那些反党反社会主义的所谓'学术权威'的资产阶级反动立场"，彻底批判资产阶级学霸、学阀沈元的反动思想。这是一件可喜的大好事，我们革命红旗战士和革命师生热烈支持并向他们学习。同时，希望67级毕业生再接再厉，为革命大批判贡献出更多的力量。

中国赫鲁晓夫在航院的代理人，一小撮叛徒、特务、顽固不化的走资派武光、周天行、程九柯、王大昌、张仲禹等……被揪出来了，他们代表着美帝、苏修、国民党反动派的狰狞面目被揭穿了！这是航院无产阶级文化大革命的伟大胜利，是毛主席革命路线在我院的伟大胜利，是战无不胜的毛泽东思想的伟大胜利！

要取得无产阶级文化大革命的全面胜利，我们还必须向这些党内一小撮走资派，发起不断的、猛烈的进攻，开展深入持久的革命大批判。正如516"通知"所指示的那样："高举无产阶级文化革命的大旗，彻底揭露那些反党反社会主义的所谓'学术权威'的资产阶级反动立场，彻底批判学术界、教育界、新闻界、文艺界、出版界的资产阶级反动思想夺取在这些文化领域中的领导权。"在航院就是要揭发以反动学阀沈元为首的资产阶级反动"权威"的反动立场，把他们打翻在地，使他们威风扫地，遗臭万年！

在这伟大的时刻，毛主席关于教育革命的又一最新指示"走上海机床厂从工人中培养技术人员的道路"发表了。毛主席的号召是我们把教育革命进行到底的战斗纲领，是防修反修的百年大计。是我们向资产阶级知识分子统治的旧航院，发起更猛烈攻击的伟大号召！

毛主席挥手我前进！最近，毛主席接见红卫兵代表、毛主席向首都工农毛泽东思想宣传队赠送珍贵礼物，给了我们极大的鼓舞和力量。

我们67届毕业生，怀着一颗对毛主席的无限忠心，怀着对旧教育制度的无比仇恨。牢记毛主席"不要吃老本，要立新功"的伟大教导。今天在这里集会，隆重纪念《十六条》发表两周年！隆重纪念毛主席《炮打司令部（我的一张大字报）》发表两周年！愤怒揭发、批判、斗争资产阶级知识分子在航院的总代表反动学阀沈元。

反动学阀沈元，长期以来在旧高教部、旧北京市反革命修正主义分子和科委某些人的包庇重用之下，在武、周、程、王、张的鼓吹之下，窃踞航院副院长达十四年之久！62年又被拉进党委常委。身兼14职，一手独揽教学、科研等项大权！把航院搞成培养资产阶级接班人的黑染缸。他网罗牛鬼蛇神，包庇国民党的残渣余孽，忠实追随刘邓黑司令部及其在航院的代理人武、周、程、王、张，不折不扣地贯彻一整套反革命修正主义教育路线。沈元不仅是航空学院头号反动学阀、学霸，而且是个地地道道的走资派。他的反革命罪行罄竹难书，我们要彻底清算！

林副主席教导我们："毛主席是我们党的最高领袖，毛泽东思想是永远的普遍真理。谁反对毛主席，反对毛泽东思想，全党共诛之，全国共讨之。"反动学阀沈元像一切反动派一样，对毛泽东思想怕得要死、恨得要命。他反对主席思想统帅我们的一切工作，反对毛主席语录进课堂，反对革命师生上阶级斗争主课。下面首先声讨反动学阀沈元反毛泽东思想的滔天罪行。

第一个发言：红七系代表（67级毕业生）
内容简介

反动学阀沈元反对毛泽东思想，特别突出地表现在反对毛主席提出的一系列教育革命指示上面。历年以来，尤其是1964年以来，毛主席对教育革命做了一系列极为重要、极为英明的伟大指示。64年春节座谈会上讲话、与毛远新同志谈话等等……给教育革命指明了方向。反动学阀沈元心里明白,毛主席指示全面落实之日,也就是他们资产阶级知识分子统治彻底崩溃之时。因此他肆无忌惮地加以歪曲、篡改、封锁、抵制。是可忍、孰不可忍?!打倒沈元!

第二个发言：红六系代表（67级）
内容简介
沈元反对毛主席的教育革命指示,忠实执行刘邓反革命修正主义教育路线。他为美帝、苏修、国民党反动派卖力。他大力贩卖封、资、修的一套破烂货。他以美国麻省理工学院、莫斯科航空学院、旧清华航空学院为榜样,把我院一步步纳入修正主义的轨道。

第三个发言：红九系代表（略）

今后,我们还要对沈元及其同伙们不停顿地进行猛烈的批判斗争。只有彻底从政治上、思想上、组织上把武、周、程、王、张以及沈元为代表的反党反社会主义的资产阶级反动学术"权威"批倒斗臭,才能把航院办成毛泽东思想的大学校。

在夺取无产阶级文化大革命全面胜利的时候,特别需要我们对以毛主席为首、林副主席为副的无产阶级司令部无限忠诚。对毛主席的每一个最新指示,都要坚决照办,彻底执行。理解的要执行、暂时不理解的也要执行,在执行过程中加深理解。无产阶级文化大革命面临一片大好形势。在纪念毛主席《炮打司令部》大字报和《十六条》发表两周年的时候,我们一定要响应毛主席为首、林副主席为副的无产阶级司令部的伟大号令,高举毛泽东思想的伟大红旗,在以毛主席为首、林副主席为副的无产阶级司令部的领导下团结起来,深入持久地开展革命的大批判,切实做好清理阶级队伍的工作,把中国赫鲁晓夫反革命修正主义路线流毒清除干净,完成斗、批、改任务,夺取无产阶级文化大革命的全面胜利!

打倒刘邓陶！打倒彭罗陆杨！
打倒武、周、程、王、张！
打倒反动学阀沈元！
毛主席的革命路线胜利万岁！

战无不胜的毛泽东思想万岁！

毛主席万岁！万岁！！万万岁！！！

把这些势力中的绝大多数人改造成为新人

【社论】我院清理阶级队伍的伟大运动已取得决定性胜利。那一小撮叛徒、特务、走资派和现行反革命分子，一个个被我们揪了出来，进行了斗争、批判。

这一次清理阶级队伍运动，在某种意义上来说，和四清运动一样，"是一次伟大的革命运动。""这一场斗争是重新教育人的斗争，是重新组织革命的阶级队伍，向着正在对我们猖狂进攻的资本主义势力和封建势力作尖锐的针锋相对的斗争，把他们的反革命气焰压下去，把这些势力中间的绝大多数人改造成为新人的伟大的运动。"

对于我院清理出来的阶级敌人，我们尖锐的针锋相对地斗争了他们，批判了他们的反动思想和罪行，把他们的反革命气焰压下去。我们有战无不胜的毛泽东思想，有用毛泽东思想武装起来的红旗战斗队，有广大革命群众，就一定能把这些势力中间的绝大多数人改造成为新人。

我们伟大领袖毛主席在亲自主持制定的《二十三条》中教导我们："对地富反坏分子和蜕化变质分子，要在群众监督下，劳动改造，帮助他们重新做人。犯了严重四不清错误的人，有的不当干部了，不当党员了，可以让他们当社员，好好劳动。"对于我院中的一小撮阶级敌人，也要在群众监督下，劳动改造，给以出路，帮助他们重新做人。只要不是坚持不改和屡教不改，只要是长期地老实劳动，不做坏事，痛改前非，就要允许他们改过，将功赎罪。就要经过群众审议决定可否缩小打击面？

总之，坚决反革命的人，坚决走资本主义道路的人，"总是极少数。"对清理的对象，"必须善于分化他们，区别对待，把最坏的人，最大限度地孤立起来。"最大限度孤立和彻底批倒批臭党内最大一小揪走资派和最坏的屡教不改的反革命分子。

我院清理阶级队伍运动形势大好，"从来也没有看见人民群众像现在这样精神振奋，斗志昂扬，意气风发。"过去的阶级敌人"完全陷落在革命群众的汪洋大海中，他们不想变也得变。至死不变、愿意带着花岗岩脑袋去见上帝的人，肯定有的，那也无关大局。"只要我们认真地学习和牢牢掌握了毛主席亲自制订的政策和策略，相信群众、依靠群众，只要我们抓好了阶级斗争，把阶级敌人的反革命气焰压下去，彻底批倒批臭了他们的反动的资本主义、封建主义、修正主义思想，就完全能够把他们中间的绝大多数人改造成为新人。

充分揭露，斗倒、斗垮、斗臭阶级敌人，肃清他们的影响，同时给以出路，让他们重新做人。这是我们必须照办的一条非常重要的方针政策。

清理阶级队伍战报

第 40 号，1968 年 8 月 17 日共 4 版

毛主席最新最高指示

我国有七亿人口，工人阶级是领导阶级。要充分发挥工人阶级在文化大革命中和一切工作中的领导作用。工人阶级也应当在斗争中不断提高自己的政治觉悟。

在无产阶级司令部的亲切关怀和巨大支持下
我院召开批倒批臭科委"多中心论"誓师大会

广大革命的红旗战士和革命的师生员工坚决表示，一定紧跟毛

主席的伟大战略部署，批倒批臭聂荣臻的反动"多中心论"，誓为夺取无产阶级文化大革命的全面胜利而战斗！

【本报讯】在以毛主席为首、林副主席为副的无产阶级司令部的亲切关怀和巨大支持下，我院革委会于十三日晚主持召开了全院坚决彻底批判国防科委反动的资产阶级"多中心论"誓师大会。

大会首先怀着深厚的无产阶级真挚情感，共同衷心祝愿世界革命人民的伟大导师、我们心中最红最红的红太阳毛主席万寿无疆！共同衷心祝愿毛主席的亲密战友副主席身体永远健康！接着，到会的广大革命红旗战士和广大革命师生员工怀着对伟大领袖毛主席无限信仰、无限崇拜、无限热爱、无限忠诚的一片赤诚心，共同学习毛主席语录。

王恒同志和钢铁纵队的同志先后在大会上愤怒批判了以聂荣臻为首的国防科委大搞"独立王国"，大搞"以我为核心"的虚伪而反动的资产阶级"多中心论"的滔天罪行。他们的批判得到了广大革命红旗战士和广大革命师生员工的热烈支持。与会者对聂荣臻目无毛主席、目无林副主席，分裂以毛主席为首、林副主席为副的无产阶级司令部，大搞反动的资产阶级"多中心论"的滔天大罪极为愤慨。广大革命的红旗战士和革命师生员工坚决表示，一定不辜负无产阶级司令部的亲切关怀和巨大支持，紧跟毛主席的伟大战略部署，坚决炮打聂荣臻，重炮猛轰聂荣臻山寨，批倒批臭聂荣臻的反动的资产阶级"多中心论"，将革命进行到底，誓为夺取无产阶级文化大革命的全面胜利而战斗！战斗！

最后仇北秦同志代表革委会指出：狠批猛批聂荣臻的反动的资产阶级"多中心论"，是我院后一阶段运动的重心。

大会最后在"炮打聂荣臻！""毛主席万岁！"的口号声中胜利结束。

毛泽东思想红旗永远是红卫兵胜利的战旗
以夺取无产阶级教育革命的新胜利
纪念伟大导师毛主席首次接见亿万红卫兵和革命师生两周年

毛泽东思想的旗帜就是胜利的旗帜！

毛泽东红旗是红卫兵取得文化大革命决定性胜利的旗帜！

毛泽东思想红旗是红卫兵夺取无产阶级教育革命新胜利的旗帜！

毛泽东思想红旗永远是红卫兵胜利的战旗！

两年前的八月十八日，红太阳从雄伟的天安门城楼上升起，伟大统帅毛主席身穿绿军装，臂带红卫兵袖章，无比亲切地向我们招手。

千万红卫兵抬头仰望红太阳，千万颗红心在激烈地跳动，千万只手挥动着红彤彤的《毛主席语录》，一遍又一遍地高呼：毛主席万岁！万万岁！

两年来，红卫兵高举"对反动派造反有理"的革命大旗，大造了一小撮叛徒、特务、顽固不化的走资派的反。

两年来，红卫兵紧跟毛主席的伟大战略部署，"指点江山，激扬文字"，把刘邓资产阶级司令部打得落花流水。

两年来，红卫兵忠于伟大导师毛主席，高举毛泽东思想伟大红旗，在文化大革命中起了很大作用。

两年来的革命大风浪的实践，雄辩地证明了这样一个真理：当我们红卫兵学好用好了毛泽东思想，就取得巨大成绩、就胜利、就前进。当我们稍微背离了毛泽东思想，就要落后，就要遭受挫折、遭到失败。一句话，"大海航行靠舵手，干革命靠毛泽东思想。"鱼儿离不开水，干革命离不开战无不胜的毛泽东思想。

最近，毛主席极其深刻地指出："我国有七亿人口，工人阶级是领导阶级。要充分发挥工人阶级在文化大革命中和一切工作中的领导作用。工人阶级也应当在斗争中不断提高自己的政治觉悟。"毛主席这一最新指示，极其重要。对于我们完成面临的各项任务有重大的意义。毛主席的最新指示，又一次给我们红卫兵指出了教育革命胜利前进的方向——要向工人阶级学习，充分发挥工人阶级在教育革命中的领导作用，走与工农相结合的道路。

毛主席最近还深刻给我们指出教育革命的道路和办法，要去工厂当学徒，要到工厂、农村劳动，要到部队当兵，"教育要革命，要无产阶级政治挂帅。"砸烂旧大学是对的，砸烂旧大学不是砸烂大学中的好人，是砸烂旧的一套资、封、修教育制度。"要走上海机床厂从工人中培养技术人员的道路。"并且还谆谆教导和告诫我们："现在是轮到你们小将犯错误的时候了。"

毛主席啊！毛主席。您的无比亲切的教导，我们句句牢记心上；您的谆谆伟大的告诫，我们字字印在脑子里。我们一定把您的每一英明指示，溶化在血液中、落实在行动上，一定沿着您所指引的革命大道奋勇向前。我们一定更紧密地团结在以您为首，以林副主席为副的无产阶级司令部的周围，批判资产阶级反动"多中心论"，坚决克服和反对一切言行不一致的恶劣作风，坚决反对那阳奉阴违的两面派。如果谁不听您的话，不按您的伟大思想和指示办事，正路不走走歪路，我们就要和他坚决斗争到底。

现在，人类历史上没有先例的无产阶级文化大革命已取得决定性胜利，正进入夺取全面胜利的阶段，无产阶级教育革命的重任，落在我们这一代肩上，迫切需要我们做的是：搞好本单位斗批改，彻底改造旧大学，创办无产阶级政治挂帅的红彤彤的毛泽东思想工农大学。我们——您的红卫兵战士，一定勇敢地担起这个重任，与工农相结合，在工人阶级主力军的领导下，把无产阶级教育革命进行到底！

不吃老本立新功，红卫兵革命路上不停步。我们这一代，豪情满胸怀。我们是"在毛泽东思想哺育下"的年青一代，我们是在毛主席革命路线的领导下成长的，我们的战旗就是毛泽东思想伟大红旗。这是光辉的旗帜，胜利的旗帜，永远带领着我们前进的旗帜。在纪念我们最敬爱的伟大领袖毛主席首次接见红卫兵二周年的光辉日子里，让我们更高地举起红卫兵胜利的战旗——毛泽东思想伟大红旗，以豪迈的步伐，紧跟毛主席的伟大战略部署，为夺取教育革命的全面胜利而奋斗！

他永远活在我们的心中
——悼刘天章同志

我们革命红卫兵战士是用毛泽东思想武装起来的青年，是敢想、敢说、敢干、振奋大无畏创造精神的青年。伟大的无产阶级导师毛主席，伟大的毛泽东思想，我们誓死保卫他。砍头不要紧，只要主义真，保卫毛主席，死了也甘心。这就是我们——毛主席的红卫兵的战斗誓言。作为伟大导师毛主席的红卫兵之一员，是再光荣不过的了。以伟大毛泽东思想武装的红卫兵，是再高尚不过的了。优秀的不朽的红卫兵刘天章烈士，为了保卫毛主席的革命路线，艰苦奋斗，勇往直前，献出了他年青的生命。

天章同志与革命红卫兵

同志们：当我们回忆天章同志的战斗生活——这等于是回忆用伟大毛泽东思想武装的红卫兵运动分不开的。红旗英雄天章的战斗经历，就是这样地紧密联系着北航红旗，紧密联系着中国的伟大的红卫兵运动，联系着伟大的无产阶级文化大革命运动。而且，如果你真正了解天章的为人，知道他的全部品质和生活，你就能真正认识到：刘天章的确是一个多么优秀的红卫兵战士，是用伟大毛泽东思想哺育的多么好的革命青年啊！

整整两年前，在光芒四射的天安门城楼上，一轮光焰无际的红太阳照耀着广大革命青年闯将。这时，我们的天章同志与全国亿万红卫兵一道，沐浴着这最温暖、最幸福的阳光。

天章在这盛大的红卫兵节日里，怀着一颗忠于伟大红司令毛主席的红心，写下了自己战斗的誓言"毛主席——东方的太阳，世界人民革命的导师,革命的灯塔,革命的舵手,我誓作保卫党中央,保卫毛主席的红卫兵!"为了保卫毛主席、保卫毛主席革命路线,上刀山、下火海在所不辞,"赴汤蹈火""粉身碎骨""什么都不怕。"在这红卫兵最盛大隆重的节日里,天章从红太阳毛主席那儿得到了无穷无尽的力量,得到克服任何艰难困苦的精神原子弹。这是他在大风大浪中坚定前进的动力,是他为人民忘我战斗,贡献自己的全部力量以至生命的精神准备。

刘邓一小撮走资派及其在航院的代理人充当了他的反面教员,旧的资产阶级教育制度摧残着他。这倒并不因为仅仅摧残他个人,而是在摧残和毒害着整个青年一代,企图将知识青年引向修正主义的泥坑。他看清了旧制度的腐败。他努力学习伟大的足以战胜旧制度的革命宝书——《毛泽东选集》,找到了锐利的思想武器,并用这强大的思想武器杀向旧教育制度,呐喊着、呼啸着前进。彻底造了党内一小撮走资派、资产阶级反动学术"权威"的反。在这里,伟大的革命宝书不能不对他的世界观的形成产生极为重大的影响。在学习了宝书之后,天章在日记上写道:"毛主席说:'要奋斗就会有牺牲,死人的事是经常发生的。''为人民而死,就是死得其所。'即使我牺牲了,只要人民的利益得到保障,那这种牺牲就是应该的,无所畏惧的。"他已经把全部身心贡献给了人民。就在那时,他已经找到革命最强大的依靠力量——毛泽东思想。决心"干一辈子革命,学一辈子毛泽东思想"

两年前的天章同志,就有着所有优秀的红卫兵所共有的特点——努力学习和勇敢捍卫毛泽东思想,就已经成为革命青年学习的榜样。他的优秀品质、他的革命精神,早就远远超过了许多红卫兵的今天。

对顽固不化走资派、反动"权威"恨之入骨

天章同志对敌人、对顽固不化走资派、对反动"权威"是满腔怒火,无比憎恨。他高举起"对反动派造反有理"的大旗,无所畏惧地向一小撮反革命修正主义分子宣战。他在66年7月的一篇题为《造反!!!》的短文中说道:"反革命黑帮疯狂反对我们的党中央和毛主

席，妄想使我国变颜色！他们要造我们的反，我们就要造他们的反！""邓拓、吴子牧、宋硕、周天行、陆文之流疯狂地反党反人民，他们要夺我们的政权，杀我们的头，我们不造反就要失去政权，不造反就不能砸烂资产阶级顽固堡垒。"他牢记毛主席的"人民得到的权利，绝不允许轻易丧失，必须用战斗来保卫"的伟大教导，为保卫人民政权，大造了一小撮走资派的反，大造了资产阶级司令部的反。

　　天章同志早就在用望远镜和显微镜观察事物。在毛泽东思想的望远镜和显微镜下面，他看得清楚，爱憎分明。他说："观周陆这一对牛鬼蛇神被我们监督劳动，扫了他（她）们的威风，我心中欢喜。这是无产阶级专政的威力，是人民群众的威力。"他这里说的是"心中欢喜"，这是内心上的。而绝不像某些人那样，只是表面的，内心上却仍然同情反革命修正主义、为一小撮走资派的罪行辩护和翻案。

　　由于天章用显微镜观察社会，观察了周陆，他就一眼看穿了周陆之流"每月拿劳动人民三、五百元的费用，干的却是反党反人民，反社会主义反毛泽东思想的黑事。"

　　"虽然表面上衣冠整洁，满身香水，其灵魂深处已腐臭透顶，即便是丢到茅坑里，茅坑也会脏。"他对资产阶级"权威"，同样看得深刻，他说："我对资产阶级权威教授恨之入骨。"

　　他就是用战无不胜的"对反动派造反有理"的思想，大造了旧航院反革命修正主义、资产阶级反动权威的反，揭开了所谓"政治空气好"的黑幕——党内一小撮走资派、叛徒、特务，打着"红旗"反红旗的实质。他为摧毁旧航院资产阶级知识分子的统治，为建立红彤彤的毛泽东思想新航院，立下了不朽的功勋。

天章与工农群众

　　天章同志与工农群众达到了这样的程度：工人阶级就是他的父亲，贫下中农是他的母亲。他说："到处都有我的亲爹娘——工人阶级、贫下中农，我在您怀里长大，我永远为您干革命。"天章确是劳动人民的好儿子。他完全"和广大的工农群众结合在一块，和他们变成一体"了。

他响应伟大领袖毛主席的号召，怀着对毛主席的好学生——焦裕禄同志的崇敬心情来到兰考时，和贫下中农同吃、同住、同劳动、同爱憎。贫下中农深为感慨地说："他是咱贫下中农的贴心人。"

在最困难的时候，在兰考白色恐怖时期，天章和兰考贫下中农一起作战，坚决支持兰考卫焦司令部。天章同志领着贫下中农一起学毛选，一起活动，一起坚决保卫毛主席亲自树起的焦裕禄这面红旗。在兰考六七年六、七月的血雨腥风中，他完全与兰考的贫下中农同甘苦患难，结成了牢不可破的革命的战斗友谊。当优秀红卫兵天章同志，为了保卫毛主席革命路线，奔赴开封和"八二四"战友并肩战斗，被党内一小撮走资派罪恶的子弹杀害，兰考的贫下中农得知后，无不痛哭失声，很多贫农老大娘说："我的好孩子，你咋会死啦？！"是啊，谁能相信：贫下中农这样一个好孩子，竟会永别了？！竟会死于一小撮走资派魔掌之下。

不，刘天章没有死，他永远活在韩村、兰考贫下中农的心里。

天章同志与兰考县的工人也同样有着风雨同舟，血肉相连的革命战斗友谊，完全成为兰考工人阶级中"不可分离的一员。"

高举革命的红旗，踏着天章烈士的血迹前进

挥泪继承烈士志，誓将遗愿化宏图。

刘天章同志和我们永别一年了，但他的光辉形象仍然历历在目，他忠于毛主席、忠于毛主席无产阶级革命路线的崇高品质，永远值得我们学习。激励着我们去战斗。

伟大领袖毛主席教导我们："成千成万的先烈，为着人民的利益，在我们的前头英勇地牺牲了，让我们高举起他们的旗帜，踏着他们的血迹前进吧！""死难烈士万岁！"

我们的刘天章同志，为着人民的利益做了许许多多艰苦的工作，为了人民的利益而遇难牺牲，让我们高举起他举过的无产阶级文化革命大旗，踏着他的血迹前进吧！

烈士的革命精神磨灭不了！烈士的革命精神永垂不朽！死难烈士万岁！

刘天章虽然和我们永别了，但他并没有死。他永远活在我们红旗战士、活在红卫兵和无产阶级革命派的心中，活在中原工人阶级和贫下中农的心中。

清理阶级队伍战报

第 41 号，1968 年 8 月 20 日共 4 版

热烈庆祝红旗战斗队诞生两周年

念奴娇 【二首】 红旗《红满天》

其一 高举红旗永向前

（纪念北航红旗诞生两周年）
一九六八年八月二十日

文化革命，
风暴起，
荡涤污泥浊水。
战士高举红宝书*，
乘风奋勇向前。
二年时光，
斗争激烈，
两条路线搏。
红色江山，

谁人誓死捍卫？

高举红旗向前，
革命青年，
工农兵学干。
怎能忘记阶级仇，
再受剥削压迫？
革命到底，
誓不回头，
永跟毛泽东。
风展红旗，
共产主义实现。

＊红宝书，就是红彤彤的《毛主席语录》，是工人阶级和革命人民翻身得解放的宝书。

其二 同心干

（纪念北航红旗成立两周年）
一九六八年八月二十日

青年闯将，
革命派，
敢想敢说敢干。
宣传捍卫红思想＊，
鲜血生命贡献。

风浪两年，
学会游泳，
能击中流水，
锻炼成长，

喜得赤诚心肝。

如今欲向何方？
最高指示，
到工农中去。
安得拜他作老师，
磨出高尚品质？
一同革命，
一同劳动，
一同向前进。
泥油万遍，
无产江山钢锻。

＊红思想就是伟大的战无不胜的毛泽东思想，即无产阶级革命的伟大思想。

紧紧团结在无产阶级司令部周围
对准聂荣臻山寨猛轰

【社论】 我们伟大的导师毛主席于七月二十八日严正指出，国防科委在搞"多中心论。"伟大导师毛主席的英明指示，像一把锋利的尖刀，一下子戳破了国防科委的脓疮。

就是国防科委的那个聂荣臻，长期以来，分裂和干扰毛主席的无产阶级司令部，大搞个人的资产阶级"独立王国"，在科委系统招降纳叛，大立特立个人的小山头，大树特树自己个人的"权威"！

就是国防科委的那个聂荣臻，长期以来，对抗当代无产阶级最伟大的导师毛主席和他的亲密战友林彪副主席，把自己标榜为"一贯高举""一贯紧跟"的无产阶级司令官，妄图篡夺林彪同志作为毛主席最好的接班人的地位！

就是国防科委的那个聂荣臻，竟然狗胆包天，把自己凌驾于最高统帅毛主席之上，把自己标榜为"国防科研战线上的司令官"；目无毛主席，阳奉阴违，口是心非，当面说得好听，背后又在搞鬼，伪造最高指示，从政治上陷害伟大统帅毛主席！

也就是国防科委的那个聂荣臻，长期以来，抵制毛主席的科研和教育路线，另搞一套，自行其是，在国防科研和教育战线上，推行了一整套修正主义的科研、教育路线！

还就是国防科委的那个聂荣臻，拒不执行毛主席的无产阶级革命路线，对敢于造他的反的广大革命小将和革命群众，恨之入骨，站在反动的资产阶级立场上，实行资产阶级专政，欲将科委系统轰轰烈烈的文化大革命运动打下去，颠倒是非，混淆黑白，压制不同意见，实行白色恐怖，残酷镇压广大革命小将和革命群众！

到底聂荣臻还有没有共产党的党性？！还要不要党的组织纪律？！

"领导我们事业的核心力量是中国共产党。"

《人民日报》"八·五"重要社论严肃而明确地指出："以毛主席为首、林副主席为副的无产阶级司令部，是全党、全军、全国和广大革命群众唯一的领导中心。全党、全军、全国只能有这样一个中心，不能有第二个中心。我们要把亿万革命人民，都紧紧团结在这个领导中心的周围。所谓'多中心论'是一种资产阶级山头主义、个人主义的反动理论，它涣散革命队伍在毛泽东思想基础上的团结，妨碍无产阶级革命路线的贯彻执行。"这就一针见血地点破了聂荣臻资产阶级"多中心论"的反动实质。

《人民日报》"八·一三"重要编者的话，再一次郑重地发出了无产阶级司令部的战斗号令："我们一定要肃清中国赫鲁晓夫反革命修正主义路线的流毒。我们一定要及时地识破和粉碎一小撮反革命分子妄图破坏和分裂无产阶级司令部的一切阴谋诡计。我们一定要坚决抵制阳奉阴违的两面派的坏作风。我们一定要进一步批判山头主义、个人主义、宗派主义等等资产阶级反动世界观的各种表现。全党、全军、全国各革命委员会和广大革命群众,要更高地举起毛泽东思想的伟大红旗,在以毛主席为首的无产阶级司令部的领导下紧密地团结起来,把右倾分裂主义的'多中心即无中心论'抛到垃圾堆里去!"

广大革命的红卫兵战友们,广大决心把无产阶级文化大革命进行到底的无产阶级革命派的同志们,最高统帅毛主席和毛主席的无产阶级司令部在召唤着我们,在关怀着我们,在激励着我们,在支持着我们!我们炮轰以聂荣臻为首的国防科委——反动的资产阶级"独立王国",一百个对!让我们奋起响应最高统帅毛主席和毛主席的无产阶级司令部的庄严号令,紧密地团结在无产阶级司令部周围,装上千万门大炮,朝着聂氏山寨猛轰!猛轰!!

沈元公开攻击毛主席的伟大哲学思想罪该万死

沈元专案组

1963年毛主席发表了光辉的哲学著作《人的正确思想是从哪里来的?》,再一次阐明了一个颠扑不破的哲学原理——一个正确的认识,往往需要经过由物质到精神,由精神到物质,即由实践到认识,由认识到实践这样多次的反复,才能够完成。它是指导我们认识世界上任何事物的科学规律,是放之四海而皆准的普遍真理。广大工农兵群众应用这一辩证唯物论的认识论,认识社会,认识自然,进而改造社会,改造自然,在阶级斗争、生产斗争和科学实验的三大革命运动中创造了人类的奇迹,建立了伟大的功勋。在广大的工农兵群众学习毛主席的伟大哲学思想的热潮推动下,我院广大革命师生,怀着对伟大领袖毛主席的无限热爱、无限忠诚、无限信仰、无限崇拜的无产阶级的真挚情感,大胆尝试用《矛盾论》和《实践论》来指导教学工作。这是一个良好的开端,是一种新生事物,应该满腔热情地给予支持。然而沈元却对此怕得要死,恨得要命,竟采取了极端仇视和反对的态度，公开攻击毛主席的伟大哲学思想，干扰和破坏毛主席的伟大哲学思想深入人心，真是罪恶滔天！

1965年9月1日，沈元给基础课教师作报告时攻击说："我们要避免形式主义地每堂课都机械地分析主要矛盾，不一定非得找出几对矛盾不可。"

沈元在这里恶毒地攻击毛主席的伟大哲学思想是"形式主义"，是教条，是框框，是繁琐哲学，真是反动之极！毛主席的伟大哲学思想教导我们：矛盾无时不在，矛盾无处不有。"矛盾存在于一切事物发展的过程中，矛盾贯串于每一事物发展过程的始终，这是矛盾的普遍性和绝对性。""在复杂的事物发展过程中，有许多的矛盾存在，其中必有一种是主要的矛盾，由于它的存在和发展，规定或影响其他矛盾的存在和发展。"我们"研究任何过程，如果是存在着两个以上矛盾的复杂过程的话，就要用全力找出它的主要矛盾，捉住了这个主要矛盾，一切问题就迎刃而解了。"而沈元却在这里胡说什么"我们要避免形式主义地每堂课都机械地分析主要矛盾，不一定非得找出几对矛盾不可。"明目张胆地与毛主席的伟大哲学思想唱反调，真是混蛋之极！打倒沈元！

1965年下半年，电工教研室革命同志研究用主席的矛盾论思想分析异步电动机的工作原理。沈元其实不懂电动机，更不通辩证法，却还装腔作势，摆出一副学阀的架势，说什么"异步电动机定子是矛盾的主要方面，这种提法是否妥当？如果说它是矛盾的主要方面，它的对立面是什么？……这些意思还没有弄清楚时，最好先不要用。本来学生容易懂的，加了几个矛盾，学生反而搞不清楚了。"

几乎在同一时期，沈元又在理力教研室散布同样的谬论："不能轻易地把主席的哲学观点用于教学中。有时用了，反而越解释越不清楚了，如力学中的'运动'，用矛盾论的观点是解释不清的。因此用主要矛盾和次要矛盾分析课程内容的问题不要轻易。"

沈元在这里戴上了"慎重"的假面具，用以掩盖其反动的丑恶嘴脸。但是人们只要想一想，就不难看出，沈元在这里就根本否认了主席的伟大哲学思想是放之四海而皆准的普遍真理。在他看来，毛主席的哲学思想只是部分地适用的，用于这个问题上可以解释得通，用于那个问题上又解释不通了。既然如此，主席的哲学思想就只能是"收起"为好了。沈元真是反动透顶！坚决打倒反动学阀沈元！

更有甚者，沈元明目张胆地反对毛主席的实践论思想，说什么"学习规律与认识规律是有区别的。学生不可能由实践——理论——实践的过程学习。"这种公开反毛泽东思想的反动言论，在党委扩大会议上讲，在系主任会议上讲，也在基层群众中讲，翻来覆去不知讲了多少遍，流毒极广，害人极深。

沈元的这种反动谬论，就是他拼命抵制和反对毛主席的伟大教育思想的"理论根据。"在他看来，学生只能从"理论"到"理论"，从书本到书本，什么别的道路，例如教育必须为无产阶级政治服务，教育必须同生产劳动相结合。"要无产阶级政治挂帅，走上海机床厂从工人中培养技术人员的道路"等等，都是一概行不通的。难怪乎，航空学院长期以来走不上与工农群众相结合的道路。反动学阀是资产阶级知识分子统治航空学院的地地道道的总代表！斗倒斗臭反动学阀沈元！

反动学阀沈元之所以对毛泽东思想如此深恶痛绝，就是因为他及其反动教授等同伙，用以维持其在航院的长期统治的，是封建主义、资本主义和修正主义的一套破烂货，资产阶级的唯心论和腐朽的资产阶级教育思想是他们的活命稻草，一旦广大革命师生掌握了毛主席的伟大哲学思想，他们的这一套岂不就完蛋了吗？他们的夸夸其谈、无真才实学、有哗众取宠之心的外强中干、混饭吃的纸老虎原形岂不就毕露了吗？在这样的情况下，他们的反动统治怎么维持下去呢？正因如此，他们对毛泽东思想才这样仇恨，才这样拼命地反对。可是他们是蚍蜉撼大树，可笑不自量，其完蛋之日今天已经临到了！打倒反动学阀沈元！

无产阶级文化大革命的闯将
——忆优秀红旗战士刘天章

红旗一兵

六月天兵征腐恶，万丈长缨要把鲲鹏缚。

两年前，由我们的伟大领袖毛主席亲自发动、亲自领导的史无前例的无产阶级文化大革命轰轰烈烈开展起来了，它像急风暴雨冲刷着中国大地，清除着资产阶级和一切剥削阶级腐朽的意识形态。

那时，天章同志已经有了毛泽东思想的强大武装和鲜明的无产阶级立场，他已经容不得旧世界。他说，他生在世上"不为别的，只为破坏整个旧世界，建立劳动人民的新世界。"

从这段向旧世界宣战的呐喊中，就不难看清：他具有多么强烈的革命造反精神。这是他一个年轻革命闯将的写照。

早在伟大领袖毛主席亲自批准发表聂元梓七同志大字报时，天章就紧跟毛主席的战略部署，冒风险、排障碍，以"舍得一身剐，敢把皇帝拉下马"的大无畏革命精神，大造了旧航院一小撮走资派的反；当伟大导师写出了马列主义的《炮打司令部》大字报后，天章最积极响应，大造资产阶级反动路线的反，炮打了刘邓资产阶级司令部。为此，敌人曾给他戴上一顶顶"反革命""牛鬼蛇神"的大帽子。但他毫不畏惧，更加坚定的勇敢战斗，向刘邓黑司令部冲杀过去，摧毁刘邓资产阶级司令部。

他首先是旧世界的叛逆者，对于旧世界，对于资产阶级司令部，彻底造反、彻底背叛、彻底砸烂。

他又是新世界的忠诚保卫者，对于以毛主席为首、林副主席为副的无产阶级司令部，对于中央文革，他无限忠诚、无限热爱、勇敢捍卫。在六六年十二月反击黑风的斗争中，为有力打击一小撮反革命分子，保卫无产阶级司令部，我院红旗连组织起来了，他担任政治指导员。在誓死保卫毛主席、保卫中央文革的战斗中，在同一小撮反革命的斗争中,他用坚定的无产阶级立场,顽强的斗争精神,夜以继日、废寝忘食的工作,为捍卫以毛主席为首、林副主席为副的无产阶级司令部,写下了光辉的一页。他是具有高度政治觉悟的革命者,又是具有奋斗精神的勇士。红旗战斗队的许多红旗战士都知道,他就是"一头好斗的黄牛,一头浑身造反烈火的黄牛。"

在斗争中,天章已在革命战士中间起着坚强的骨干作用。他首先是突出政治,在工作方面他同样具有突出的独立工作能力,在在困难中不动摇、勇往直前。

他逐渐成为北航红旗坚强的骨干之一。如果观察一下战斗队队史,那么可以看到,他很早就是一名非常优秀的红旗战士:无产阶级的先锋战士。他不仅自己努力刻苦学习毛泽东思想,还时刻想到"必须使每个红旗战士把毛泽东思想刻在心上,印在脑子里,溶化在血液里。"

清理阶级队伍战报

第 42 号,1968 年 8 月 22 日共 4 版

最高指示

没有一个人民的军队,便没有人民的一切。

我国有七亿人口,工人阶级是领导阶级。要充分发挥工人阶级在文化大革命中和一切工作中的领导作用。

北京航空学院革命委员会
关于坚决拥护热烈欢迎中国人民解放军和工人毛泽东思想宣传队进驻我院的通知

(一九六八年八月二十二日)

正当我院广大革命师生员工同全国人民一道，在伟大领袖毛主席的统率下，紧跟毛主席伟大战略部署，夺取无产阶级文化大革命全面胜利的关键时刻，上级领导决定给我院派来亲人解放军和工人毛泽东思想宣传队。这是伟大领袖毛主席对我们革命师生的最大关怀、最大爱护、最大支持、最大鼓舞，是毛主席的又一伟大战略部署，我们坚决拥护、坚决支持，坚决紧跟、坚决照办，并对进驻我院的中国人民解放军全体指战员和工人毛泽东思想宣传队表示最热烈的欢迎！向解放军学习、向解放军致敬！向工人阶级学习、向工人阶级致敬！

革命委员会要求各级新老干部和全院革命同志紧急动员起来，大办毛泽东思想学习班，学习毛主席一系列最新指示和《人民日报》有关社论，进一步加深理解伟大领袖毛主席的这一伟大战略部署，坚决相信和依靠中国人民解放军，坚决相信和依靠工人毛泽东思想宣传队，在革命委员会的领导下，把我院无产阶级文化大革命进行到底！

革命委员会号召全院革命同志做好一切准备工作，搞好后勤、卫生工作，最热烈、最盛大地欢迎亲人解放军和工人毛泽东思想宣传队。

让我们紧密团结在以毛主席为首、林副主席为副的无产阶级司令部的周围，为夺取无产阶级文化大革命的全面胜利而努力奋斗！

毛主席的无产阶级革命路线胜利万岁！

战无不胜的毛泽东思想万岁！

伟大的中国共产党万岁！

伟大领袖毛主席万岁！万岁！万万岁！

最高指示

我国有七亿人口，工人阶级是领导阶级。要充分发挥工人阶级在文化大革命中和一切工作中的领导作用。

立即行动起来——紧急倡议

红旗战友们，全院革命同志们：

以毛主席为首、林副主席为副的无产阶级司令部，发出了工人阶级向上层建筑各个领域进军的伟大战斗号令。

工农兵毛泽东思想宣传队快要来到我们学校了！

这是一件振奋人心的大好消息！是无产阶级文化大革命中涌现的新事物，是当前夺取文化大革命全面胜利关键时刻的重大措施，是人类历史上的伟大创举！

高等学校，过去是刘邓推行反革命修正主义路线的重要阵地，是资产阶级及其知识分子盘踞的顽固堡垒。今天，工人阶级要用毛泽东思想来彻底改造这个领域，占领这个领域，这个革命行动好得很：好极了！和全院广大革命同志一样，我们六研全体革命同志热烈欢呼！积极支持；衷心拥护！

亲人们快来了！怎样来热烈迎接呢？我们建议全院抓好如下工作：

①立即掀起大办毛泽东思想学习班的新高潮。认真学习，深刻领会，坚决执行毛主席八一五最新指示，和一系列最高指示。院革委会应全力以赴，抓好大学、大讲、大用最新指示的群众运动。大讲大议工人阶级向上层建筑各个领域伟大进军的深远历史意义及工农兵毛泽东思想宣传队进驻我院的伟大意义。热烈欢迎工农兵毛泽东思想宣传队。

②无产阶级要按照自己的世界观改造世界，资产阶级也要按照自己的世界观改造世界。工农兵毛泽东思想宣传队来到我院，领导斗批改，是一场严重的阶级斗争，必然会遇到来自各方面的阻力。一小撮牛鬼蛇神必然会向工人阶级进行疯狂的反扑。各种旧的习惯势力和人们头脑中的资产阶级世界观都是这场深刻革命的阻力。要求我院各级革委会领导同志狠抓围绕这件大事出现的阶级斗争新动向，新特点，及时领导我们冲破各种阻力，向走资派开火，向资产阶级反动学术"权威"开火，向资产阶级世界观开火，向一切旧的习惯势力开火◇

③用最高指示做标准，联系我院阶级斗争的实际情况，大找差距，克服骄傲自满、故步自封的松垮局面。在工农兵毛泽东思想宣传队的领导下，更进一步做好清理阶级队伍的工作，搞好教育革命，认真搞好斗批改。

④采取一系列措施，为工农兵毛泽东思想宣传队开展工作创造一切有利条件：

例如：1．在全院采用各种措施大造舆论，热烈欢迎工农兵毛泽东思想宣传队。

2．发动群众，立即召回尚未回校的同学和教工。

3．各单位革命同志要坚守岗位，做好抓革命、促生产的各项工作。

4．大学解放军的四个第一，大兴三八作风，学习工人阶级的严格组织纪律性，立即改变某些地方存在的松垮、逍遥局面。

在这一关键时刻，我们全室革命同志经过认真反复学习和讨论，一致表示：进一步办好学习最新指示的学习班，不断加深对毛主席最新指示深远历史意义的理解，与自己头脑中轻视工农的资产阶级世界观作斗争，坚决与一切阻碍发挥工人阶级领导作用的各种阻力作坚决的斗争。一定放下臭架子，虚心向工人阶级学习，老老实实地当工人的小学生。坚决走和工农兵相结合的道路，彻底改造世界观；坚决走毛主席指出的上海机床厂的道路。我们坚决要求，热烈欢迎毛主席派来的亲人——工农兵毛泽东思想宣传队，来我室领导斗、批、改。搞好无产阶级教育革命，把我院办成红彤彤的毛泽东思想大学校。

最后让我们高呼：

向门合同志学习！向门合同志致敬！

一切想着毛主席！一切服从毛主席！

一切紧跟毛主席！一切为着毛主席！

热烈欢迎工农兵毛泽东思想宣传队进驻我院！

向工人阶级学习！向工人阶级致敬！

紧跟毛主席的伟大战略部署！

战无不胜的毛泽东思想万岁！

伟大领袖毛主席万岁！万岁！万万岁！

热烈欢迎解放军和工农

毛泽东思想宣传队进驻我院

红学工红学军

伟大领袖毛主席最近指出："我国有七亿人口，工人阶级是领导阶级。要充分发挥工人阶级在文化大革命中和一切工作中的领导作用。"毛主席这一光辉指示，给我们进行无产阶级教育革命，创办社会主义大学，又一次指明了胜利前进的方向。

文化大革命发展到今天，已进入夺取全面胜利的关键时刻，必须狠抓上层建筑的斗批改。对于我们学校来讲，就要狠抓教育革命。

要把无产阶级教育革命进行到底，光靠教师行不行呢？不行。光靠学生行不行呢？也不行。还必须依靠革命的工人。"知识分子如果不和工农民众相结合，则将一事无成。"没有工人阶级的领导，教育革命是不会成功的。

毛主席早在一九三九年就英明地指出："知识分子在其未和群众

的革命斗争打成一片，在其未下决心为群众利益服务并与群众相结合的时候，往往带有主观主义和个人主义的倾向，他们的思想往往是空虚的，他们的行动往往是动摇的。"知识分子的这些弱点，只有在工人阶级的领导下，在长期的群众斗争中才能克服。

"工人阶级最有远见，大公无私，最富于革命的彻底性""是一个最有觉悟性和最有组织性的阶级。"工人阶级把毛泽东思想红旗举得最高，对伟大领袖毛主席最忠，跟伟大统帅毛主席最紧。整个革命历史证明，没有工人阶级的领导，革命就要失败，有了工人阶级的领导，革命就胜利了。我们的教育革命也绝不会例外。我们革命红旗战士、革命师生，要想把教育革命进行到底，就必须相信和拥护工人阶级的领导，走上海机床厂从工人中培养技术人员的道路。工农是砂子，学生是黏土。学生与工农结合起来，就能够形成很好的团粒结构，就能够栽出根深叶茂的无产阶级教育革命之树，开出异彩夺目的无产阶级教育革命之花，结出丰硕饱满的无产阶级教育革命之果，就"能够做出从市侩的渐进主义的狭小眼光看来是不可思议的奇迹。"

中国人民解放军是穿军装的工农，是伟大统帅毛主席亲自缔造、林副主席直接指挥的人民军队。解放军进校，可以使我们学习解放军的突出政治、四个第一、三八作风等优良传统，像解放军那样革命化和战斗化。

同志们！解放军和工农毛泽东思想宣传队进驻我们学院的好处说不完。让我们以千百倍的热情，最热烈地欢迎解放军和工农毛泽东思想宣传队进驻我院，领导我们把无产阶级教育革命进行到底！

向解放军学习！向解放军致敬！

向工农学习！向工农致敬！

最热烈地欢迎解放军和工农毛泽东思想宣传队进驻我院！

毛主席的无产阶级革命路线胜利万岁！

最最热烈地欢迎工农兵毛泽东思想宣传队

【本报讯】22日下午，在主243召开了院系各级革委会委员、各级勤务员全体会议。大会在《东方红》的雄壮歌声中开始，然后集体学习了毛主席的最新指示。

会上，院革委会侯玉山同志做了重要讲话。他说，全国形势一片大好，云南、福建省的革委会相继成立。北京的形势也是一片大好，最近时期，建工、二外、广播、河北北师相继成立革委会。形势大好的重要原因，是毛主席一系列最新指示的威力无穷，是毛主席的召见对全国人民的巨大鼓舞和鞭策。

侯玉山同志指出，北京的形势大好，还由于用毛泽东思想武装起来的工人阶级的领导，与人民解放军的帮助分不开。工农兵毛泽东思想宣传队进驻学校，是毛主席的伟大战略部署，是使大专院校的斗批改、学校无产阶级文化大革命形势飞速向前发展的重要因素。

他说，今天和大家商量一下最热烈地欢迎解放军和工人进驻我院的事情。工农兵管教育，管上层建筑，是毛主席的伟大战略部署。工农兵是文化大革命的主力军，工人阶级是领导阶级，革命的知识分子、青年学生一定要与工农相结合。同时，运动发展到今天，小资产阶级革命的不彻底性，在知识分子和学生中暴露出来了，要把学校的文化大革命进行到底，就必须有工人阶级的领导，就必须学习人民解放军的优良革命传统。工农兵进校，给我们在这方面创造了极为有利的条件。我们院革委会、各系革委会、各大小班要最热烈地欢迎解放军和工农毛泽东思想宣传队，坚决相信和依靠解放军、相信和依靠工人毛泽东思想宣传队。最坚决地支持他们的工作，同他们一道，把我院文化大革命进行到底！他要求大力加强宣传工作。各部系要贴出大字报，大标语，造成热烈的欢迎气氛。

最后，侯玉山同志还代表院革命委员会，给各级革命委员会和勤务站提出了下阶段的任务，学习要求，并安排了有关工作。

清理阶级队伍战报

第 43 号，1968 年 8 月 24 日共 8 版

北京航空学院清理阶级队伍工作总结概况

北京航空学院革命委员会 清理阶级队伍领导小组

在毛主席最新指示的光辉指引下，我院的清理阶级队伍的群众运动，已经进行了四个月了。四个月来的清理阶级队伍的群众运动大致可以分为五个阶段：

第一阶段：思想和组织准备阶段。在这一阶段里，大办全院性的毛泽东思想学习班，学习毛主席和中央首长关于清理阶级队伍的理论、路线、方针和政策，大讲阶级斗争、大摆敌情、大反右倾。建立了各级领导班子和骨干队伍。

第二阶段为揪斗黑武光、揪出黑爪牙、围剿国民党残渣余孽的战役。因为对这一战役进行大约四个月的准备工作，所以一抓就准，旗开得胜，大长了无产阶级革命派的志气，大灭了资产阶级右派的威风，初步发动了群众。

紧接着开始了打倒前党委副书记、航院顽固不化的走资派、政治大骗子周天行，捣毁地下黑司令部的第三阶段，揪出了以黑武光、周天行为后台；大叛徒、前党委副书记程九柯为总指挥；大叛徒、前院长兼副书记王大昌，副院长张仲禹为骨干的地下黑司令部。通过揭发批判这个地下黑司令部的罪恶事实，大大教育了广大革命群众，革命的"三结合"和革命的大联合得到了空前的巩固和发展，群众运动达到了最高潮。

在这个胜利的基础上，革委会抓住一个极端恶毒攻击我们心中最红最红的红太阳、攻击毛主席的亲密战友林副主席、攻击中央文革和江青同志的现行反革命小集团的典型，在全院开展了一个狠狠打

击现行反革命分子的高潮，把群众运动引入更加深入的第四阶段。

现在已开始转入总结定案和在教职工中开展忠诚老实运动的第五阶段了。

四个月来的清理阶级队伍群众运动成绩最大最大最大。这主要表现在：群众发动的规模空前广泛、深入，毛主席无产阶级专政条件下进行革命的学说空前深入人心，广大革命群众的阶级斗争和路线斗争觉悟空前提高，革命委员会的革命权威空前提高，群众学习毛主席著作的热情空前高涨。

航空学院原来是由×个旧大学的航空系拼凑而成的。日、伪、美、蒋匪帮遗留下一大批国民党军政系统的骨干（从将官到尉官，从国民党政府官员到三青团骨干），和大叛徒、大特务刘仁、武光的城工部系统的骨干，以及一些留美、留日、留法、留英、留苏、留意、留德的地主、官僚、买办阶级的资产阶级知识分子，在前书记兼院长黑武光把持下，这批坏家伙飞黄腾达，很多人披上"党员"的外衣，钻进了各级政权机构。使得航院从上到下，从里到外，党、政、财、文、科研、教学大权都掌握在叛徒、特务、顽固不化走资派、国民党残渣余孽、反动学术"权威"手里。

经过四个多月的清理阶级队伍运动，现已查明隐藏在我院的叛徒、特务、顽固不化的走资派、地富反坏右和国民党残渣余孽共×××人。其中原党委委员33人中查出叛徒、特务、资顽固不化的走资派就占20人，占总数60%；12个常委占6个，50%；4个书记中占3个，高达75%。不难看出，在文化大革命以前，在旧市委、国防科委某些负责人，在大叛徒、大特务彭真、刘仁、黑武光和国防科委某些人的一手控制下，旧党委利用职权，包庇和重用了一大批坏人，招降纳叛、结党营私，把航院搞成了一个针插不进、水泼不进的独立王国。在文化大革命初期，旧党委虽然在表面上被冲垮了，但是他们人还在，心不死，又组成了一个地下司令部。他们集结力量，窥测方向，紧密配合社会各次逆流，千方百计地钻以毛主席为首的无产阶级司令部的空子，拼命妄图复辟。据不完全统计，被他们耍各种手段，蒙蔽了一部分群众，钻进各级革委会的就有××人。其中地下黑党委的前台总指挥、大叛徒程九柯一度窃据了院革委会常委、斗批改办公室主任、作战部部长的要职。这一次清理阶级队伍运动把他们的狐群狗党从上层到下层揪出来了，从组织上给旧航院反革命修正主义以毁灭性的打击。

我院清理阶级队伍的基本做法是：自始至终，高举毛泽东思想伟大红旗，紧跟毛主席的最新指示，狠抓阶级斗争，放手发动群众，坚定地依靠文化大革命中冲杀出来的革命左派，充分发挥革命学生这支主力军的作用，最大限度地团结犯错误的干部和受蒙蔽的群众，以革命大批为武器，集中力量稳、准、狠地打击隐藏在干部和教师队伍中的一小撮叛徒、特务、顽固不化的走资派、现行反革命分子和其他反革命分子。

（一）紧跟毛主席的最新指示，放手发动群众，组织"支左小分队"，充分发挥革命学生的主力军作用

对航院严重的阶级斗争形势，在清理阶级队伍运动开始之前，并不是都看得很清楚的，很多同志有严重的右倾情绪。他们觉得航院的坏人已经揪得差不多了，当前的主要矛盾再不是和走资派的矛盾，而是革委会和群众之间的矛盾。因此如何反掉右倾，把群众运动发动起来参加清理阶级队伍的工作，就成为革委会首先要解决的问题。

在发动群众的工作中，我们的做法是，用毛泽东思想武装群众，坚决地依靠革命左派，充分调动和发挥革命学生的主力军作用，最大限度地争取和团结受蒙蔽的中间群众和犯了严重错误的干部，在斗争中让群众自己教育自己。——在不断地揪出敌人的斗争中，克服了革命群众中的右倾情绪。

毛主席教育我们：首先要使先锋队觉悟。革委会遵照毛主席的这一教导，首先开办了各级领导干部的毛泽东思想学习班，学习毛主席和中央首长关于清理阶级队伍的一系列指示和路线方针政策，特别强调学习了主席1943年写的关于审干决定。统一各级指挥员的思想，用毛泽东思想武装核心骨干力量。接着在全院范围内大办毛泽东思想学习班，大摆敌情，提高广大革命师生员工的阶级斗争观念。并把

黑武光揪回航院作为活靶子批斗，掀起了一个轰轰烈烈的"打倒黑武光、揪出黑爪牙"的群众运动，初步地发动了群众。

就在这个群众刚刚发动的关键时刻，毛主席的最新指示："无产阶级文化大革命，实质上是在社会主义条件下，无产阶级反对资产阶级和一切剥削阶级的政治大革命，是中国共产党及其领导下的广大革命人民群众和国民党反动派长期斗争的继续，是无产阶级和资产阶级阶级斗争的继续。"发表了，我们立即抓紧时机，集中了几天时间，大办学习毛主席最新指示的学习班。在学习班上，大家反复领会毛主席的伟大战略部署，检查了自己右倾麻痹思想，清除了头脑里的糊涂观念，纷纷表示要把航院的无产阶级文化大革命进行到底。在文化大革命以来从未写过一张大字报的人，这次也发动起来了。在这次发动群众的工作中，我们充分地认识了毛泽东思想和广大革命群众相结合所产生的巨大物质力量。我们今后一定要把及时地认真地准确地贯彻毛主席的最新指示作为自己一切工作的主要任务。

在这次运动中，群众发动得好和充分发挥革命学生的主力军作用是分不开的。

革命的学生在学校中占绝大多数，两年来文化大革命运动证明，他们最热爱毛主席，路线斗争觉悟高，敢想敢干、革命精神强，最少保守思想，是学校中进行无产阶级文化大革命的主力军。因此，我院革委会从运动一开始，就把充分发动革命的学生下教研室、下各部、处、科，和革命的教职工相结合，作为发动群众的主要关键。

清理阶级队伍一开始，我们明确规定清理重点对象为：干部、教职工队伍中的叛徒、特务、顽固不化的走资派及其他形形色色的反革命分子。而对学生，除了反动的现行反革命分子以外，一律不整。顶住了社会上在学生中"揪泥鳅"的歪风；同时，批判了那种不重视学生主力军作用、把学生摆在摇旗呐喊位置的错误做法。大力支持了在群众运动中出现的"支左小分队"这一新生事物，表扬了我院一支长期以来，顶住右倾逆风的小分队。这样，就大大鼓舞了同学们的斗志。很快，"支左小分队"如雨后春笋，纷纷建立起来，开进"三大部"，开进各教研室、科室、医院，后来，每个基层单位都有一支5-

20人的小分队。据不完全统计，全院队员有××××人，占学生人数65％之多。因而，充分发挥了革命学生主力军作用，使得清理阶级队伍的运动一开始就搞得轰轰烈烈，锐不可当。

这些支左小分队，是由小班同学中在两条路线斗争中冲杀出来的，经过锻炼的，优秀的红旗战士为核心，团结广大革命同学所组成的小分队。它既是宣传队、战斗队，又是学习队，它担负着"宣传群众，组织群众，武装群众"，帮助各基层单位清理阶级队伍和建立革命政权的任务。

比如，我院校医院本来是院清理阶级队伍的试点单位。但时间过去了两个月，运动仍然搞得冷冷清清，死水一潭。支左小分队进去以后，立即做了调查研究工作，发现了一个钻进革命小组担任组长的坏分子是块"石头。"就是这个所谓"负责人"，散布什么"校医院阶级斗争盖子早已揭开了"，有人"企图搞垮革命小组"，"别有用心"等论调，威胁革命群众。与校医院一小撮牛鬼蛇神互相勾结，结党营私，互相包庇；是校医院牛鬼蛇神黑后台；他们利用革命小组"负责人"这顶皇冠，拼命捂住阶级斗争盖子。支左小分队发现这个问题以后，就大胆地率领校医院的革命群众，大反右倾机会主义、右倾投降主义、右倾分裂主义，向这个坏家伙开火，撤了他的职，搬掉了"石头"，重新组织了领导班子。接着，他们乘胜前进，公布了几个反革命分子的罪行。开了两次成功的批判大会。使大家深刻地认识到阶级斗争的严重性，把群众真正发动起来了。之后，有人说："真是不揭不知道，一揭吓一跳。"有的人说："过去我们看不到阶级斗争，看到的就是上班、下班，病人和医生，通过这次大揭阶级斗争盖子，就看到了一个小小的校医院，阶级斗争就如此尖锐复杂。"从此，校医院的革命群众才真正发动了起来。在后来的对敌斗争中，他们还主动地清除两派长期的对立情绪，真正联合起来共同对敌，使得校医院运动搞得轰轰烈烈，揪出了12个叛徒、特务及其他反革命分子。校医院的革命群众称赞说："支左小分队就是好，阶级敌人最害怕它，我们无产阶级革命派最欢迎它。像我们这样的单位，没有他们的支持和帮助，阶级斗争的盖子就揭不开。"实践证明，向教职员工派支左小分队，是放手发动群众，发挥学生主力军作用，使革命学生与教职员工相结合的一个较好的组织形式，是保证清理阶级队伍工作取得彻底胜利的关键一环，是符合毛泽东思想的新生事物。

总之，在毛主席最新指示的指引下和支左小分队的帮助下，全院广大革命教职员工空前广泛地发动起来了。各个基层单位都成为对敌斗争的战场，无产阶级的"铁扫帚"扫遍了每一个角落，一小撮叛徒、特务、顽固不化的走资派和地富反坏右分子以及一切反革命分子完全陷入了人民战争的汪洋大海，想逃逃不掉，想溜溜不成，只好低头认罪，举手投降。

（二）以革命大批判为武器，狠抓"揭、调、审、批、定"五个环节，稳、准、狠地打击一小撮阶级敌人

清理阶级队伍是一场剧烈的阶级斗争，是共产党和国民党长期斗争的继续。而清理对象则是混进无产阶级专政机构内部的敌人，他们的特点是善于伪装，打着"红旗"反红旗，外表涂有一层"保护色"，很容易迷惑人。根据敌人的这些特点，我们在清理阶级队伍中始终狠抓了"揭（发）、调（查）、审（斗）、批（判）、定（案）"五个环节，而把批判贯串于对敌斗争的始终，把清理阶级队伍和革命大批判紧密地结合起来。这样做的结果，大反了右倾思想，组织了阶级队伍，稳准狠地打击了一小撮阶级敌人。

"揭"，就是大揭发。根据已掌握的线索，把矛盾、问题，交给群众，让群众进行大揭发。这样，完全打破了过去专案神秘化的旧作风，把专案工作和群众运动结合了起来。例如清理阶级队伍运动以前，有很多专案组是几个人冷冷清清的搞，结果搞了两个多月没有结果，越调查线索越少，最后他们觉得这个案子"死"了，没法再搞下去了。在清理阶级队伍运动中，他们又把这些专案拿出来交给群众，结果一下子就提出很多重要线索。这些专案组的同志们深有体会地说："冷冷清清的搞专案，把活案也搞成了死案；把专案交给群众，就把死案变活了。"

"调"，就是根据毛主席"调查研究"的教导大搞内查外调。清

理阶级队伍运动以来，我们查了建院史，航院历年来重大反革命案件史，失密泄密案件史及每个专案对象的全部档案等，提出了很多疑点和问题，根据线索和群众中揭发出来的问题进行大量的外调工作。这是保证我们能够掌握主动，立于不败之地，稳准狠地打击一小撮阶级敌人的一个最重要关键环节。

"审"，就是把根据揭发和初步外调材料已确有把握划为敌我矛盾的人或小集团进行隔离审查，开小型审斗会。这样就断了敌人之耳目，便于分化瓦解，各个击破。我院理力教研室攻破钱植庸、程勉现行反革命小集团就是突出的一例。这个反革命小集团是从外院提供的一个线索开始发现的。经过分析，这个反革命小集团中，程勉是一个中枢人物。她与其他人的联系最密切。所以程勉是知道其他各个反革命分子情况最多的一个。同时，与其他人比较，我们掌握她的材料也最多。因此，理力教研室决定对程发起突然袭击，并将她进行隔离。由于给敌人以出其不意的攻击，立即乱了敌人的阵脚。他们一方面集中力量对程猛攻，发动其他反革命分子揭发程的问题，对程施加压力，另一方面，又敦促她揭发其他反革命分子的问题。这样，整个反革命集团的真面目很快就搞清楚了。

"批"就是把掌握的材料上纲、上线，联系到中国赫鲁晓夫的一整套修正主义路线，开展群众性的革命大批判，把阶级敌人的丑恶面目揪出来交群众彻底批倒批臭。最后是落实定案。

在"揭、调、审、批、定"五个环节中，革命大批判是中心的环节、是贯穿在整个运动始终的核心组成部分。

（1）革命的大批判是反对右倾保守主义、右倾投降主义和右倾机会主义的最有力武器。在清理阶级队伍运动中，来自阶级敌人和我们队伍中落后分子的右倾思想，是妨碍对敌斗争的主要思想障碍。我们利用各种形式的革命大批判克服了形形色色的右倾思想，提高大家阶级斗争觉悟，击退了一次又一次右倾翻案妖风。

运动刚开始大揭发时，具有右倾思想的人看不见敌人，他们大多数不敢揭发，怕后期定不了性、不好办。他们说："你们专案组抛材料吧；我们都不了解"，或者说："只要你们领导上先定性，我们就敢揭发批判。"针对这些活思想,很多基层单位都在运动初期开展了短期的"三反一粉碎"运动,并且找出一个最容易攻破的活靶子,开展革命的大批判,提高大家阶级斗争觉悟,组织自己的阶级队伍。如我院×××教研室有一个隐藏了二十几年的日本汉奸杨××,他在解放前死心塌地为日寇服务,解放后凭着他反革命的嗅觉、摇身一变,隐瞒出身(地主改贫农),割断历史(如将当汉奸的三年瞒掉)混入党内。在党内一小撮走资派的包庇重用下,当上了共产党的总支委员,学生会主席,红极一时。平时,他也大耍两面派,装出个"老实""积极""进步"的样子,笼络人心。所以教研室里很多人看不清他的反革命面目,有的说:"日伪时期伪职员大部分都是由于生活所迫才给日本人干事的。"针对这种错误思想,教研室革命领导小组就组织大家学习毛主席在抗日战争时期的有关著作,对照杨××当时的所作所为,批判了"当汉奸是生活所迫的"卖国贼论调,(杨本人就是大地主),并把杨在伪蒙疆新报上所发表的卖国文章拿出来进行批判。这个教研室的领导小组还考虑到教研室大多数是非劳动人民家庭出身,对阶级苦民族恨体会不深,因此他们还请来了我院红旗工厂的老工人讲旧社会的苦,讲民族压迫的苦,忆新社会的甜,增加他们对敌人的仇恨。通过这些使大家擦亮了眼睛,看清了这个日本汉奸的本来面目,克服了右倾思想,使教研室的对敌斗争情绪空前高涨。

事实证明:革命大批判开展不好的单位,运动就冷冷清清,群众就没有很好发动起来;革命大批判开展得好的单位群众就发动得好,右倾思想就没有市场,阶级斗争和路线斗争觉悟就高,运动就搞得轰轰烈烈。

(2)革命大批判是清除垃圾的红扫帚,是打击敌人的重要法宝。

我院清理阶级队伍运动初期,一度出现过单纯军事观点的倾向,就是抛材料,揪人,不搞大批判。结果敌人不但没被打死,在群众中没有搞臭。而且,有的人被揪出后不久就借个别揭发材料的不准确搞翻案。针对这种教训,我们下决心狠抓革命的大批判,大力宣传推广红六系狠抓革命大批判的经验,把全院每一个基层单位变成了革命大批判的战场。

我院二系原总支书记邵群，是个大搞右倾翻案，恶毒攻击无产阶级司令部的地地道道的现行反革命分子。这个家伙一开始神气十足，压着阶级斗争的盖子。当群众要清理国民党的残渣余孽时，他胡说："××的问题可以放到以后一般审干再搞"，以保其过关。他对一些走资派，反动学术"权威"爱护备至，亲切无间，开口"老文"（某反动学术"权威"），闭口"小胡"（某漏网大右派，走资派），而对于广大揭发他的右倾翻案活动及现行反革命活动的革命群众和基层干部却恨得要死。他暴跳如雷地叫嚣："矛头指向我，是大方向错了！""我有我的问题，你们也有你们的问题。"妄图大搞彭真的"错误言论人人有份"的修正主义黑货，压制群众和基层干部对他的揭发。可是，当群众充分发动起来，彻底揭露和批判了他的反革命修正主义罪行，彻底批判他的修正主义本质，彻底揭发和批判了他攻击毛泽东思想、攻击毛主席革命路线、攻击无产阶级司令部以及他的右倾机会主义、右倾翻案的现行反革命罪恶活动后，反革命小丑邵群的威风就被打了下去。革命的大批判，把邵群这种"想要阻挡潮流的机会主义者"抛进了历史的垃圾堆。

由此可见，革命大批判是打击敌人的重要法宝，是革命的匕首，清除垃圾的红扫帚。阶级敌人最害怕革命大批判。革命大批判愈深入发展，愈宣告着阶级敌人的彻底灭亡。

在清理阶级队伍的过程中，群众创造了多种多样大批判的形式，充分利用各种场合开展革命大批判，使得革命的大批判生动、活泼、有力。这些大批判的形式有：揭发批判会，（揭发材料时边揭边批，上阶级斗争的纲、上两条路线斗争的纲，把揭发批判的对象同中国赫鲁晓夫的反革命修正主义挂上钩，达到批倒批臭修正主义，大立伟大毛泽东思想的目的）；审斗会（继揭发批判之后，开展大型、小型、面对面的斗争，动员群众参加面对面的对敌斗争，往往批得敌人汗流浃背，浑身发抖、狼狈不堪），大批判专栏（定期出大批判文章，抓住阶级敌人的一个翻案活动，狠批中国赫鲁晓夫的一个谬论），大批判现场会（结合工人、贫下中农忆苦思甜活动进行大批判。）经过革命大批判，修正主义、资产阶级思想丧失了市场，一小撮阶级敌人威风扫地,广大革命群众的阶级觉悟和两条路线斗争觉悟极大地提高,毛泽东思想深入人心,形势一片大好。

通过对敌斗争的实践,我们深刻地体会到:革命的大批判是开展对敌斗争、进行"三反一粉碎"的有力武器;是团结教育组织和发展广大群众,增强阶级斗争观念,提高两条路线斗争觉悟的最好的办法。革命大批判威力无穷。只有无情地揭露、狠狠地打击一小撮阶级敌人,广大群众才会看到阶级斗争的客观存在;只有开展革命的大批判,广大群众才能看清阶级敌人的反革命本质,对他们才能恨得起来,才能不断地提高阶级斗争和路线斗争觉悟。只有深入地持久地开展革命的大批判,才能彻底肃清一切反革命修正主义流毒,阶级敌人才无法进行右倾翻案活动,我们才能夺取并巩固无产阶级文化大革命的全面胜利。

(三)大办毛泽东思想学习班,教育和争取受蒙蔽的中间群众和犯了严重错误的革命干部,在斗争中让群众自己教育自己

在发动群众的过程中,我们始终把教育和争取广大中间群众,作为一项经常性的重要工作。我们觉得:正确对待过去受蒙蔽的群众、正确对待犯了错误的革命干部,是能否最广泛地发动群众的关键,是考验新生的红色政权是实行无产阶级专政还是资产阶级专政的重要标志。在争取和团结广大中间群众的工作中,我们采用大办各种类型的毛泽东思想学习班、坚持群众在阶级斗争的大风大浪中自己教育自己的方法,收到了较好的效果。

在清理阶级队伍运动刚开始的时候,有的同志提出先搞一个单纯的反右倾运动,来教育受坏人操纵和蒙蔽的组织"×××"兵团,和带有"×××"观点的中间群众。院革委会清理阶级队伍领导小组觉得这样做容易转移斗争大方向,不利于团结对敌。我们感到只有坚持斗争的大方向,用严酷的阶级斗争事实和揪出黑手的办法才能更好地教育和争取受蒙蔽的中间群众。我们安排了全院作战部署的第一战役是以"批斗黑武光,揪出黑爪牙"为中心,围歼我院的国民党残渣余孽。由于对这部分对象,院及各部、系、七办早就立了专案,

摸了底了，所以一抓就准。这样既打击了敌人，又教育了群众，在斗争中提高大家阶级斗争觉悟。紧接着，院革委会在专案组进行了近二年多工作的基础上一致决定打倒挑动群众斗群众的黑手，"×××"兵团的黑后台、航院最大的顽固不化的走资派、政治大骗子、原党委副书记周天行。并立即在全院连续地召开了大型审斗会，并当场揪出死保周天行的"×××"兵团的坏头头、右派分子陆志芳，揭发了他们大量的包庇周天行，替周天行销赃灭迹的反革命罪行，彻底揭开航院两派斗争的盖子，大大教育了广大中间群众。很多同志讲：这几次审斗周天行的大会开得太好了，我从来没参加过这么好的大会，受过这么大的教育。

院革委会抓住这个战机，在全院大办毛泽东思想学习班，狠抓毛主席最新指示的落实，大反特反右倾机会主义、右倾投降主义和右倾分裂主义，极大地提高了大家阶级斗争和两条路线斗争的觉悟。很多同志在学习班上认真检查了自己的右倾思想和右倾思想根源，并表示今后要努力活学活用毛泽东思想，在斗争中改造自己，誓把无产阶级文化大革命进行到底。

在对待犯严重错误的干部问题上，我们坚持了毛主席"扩大教育面，缩小打击面"的伟大教导，认真学习了毛主席批转的新华印刷厂的经验，通过大办毛泽东思想学习班，挽救了不少在两条路线、两条道路的斗争中，犯了严重错误的干部。

这些干部，过去均犯有严重错误。经过无产阶级文化大革命烈火的考验，经过批判、帮助、教育，有的干部改正了错误，进入了"三结合"权力机构，成了对敌斗争的领导骨干；但也有少数的干部在组织上进入了"三结合"，但在思想上没有"三结合"，立场始终没有转过来，站在新生红色政权的对立面，站在革命群众的对立面，坚持反动的资产阶级立场，参与了"地下黑司令部"颠覆红色政权的反革命活动。有的人则已下了水，与敌人同流合污了。

在毛泽东思想学习班上，这些犯严重错误的干部，集中地学习了毛主席在无产阶级专政下继续进行革命的理论、路线、方针、政策和方法，在革命小将的帮助下，大大提高了他们的路线斗争觉悟和阶级斗争觉悟。他们热泪盈眶，纷纷检查了自己的错误，揭发了不少地下黑司令部的罪恶活动。前党委组织部长×××，在参加学习班前，群众坚决要求把他打倒。参加学习班后，他提高了路线斗争觉悟，揭发了不少地下黑司令部的问题，为人民立了新功，获得了革命群众的谅解。

由于我院革委会在清理阶级队伍的工作中，坚持了毛主席的无产阶级革命路线，严格区分两类不同性质的矛盾，充分发动群众，团结一切可以团结的力量，最大限度地孤立和打击了一小撮阶级敌人，新生的红色政权空前巩固和发展，当前，我院广大革命师生员工，在革委会的领导下，正在开展"忠诚老实"运动，把清理阶级队伍工作引入一个更深入更广泛的新阶段。

北京航空学院革命委员会
清理阶级队伍领导小组
一九六八年八月十五日

揭发批判胡孝宣在×系六研包庇坏人的罪行（摘登）

六研清理阶级队伍领导小组全体革命群众（赵嘉焜）

反革命修正主义分子胡孝宣，是航院有名的复辟资本主义的急先锋，在×系六研期间也毫不例外。他与前×系主任、国民党反动军官、反动工头、黑武光的黑高参董寿莘一唱一和，干尽了坏事。

就是这个胡孝宣，配合旧市委畅观楼黑会，在×系下乡劳动期间，布置搞农村黑调查，企图搜集矛头指向无产阶级司令部的黑材料。胡孝宣自己知道搞这个黑调查问题严重，还暗示说：这是可能丢党籍的事情。胡孝宣！你的黑调查是谁交给你的？你为什么自己布置，但又不敢参加调查？必须老实交代！

就是这个胡孝宣，一方面排挤打击工农干部，大搞资产阶级专政；另一方面又结党营私，包庇重用坏人。他把一些国民党残渣余孽、特务分子、反革命分子提拔到×系六研的重要岗位，包庇出国，大树这些黑标兵。

伟大领袖毛主席教导我们说："世界上只有猫和猫做朋友的事，没有猫和老鼠做朋友的事。"正是由于这些家伙反革命利益的一致，他们与胡孝宣纠集在一起，把×系六研变成复辟资本主义的桥头堡。

在胡孝宣包庇重用的坏人当中，蔡明恩可算是最典型的一个。

反革命分子蔡明恩，是黑武光、胡孝宣、董寿莘在×系复辟资本主义的黑干将，是个反动官僚地主阶级的孝子贤孙，是个反革命修正主义分子，是个现行反革命分子。

可是，这个蔡明恩早在1956年，就已成为全院显赫一时的人物，是当时闻名的所谓"全国社会主义建设积极分子代表大会代表。"现在这个"代表"的西洋镜已经完全拆穿了。原来这个所谓的"代表"，却是胡孝宣一手捏造的。蔡明恩的所"毕业设计的创造"，原来是个地地道道的骗子行为。蔡明恩利用他能看机密资料的有利条件，抄袭其工厂新试制产品图纸，在其他人不知道此图纸资料的情况下，他竟将新试制产品图纸当作自己的创造。胡孝宣在捏造这个"积极分子"的过程中，不仅亲自出马发现这个臭"典型"，而且亲手捏造事实，整理假材料，拼命加以吹嘘，与前市委黑帮相勾结，同时勾结团中央的反革命黑帮胡启立，还把他拉上了"代表大会主席团"的宝座。让他在大会上发言，甚至在大会以后，胡孝宣还把蔡明恩安排到许多学校大作报告，贩卖帝修反的黑货，大肆放毒，造成极为恶劣的影响。

反革命分子蔡明恩，出身于反动官僚地主家庭。蔡明恩的父亲，解放前夕是一个国民党的反动县参议员，当过伪教育局长，还在专门训练伪保乡长的反动训练班中当执行组长，是个身兼十多个反动职务的国民党反动派。蔡明恩的两个叔叔和一个兄弟，解放初期组织反革命集团，企图武装暴动，因此他的一个叔叔，一个兄弟均被我镇压，另一个叔叔受人民政府判刑十年劳动管制，后来死在监狱。蔡明恩还有一个叔叔在香港是个职业特务，每月一次一直与蔡父保持密切联系。

十几年来，蔡明恩的反革命罪行说明，这个家伙无愧于他的黑主子刘邓、黑武光、张仲禹、董寿莘以及胡孝宣之流对他的栽培重用。

在历次运动中，蔡明恩都跳了出来。犯下了种种反革命罪行。

在整风反右运动中，当时右派利用蔡明恩这个捏造的"积极分子代表"向党进攻，蔡明恩积极配合。蔡明恩还与右派分子一起攻击肃反运动，为肃反对像鸣冤叫屈。是一个漏网右派分子。而胡孝宣利用当时窃据的职权，把蔡明恩包庇了过去。

胡孝宣到×系后，伙同董寿华，把这个刚转为正式职工才两年的蔡明恩拉为×系副系主任。61年还一度准备把蔡明恩提为正系主任。胡孝宣还大肆吹捧蔡明恩是×系"最好的干部"，"年青有为"。多次树为×系的标兵"典型"。

可是就是这个所谓"最好的干部"蔡明恩，在×系六研大肆否定教育革命，猖狂攻击三面红旗。

就是这个蔡明恩，在×系六研大搞资产阶级专政，大肆为资产阶级反动教授崔济亚、裴烈钩这些牛鬼蛇神翻案。

就是这个蔡明恩，在×系六研大力推行修正主义路线。整天闭门大搞翻译，大看鬼戏。在62年，私自跑到社会渣滓那里学习弹六弦琴（吉他），学习日文。

对于胡孝宣树立的这样的一个黑典型，当时在×系六研受到了革命群众的坚决抵制，群众意见极大。可是反革命修正主义分子胡孝宣却公开出来保护蔡明恩，压制革命群众，甚至胡说什么"群众的意见有问题"。真是混蛋透顶！

受胡孝宣特别包庇重用的蔡明恩，在这次无产阶级文化大革命运动中，恶毒攻击以毛主席为首、以林副主席为副的无产阶级司令部。窃取国家最高机密，印成材料，广为散布，有意泄漏国家机密。蔡明恩是个不折不扣的现行反革命分子。

蔡明思还与现行反革命分子马铁犹、畲名叔打得火热，他们一起收听敌台广播，一起攻击伟大的三面红旗，发泄他们对历次政治运动的不满。在文化大革命中，反革命分子马铁犹要蔡明恩招兵买马，组成一个反革命的写作班子，蔡明恩还为马铁犹的反革命宣言书"反修十年"提供黑素材。

被胡孝宣包庇的还有反革命分子王幼纯。他是个反动的三青团国民党骨干分子，是个从人民公敌蒋介石当校长的国民党军事特务组织战干团里面培养出来的特务分子。王幼纯在肃反运动中出于他的反动本性专门包庇国民党残渣余孽汉奸特务，专门打击来自人民军队的共产党人。王幼纯还是个漏网的右派分子。胡孝宣一到×系就伙同董寿华把他提为系副主任、副教授。

在这次史无前例的无产阶级文化大革命夺取全面胜利的凯歌声中，把胡孝宣包庇过的坏人一个个地揪了出来，这是毛泽东思想的伟大胜利。

我们广大革命群众，还必须牢记伟大领袖毛主席的教导："宜将剩勇追穷寇，不可沽名学霸王。"把胡孝宣在二系、三系、六系、旧政治部各个部门所包庇重用的坏人统统揪出来。坚决把清理阶级队伍的斗争进行到底。不获全胜，绝不收兵。

在批斗胡孝宣大会上

红三系革委会主任王发动同志发言（摘要）

红旗战士们，同志们：

首先让我们怀着无限崇拜、无限信仰、无限忠诚的心情共同敬祝我们伟大领袖毛主席万寿无疆！万寿无疆！敬祝林副统帅身体健康！永远健康！

革命是历史的见证人。伟大的无产阶级文化大革命像大海的怒涛，将社会上一切妖魔鬼怪统统地冲刷出来了。中国赫鲁晓夫的忠实门徒胡孝宣，也早已被我系广大红旗战士、广大革命群众揪出来了！今天这个批斗胡孝宣的大会，再一次揭开了他的画皮，进一步地暴露了他的反革命修正主义的丑恶嘴脸，彻底地清除了他的反革命修正主义罪行。像今天这样的批斗会，今后还要多开！我系无产阶级革命派，高举毛泽东思想伟大红旗，乘清理阶级队伍的东风，直捣了胡孝宣的巢穴，坚决、彻底地把他批倒斗臭！胡孝宣在我们广大革命群众大批判、大斗争的面前，已经一败涂地！成了不齿于人类的狗屎堆！

今天这个斗争批判的大会前开得很好！大长了无产阶级革命派的志气，大灭了资产阶级的威风：这是战无不胜的毛泽东思想的又一伟大胜利！

今天大会上揭发的大量事实，确凿地说明了胡孝宣包庇重用坏人的罪恶勾当，其罪恶之极令人骇惊！这些罪恶勾当，正是胡孝宣反革命修正主义的阶级本性所决定的。因为胡孝宣本人就是官僚地主阶级的孝子贤孙，有复杂和反动的社会关系和海外关系，因为胡孝宣本人就是国民党的残渣余孽、是漏网大右派。胡孝宣伙同潘良调来航院，就是反革命修正主义分子彭真黑帮集团，在北京推行资本主义复辟的组织路线的组成部分。胡孝宣地地道道充当了刘、奇、彭真的忠实黑爪牙，是武周程王张的得力黑干将！他之所以在航院大张旗鼓地肆无忌惮地包庇重用坏人、招降纳叛、结党营私、收罗牛鬼蛇神、国民党残渣余孽，就是承其黑主子的旨意，妄想把航空学院变成为刘、彭之流复辟资本主义的桥头堡，把这些残渣余孽，作为他们复辟资本主义的干部队伍。正如我们伟大领袖毛主席所说的那样："他们的基本队伍，或是帝国主义国民党的特务，或是托洛茨基分子，或是反动军官，或是共产党的叛徒，由这些人做骨干组成了一个暗藏在革命阵营的反革命派别，一个地下的独立王国。"

今天会上揭发的大量事实，充分说明了胡孝宣在航院已经拼凑成了由特务、托派、反动军官、叛徒所组成的这样的"一个暗藏在革命阵营的反革命派别，一个地下的独立王国。"

我们伟大领袖毛主席还教导我们说："世界上一切革命斗争都是为着夺取政权，巩固政权。而反革命的拼死同革命势力斗争，也完全是为着维持他们的政权。""混进党里、政府里、军队里和各种文化界的资产阶级代表人物，是一批反革命修正主义分子，一旦时机成熟，他们就会要夺取政权，由无产阶级专政变为资产阶级专政。"胡孝宣这个混进党里的反革命修正主义分子上蹿下跳，周转大半个航院，就是为了大批安插亲信，培植私人势力，把他的同伙大批地提拔重用，安插到各个机要和领导部门，篡夺各级的领导权。变无产阶级专政为资产阶级专政。从今天揭发出来的胡孝宣在二系、六系、团委、统战部、宣传部以及在我系包庇重用坏人，篡夺领导权和实行资本主义复辟的情况来看，是相当严重的，已经达到了触目惊心骇人听闻的地步！是可忍，孰不可忍！

从这个批斗会中，我们进一步体会到了我们伟大领袖毛主席亲自发动的无产阶级文化大革命的伟大意义！进一步领会了毛主席的"无产阶级文化大革命，实质上是在社会主义条件下，无产阶级反对资产阶级和一切剥削阶级的政治大革命，是中国共产党及其领导下的广大革命人民群众和国民党反动派长期斗争的继续，是无产阶级和资产阶级阶级斗争的继续"这一最新指示的深刻意义。我们全体红旗战士和革命同志，以无限忠于伟大领袖毛主席的赤胆忠心，紧跟毛主席的伟大战略部署，坚决地把无产阶级文化大革命进行到底，做彻底的无产阶级革命派。在当前来讲，就是要把清理阶级队伍的工作进行到底。把当前的忠诚老实运动搞好！

第二辑

大事记

北京航空学院文革大事记

1966年5月—1968年9月

一九六六年

1966年5月

北航院党委在组织学生义务劳动14天后，五月初停课整训。从5月2日到16日组织师生进行政治与业务大辩论，院方主张政治落实于业务，学生写的自我检查交到院方。

5月21日，国防科委副主任，前聂荣臻秘书安东自杀，时年48岁。（百度/安东，安东在北京逝世。批判聂荣臻的大字报说，安东"在彭真被揪出后的第二天畏罪自杀"）

5月31日晚，陈伯达受毛泽东之命，接管了《人民日报》。

1966年6月

6月1日，人民日报发表社论《横扫一切牛鬼蛇神》。中央人民广播电台广播了北京大学聂元梓等七人的"全国第一张马列主义的大字报"和评论员文章。北航出现批评院党委的大字报。

当晚，以张承先为首的工作组进驻北京大学。

6月2日中午，北航五系（飞行器自动控制系）火箭解算装置3511班学生石兴国贴出第一张大字报《最高指示哪里去了？》，主要内容是，全党全国人民应当自觉服从毛主席和党中央部署。大字报引用毛主席指示，批评了院党委搞关门学习和学术批判，阻止师生参加文化革命的言论和做法。

6月3日，北航批评院党委的大字报增多，院党委组织人马围攻提意见的人。

6月4日晚，石兴国与3511班戴维堤、尹聚平、吕香孝同学合写了一张大字报《致院党委的公开信》，贴在北航行政大楼正门上的墙壁上，批评院党委对待群众的错误态度，同时批评了学校不符合毛泽东教育思想的倾向。

6月6日，孙友渔率工作组进驻北师大。国防科委副主任罗舜初召集北航、京工院校领导开会。罗说：群众起来不要怕，否则就成为革命对象，大字报是否都正确，不可能。要揭发批判，也可以消毒，批判到各种意见都说完为止。组织群众写文章，学院知识分子成堆，不可能那样纯，没有牛鬼蛇神。

6月8日，国防科委派出工作组进驻北航，工作组组长是国防科委第八局（教育局）的局长赵如璋，工作组员中包括毛泽东的大女儿、国防科委八局的李敏。工作组取代了北航原来的领导班子，成为领导北航文革的权力机构。石兴国被推选担任3511班文革组长，韩爱晶被选为飞机动力班的文革小组组长。

6月9日，叶林率工作组进驻清华。

6月15日，邹家尤率工作组进驻地院。

6月16日，北航工作组让群众揭发、批判院当权派。党委书记王恒的秘书贴出大字报，揭发王恒的生活问题，如让飞机给他运王八补养身体，疗养时谈论女人的屁股大小，排挤无产阶级教育路线的代表，原北航院长党委书记武光等。北师大给北航送来大字报，揭发北航党委副书记周天行与"黑市委"大学部副主任宋硕，主任吴子极有亲密关系。工作组责令王恒和周天行停职反省。同时，以沈元副院长为首的一批航空专家、教授被打成"资产阶级反动学术权威"和"牛鬼蛇神"。

6月17日，工作组主持选举院文革委员会，委员会吸收了原校内的部分干部。下午，赵如璋在全院大会上提出："有什么问题就揭什么问题，谁有问题就揭谁的问题"，北航出现了"全面开花"的局面，基层干部、辅导员、学生成为运动对象。

6月18日，北京大学发生学生批斗、侮辱教师的恶性事件。史称"618"事件。

6月19日晚，北航出现批评工作组的大字报，并很快得到了师生们的响应。

6月20日，北航数百名同学分别到国务院、国防科委、北京市委汇报情况，反映工作组的问题。

6月21日晚，3511班学生党员石兴国贴出了大字报《一条"无头"黑线》，大字报分析了当时院内运动的形势，希望工作组能发动群众揪出与北航有关的黑线及其后台。大字报指出"工作组领导不力"，认为工作组在方向和路线出了问题：是揭盖子还是捂盖子，是查黑线还是护黑线，是靠群众还是怕群众。

6月22日，赵如璋在全院大会上做报告，回答学生们提出的问题。

6月25日下午，学生贴出《呼吁》和《揭开航院政治空气好的内幕》的大字报。

6月27日下午，在全院大会上，赵如璋传达李雪峰报告，部署在全院开展关于石兴国大字报的大辩论。他说：《一条"无头"黑线》是棵大毒草。毒就毒在无头，毒在……落实到军委、落实到中央，这才是大字报的出发点和真正的目的。北航开展了"六二七"大辩论。不少师生不认同工作组的观点，有人指出大字报上"无头"是加上引号的，后面并没有"……"。同日，据戴维堤回忆，由于他贴出了《赶走工作组》的大字报，受到了全校的围攻，并被罢了"文革代表"的官。他又贴出《砍头不要紧，只要主义真，罢了"官"也要干革命》的大字报。工作组一面派人调查他的出身、家庭、表现，同"黑帮分子"的关系，一面组织人马批判、围攻他和石兴国等人。以孔令华为首的四零五教研室和以陈忠为首的五零一教研室的老师们是批判他们的主力。戴维堤与批判他的人进行了长时间的辩论。此事被称为"六二七大辩论"。（戴维堤长篇回忆录《逝者如期》，网文，2007）

6月28日，3421班学生曹伟康贴出大字报《几点粗略的看法》，公开反对赵如璋的意见，也被工作组定为毒草。

6月29--30日，在工作组的组织下，3511班召开了三次辩论会，对石兴国进行围攻。

1966 年 7 月

7月2日，赵如璋找石兴国谈话，说："同学中和你持有同样的观点，怀疑工作组的人是不少的，你的文章代表了他们的意见。"他要石做检查并承认：一是反军委反党中央。二是主观上站在反党反社会主义的立场。三是有组织、有计划的反革命行动。被石拒绝。

7月3日以后，工作组又接连组织批斗会，点出了十几篇"大毒草"，对所谓"牛鬼蛇神"进行围攻。

7月6日，在全院师生员工大会上，赵如璋做总结："大辩论的性质是夺取文化大革命的领导权。"大辩论"扫出了石兴国之流的牛鬼蛇神。"会后，工作组按对待工作组的态度，将师生划分成4类：好的、犯错误的、犯严重错误的、右派。石兴国等200多名学生被划为4类，更多的人被划为3类。

韩爱晶被划为4类，原因是学生批斗系主任胡孝萱时，给胡戴了高帽子，而工作组不准。韩受《湖南农民运动考察报告》的影响，认为群众给胡戴高帽子是应该的，工作组违反了毛泽东思想，站到了群众的对立面。因此，韩给工作组贴了大字报，质问工作组和黑党委是什么关系？韩由此被罢了官，不再受工作组的信任。7月22号，天安门开百万人大会，韩爱晶等不受信任的学生被留在学校，由积极分子监督。韩爱晶口述中谈道："工作组给大家排队了，整黑材料了，一个班就有一两个挨整的，再加上几个同情分子。比如说我们班有22个人，坚定站在我这边的有5个人，占了不到四分之一。再加上一两个同情的。全校五千学生，有四分之一是三类四类，是挨整的，划入另册，就等于工作组培养了起码一千五六百批判工作组的人。"

在6月下旬至7月中旬二十余天内，由工作组所推行的所谓"反干扰运动"在全国开展。根据当时不完全的统计：在首都24所高等院校师生总数99323人，工作组把10211个学生打成右派（占学生总数的10.1%），把2591个教师打成反革命。24所院校中的党委90%以上被定为3、4类领导，教研室主任以上的干部60%以上被定为3、4类干部。

7月16日晚，在中央政治局会议上，刘少奇、邓小平、陈毅与康生在工作组的问题发生了激烈的争辩。会后，康生、陈伯达将情况向毛泽东进行了汇报，毛决定撤回工作组。

7月22日，北航1681班学生刘金荣等贴出大字报《关于转移目标》，对"六二七大辩论"提出质疑，要求重新大辩论，辨明是非曲直。

7月27日，国防科委工作组宣布退居参谋地位，并布置重新选举院文革会。3312班学生肖淑桃等贴出大字报《清除大辩论的后遗症》，批判工作组的错误。

7月28日，北京市委决定撤销各大专院校工作组。北航工作组组长赵如璋传达市委撤销工作组的决定，赵如璋在全院大会上指定12人组成筹委会。是日下午，毛泽东指示：明天北京市召开文化大革命积极分子大会，持有不同意见者，如清华的蒯大富也可以参加。

7月29日，人民大会堂召开"北京市大专院校和中等学校文化大革命积极分子大会"，根据毛的指示，国防科委规定，北航文革筹委会十多名委员作为北航多数派代表，石兴国与曹伟康两人作为北航少数派代表出席会议。大会由李雪峰主持，李宣读了北京市委7月28日《关于撤销各大中学校工作组的决定》。接着，邓小平、周恩来、刘少奇先后讲话。期间，毛泽东突然现身主席台，向与会者招手致意，引起巨大轰动。毛随后退回幕后。周总理通知大家：毛主席已经离开，并亲自指挥全场高唱《大海航行靠舵手》，大会也在歌声中结束。

北航附中贴出对联："老子英雄儿好汉，老子反动儿混蛋。基本如此，鬼见愁"。

1966年8月

8月1日，中共八届十一中全会召开。内部传出毛泽东给清华附中红卫兵的信。工作组贴出大字报，欢迎大家给工作组提意见。这一举动，被认为是工作组的第一次检查。

同日，北航成立红卫兵，加入的条件是，承认工作组是革命的，承认《一条"无头"黑线》是大毒草，承认北航附中的对联是正确的。该组织以高干子女为核心，将工农和一般干部子女排斥在外。韩爱晶申请加入，未果。

8月2日下午，国防科委决定撤走工作组，工作组成立了由12个人组成的文革筹委会。筹委会主任是孔从洲将军的儿子，李敏的丈夫，毛泽东的女婿孔令华。苏静将军的儿子苏晓前是委员之。筹委会组织师生员工欢送工作组。

8月3日，国务院秘书长周荣鑫接见北航学生，支持学生提出的工作组返校检查的要求。

8月4日，毛泽东召开中共中央政治局常委扩大会议。会上，毛严厉指责派工作组是"镇压学生运动"，是"路线错误"。

8月5号，毛泽东写了《炮打司令部——我的一张大字报》。当晚，周恩来等中央领导来到清华大学。

8月6日，北京部分中学生在天桥剧场召开关于对联的辩论会。

8月7日，政治局常委扩大会议讨论毛的大字报，刘少奇、邓小平受到常委的批评。

8月8日，中共中央八届十一中全会公布《关于无产阶级文化大革命的决定》（即"十六条"）。地院东方红公社发表《东方红战斗队成立宣言》。

8月10日，毛主席接见革命群众，发出"把无产阶级文化大革命进行到底"的号召。

8月12日，北航、北大、北师大、清华等院校的革命师生召开欢迎"红宝书"（毛选一、三卷）到校大会。航院红卫兵召开成立大会。

同日，北京地质学院的工作队召开了全体师生大会，地质部部长何长工出席会议，工作组组长邹家尤代表工作队向全院师生做了检查，申明反工作队不能说是反党，并向在"反干扰"运动中受到打击迫害的师生赔礼道歉，给他们"平反"。但是他的检查仍然激起广大革命师生的不满，会场上响起了"通不过"的呼声。

8月17日，地质学院的造反派组织《东方红公社》宣布成立。

公社由地质系、勘探系、水文系、物探系、探工系、院广播台等单位的十几个造反组织联合组立。成立之初就有上千人，后来又逐步联合扩大，成为占地院绝对多数的群众组织。在当时北京高校中也是力量最强的、人数最多的群众组织。这一组织与北航红旗并称为中央文革的"铁拳头"。

8月18日，天安门广场举行数十万人的"庆祝无产阶级文化大革命大会"，毛泽东穿军装在天安门城楼上接见了红卫兵。从此，北京的"破四旧"运动（改街道名/店铺名、砸教堂、抄家、批斗、打人、驱逐五类分子回乡）的"红色恐怖"掀起高潮。这一暴行得到了中共中央的支持。8月29日《人民日报》发表《向我们的红卫兵致敬》的社论，赞扬红卫兵的所谓"破四旧"行动，并称之为："我们红卫兵的功勋"。从八月初到九月上旬的四十多天里，由干部子弟组成的老红卫兵仅在北京市就打死了1772人，抄家33600余户、被赶出北京的所谓"黑五类"85000余人。

8月19号，北航工作组组长赵如章来北航做了第二次检查，并宣读了聂荣臻元帅的一封信，赵如璋承认，工作组在"反干扰"时犯了方向性、路线性错误。

同日，北航学生田东（本名盛喜延）贴出大字报，倡议成立"北航红旗战斗队"，得到许多人的响应。韩爱晶谈道："许多班级的红旗自发组成大字报区，到处可见红旗符号。在没有总部的情况下。北航基层已经遍地红旗招展。""北航红旗绝大部分都出身于工人、贫下中农、革命干部和军人家庭。他们怀着深厚的无产阶级感情投身文化大革命。""因此，血统论在北航红旗也有影响，这与清华也不同。"（许爱晶编著《清华蒯大富》第140页，香港，中国文革历史出版社，2011）

8月20日，北航红旗战斗队成立。据戴维堤回忆，当天登记的红旗战士为1070人，约占北航学生总数的四分之一。战斗队实行巴黎公社全面选举制，班系院三级一层一层选举，各系推举两个人到院里，组成总勤务站。加上教师和工人代表近二十个人。总勤务站的领导集体由韩爱晶、井岗山、田东、仇北秦、侯玉山、屠海鹰、何金国、

戴维堤等人组成。(戴维堤《逝者如期》，网文，2007)

韩爱晶谈道："8月20日，我们对工作组有意见的同学成立了北航红旗战斗队，我们是由上而由下而上，上下结合。当时各班各系红旗奋起，一成立就有1000多人，最早的北方红旗战士是涂海英、匡正芳、张一力。在北航红旗正式成立之前。8月18日，他们参加天安门大会后，就在市里买了红布。当晚，张伊利用黄线绣字做了7个红旗袖章。涂海英，匡正芳8月19号儿上午就戴上红旗袖章。党支部书记还对匡正方说，你拿下来，这是革命烈士鲜血染成的。"(许爱晶，第140页)

北航红旗成立后，在东操场召开大会，请"八一八"在天安门上发言的湖南某中学造反派学生谢若冰来做报告。在北航红旗成立前后，有学生到国务院接待站，或军委三座门上访，反映工作组整学生黑材料等问题，但均无果。

8月23日清晨，地院东方红朱成昭率千名东方红战士，列队进入地质部大院。希望部领导听取学生的申述和请求。在地质部未予理睬的情况下，东方红战士在院内静坐请愿。地质部的领导何长工、胥光义、工作队队长邹家尤、国务院工交政治部主任陶鲁笳，同意第二天召集地质部负责干部、东方红和斗批改等各派代表在北京市委开会，听取各方意见，商量解决方案。

8月23、24日，北航有少数学生到国防科委上访，要求工作组组长赵如璋与学生见面，澄清问题。国防科委与学生约定25日上午赵如璋与学生见面。

8月24日，《人民日报》发表毛泽东语录："造反有理"。新华社播发电讯："红卫兵造反精神振奋全国革命群众，各地革命小将向一切剥削阶级的'四旧'发动总攻击。"《人民日报》转载了清华大学附属中学红卫兵的三篇"论无产阶级革命造反精神万岁"的文章。

同日晚，北师大揭批刘少奇的大字报全被覆盖。

同日晚，在地院大操场召开的听取意见会成了辩论会——支持工作队的斗批改兵团，和批评工作队的东方红展开大辩论。东方红对工作队提出的承认错误，为受迫害的师生平反，销毁黑材料等要求，未被工作队接受。

同日晚，北航红卫兵封锁大字报区，将揭批刘、邓等人的大字报撕掉。中学红卫兵以抓反革命为名，闯进北航校院，撕掉李明清、赖锐锐等几个高干子弟人写的《炮轰……》的大字报。李明清、赖锐锐等与此有关者沦为专政对象。韩爱晶称其为"八二四"事件。

8月25日，赵如璋没有如约与学生见面，北航红旗战士一两百人在国防科委门前静坐，以示抗议。北航红旗总勤务员韩爱晶等人来到静坐现场。韩爱晶在口述中，对当年的情况有如下描述："白天去传达室联系要求见工作组长赵如璋，还在门前向上班的干部散发传单，说明我们为什么要求见工作组长赵如璋。""这样过了几天，在离国际科委门口大概一百米左右地方，发现一个业余体校的训练馆空置着。""训练馆后面有院墙，前面有一个门厅，正门口有百十平方空地，外面有值班岗亭。这个地方成了根据地，里面地上有运动员训练翻跟头的大毯子，又长又宽，很多不用的都卷起来了，一卷一卷，又有铺又有枕头，到房子里暖和了""这给学生坚持下去提供了一个物质条件""大家轮流抽空回去，把生活用品慢慢转移来了，比如说衣服、牙缸、碗、笔、书、大字报纸、浆糊。""在行动中自动形成分工，有几个学生解决吃饭，每天那个车把学校的饭盖好了，用棉被捂住了保暖，饭啊菜啊，汤啊弄过来。有一部分人就自动负责保卫，轮流值夜班。还有的负责写抄大字报大标语，有的负责油印传单，还有的与学校交换信息，互相声援。""僵持局面就是这么造成的。大家慢慢生活斗争有规律了，越来越正规了。在这个国防科委门口就一二百个学生，哪怕今天少点，明天多点，是个流动的，有一部分人基本上不走，早晨出来排队唱歌、做操、跑步、喊口号。唱歌。""学校里大字报论战，形成两个战场，保工作组的散布说，红旗的学生去到国防部门口静坐，要冲进国防部，是反革命行为。红旗的说，我们去澄清问题，他答应我们又出尔反尔，今天不来明天来，明天不来后天来，昨天开会，今天还开会，我们等你。"

在此期间，聂荣臻电话指示：（1）不同意在这里见面。（2）有意见可以通过筹委会，叫什么时候回去就什么时候回去，群众有意见有问题可以让工作组做检查。

国防科委副主任罗舜初曾出来与学生见面，但他不能回答学生的问题，只是应付敷衍。学生甚感失望。

8月27日，首都大专院校红卫兵司令部成立，称"一司"。

1966年9月

9月5日，中共中央、国务院发出《关于组织外地学校革命师生、中等学校革命学生代表和革命教职工来北京参观文化大革命运动的通知》。首都大专院校红卫兵总部成立，称"二司"。

同日下午一点，地院东方红朱成昭率领1000多名东方红战士二进地质部大院。毛泽东的小女儿李讷（化名肖力），来到地质部静坐现场，了解情况。有关方面调动"西纠"围攻地院东方红，东方红为了保护出身不好的学生免遭西纠伤害，安排出身好的同学坐在外圈，保护坐在内圈出身不好的同学。

同日，总理办公室周家鼎同志传达了总理和江青同志的指示。江青同志明确指出：要赵如璋向红旗战士单独澄清问题。

9月6日，在工人体育馆召开"首都红卫兵革命造反总司令部"成立大会。王大宾代表地院东方红致开幕词。会议期间，中央首长刘志坚、郑维山、杨成武、周荣鑫、戚本禹、杨奇清来到大会会场。刘志坚代表总理宣布，让郑维山、杨成武、刘志坚等做三司的辅导员，杨奇清做三司顾问。三司成立之初有红卫兵3000多人。

9月7日，总理直接给罗舜初打电话，询问处理单独接见红旗战士的结果。

9月8日晨，周家鼎同志又打电话催问此事。罗舜初还在生病，就报告了钟赤兵。罗讲：总理、江青同志已有指示，聂荣臻也指示应与北航红旗澄清问题。

9月9日下午，罗舜初与北航红旗约定，晚八时，赵如璋将到三座门与静坐示威者座谈。北航筹委会、红卫兵、赤卫队出动二十几人，将赵如璋从半路上劫走。

期间，北航红卫兵纠集三十九中的中学生，开着卡车冲进小体育馆，红旗战士退守室内。冲进来老红卫兵撕掉了北航红旗的大字报，刷上："只许左派造反，不许右派翻天"。韩爱晶谈道："中学生把扫四旧的本事用上了，把油印机砸了，把东西毁了。他们撕了、砸了，一片狼藉，我们就认了，人家走了，我们重新再把东西收拾收拾，没有办法，又不能找他们打架，也打不过人家，人家力量也比咱强。"（韩爱晶口述）

　　静坐期间，北航红旗战斗队创做了自己的战歌：撼山易，撼红旗难/红旗战士钢铁汉/跟着领袖毛泽东/高举红旗去造反/横扫一切"牛鬼蛇神"/坚决打倒帝修反/撼山易，撼红旗难/红旗战士钢铁汉/誓死保卫毛主席/赴汤蹈火也心甘/彻底砸烂旧世界/共产主义定实现！

　　9月18日—20日，中央文革受毛泽东之命，在北大旧址召开少数派座谈会（史称"红楼座谈会"）。张春桥主持会议，戚本禹、王力、关锋、谢镗忠、刘志坚、李曼村与会。清华蒯大富、北师大谭厚兰、北航韩爱晶、地院朱成昭、财金敖本立、中戏叶向真等造反派代表参加会议。韩爱晶在会上做了重要发言，阐述了在民族解放运动风起云涌的国际形势下，中国发动文革、反对资反路线的世界性意义，并向中央陈述了北航红旗的现状和诉求——数百名战士已在国防科委门前静坐了26天26夜，但工作组组长赵如璋仍拒绝出来与学生见面。韩吁请中央援手。毛泽东的女儿李讷看到韩爱晶没有穿鞋，要给他买鞋。

　　9月19日，地院东方红接受肖力的意见，将队伍撤回。此番二进地质部，历时13天。

　　9月21日傍晚，陈伯达和王力来体校看望北航红旗战士。陈伯达对他们说："你们是少数，少数是优秀的，真理有时往往在少数人手里。"在了解了学生的诉求之后，陈伯达写下担保书，要求赵如璋"以普通劳动者的态度，同北航学生们聚谈或同住几天，科委的干部（包括罗舜初、赵如璋）如果被学生杀死或杀伤，陈伯达情愿抵偿。"

　　期间，毛泽东就此事做了指示，大意是：不要怕，不要让学生席地而坐，搭起棚子来，闹上三个月。林彪也有派一个排的士兵，将赵如璋押出来的指示。

9月22日，国防科委答应北航红旗的要求，派赵如璋来到体育馆向学生们做检查。此后，国防科委罗舜初副主任也奉命来到，和赵如璋与北航红旗的学生们同吃同住了一段时间。这期间，北航红旗在学院体育馆里"文斗"了一次赵如璋。没有让他低头弯腰坐"飞机"，但有一个姓张的学生跑上台去撕掉了赵如璋的领章。

北航红旗在国防科委门前静坐示威28昼夜的事迹，为北航红旗的革命造反举行了奠基礼。在此后的两年间，二十八天二十八夜的事迹被人们无数次地提起，成为这一造反组织短暂历史上最光辉的一页。北航红旗也由此跻身于首都高校五大造反组织之列。

9月24日，以蒯大富为首的清华井冈山成立，朱成昭率领地院东方红，韩爱晶率领北航红旗各数百人，到清华大学庆祝该组织的成立。

国庆节前夕，全国著名群众组织的代表约1000多人受邀参加国庆庆典，聂元梓、韩爱晶、谭厚兰、王大宾、聂树人在应邀之列，代表们事先住进了中南海，并受到周恩来和江青的接见。国庆之日上了天安门城楼观礼，见到了毛主席等中央首长。

1966年10月

10月1日，《红旗》杂志发表社论，支持学生的革命造反精神，号召革命群众与资产阶级反动路线做坚决斗争。

10月3日，林杰接见北航和地院的部分同学，并发表讲话。

10月4日，经北航红旗的普选，韩爱晶成为红旗战斗队的负责人。

10月6日，北航红旗与地院东方红为首的首都三司，在工人体育场召开了十万人的"全国在京革命师生向资产阶级反动路线猛烈开火誓师大会"。韩爱晶向中央领导发出邀请。周恩来、陈伯达、康生、江青及中央文革小组其他成员出席了大会。周恩来和江青在大会上发表了重要讲话，立场鲜明地支持了反对工作组的造反派。清华大学代表陈育延、北京地质学院代表王大宾、广西桂林师范学院等院校的代表与会。张春桥在会上宣读了中央军委的《紧急指示》："在运动中不许挑动学生斗学生，要注意保护少数，凡运动初期被院校党委或工作组打成'反革命'、'反党分子'、'右派分子'和'假左派、真右派'等的同志，应宣布一律无效，予以平反，当众恢复名誉。""黑材料要当众销毁"。

据韩爱晶口述：会议进行之中，北工大一个女学生告诉他，军队里已经开始把刘少奇的《论共产党员的修养》往上收了，不准战士再看了。韩意识到，刘少奇在军队里已经受到排斥。会议期间，关锋告诉韩爱晶：毛主席讲了，现在可能到了你们犯错误的时候了。

10月8日，地院师生二千多人，在朱成昭率领下，带着乐队、开着广播车，打着红旗，三进驻地质部。下午三点，在地质部大院召开了"庆祝十六条公布两周月，批判资产阶级反动路线大会"。会上，地院东方红揭发了以邹家尤为首的工作队迫害师生、镇压群众、制造白色恐怖，何长工压制革命师生等罪状。地院东方红的这一次行动得到了包括北航红旗在内的各地造反组织的支持。何长工、邹家尤被迫答应回地院接受检查，同意按中央的指示精神交出黑材料。大会在晚十一点结束，何长工和邹家尤随地院师生一同回到地院。

10月11日，北航红旗战斗队贴出《论"怀疑一切"》的大字报。

10月12日，戚本禹、关锋接见北航工人赤卫队和地院红卫兵，并发表讲话。

10月14日晚，毛泽东召集政治局常委、各大区负责干部及会议各组组长开会。毛认为会议头一阶段的发言不正常，决定延长会期。

北京及外地革命师生五万余人在北师大举行大会，批判以李雪峰为首的北京新市委所推行的资产阶级反动路线。地质东方红、北航红旗、师大井冈山及《北京日报》等单位的群众组织代表在大会上发言，李雪峰在会上代表新市委做了检查。

10月26日，全军文革小组副组长、总政部宣传部部长李曼村接见北航红旗并讲话。

10月27日，地院东方红组织了四进地质部，与部机关职工联合起来，开展了地质部的文革运动，并在部机关大楼成立了"地院东方红驻部联络站"，作为指挥全国运动的指挥部。

10月31日，周恩来在与天津工学院红卫兵代表座谈时说：前段错误路线时间并不长，也只是在某些问题上，不能认为那一段全是资产阶级反动路线。他又说，北航也要一分为二，坚持斗争的左派的经验是可以推广的。但是他们冲进了国防科委，方法不可效仿。

从10月起，中央为了进一步发动群众和促进各地文化大革命运动，在全国掀起了学生大串联的高潮。大批北航师生奔向了全国各地，并以北航红旗的名义在若干省市地区成立了联络站。

1966年11月

11月1日，《红旗》第十四期发表社论《以毛主席为代表的无产阶级革命路线的伟大胜利》，社论说："无论什么人，无论过去有多大功绩，如果坚持错误路线，他们同党同人民的矛盾的性质就会起变化，就会从非对抗性的矛盾成为对抗性的矛盾，他们就会滑到反党反社会主义的道路上去。"

11月2日，中央组织部贴出一大批指责刘少奇、邓小平的大字报。天安门前第一次出现打倒刘、邓的大标语。陶铸在中央组织部说："我不赞成写打倒刘少奇的大字报，他是国家主席，中央政治局常委，犯了路线错误，是团结——批评——团结的问题，是人民内部的问题"。江青曾在一个会议上指责陶铸是"最大的保皇派"，陶铸当场驳斥说："对我们党的干部为什么不应该保？"

11月4日，"清华北航南下串联小分队"负责人，北航学生吴仙虎带领两校的学生来到西南局，抓住西南局书记李井泉，逼迫李井泉对其子李明清的《炮轰……》大字报表态。李井泉写了一份表态性的文字："李明清是我第二个儿子。他在北航写这张大字报我事先不知道。他也没有向家里任何人谈过。后来我看到了同学们抄来的这张大字报，我认为这张大字报是极其错误的，性质是严重的，立即托在北京的同志对他进行批评教育，并且赞成和支持同学们对这张大字报进行彻底地批判。李井泉，1966年11月4日。"

11月5日，北京市委发出紧急通知，要求各单位对在文化大革命中被打成反革命的人彻底平反。

11月7日，北航红旗、轻工业学院红鹰等二司造反派组织，夺了二司的权，成立了"首都大专院校红卫兵总部革命造反联络站"，此举受到三司的支持。

11月8日，张春桥、戚本禹与北航红旗五名战士谈话：鼓励学生到工厂去，工厂搞文化革命是个方向问题。至于怎么搞，你们去闯，去摸索经验。

11月9日，北航红旗学生组成小分队，进入北京光华木材厂，与厂方及工人发生冲突，11日曾一度停产。

北师大井冈山头头谭厚兰率200余人到达曲阜，以受中央文革小组派遣的名义，冲破山东省委、曲阜县委和孔庙管理处的阻拦，串通当地学校的一些造反派，成立"彻底捣毁孔家店革命造反联络站"，召开彻底捣毁孔家店的万人大会，此后近一个月，谭厚兰等人捣庙、砸碑、挖坟、烧像、毁书。同时，多次围攻和揪斗省、地、县委领导干部，押他们陪孔子塑像游街，"为孔老二送丧。"

11月10日，上海暴发"安亭事件"。北航红旗发起"红海洋"运动，即到处涂写毛泽东语录和画像，并用红色油漆涂饰墙面。《文汇报》发表江青秘密组织，姚文元、张春桥炮制的《评新编历史剧〈海瑞罢官〉》。

11月12日，戚本禹接见"首都大专院校红卫兵总部"（二司）代表。表示支持11月7日北航红旗另组"首都大专院校红卫兵总部革命造反联络站"的造反行动。戚说："如果多数人不要了，你们就解散。如果北航领导，我看他们还是较纯，坚持正确路线。""你们方面有包袱，党团员较多，看到少数派过去都是表现不好的，现在就积极起来了，想不通"。

11月13日，下午，约10万人在北京工人体育场参加了军队院校和文体单位来京人员大会。这是应军队院校来京师生强烈要求军委首长接见、不接见就坚决不走的要求，由萧华提出建议，经军委秘书长叶剑英同意，林彪批准后举行的。萧华主持大会，陈毅、叶剑英、徐向前、贺龙讲话。兽医大学红色造反团的学员李基才递纸条，问萧华:"今天开这个大会,林副主席批准了没有?你们四位副主席的讲话是不是林副主席批准的?"叶剑英当即喝令李基才站出来,说:"我可以告诉你,我讲话,不是谁叫我讲什么我就讲什么,谁愿意听什么我就讲什么!这就是我的回答。"会后,李基才被打成反革命。此即所谓"十一月黑风"。

张春桥在上海文化广场讲话,谈道:我跟北航红旗熟了,说话就直接了,有缺点就直接批评他们。是那一天他们去冲国防部了,我找韩爱晶来,我问他国防部长是谁呀?他说,噢!那我赶紧撤。

11月15日,北京农业大学附中学生伊林、涤西写信给林彪,对林9·18在军事学院的讲话提出尖锐批判。伊林、涤西将致林彪的信印成传单散发,因此在12月中旬被捕入狱。

11月19日,陈伯达、江青、关锋、王力、戚本禹在政协礼堂接见北航红旗及高校造反派学生,说:"你们要会做工作。不然,你们坚持二十八天(指坚持见国防科委赵如璋、罗舜初一事)的名誉就要受损失。你们做得不对,做得不好,人家认为中央文革,首先是陈伯达支持不对。"江青表示,她如果不是主席的老婆,她会同造反者一起参加绝食静坐。她要求善于团结大多数。她赞扬造反行为说:"你们这样的乱,越乱越好。没有乱,哪儿来治。"关锋讲话:"你们不希望我们垮台,我们也不希望你们垮台。我们垮台对你们不利,你们垮台对我们也不利。"

陈伯达等查看了"西纠"在北京六中内所设劳改所,严厉指责劳改所私设公堂,严刑拷打,致伤人命的暴行,责令立即解散。

11月21日,陈伯达再到北京六中,再次命令由公安局协同解散"劳改所"。陶铸在中宣部传达中央精神时,重申:刘邓路线是认识问题,是人民内部矛盾。

关锋、王力在政协礼堂接见"三司"、北航红旗等造反派筹备召开"反修大会"成员。说:10月份以后形势起了大的变化,左派队伍扩大了,翻身了;保守的一派分化了。现在北京有一股打人风,要制止。

11月25日，北航红卫兵八一纵队贴出大字报《一问中央文革小组》。

11月27日，首都三司从此日至30日，召开工作人员及所属各红卫兵组织代表会议，讨论目前形势及今后任务。陈伯达接见了到会成员及北航红旗、地院东方红组织的代表。"捍卫团"贴出《毛泽东思想红色职工捍卫团是一支生力军》的大字报，攻击北航红旗、地院东方红等造反派组织。

11月29日，北航红卫兵八一纵队贴出大字报《二问中央文革小组》。

11月30日，北航红旗红风战斗组贴出大字报《革命少数派向何处去》。

1966年12月

12月1日，中共中央、国务院发布《关于大中学校革命师生进行革命串连的补充通知》，暂行停止串联。由临时工、合同工组成的"全红总"三百多人到中华全国总工会造反，占领了礼堂，提出了许多关系到他们的经济与权益的要求。

12月3日，中央军委转发毛泽东、林彪同意南京军区党委12月1日在《紧急请示》中的三条意见，前两条是：一、一切转业、复员军人不准成立红卫军或其他名义的单独组织，只应参加所在单位的文化革命组织。二、不准许冲进解放军机关及所属部队，也不许到部队串联和散发传单。

12月4日至6日，由林彪主持的中共中央政治局扩大会议召开，听取工交座谈会情况的汇报。毛泽东、林彪在讨论工矿十条与农村十条时的一些指示。毛泽东说："先有事实，然后有概念。没有事实，怎么能形成概念？没有实际，哪能有理论？有时理论与实际是并行的，有时理论先行，但是实际总归是第一位。工人不先把革命闹起来，哪儿来的几条规定？"林彪说："康生同志最近和外国作家谈起资本主义如何复辟的问题，说：复辟可以从政治上引起，也可以从经济上引起。目前苏联和东欧社会主义国家实际上是形公实私，形新实旧，形社实资。社会主义国家怎样蜕化、复辟到资本主义？到底如何变的？我们如何使它不变？我们要很好地研究这个问题。社会主义革命成功以后，会有反复，这个问题我们以前不太清楚。先有了南斯拉夫，后来有了苏联，才引起我们的警惕。"

12月5日，"首都红卫兵联合行动委员会"（"联动"）正式成立，发布宣言。主要参加者有钢院附中、石油学院附中、清华附中、矿院附中、八一学校等七十多所学校的四千多人，其中大部分为高干子弟。"联动"成员、京工附中学生邹建平爬上西直门城楼，用几十张报纸刷成一巨幅标语："中央文革把我们逼上梁山，我们不得不反！"

12月7日，北航红卫兵八一纵队贴出大字报《三问中央文革小组》。质问中央文革为什么仅只支持"三司"？宠爱北航红旗？揪住工作组不放？等等。

12月9日，周恩来在中南海小礼堂接见大专院校红卫兵对立各派代表时，肯定"三司"、北航红旗、地院东方红、"政法公社""首都兵团二司造反联络站"等组织是经过七个月考验的左派。对多数派则要求他们开门整风，改正错误。并说：现在有一小撮人在活动，他们贴标语，撒传单，污蔑我们伟大的领袖毛主席、林副主席和中央文革小组，要揭穿他们。

北航红卫兵纵队贴出大字报《批评和监督中央文革的典型意义》。

12月12日下午，北航红旗、地院东方红等组织联合北京十二万人，在北京工人体育场召开《批判、斗争彭、陆、罗、杨反革命修正主义集团誓师大会》。彭真、刘仁、万里、郑天翔、吴晗等前北京市委领导人被揪至会场示众。吴德讲话表示坚决支持，指责彭真是大野心家、大阴谋家、大党阀，打着红旗反红旗。

12月12、13日，北航八一纵队相继贴出大字报《也问中央文革小组》（一、二）。大字报批评中央文革"纵容少数派压多数派"，"挑动群众斗群众"，推行了资产阶级反动路线，破坏无产阶级大民主。

12月13日，《红旗》第十五期发表《无产阶级专政和无产阶级文化大革命》一文。文章列举了文革的八个"伟大意义与主要特点"。

陈伯达、江青接见北航红旗战士,并讲话。

12月14日,中央文革陈伯达、康生、江青与一司、三司和北航、矿院等代表座谈。

12月15日,林彪主持召开中央政治局扩大会议,通过中共中央《关于农村无产阶级文化大革命的指示(草案)》(即农村十条)。陈伯达、康生、江青等继续与"一司""三司"、北航、矿院"东方红"等单位代表座谈。

12月16日,谢富治将公安工作八条草案改为六条,函请张春桥、关锋、王力、戚本禹帮助修改。林学院"东方红公社"与"红色造反团"召开了"批判斗争李洪山之流反革命活动大会。"李洪山被逮捕,谭力夫被扭送公安部。

同日晚,北航红旗以偷摩托车的罪名将二名"联动"分子扭送公安部。"联动"闻讯,聚众冲击了公安部,并与"三司"成员发生冲突。

12月17日,北京和外地来京的师生、干部十余万人在工人体育场召开了"全国在京革命派捍卫毛主席革命路线,夺取新的胜利誓师大会",江青、陈伯达讲话后,周恩来代表毛、林、党中央、国务院问好。指出:纠察队已被坏分子利用来打击革命造反派,因此,建议取消纠察队。江青讲话中说要揪出在背后操纵那些保守组织与反动组织的走资派。会上,公安部宣布拘捕了北航"八一纵队"的赖锐锐(建材部长赖际发之子)、李明清(李井泉之子)、陆德(陆定一之子)等。

12月18日下午,张春桥在中南海西门单独约见蒯大富,说:中央那一两个提出资产阶级反动路线的人至今仍不投降,你们革命小将应该联合起来,发扬彻底革命精神,痛打落水狗,把他们搞臭,不要半途而废。

12月19日,北航红旗战斗队《红旗报》创刊,第一期登载《发刊词》,并发表社论《欢呼〈红旗〉第十五期社论的发表——把两条路线的斗争进行到底》,及编辑部文章《真理必须旗帜鲜明——驳北航"八一纵队"的三问中央文革》。同期发表红教工《小学生》战斗组的批判"八一纵队"《三问中央文革》的文章，题目是《中央文革小组是无产阶级司令部，我们坚决支持，支持到底》，文章说："现在，有那么一小撮人，恶毒地攻击中央文革小组，炮轰无产阶级司令部，叫喊什么'解散中央文革''罢戚本禹的官'，扬言要'砸烂中央文革'等等。简直猖狂到极点。我们严正警告这群亡命之徒：你们要炮打无产阶级革命司令部吗？真是有眼不识泰山、不自量力，其结果只能受到广大群众的惩罚，碰得头破血流，统统没有好下场！"

12月20日，工人体育场召开斗争彭、陆、罗、杨"反革命修正主义集团"大会。

同日，地质东方红和中学红卫兵将周荣鑫拉到地质部，令其检查。周荣鑫检查了四个问题：（1）在物质上支持了西纠，（2）几次使用西纠，（3）关于西纠十三号通令，（4）十一月份以后与西纠联系。

12月22日晚，北航红旗奉命到成都将彭德怀抓到北航红旗驻成都分部。

12月23日，北航革命造反委员会宣告成立。该委员会由红旗东方红、红卫兵、红教工、复原转业军人红卫兵、毛泽东红卫兵、八一八红卫兵、红卫兵造反兵团，继红军等九个单位发起。大会收到了首都红卫兵第三司令部、首都大专院校红卫兵总部革命造反联络站、国防工业高等院校红卫兵联络总部、毛泽东思想红卫兵武汉工人总部、红卫兵成都部队驻京联络站、西军电文革临委会赴京造反团三分团、东风战斗团及华东工程学院、八一红卫军驻京联络站等30多个单位的贺信。

同日，地院东方红从北航红旗手中抢到彭德怀，并于27日押解到京。

12月24日，北京工农兵体院毛泽东兵团和国家体委少数派于工人体育场召开批判荣高棠大会。周总理、陶铸、陈毅、贺龙等出席了大会。

12月25日，罗舜初（原国防科委副主任）、赵如璋（原国防科委×局副局长）在北航做检查。

同日，清华井冈山兵团集中行动，宣传，广播，贴标语，其中有这样口号:"刘少奇必须向全国人民低头认罪""王光美是第一号大扒手"。

12月26日,毛泽东在他73岁生辰的祝宴上,向中央文革成员举杯祝酒,说"祝开展全国全面内战!"又说:"上海的形势大有希望,工人起来了,学生起来了,机关干部起来了,内外有别的框框可以打破。"

12月27日,北航革命造反委员会全体战士批斗赖锐锐。大会警告"八·一"纵队向全院革命师生低头认罪,会后将赖锐锐游校一圈。

12月28日,陈伯达、江青召集部分大专院校革命师生座谈。

12月30日,中共中央、国务院发布《关于制止大搞所谓"红海洋"的通知》。北航红旗代表就国防科委搬出国防部大院的问题发表声明。

12月,红旗战士曹伟康写出大字报《林彪是中国最大的赫鲁晓夫》,吴茂杰贴出标语:林彪的讲话是反马列主义的,要正确评论刘少奇等。二人被投入监狱。

一九六七年

1967年1月

1月1日,《人民日报》《红旗》联合发表经由毛泽东审定的社论《把无产阶级文化大革命进行到底》,社论指出:1967年"将是全国全面展开阶级斗争的一年""将是无产阶级联合其他革命群众向党内一小撮走资本主义道路的当权派和社会上的牛鬼神展开攻击的一年""将是更加深入地批判资产阶级反动路线,清除它的影响的一年""将是一斗、二批、三改取得决定性胜利的一年。"

北航红旗报第3期发表评论文章《将无产阶级文化大革命进行到底——元旦献辞》。

凌晨六时,中南海造反派闯入刘少奇住所,在院墙上贴出大标语,地面上涂写口号:"打倒中国的赫鲁晓夫刘少奇!""谁反对毛泽东思想绝没有好下场！"

在天安门广场，由北航红旗，清华井冈山，地院东方红等几十个单位的革命造反派发起和组织了规模巨大的声讨刘少奇、邓小平的群众游行集会。大会宣读了《告全市人民书》及刘少奇的二十大罪状。

同日，北航红旗要求聂荣臻来北航澄清问题，并要求参加国防科委的文化大革命运动，要求科委搬出国防部大院，搬到北航。

1月2日，中央文革小组与北航红旗座谈。

1月3日，根据中央指示，航院红旗战士采取行动，大造"红海洋"的反。同时也呼吁全体革命同志行动起来，彻底粉碎阶级敌人的阴谋诡计。

1月4日，上海造反派夺权，史称"一月夺权"。上海"工人革命造反总司令部"和"工卫兵上海市大专院校革命委员会"等上海七个组织和外地四个组织发出《告上海全市人民书》和《紧急通告》，署名单位中有首都三司、北方红旗和清华井冈山三个组织。据韩爱晶说："上海一月夺权，当年我是从报纸和广播里知道，我们北航红旗是上海夺权重要单位之一，那是去上海串联的红旗战士成立的联络站参与的。他们自己就代表北航红旗签字，他们没有与我联系，回到学校也没人找我谈过这件事。他们在这两个重要历史文件上签名，这是文化大革命中的典型故事。北航红旗战斗队大民主的作风，北方红旗战士自主自为的水平就表现在这里。当时上海造反派把北京这三个组织的参加看作对他们的重大支持，这就是文化大革命的历史。"

1月5日凌晨，周恩来接见《批判刘、邓路线新代表陶铸联络委员会》的代表，随后，又接见了到会的全体成员，表示坚决支持群众的革命行动。晚，当部分红旗战士在业余航校体育馆与科委负责人辩论时，陈伯达同志接见了北航红旗、国防科委和军医大学的造反派，并做了重要讲话。同时，聂荣臻同志也就科委问题表了态。陈伯达表彰北航红旗"名誉不错"，要好好保持。

1月6日，《文汇报》发表社论《革命造反有理万岁》，《红旗》1967年第2期转载，并加按语。

由江青提名、毛泽东批准，任命徐向前担任全军文革小组组长。清华井冈山、北航红旗等16个单位召开"彻底打倒我国头号走资本主义道路的当权派刘少奇、邓小平大会"。清华井冈山假称刘少奇的女儿刘平平遭车祸入院，诳骗王光美前往看视，乘机把王劫持至清华。在周恩来的干预下，王光美被迫写了四点保证后放回。

1月9日，中央文革决定以北京大学、清华大学、北航、北京地质学院、北京矿业学院、北京市二中、二十五中和华侨补习学校为军训试点学校。

沈如槐在《清华大学文革纪事》中谈道："文化革命中党员重新登记的始作俑者是北航红旗。1967年1月9日《北航红旗战斗队夺权声明》下令：'北航各级党团组织必须由我红旗战斗队及其他革命群众组织进行审查或重新登记'。于是，不是党员的韩爱晶领导实施了北航的党员登记。北航的做法传到清华，有个战斗组贴出了《论清华党权必须归井冈山》的大字报。"（2022年，修订版，第89页）

1月10号，工人体育馆召开斗争陶铸誓师大会。北京新华书店和运输公司联合行动，在天安门广场火烧所存的刘少奇、邓小平画像。并向全国新华书店发出通告，各地纷纷响应。

1月11日下午，军训的解放军进驻北航。同日下午，北京体育馆召开揭发批判反革命修正主义分子谭力夫大会。

1月14日，中共中央发布《关于不得把斗争锋芒指向军队的通知》。《解放军报》发表社论《一定要把我军的无产阶级文化大革命搞彻底》，提出"在我们军队里，确实有那么一小撮走资本主义道路的当权派，和极少数坚持资产阶级反动路线的顽固分子"。社论认为把无产阶级文化大革命搞彻底的阻力，"主要是来自混进军内的一小撮走资本主义道路的当权派，来自极少数坚持资产阶级反动路线的顽固分子"。从此，"揪军内一小撮"的口号风行。

同日下午，北航红旗代表与国防科委副主任、全文革小组组员刘华清就北航红旗1966年12月30日的声明中关于国防科委搬出国防部大院问题达成第一步协议。

1月16日，北京日报社革命造反委员会在北师大井冈山、北京邮电学院"东方红"等组织支持下夺权。而同时北航红旗、北大"红旗兵团"等组织亦进驻北京日报社，与报社内的另一对立组织结合，宣布夺权，并控制了印刷厂，自行编发报纸。对立的双方相互指责。经中央文革小组决定《北京日报》停刊。

1月17日，戚本禹与北航等院校的学生谈话。

谢富治对公安干部讲话指出：斗争已发展到接管和夺权新阶段。今天北京市公安局为政法公社所接管，"公安部要保护左派，反击右派，镇压反革命。例如'联合行动委员会'、'西安红色恐怖队'这些组织是反动的，头头是反革命。"连日以来，清华、北航、政法、地院、科大等院校纷纷查抄"联动"据点，拘捕其头目。北京工业大学附中学生赵战平、邹建平等三人被捕。

1月18日，当上海一月风暴吹到北京后，中央号召北京群众组织参加夺权。周总理在接见群众组织的讲话中说："今天30多个单位夺了北京新市委的权，我们祝贺他们的胜利。今后的任务首先吸收一些主要的工厂、吸收更多的职工帮助加强力量。综合性大学要负起主要责任，如北大、清华、师大……要负起主要责任，而不是派几个人参加几次会议的问题。首先是监督他们的工作，不行的就撤他们的职。参加的就要加强，没有参加的就要参加。既然前进就不允许半途而废。党中央、文革、解放军都帮助你们。要完成这项史无前例的任务。我们信任你们，你们同时也应信任我们。这样大的事情，随时都要和我们取得联系，24小时内我们都要听电话的。"

同日，在北航体育馆召开了国防科委直属单位揭发批判钟赤兵大会，揭发了钟的许多破坏文化革命的罪行。

1月19日，毛泽东密令林彪：要整一批不服气、不买账的老帅，借此以中央文革取代中央政治局的权力。是日下午，在京西宾馆举行军委碰头会，就军队要不要开展"四大"问题，徐向前、叶剑英、聂荣臻等元老派与文革派陈伯达、康生、江青、姚文元之间发生激烈争论。文革派认为军队应与地方一样，开展"四大"，不能特殊。叶群用准备好的稿子，突然发起对总政治部主任萧华的攻击。江青、陈伯达声言：已决定于今晚在工人体育场召开十万人大会，批判萧华。北京军区司令员杨勇会后将会议情况向军区单位进行了传达。军区所属的战友文工团与总政歌舞团的造反派立即前往揪萧华，萧华从后门走脱，其家被抄。经叶剑英告毛泽东求免，于是当晚大会改为批斗彭真、罗瑞卿，刘志坚陪斗。周恩来曾命准备直升飞机，必要时营救被斗者。当时北京各大院校造反派分为以北京航空学院为首的天派及以北京地质学院为首的地派。当天的大会为天派所组织，遭到地派的冲击，在混乱中散会。

同日，红旗战斗队夺权声明，夺院内的党权、政权、财权大权，北航的一切权利归红旗。同日，北航红教工战斗队发表声明，坚决支持、坚决拥护一月十九日发布的"红旗战斗队总勤务站通令""红旗战斗队告全院革命师生员工书""红旗造反大队第一号通令"，以及"红旗战斗队一月十八日通令"等四个文件。

同日，北航红旗、清华井冈山、新北大等组织成立了"创立新《北京日报》联合委员会"，并支持另一派群众组织从"《北京日报》革命造反委员会"手中进行了再夺权。

19日后几日，据聂元梓说："北京市政府的夺权，以北航为主，我们没有参加。北京日报、光明日报的夺权，我们和北航在一起，和师大意见相左。""北京的几个大学造反派头头非常活跃。蒯大富、韩爱晶都到市里去夺权，谭厚兰和王大宾也都有各自的一个摊子。韩爱晶跑到市委夺了权，成立了'北京市夺权委员会'，派人到广播事业局叫我去市委，都是造反派，我也不好拒绝，就到市委去了。韩爱晶说，我们要夺权，你参加我们的夺权委员会吧。我说行啊，我回学校去，跟我们的学生说一说，你等我的回话吧。结果，我回去以后，却没有给他们下文了。（聂元梓回忆录《我在文革的漩涡中》）

1月20日，红旗战斗队总勤务站发布重要通知，要求北航驻外地的联络站报备，并服从总站领导和管理，在外地的红旗战士要遵守三大纪律八项注意，外单位的战斗组织一律不许用北航红旗名义进行活动。

1月22日，红旗总勤务站在《红旗》第8期（1967年1月27

日）就北航夺权问题、北京市运动的方向、左派内部斗争问题，和军训问题发表意见。

1月23日，周恩来、江青就北航红旗战斗队提出的萧华问题做出指示。

1月25日，红旗报编辑部发出紧急启事"限于印刷条件不足，今决定红旗报于今日起。"

1月26日，中南海的革命群众召开了斗争刘少奇、王光美的大会。

署名红旗《旌旗奋》贴出大字报《谈谈孙悟空》，批判者认为，这是配合联合行动委员会攻击中央文革负责同志和红旗战斗队。红旗总勤务站决定将《旌旗奋》成员吴仙虎开除，并送交公安部。

1月27日凌晨二时，中国科技大学"东方红公社"、北航红旗、炮兵学校联合行动，查抄了潜藏在育英中学的"联动"成员，逮捕20名，抄出了五辆摩托及自行车、匕首、铁棒等物件。"联动"分子数百人流窜广州，与广州的"工人赤卫队"和八一中学的"主义兵"勾结活动。

1月28日，数百名来自世界五大洲六十六个国家的国际友人举行反帝反修示威游行，支持我国文化大革命。他们也成立红卫兵组织，不少人戴着"白求恩——延安"战斗队袖章。他们振臂高呼"打倒苏修""打倒勃列日涅夫"等革命口号。

1月31日，周恩来、江青、陈毅、聂荣臻、徐向前、叶剑英、萧华等接见外地来京部队同志。周恩来讲话说：因为随意逮捕，随意抓人，不仅把部长捉了，副部长统统捉了，司局长也给捉了，常常几天找不到。"同志们给我想想，这个对于我们抓革命、促生产有利吗？"

本月，北航红旗报发表批判刘少奇的文章2篇，批判贺龙的文章1篇，批判聂荣臻的文章4篇。

1967年2月

2月1日，毛泽东写信给周恩来，说："最近许多革命师生和革命群众写信问我，给党内走资派和牛鬼蛇神戴高帽、画花脸、游街示众，算不算武斗？我认为这些也是武斗的形式。这里我想强调一下，进行斗争时，必须摆事实，讲道理，强调以理服人……打人的应该依法处理。毛泽东对《打倒"私"字，实行革命造反派大联合》（作者孟繁华）一文颇为欣赏，推荐给《红旗》和《解放军报》转载。转载时均特别加上了编者按语。指出这篇文章之所以好，就是因为它看到了我们正在进行着两种"夺权"的斗争。革命造反派不仅要夺党内一小撮走资本主义道路当权派的权，而且必须夺我们头脑里的资产阶级思想的权。

同日，红旗战士召开大会，开除十七名党员，当场焚毁他们的入党志愿书。会后将这些"政治投机商"中的×××游校一圈。

2月2日，"上海公社"诞生。

2月3日，中共中央、国务院发布关于停止步行串联的通知。规定远离本地五百公里以外的师生，在15天内可免费乘车、船回本地。自2月8日后，吃饭也不再免费。

《红旗》杂志第3期发表社论《论无产阶级革命派的夺权斗争》，高度赞扬了上海的"一月革命"，说："夺权斗争，必须实行马克思主义的打碎旧的国家机器的原则。"

2月5日，中央决定：中央各部、各报社、广播电台、军委、计委、建委，外单位不得接管。中央文革办公室打电话给清华井冈山总部，指出"反托"是错误的。2月7日，蒯大富承认错误，并做了几次检查。

2月6日，毛泽东在常委扩大会议上，指责文化革命小组，毫无政治经验，毫无军事经验，老干部统统打倒，你们掌权掌得起来？陈伯达对我是不接触、不谈心，就是送一点文件来。江青眼睛向天，天下没有几个人他看得起的人。对干部要豁达一些，犯了错误就打倒，就要打到自己头上来了。你们就不犯错误？陶铸是犯了错误，可是一下子就捅出去，不同我打招呼，也没有同林彪同志、总理打招呼，上脱离，下没有同干部群众商量。对干部，不要不许革命，徐向前，我保，住到我这里来。江华、江渭清、杨尚奎、刘俊秀、谭启龙这些人还是要保嘛。

2月7日，"白求恩——延安"战斗队在友谊宾馆贴出"祝贺造反派夺权"等大标语。同日，被日共（修）开除的高比良光司等五位同志和我六名红卫兵座谈时讲："我们很钦佩中国红卫兵的这种雄伟的气魄，中国的文化大革命好得很！这都是毛泽东思想的胜利！"

2月8日，红旗战斗队就大联合向全市发出紧急呼吁。

2月9日，毛批示：关于支持真正左派广大群众问题，现在出现许多搞错了的事。支持不是左派而是右派，陷于被动。此事应做出几条指示。请速办。

下午，中央政治局碰头会继续召开，徐向前就刘志坚是否为叛徒的问题质问陈伯达。陈伯达坚持说："刘志坚叛徒的案已经定了，再也不能改变了。"

批朱（德）联络站贴出海报，定于十日召开批判朱德大会。周恩来请示毛泽东，毛答复：如批朱，我将来陪斗。会议因而夭折。

2月10日，毛泽东在政治局常委扩大会议上，批评陈伯达：你是一个常委打倒一个常委。过去你在我和少奇之间进行投机，不是你个人有事，你从来不找我。批评江青：你眼里只有一个人，眼高手低，志大才疏。打倒陶铸，就是你们两个人干的。毛泽东指示中央文革小组开一个批评陈、江的会。要陈、江做检讨。

北航红旗报第10、11期发表社论《〈北京人民公社〉万岁》。

2月11日，毛泽东指示：要掀起一个反修高潮，这个高潮要压倒一切工作。北京造反派十万余人，在工人体育场召开反修大会，欢迎回国的留苏学生（反修战士），声讨苏修反华法西斯暴行。周总理、陈伯达、康生、陈毅、江青等出席了大会。周恩来在会上讲了话。

江青指示办一个揭露"联动"的展览。

公安部、卫戍区司令部发出布告：奉国务院、中央军委命令，由中国人民解放军北京卫戍区司令部接管北京市公安局，建立军事管制委员会。北京市公安局被军事接管。在此以前，北京公安局由"北京政法公社"接管。

同日，哥伦比亚的红卫兵组织颁布了宣言和纲领，其代表来航院与红旗战士座谈。

2月12日，中共中央、国务院发出通告，取缔全国性的组织。

"批判刘邓路线新代表陶铸联络委员会"在工人体育馆举行"揪斗反革命两面派陶铸誓师大会"，决定组成"揪陶兵团"。从2月13日至21日，被视为陶铸黑爪牙的熊复、张际春、萧望东、钱信忠、张子意等被批斗。

2月14日，红旗战斗队和航院革命群众在俱乐部斗争了反革命修正主义分子孙茜玲和现行反革命分子付爱民（一三大班，党员，赤卫队的头头）公安部门根据革命群众的要求依法逮捕了他们。原赤卫队头头阎得庆和八一纵队马宏亮也上台陪斗。以"孔主任"为首的27名原航院红卫兵、西纠、八一纵队成员也上台向毛主席和广大革命群众低头认罪。

2月15日，谢富治与首都革命造反派夺权斗争委员会、北京革命造反公社、红代会代表座谈北京市夺权问题。北京现在是第二次夺权。他提出：全国性的组织在北京一概取消，下一步撤销各地在京所设联络站，北京也不要在外地设联络站。

2月16日，周恩来主持的碰头会继续召开。原定议程是经济问题，由于几位副总理从李富春那里得知毛有对陈伯达、江青的批评，谭震林责问张春桥：陈丕显是否已接到北京来？张以群众不答应为由推卸。谭怒斥张：原来靠边站、打击一大片是你干的。会上元老派和文革派发生激烈争执。此即所谓"大闹怀仁堂事件"，被指为"二月逆流"。李富春则一言未发。

当夜，毛泽东召见张、姚，听取了汇报。江青与王力亲往林彪处汇报。林彪的答复是："徐向前他不能代表解放军""陈伯达是个书生"。

2月17日，叶剑英批发中央军委《致成都工人革命造反兵团、四川大学8·26战斗团的公开信》，劝阻造反派冲击成都军区（军区支持保守的产业军），并警告造反派头头，必须对由此产生的严重后果负责。造反派置之不理，继续冲击。军区因此大肆拘捕，人数高达万数。同时，广州、福建、内蒙、新疆、云南等地，均进行了大规模的逮捕。史称"二月镇反"。

2月18日,北航红旗报第12期发表社论《善于做阶级分析,掌握斗争大方向》。

下午,科技单位在工人体育馆斗争了薄一波、安子文、何长工、陶鲁笳等人。

晚,毛泽东召集周恩来、康生、李富春、叶剑英、李先念、谢富治、叶群(代表林彪)等开会。严厉指责谭震林等元老派。毛说:中央文革小组执行十一中全会精神,错误是百分之一、二、三,百分之九十七都是正确的。谁反对中央文革,我就坚决反对谁!你们要否定文化大革命,办不到!会上确定,由周恩来主持,召开政治局扩大会议(后改名为"政治生活批评会"),对谭震林、陈毅、徐向前进行批评,三人"请假检查",并确定由周恩来、谢富治向相关人士传达会议精神。

2月22日,首都大专院校红卫兵代表大会在人民大会堂召开,大会发表了《宣言》《告全国红卫兵书》《红卫兵誓词》和《给毛主席的致敬信》。周恩来、陈伯达、康生、江青等出席了大会并讲话。

2月23日,《红旗》杂志第四期发表了《必须正确对待干部》的社论。社论认为:"我们党和国家的各级干部,大多数是好的。钻进干部队伍中的阶级异己分子只是极少数。"社论强调:"以毛主席为代表的无产阶级革命路线的领导干部,是党和人民的宝贵财富"。社论号召广大革命干部在无产阶级文化大革命中为人民立新功。社论发表后,在干部中引起了极大的震动和强烈反响,北航、北医、师院、体院、石油等院校的群众组织也纷纷举行干部座谈会。

2月24日晚,北京军区逮捕了《全国灭资军造反团总部》《全国国营农场红色造反团》《全国红色劳动者造反总团》等三个反革命组织中的"首恶分子"。随后,北京市公安局军事管制委员会,北京卫戍区在全市各群众组织的协助下,逮捕了"全国灭资军造反团总部""全国国营红色造反兵团""全国红色劳动者造反总团""全国上山下乡知识青年捍卫真理革命造反团""全国农垦战士革命造反团""国际红卫军中国支队""全国上山下乡红色革命造反团""全国上山下乡知识青年红色第一线第一战斗队""全国聋人革命造反联合总部"等组织的领导者四十余人。前三个组织被定为反革命组织。

2月25日,张春桥在接见北京驻沪联络站师生时,传达毛泽东的指示:"刘少奇的《论共产党员的修养》一书,是一本典型的修正主义代表作。这本书在国内、国际都有很坏的影响。现在批判它,给红卫兵出个难题。"

在毛的支持下,中央召开七次政治局生活会,江青、康生、陈伯达、谢富治等以"二月逆流"的罪名,围攻批判了谭震林等元老派。毛泽东决定由中央文革小组代替政治局,军委办事组取代军委常委,行使党、军大权。社会上则掀起反"二月逆流"的高潮。

2月26日,首都和中南地区斗争陶铸筹备处在工人体育馆召开斗争陶铸大会,熊复、雍文涛、萧望东等人陪斗。

2月28日,首都大专院校红卫兵第一次代表大会在京举行,周恩来、陈伯达、康生、江青出席了大会并做重要讲话。

本月,北航红旗报发表批判刘少奇的文章2篇,批判邓小平的文章一篇。

1967年3月

3月2日晚,中央人民广播电台播放了《首都红代会宣言》。清华、北大、师大等院校造反派连日欢呼庆祝。

3月3日,周恩来、陈伯达在首都大专院校红卫兵代表大会上讲话。

3月4日晚,戚本禹在政协礼堂接见首都红代会核心成员并讲话。谢富治参加接见。

3月5日,北航红旗报第15期发表社论《发扬毛主席的大民主,夺取整风运动的彻底胜利》。

戚本禹接见地院东方红部分同学,说:江青同志说过,地院东方红的红旗不能倒。还有北航红旗、"新北大"、清华井冈山、师大井冈山的红旗不能倒。朱成昭应闭门思过。"东方红"核心领导组应站出来领导。王大宾是个好同志。

3月8日，北航红旗报第16、17期发表社论《热烈欢迎革命的干部亮相》。

北京十几个造反派组织召开"击退资本主义复辟逆流誓师大会"，街上出现"炮轰谭震林""谭震林顽固执行资产阶级反动路线必须彻底批判"等大标语。

下午，师大井冈山、农大"东方红"、农科院"红旗"等千余人，由谭厚兰等率领，高喊"谭震林的黑报告是二月逆流的宣言书""谭震林欺骗毛主席罪该万死"等口号，冲击并占领了"大寨展览会"所在的北京农展馆。晚上，由谭厚兰组织的又一批人冲进农业部，占驻该部。

3月10日，《人民日报》转载《红旗》社论《论革命的三结合》，发表毛泽东关于夺权后建立的机构叫革命委员会的指示。新西兰共产党总书记威尔科克斯来华访问，参观北航。全体红旗战士及革命师生员工、革命干部，高举红旗，抬着毛的巨幅画像，聚集在校门口，欢迎新西兰共产党总书记维·乔·威尔科克斯同志和他的战友。

3月12日，红旗总勤务站发表严正声明，坚决支持北师大井冈山公社等兄弟革命组织炮轰谭震林、火烧谭震林的革命行动，坚决支持红旗战士及全院革命同志在谭震林问题上的一切革命行动。

3月13日晚，前日共总书记德田球一的夫人——德田多津等十名日本反修战士与数千红旗战士在俱乐部欢聚一堂。

3月14日，《解放军报》发表社论《论提倡一个公字》。周恩来在接见西安造反派时，说：毛主席看到"打倒朱德"的大标语，不同意这种提法。根据中央指示精神，朱德问题要暂停。

北京五十多个院校十万人游行示威，反击"二月逆流"，群众高呼"用鲜血保卫中央文革"，"打倒谭震林、陈毅、叶剑英、李富春、李先念、徐向前、聂荣臻！"掀起了反"二月逆流"的第一个高潮。

3月15日，北航红旗报第18期发表社论《必须正确对待党员》。

3月16日，中共中央发布关于各地方报纸宣传的几项规定。因夺权斗争情况错综复杂，各省市的报纸宣传工作出现一些问题，故中央特作规定：报纸是无产阶级专政的工具，是革命派大联合的喉舌，不能做派性工具，应严格遵守毛主席和党中央的指示进行宣传。报社内部，如革命派不能控制局面，可实行军管。报纸不许泄密，不许刊载开斗争会等图片，不要使用谩骂的词语，不许攻击人民解放军，不要公开宣布军事管制等等。

中共中央印发《薄一波、刘澜涛、安子文、杨献珍等六十一人的自首叛变材料》。

红代会批谭（震林）联络站等134个单位一万二千余人在农展馆广场召开"彻底揭发批判全国大寨式农业典型展览誓师大会"，人民解放军也参加了大会。

3月18日，北京工人体育场召开十万人参加的批斗大会，台上站着彭德怀、贺龙、陈毅、叶剑英、徐向前、聂荣臻、罗瑞卿、谭震林等四十七人，周恩来参加了大会。

3月19日，中央军委做出《关于集中力量执行支左、支农、支工、军管、军训任务的决定》。先后派出二百八十多万军人执行任务。中共中央发出关于停止全国大串联的通知。

3月20日，谢富治在北京市红代会核心组发表讲话。

林彪在军以上干部会上讲话，强调运动所造成的"损失是最小最小，而得到的成绩是最大最大最大。"其损失"比起世界各国任何一次大革命都小得不能比拟。"下午，毛就林的这个讲话，写信给林说："林彪同志：看了一遍，很好，请交文革小组斟酌，然后可印成小册子发给党、政、军、民的基层。我做了少许几处修改，是否妥当？请酌定。"从此，反击"二月逆流"的斗争进入新的高潮。

下午，在工人体育馆由农口革命组织主持召开了"批判谭震林大会"，揭发控诉了谭在农口搞反革命复辟的罪行。清华井冈山、北航红旗、地院东方红、"新北大公社"的代表在会上做了联合发言。

同日，红旗总勤务站发表《关于火烧李先念，炮打余秋里的严正声明》。

3月21日，北航红旗报第19、20期发表社论《历史的教训，万万不能忘》。在康生的暗示下，北航红旗等六个群众组织对刘少奇的历史进行了调查，并声称已掌握确凿材料，证明刘少奇在历史上曾被捕变节。康生写报告建议对刘少奇进行专案审查（540 专案组）。毛泽东批准了这个报告，政治局常委也圈阅同意。

3月24日，在市委大楼举行"彻底摧毁旧北京市委科学工作路线"大会，会上北工大东方红，师大井冈山等代表发言，并斗争了吴子牧、宋硕、彭珮云、肖英等二十多人。

同日，清华庆祝毛泽东的《湖南农民运动考察报告》一文发表四十周年，北航红旗等来校祝贺。韩爱晶发表讲话：今天是一个盛大的节日，让我们一起做一个脚踏实地的革命者，不要做历史上昙花一现的人物。世界上插遍毛思想伟大红旗的日子终究是要到来的。

3月25日，北航红旗首届战士代表大会召开。

3月26日，红旗总勤务站发布《关于目前运动的几项规定》。

3月30日，《红旗》杂志第五期发表戚本禹《爱国主义还是卖国主义——评反动影片〈清宫秘史〉》，《人民日报》等各大报纸做了转载。北航红旗报第23期发表社论《坚决执行毛主席"三·七"批示》。

本月，北航红旗报发表批判刘少奇的文章3篇，批判谭震林的文章1篇。

1967年4月

4月2日，《人民日报》发表社论《正确对待革命小将》。此文是由首都红卫兵驻《人民日报》监督组成员根据武汉和北航红旗赴武汉造反派提供的材料写成的，经王力修改润色。其矛头是指向武汉、成都等军区领导人，批判其抵制红卫兵造反的强硬态度。

4月3日，谢富治在北京卫戍区召开的军管代表会议上讲话：由傅崇碧领导的北京支左、军管工作有成绩，也有的地方支右了，甚至有镇压左派，把左派头头抓起来，其中包括北大、清华井冈山、地院东方红、师大井冈山。抓他们就是犯罪行为。军队支左错误原因：一是认识不清；二是立场问题，思想上右倾。有的是受老婆、孩子的影响。老婆就是当权派，自己也是地方的常委，孩子是保守派，因此站在刘邓一边。

首都红代会开会，首次公开批判刘少奇的《论共产党员的修养》一书。

北师大等 73 个单位在工人体育馆举行彻底批判刘少奇誓师大会。

北航举行"彻底批判资产阶级反动路线，坚决搞好斗批改誓师大会"。国防科委副主任刘华清出席了大会并讲了话。

4月4日，周恩来、陈伯达、康生、江青、戚本禹、王力、关锋、谢富治在人大会堂接见北京30余所大专院校造反派组织代表。叶群、戚本禹授意韩爱晶，搜集徐向前、陈毅、叶剑英的材料。

4月6日，中南海造反派冲入刘少奇家中，勒令刘少奇答复戚本禹文中提出的八个问题，并责令他自己做饭、打扫卫生，及改变夜间工作的习惯。

首都红代会"批判陈毅联络站"正式成立。

4月8日，《人民日报》发表社论《高举无产阶级的革命的批判旗帜》，不点名地批判刘少奇。指责他建国十七年来，推行了一条资产阶级反动路线。并指出，必须批判《修养》一书。《光明日报》也以《批倒中国的赫鲁晓夫》为题，发表批刘文章。

北京民族宫发生"48民族宫事件"，直接参与此事件的单位并不多，但在声明上签字的单位却各有几十个。此举向社会表明了红代会中存在着两大派。（以北航红旗、"新北大"为首的"天派"为一方，以地院东方红、师大井冈山为首的"地派"为另一方）这一事件成为北京高校两大派公开化的标志。

4月9日，《文汇报》发表社论《再论在大批判中推进大联合》。

4月10日，清华大学造反派召开30万人大会，首次对王光美进行公开斗争，彭真、陆定一、薄一波、蒋南翔等人陪斗。

4月11日，《解放军报》发表社论：《为彻底批判党内最大的走资本主义道路的当权派而战斗》。徐向前在军委扩大会议上被责令检讨。

晚，北大发生"411事件"——地院、邮电、农机、农大、工大、民院六个院校的造反组织的广播车闯入北大，进行反聂元梓的宣传。"新北大公社"阻止宣传车的宣传，双方发生严重冲突。中央文革进行调处。北航红旗因支持地院东方红,与新北大公社的关系闹僵。后来蒯大富发现红旗杂志的林杰支持清华"414"搞他,请民院抗大说情,向北大靠拢。清华和北航随后参加了新北大公社反吴传启的行动。

4月12日,在戚本禹的授意下,北航红旗发表打倒徐向前,炮轰陈毅、叶剑英的"严正声明"。

4月13日,谢富治在人民大会堂接见红代会核心组,解决北大和地质的冲突。据聂元梓回忆录中说,"会议开始后地质虽然没能发言,但是参与事件的其他五个学校都可以发言。邮电等校相继发言,攻击北大。北航韩爱晶发表了一个各打五十大板的讲话。"(《我在文革的漩涡中》)

4月14日,刘少奇就4月6日中南海"卫东"革命造反派的紧急通知,对戚本禹文章所提问题做了六点答复,说明1962年《修养》再版,是有人推荐,有人帮助修改的。前者即康生,后者即陈伯达。

陈伯达、康生、江青、谢富治、张春桥、王力、关锋、戚本禹、姚文元接见红代会各院校代表,北大、清华、北航、地质等院校参加。北航红旗总勤务站发表声明,提出打倒徐向前,炮轰叶剑英、陈毅。地院、清华、矿院贴出打倒徐向前的大标语。

4月15日,陈伯达指示,要写一系列大文章批判刘少奇,初步准备24个方面的内容。《人民日报》以《高举革命的批判旗帜实现革命的大联合》为题发表社论。

4月16日,军内造反派连续两天抄查徐向前家。徐向前避居西山,得免揪斗。

4月18日,《人民日报》发表社论,号召批判刘少奇的《论共产党员的修养》。《光明日报》发表社论《批判中国的赫鲁晓夫》。谢富治召集红代会所属院校负责人开会,说现在武斗已发展到工人中了,城建公司几千人打架。必须大反无政府主义。

韩爱晶在红代会传达陈伯达的电话指示:"北京最近发生打架的事件,揪人的事情很多,很不好,现在大大地强调组织性、纪律性,大反特反无政府主义,希望你们要注意这一点,我们中央文革小组前几天的讲话都是有效的，北京的大专院校不能乱来，不考虑无产阶级的纪律，我是很郑重地提出这个意见的，希望你们帮忙向本校和其他院校多做工作。前几天，我们说过北京应该成为无产阶级文化大革命的模范首都。什么叫关心国家大事呢？反对无政府主义，这就是关心国家大事，希望大家在这方面多做工作，你们不要往外面再多派人，防止被别人利用，到外地去的联络员，除了中央批准的以外，都撤回来，大家都遵守中央的决定，回来，不然要犯很大的错误。我那天说过大反特反无政府主义，这条标语应该上街。"

江青指示："现在内战多，把矛头指向解放军，把斗、批、改放在一边。各校要整风，加强三性。"从此，各院校开始整风运动。

4月19日，红旗总勤务站发布《关于航院目前运动的几项决定》。

毛泽东就北京市革命委员会成立发出指示："我祝贺你，祝贺这次大会成功。请代向北京市的革命造反派祝贺。致敬电是全世界无产者联合起来的大宣言，就不要写宣言了。青年人要参加你们的工作，使前辈人不脱离群众，使青年人得到锻炼。青年人不能脱产，不然会造成脱离群众。要半官半民。北京的形势还有反复。无政府主义就是机会主义的乘方。要不怕犯错误。各种反动的观点的群众组织他们是极少数的，就是反动的组织也要做工作，但是还得斗争。"

4月20号，北航红旗报第30期发表社论《大反特反无政府主义》。

北京市革命委员会成立，主任谢富治、副主任吴德、郑维山、傅崇碧。聂元梓、韩爱晶等人名列北京市革委会常委。

4月23日晚，北航召开关于张有瑛（原党委宣传部长）问题的辩论会。

4月26日，《人民日报》发表社论《打倒无政府主义》。共青团中央揪斗书记处书记胡克实。华北局揪斗李立三。政法公社等组织召开"彻底清算刘邓在政法界反革命罪行大会"，揪斗了最高人民法院院长杨秀峰，最高人民检察院检察长张鼎丞等。

4月27日，北航红旗报第32、33期发表评论员文章《毛主席干部路线的光辉照亮了航院》。谢富治在北京市革委会常委会议上的讲话：最近联动放出来了，有的很坏，很可恶，必要时再把最坏的关起来，对多数人要进行教育。最近准备把大学关的人都放出来。（蒯大富、韩爱晶同志表示支持。）

4月29日，北航红旗报第34期发表社论《坚决贯彻三相信 三依靠的方针》。

本月北航教改组成立中小学教改调查组，参加了在北师大设立的北京市教育革命联络委员会的部分工作。并派人去景山学校、红旗学校，北京男四中等学校蹲点调查。教改组还派出了十五名红旗战士，与北师大、京工、清华、矿院、政法等院校以及中学红代会等组成联合调查团，专程赴津调查刘少奇半工半读的罪行，以供批判。

本月，北航红旗报发表批判刘少奇的文章37篇，批判邓小平的文章2篇，批判陈毅的文章3篇。批判徐向前的文章1篇。

1967年5月

5月1日，毛泽东与高级干部的讲话：我们今天是老、中、小相结合的大会。（这时面向朱德）我们都是七八十岁的老人了，中年的四五十岁了，广场上是小将。今天的大会是个大联合。我们看干部要从历史上全面地看干部。今天除刘、邓、陶之外，其他的都来了。各省第一书记都要回去，还是要做工作。江华、江渭清、谭启龙不是三反分子。陈丕显思想上、作风上蜕化，应很好改造。廖承志过关了没有？应让他过关。王震不是三反分子，是个粗人。建议谭震林同志去拜访他。余秋里讲假话，谷牧三六年被捕过，比较困难一些。地质学院的一些红卫兵对老帅的一些历史一点也不懂。有人找我摸底，我说：所有老帅统统打倒怎么办？你们来做行吗？打倒谭震林？今天还是在这里开会嘛！徐向前主持全军文革（徐说：我身体不好，请萧华代替我工作。）还是你搞吧！邓和刘有区别，邓在历史上闹独立王国，不理我。在中央苏区还临阵脱逃，以后反王明路线是我一派的。刘少奇二五年被捕过，后来被人保出来了，住在北京。刘少奇一条路线，一个理论，一个班子。六人小组，谣言很多，完全是造谣。"联动"大部是好的，少数不好。有什么要紧啦！让他们承认错误就行了，他们不是承认了错误吗？不是改得很快吗？

晚，韩爱晶等代表在天安门上与中央领导人一起观看烟火，同桌有江青、罗舜初、关锋。

5月2日，美国朋友李敦白在北航的讲话。

5月4日，聂荣臻接见科学院革委会勤务组正副组长时讲话：文化革命委员会还要长期存在，继续搞文化大革命。对各所，有的派军代表，有的派军管小组，主要管文化大革命。

5月5日，北京市革委会发出《关于把活学活用毛主席著作的群众运动推向新阶段的决定》。周恩来、江青等接见北京市革命委员会全体委员，指出：当前有一股反夺权的拆台风，保守派要从无产阶级革命派手中反夺权，打砸工代会等革命组织。这股打砸风影响无产阶级革命派的正常生产和正常秩序。市革委会和工代会可以管起来，建立新的革命秩序。今后发生武斗事件，挑起武斗的要严加惩办，首恶分子要依法惩办，受蒙蔽的教育处理，打死人的要偿命，无故旷工的要停发工资。

谢富治在会上谈河南问题。韩爱晶问谢："河南问题怎么样了？"谢答："你们红代会支持的二七公社是对的。军区的做法是错误的。"

会议期间，韩爱晶建议把市革委会委员吸收为党员，被周思来等人否定。

5月6日，北航红旗报第36期发表《教育革命》编辑组撰写的文章《"五·七"指示是教育的指南针》。北航召开《把活学活用毛主席著作的群众运动推向新阶段的誓师大会》。红旗总勤务站发出《关于坚决响应北京市革命委员会号召把活学活用毛主席著作的群众运动推向新阶段的决定》。

康生接见中央组织部全体人员，说南开8·18、北航红旗组织联合调查团抓叛徒，应该向他们学习。从此，全国各地纷纷组织揪叛徒组织。

5月7日，红旗战斗队发表《关于成都一三二厂五月六日流血事件的严正声明》。

5月8日，《人民日报》发表由《人民日报》和《红旗》杂志编辑部联合署名的重要文章《〈修养〉的要害是背叛无产阶级专政》。

5月9日，北航红旗报第38期发表社论《为加快革命的"三结合"步伐大喊大叫》。

谢富治接见首都红代会代表，提出市革命委员会要采取措施，10号以前制止武斗。

北航总勤务站发出《关于成立革命委员会筹备小组的初步意见》。

5月14日，中共中央发布关于加强对群众组织小报控制的通知。

5月15日，聂荣臻在京西宾馆接见部分科技人员时讲话：搞阶级斗争改造社会，要有社会科学的理论。同样，要战胜自然，没有理论，社会主义建设有许多问题不能很好解决。

5月18日，《人民日报》与《红旗》就5·16通知正式发表，刊登编辑部文章《伟大的历史文件》。此文是对一年来文革的一个总结，是经毛泽东修改和审定的。其中，从"列宁看到了无产阶级夺取政权以后……充分注意了整个苏联历史的经验"一段，和文章最后一段，都是毛加写的。

5月19日，北航革命委员会召开第一次全体会议，北航革命委员会由四十五名委员组成。其中学生三十二名，教师六名，工人三名，干部四名。这些委员由北航红旗战斗队战士代表大会经过充分酝酿、讨论和推选而表决通过。四十五名委员中推选出十三人组成常务委员会，其中学生九人，教师一人，工人一人，干部二人。会议一致推选韩爱晶为北航革命委员会主任委员，井岗山为第一副主任委员，仇北秦、田东为副主任委员，暂缺一名副主任委员，将由"三结合"的干部中推选担任。

5月20日，北航举行庆祝北航革命委员会成立大会，政治局委员、军委副主席、国务院副总理、国防科委主任聂荣臻，人民解放军总政治部主任、全军文革常务副组长肖华，代总参谋长、全军文革副组长杨成武，政治局候补委员、国务院副总理、公安部长、北京市革命委员会主任委员谢富治到会祝贺并讲话。

清华井冈山、新北大公社、北师大井冈山、地院东方红，以及来自山东、河南、四川、新疆、西安、武汉等地的六百多个革命造反组织的四万多人参加了大会。在京阿尔巴尼亚、比利时、澳大利亚、日本、美国、哥伦比亚、法国等国家的国际友人二十余人参加大会。澳大利亚共产党（马克思列宁主义者）中央书记处书记弗兰克·约翰逊，比利时共产党中央代表团团长、政治局委员斯特劳纳·斯图伦斯，在京工作的美国作家李敦白，日本井出润一郎以及阿尔巴尼亚万介尔·莫依修，在大会上发表讲话。

大会收到了贵州省革命委员会和来自全国各地数百个革命造反派组织赠送的贺信、喜报和礼物。大会一致通过了给毛主席的致敬信。

北航的党、政、财、文各项大权，从即日起，归北航革命委员会。

同日，院革委会做出大学毛著，搞好斗批改的决议。

同日，由五十多个造反派组织的大型革命画展《毛泽东思想胜利万岁》在北京美术馆开幕。美术出版社第二门市部（旧荣宝斋）举行"打倒刘少奇"漫画图片展览。人民美术出版社印成五十万册，每套一百余幅《打倒刘少奇》的漫画，已经发行。

5月21日，院革委会做出《关于号召全院学习中共中央一九六六年五月十六日〈通知〉的决定》。

5月23日，北航红旗报第40期发表社论《学好通知掌好权 牢牢把握大方向》。

5月25日，《人民日报》连续发表毛主席关于文学艺术问题的五个文件，即《看了〈逼上梁山〉以后给延安平剧院的信》《应该重视电影武训传的讨论》《关于红楼梦研究问题的信》《关于文学艺术的两个指示》。九系勤务站组织串联会，批判文艺黑线。

5月28日，就北京部分院校干扰新华社工作，且向新华社发出照会一事，陈伯达电告聂元梓、蒯大富、谭厚兰、王大宾、韩爱晶，不许外部插手新华社。

5月29日，院革委会发出《关于认真学习毛主席五篇光辉文献的通知》。

5月30日，北航红旗报第42期发表观察员文章《北京日报近来

为谁说话？》

5月31日，以北航红旗为首的28个高等院校的红卫兵组织就清华局势发表《联合声明》，声明表示"坚决支持以蒯大富为代表的清华井冈山兵团总部，永远同他们团结在一起，战斗在一起，胜利在一起"。声明说："四项协议是一个大联合的协议，是一个加强和巩固无产阶级专政的协议，是一个为坚决执行毛主席革命路线的井冈山人撑腰的协议"，声明谴责414负责人"公开拉出414总部，用分裂的手段破坏革命委员会的成立，是极端错误的，无论在北京，还是在全国，都已造成了极其恶劣的影响"。声明说："对于分裂主义的产物——414总部，我们坚决不予承认。"（沈如槐《清华大学文革纪事》第203页）

本月，为庆祝毛主席五篇文章和红旗第九期社论发表，在院革委会的号召下，各系组织宣传队走上街头，并准备再度远征京郊房山、怀柔、密云等县。全院革命同志正动手抄写大字报赶印传单，把革命文艺批判的大字报贴满全城。

同日，院革委会、红旗总勤务站向全院发出《关于向伟大的共产主义战士吕祥璧同志学习的通知》。

本月，北航红旗报发表文艺大批判文章8篇，批判刘少奇的文章4篇，批判潘汉年的文章3篇。

1967年6月

6月1日，《红旗》《人民日报》刊载纪念毛泽东决定发表聂元梓等的大字报一周年社论《伟大的战略措施》，文中引用了毛《炮打司令部》的大字报。

6月2日，张春桥、姚文元在上海高校座谈会上指出：大学的斗批改是一件艰苦的工作，是历史上所没有解决过的。十七年来，毛主席提出的方针政策没有得到贯彻执行。这次文化大革命，主席讲，一种可能改革彻底翻身，一种可能走回头路，一种可能改良。张春桥鼓励大家做斗批改的闯将。

聂荣臻在工人体育馆对科技工作者讲话：许多科研单位已经逐

步转入斗、批、改。改的最高标准是毛泽东思想，是毛主席光辉的五七指示。

同日上午，全体北航红旗战士和革命师生举行了讨论会，用吕祥璧的光辉事迹深刻地批判了党内头号走资本主义道路当权派刘少奇活命哲学和叛徒嘴脸。

同日，北航附小全体革命师生斗争了反革命修正主义分子吴晗。大会完全由学生自己主持，红小兵控诉吴晗反对毛主席，妄图复辟资本主义，把用个人名利毒害青少年的罪行。

6月2日上午，北航红旗、清华井冈山、矿院东方红、新北大公社、国家体委造反司令部等二十多个单位，在哲学社会科学学部召开了揪斗潘梓年大会。

6月3日，北航红旗报第43期发表评论员文章《革命造反，就是有理》。

6月4日，《人民日报》发表《中国的大革命和苏联的大悲剧》一文。

北航革委会和红旗总勤务站发出《关于停止外出串联的通知和经中央批准的北京市革命委员会五月十四日重要通知》。

6月5日，谢富治与原首都"三司"造反派头头座谈时谈道：红代会核心组成员，除清华、北大、师大、地质、轻工等外，人员要扩大。组长仍由聂元梓担任，副组长由北京地质学院学生王大宾担任。

6月6日，北航红旗报第44期发表评论员文章《煞住武斗歪风，揪出幕后黑手》。

6月10日，北航红旗报第45期发表社论《迎接更严峻的考验》。

首都红代会改组，常委15名，由农大东方红、农机东方红、邮电东方红、林院东方红、师大井冈山、北航红旗、医大红卫兵红旗、新北大、政法公社、财金八·八、地院东方红、工大"东方红"、电影学院东方红、毛泽东共产主义公社联委会、北外红旗、清华井冈山分别选派。

6月11日，陈伯达与韩爱晶座谈，然后到主楼见群众，陈伯达指示说："在无产阶级文化大革命中，我们要创建一个新的社会主义的教育制度……这个工作要由你们把它具体化，提出方案，要靠毛泽东思想把它搞好。"

6月12日，谢富治接见北航韩爱晶等人。

6月13日，北航红旗报第46期发表社论《做教学革命的探索者》。

6月14日上午，北航召开了全院支持夏收的誓师大会。

6月15日晨，第一批三千余名红旗战士和师生员工冒雨步行三十多里，奔赴夏收第一线。留在校内的红旗战士和师生员工继续开展整风，准备吸收一部分犯过错误，但已回到毛主席革命路线上来的同志加入红旗战斗队。

6月16日，林彪致信周恩来与中央文革，提议不用"祝林副主席永远健康"的祝词。

6月19日，《人民日报》重新发表《关于正确处理人民内部矛盾的问题》，纪念此文发表十周年。中共中央发出宣传这一伟大著作的通知。首都工代会、红代会召开纪念会。谢富治在会上指出：前段社会上两大派的对立，妨碍了北京市的大批判，给外省市的运动带来了极恶劣的影响，严重地干扰了主席的战略部署。两大派应该好好学习主席的这一个划时代著作，正确处理人民内部矛盾，联合起来搞大批判。北航红旗，地院东方红等组织做了联合发言，表示要消除分歧，团结起来。

6月19-20日，北航一、五、七、九系的革命委员会相继成立。

6月28日，院革命委员会做出《关于复课闹革命的决议》。

6月，北航、地院、师大等院校出现"斗、批、改"的新气象。北航斗批改办公室组织专案调查，分析资产阶级知识分子是如何统治我们学校的？十七年来教育战线两条路线斗争情况；抗大经验；半工半读；1961年至1963年教育战线出现大反复等情况。

6月，国防工办、国防科委再次联合通知，决定把靶6的总体设计、试制、总装调试的任务全部交由北航承担。北航革委会将靶6改名为"红航一号"，将213设计所改名并扩大为上千人的红航兵团，并成立指挥部，由常委仇北秦、屠海鹰和委员李乐、李明启等负责。

本月，北航红旗报发表批判刘少奇的文章 2 篇，批判潘汉年的文章 3 篇。

1967 年 7 月

7 月 3 日，首都大专院校红代会在北京工人体育馆召开万人大会，纪念毛的"七·三"指示发表三周年，表示坚决贯彻毛的教育方针，为建立和巩固新的教育制度而奋斗。

7 月 4 日，北航革委会作战部发表《关于复课闹革命的几点补充意见》和《"复课闹革命"方案修改的补充意见》。

7 月 5 日《人民日报》报道：北航开始复课闹革命。原则是：以批判资产阶级为主，兼学工、学农、学军，也学一些专业知识，为实现五七指示探索途径，为在航院树立起毛泽东思想的绝对权威而奋斗。

7 月 6 日，姚文元传达毛泽东指示：（大学的斗批改）一种可能是彻底翻身，一种可能是走回头路，一种可能是改良，能否在下阶段打硬仗了。主席还说：斗批就是破，改就是立。这次教育革命一定要彻底改革，否则是改良，和过去一样，到后来改不下去。

7 月 8 日，北航红旗报第 52 期发表社论《复课必须以批判资产阶级为主》。

校产科红旗勤务组提出，"我院全部使用黄泥浆代替糨糊贴大字报，已收到良好效果。黄泥浆不仅具有不发酵，不霉腐，易调浓度，不浸透大字报等优点，重要的是用这种郊区到处都可找到的黄粘土（加水调成糊状即可使用）制成泥浆代替糨糊，每月可为国家节约一百二十余袋面粉，相当于六千多斤）。"

7 月 11 日，首都大专院校红代会主持召开首都大专院校复课闹革命誓师大会。蒯大富代表红代会致开幕词。陈伯达、傅崇碧、丁国钰到会。陈讲话，号召学生进行教学改革。

7 月 12 日，康生、陈伯达、戚本禹在人大会堂接见韩爱晶等，授意对彭德怀进行揪斗。

7 月 14 日晚，首都无产阶级革命派集会，会议有首都红代会、工代会、农代会、中学红代会的几百个单位参加。与会者声讨"武老谭"以及"百匪"的滔天罪行。北航红旗派八百人出席了大会。

7月15日，北航红旗报第53期发表社论《发扬优良传统 争取更大光荣》。

7月中旬，北航奉命批斗彭德怀。周总理指示要"天、地派联合批彭"，并对批彭问题做了五点指示：不许搞"喷气式"，不许武斗，不许挂牌子，不许游斗，不许搞"逼供信"。

北航革委会常委们研究决定，先小范围审问，再组织大会批斗。会议的组织工作由五系革委会负责。

7月16日凌晨，中央文革小组陈伯达、张春桥、关锋、戚本禹在中宣部礼堂召集会议，讨论大批判问题。聂元梓、蒯大富、韩爱晶等人与会。

中央文革办公室在7月某日给地院电话指示："与北航联合批斗彭德怀，不要军事院校参加，要文斗，不要武斗，但也不要太限制群众。要批斗时与北京卫戍区傅司令员联系要人"，还送来了几份批判彭德怀的材料。

7月18日，据王力回忆，毛与他谈话中曾说及：如果林彪身体不行了的话，还是要邓小平出来。还说：为什么不能把工人学生武装起来；我看要把他们武装起来。

晚，北京100多个造反派组织，数十万人齐集中南海西门，召开揪斗刘少奇誓师大会。

戚本禹凌晨在人大会堂召集中南海机关造反派开会，说："前几天中南海围斗了刘少奇……但火力不强。对刘、邓、陶面对面斗争，这是你们相当时期头等重要的任务。可以低头弯腰。"当天，中南海中央秘书局三百余人批斗了刘少奇夫妇，强迫低头弯腰。邓、陶夫妇亦相继挨斗，他们的家先后被抄。根据江青指示，这边斗，那边抄，要派人换上便衣，像是从外面来的人。刘少奇、王光美的笔记尽被抄走。会后刘少奇与王光美被分隔看管。毛泽东在接到报告后说：我不赞成那样搞，那样势必造成武斗，还是背靠背，不搞面对面。

7月19日，彭德怀被押至保卫部，随后被拉到北航六系楼一间教室，召开了一个小型批斗会。韩爱晶和王恒（北航原党委书记，革委会副主任）主审，有关头头们和五系许多学生参加。有人打了彭德怀，其中包括韩爱晶。

7月20日，中央代表团赴西南，三名北航红旗的学生尹聚平、胡慧娟、井岗山随同到了武汉，得知武汉发生暴乱。韩爱晶召开了紧急会议，研究对策和行动方案。

7月21日下午3时，戚本禹电话发出紧急动员令：从现在开始，工代会、农代会、大专院校红代会马上开始上街游行，声援武汉地区无产阶级革命造反派。北大、清华、北航、师大、地院、矿院、体院等高等院校均发出紧急动员令，并立即出动参加了天安门前的声势浩大的游行示威。北航约六千人参加了游行。

同日北京无产阶级革命派揪斗、批判刘少奇火线联络总站成立。全国各省市造反派对绝食揪刘斗争表示支持。

7月22日凌晨，江青在接见河南代表团时发表讲话，提出"文攻武卫"的口号。

"文攻武卫"的口号次日在上海《文汇报》公开发表。全国武斗急剧升级。

7月24日，谢富治接见首都工代会、农代会、大中学校红代会核心组讲话称：有坏人（陈再道、钟汉华）来北京，在京西宾馆，北航去游行示威了，我们也可以去游行。

7月25日上午，穿着军装的井岗山、吴介之、胡慧娟、尹聚平回到了北航，受到了红旗战士的欢迎。下午，召开欢迎谢富治、王力从武汉归来的大会。

7月26日北航和地院在北航南操场联合召开了批斗彭德怀、张闻天等人的数万人大会，会后游街示众。

7月27日，"720"事件后，毛泽东指示：要武装左派！中央决定，首先武装北航红旗。经周恩来总理批准，北京卫戍区在北航主楼前举行授枪仪式，北京军区第一政委、公安部长、副总理谢富治，代理总参谋长杨成武，北京卫戍区司令员傅崇碧等军界领导人出席。卫戍区副司令员李钟奇同志奉党中央、周恩来总理指示，代表北京卫戍区把二千五百多支苏式冲锋枪、新式半自动步枪和 20 支"五四"式手枪授予北航革委会。

7 月 26 日下午四时，北航红旗全体战士和革命师生与地质东方红的战友们一起，在南操场斗争了反革命修正主义分子彭德怀。会后，将彭德怀与张闻天游街示众。

7 月 28 日，北航红旗抓到了湖南省委书记张平化，晚上全院革命师生斗争了张平化。

7 月 29 日，北航红旗报第 55 期发表社论《把立足点挪过来》。

7 月 31 日，北航红旗与清华井冈山兵团、建工新八一战斗兵团等，在中南海西门与北门，发起声讨、批判刘少奇的强大攻势。

7 月-8 月 4 日，7 月"把刘少奇揪出中南海"的大字报、大标语贴满北京街头，北京各大专院校、机关团体纷纷前去中南海西门声援、支持北京建工八一战斗团的行动。在"揪刘火线"现场，新北大公社、清华井冈山、北航红旗等群众组织成立了"首都各界无产阶级革命派揪斗刘少奇联络站"，到 8 月初，这个联络站参加单位达到 700 多个。另一派则成立了"首都无产阶级革命派揪斗刘少奇联络总站"，参加单位达到 1500 多个，还有外地来京人员参加。据不完全统计，当时在中南海墙外搭有 7000 多个棚子或帐篷，安装了 500 多高音喇叭，竖有 3000 多面各种名目的旗子，到处人山人海。8 月 4 日，戚本禹、谢富治通知各群众组织头头开会，商定"揪刘火线"撤走事宜，第二天宣告行动结束。

本月，北航红旗报发表批判刘少奇的文章 9 篇，批判聂荣臻的文章 3 篇，批判彭德怀的文章 2 篇，批判陈再道的文章 1 篇。

1967 年 8 月

8 月 1 日，《红旗》杂志第 12 期发表社论《无产阶级必须牢牢掌握枪杆子》，文章提出了"揪军内一小撮"。

北航革命委员会、红代会北航红旗战斗队《重申关于打倒徐向前的严正声明》。

8 月 2 日，北航红旗、二七战报、东方红报联合发表文章《今日红缨在手》。

8月4日晚，首都无产阶级革命派"批揪斗刘少奇指挥部"在天安门广场召开了两千五百多个单位、近六十万人的"纪念毛主席《炮打司令部》大字报，批审刘贼大会"。

8月5日，北航红旗报第58、59期发表社论《斗臭彭德怀》。市革委会与四代会在天安门广场召开了声讨刘少奇的百万人大会。

同日下午，中南海造反派在中南海内分三个战场再次斗争了"党内最大的一小撮走资派"刘、邓、陶。此三人的妻子也被揪出来陪斗。大会上，让刘、邓、陶听取了天安门广场上百万人大会的批判发言，有时把广播放小，中南海造反派质问他们一些问题。这次大会拍了纪录电影。

8月7日，北矿东方红、北航红旗、清华井冈山、地院东方红、师大井冈山、河南二七公社、武汉钢工总和川大八二六等三百多个革命组织万余人在矿院举行"首都及全国在京无产阶级革命派声援唐、秦地区无产阶级革命派大会。"

8月9日，陈伯达、谢富治接见蒯大富、韩爱晶、谭厚兰等人，就朱成昭问题做了指示。

8月10日晚，总政机关无产阶级革命派代表四十多人，到京西宾馆和肖华进行面对面的斗争。肖华答应立即释放被扣押的造反派。

8月11日下午，在北师大，彭德怀被押在大卡车上游斗。北师大井冈山二号头目，外语系学生董连猛用手狠压彭德怀的头。当晚19时半，北师大召开"批判斗争反党篡军的大野心家彭德怀和彭贼的臭妖婆反革命修正主义分子浦安修"万人大会。

8月12日，根据中央指示精神，"揪刘火线"各造反组织，陆续撤回本单位，转入对刘少奇更深入的大批判。

中央文革召集北京大专院校红代会、中学红代会的代表开会，对反击"揪军内一小撮"及"五一六兵团"的问题做了具体部署。

8月14日下午，京西宾馆三军部分驻军等单位揪斗了肖华。

8月15日，北航红旗报第61期发表本报编辑部文章《认清形势，认准方向，大立新功》。

8月16日,《人民日报》发表社论《彭德怀及其后台罪责难逃》;并刊载了《红旗》第十三期社论《从彭德怀的失败到中国赫鲁晓夫的破产》;《解放军报》也发表社论《宜将剩勇追穷寇》。把彭德怀的问题与刘少奇联系起来,并把罗瑞卿作为"党内最大的走资本主义道路的当权派在军内的代理人"公开点名批判。

根据中央关于武装左派的指示,北航举行"武装北航红旗誓师大会",宣布成立北航红旗武装部队。

8月17日,中共中央发出《关于在报刊上点名批判问题的通知》:决定批准在已点名批判的中央和省市一级21名走资派(彭真、彭德怀等7人和陶铸、王任重、李井泉、乌兰夫等14人)的基础上,进一步公开点名批判34名走资派(薄一波、吕正操、张闻天、张劲夫等10人和习仲勋、陈丕显等24人。)

《红旗》发表社论《从彭德怀的失败到中国赫鲁晓夫的破产》。

8月18日,北航学生、北航红旗的骨干刘天章在河南串联时,因介入开封化肥厂的两派武斗,被保守派开枪打死。

8月19日,北航红旗报第62期发表社论《大批判中立新功》,北航革命委员会,红代会北航红旗发表《关于打倒肖华的严正声明》。

8月20日,北航革委会成立了数十人的治丧委员会,召开追悼大会,追认刘天章为革命烈士。追悼会上,北航红旗的头头们对天鸣枪,为刘天章送行。

8月22日,北航革委会政治部向全院发出《关于宣传学习刘天章烈士的通知》。

8月24日,北京卫戍区学习毛主席著作积极分子孔祥秀等三人来北航做活学活用毛主席著作的经验介绍。晚饭后,一些北航红旗的学生们自发地把几个写过《炮轰……》大字报的学生拉到东操场批斗,其中有西南局书记李井泉之子李明清,地质部长孙大光之女孙茜玲,建材部长赖际发之子赖锐锐,铁道部军管会主任苏静之子苏晓前和工农子弟吴仙虎等人。当时人很多,现场很乱,没有组织者和指挥者。批斗过程中,发生了武斗,有些在北航串联的外地学生也参与了打人。后来人群一哄而散,被批斗者都自己回了宿舍,惟有吴仙虎被一批学生拉到十二楼前继续审问拷打。吴仙虎被打后送校医院,伤重不治。李明清被打后因心肌梗死死亡。事后,卫戍区要求交出凶手,总勤务站派三位革委会代表匡正芳、徐佛书和张平与卫戍区谈判,卫戍区将这三人关进了功德林看守所。后来韩爱晶找谢富治,谢写了条子才放了出来。张平被关了7个月零7天。工军宣队进驻北航后,继续查凶,无果。遂将发起批斗和参与打人较厉害的几个学生抓起来判刑。

8月25日,毛泽东在听取杨成武汇报后,指出:"王、关、戚是破坏文化大革命的,不是好人。你只向总理一人报告,把他们抓起来,你回去请总理办。"毛对王力8·7讲话,批为"大大大毒草"。晚,周恩来召开碰头会,陈伯达、江青、康生参加,周宣布了这一决定。

8月27日,陈伯达、李富春在"彻底批判陈毅大会"上讲话。会前,李富春与韩爱晶、谭剑峰、李冬民等谈了毕业生问题、教改问题和修正主义外交路线问题。

同日,"三军"抄了林杰的办公室。

8月29日,北航红旗发表《关于新疆目前形势的严正声明》。

8月30日,关锋、王力倒台。聂元梓指示北大:不能贴王力、关锋的大标语,不能组织上街游行庆祝。

8月31日,北航革委会政治部,北航红旗总勤务站政治部发出《关于开展群众性毛著讲用会的通知》。同日下午,空军直属机关无产阶级革命派应邀来北航做关于空军内两条路线的斗争的报告。北师大、北航、地院等院校批斗罗瑞卿。

是日夜,清华井冈山和北航红旗几百人冲击光明日报社,与报社部分职工发生武斗。 8月31日-9月1日,根据中央首长指示,北航派出三百多名红旗战士和革命师生到邮电部、林业部、化工部、交通部等外地同志在京驻地,宣传"抓革命、促生产""要文斗,不要武斗""大联合、大批判""三结合""拥军爱民"的重要指示,动员外地同志打回老家去,就地闹革命。

1967年春夏,北航红旗把一批受冲击的老干部接到北航,保护起来，其中有刘建勋、纪登奎、张体学等人。

1967年夏季，北航接受了为空军研制高空高速靶机的任务。北航革委会把该项目命名为"红航一号"，由革委会副主任井岗山、仇北秦挂帅，成立了由革委常委屠海鹰、李乐和刁震川、王敬明（刁、王都是三结合老干部，原北航副院长）、唐邑（二系主任、航空专家）、革委会委员李明启、何凌书、张奎宾等人组成的领导小组，组织精干的科研力量进行设计、研制并在北航附属工厂总装车间生产。

本月，北航红旗报发表批判刘少奇的文章3篇，批判彭德怀的文章3篇，批判刘志坚和王恩茂的文章各一篇。

1967年9月

9月1日，《北京日报》通栏标题：旧话不再提，旧账不再算，责任不再追，共同朝前看。此后，中央开始宣传斗私批修和大联合。

下午，北京市革委会召开常委扩大会议，周恩来、陈伯达、康生、李富春、谢富治、江青、杨成武、张春桥、戚本禹、姚文元、李天佑等人与会。参加会议的还有红代会核心组、中学红代会核心组、工代会代表和蒯大富、韩爱晶等人。

同日，北航红旗、北石大庆公社等组织在师大校园里贴出"打倒林杰"的大标语。

9月2日，清华井冈山、北航红旗等校代表在矿院开会，北师大造反兵团勤务员王颂平派代表参加，与会者听造反兵团的人介绍谭厚兰保林杰的情况。造反兵团还散发了恢复活动的声明。

9月3日，谭厚兰得悉林杰已被批斗抄家后，痛哭失声，说："这样一来，全国的造反派被压下去，文化大革命就会被葬送。"当晚，蒯大富、韩爱晶到师大看大字报，并用钢笔在大字报上写下："坚决支持真正的'井冈山人'"等文字。

9月5日，北师大造反兵团负责人王颂平和钱崇光去北航寻求韩爱晶的支持。（许爱晶：《清华蒯大富》，页308）

9月6日晚，蒯大富、韩爱晶以及体院、轻工、矿院、机械学院等高校天派头头在北航开会，蒯大富、韩爱晶决定9月7日在师大召开"庆祝造反兵团恢复活动大会"。各校要尽量派人与会。会上,王颂平、韩爱晶共同研究了策略和口号。王颂平提出第二天大会上喊"谭厚兰靠边站!"韩爱晶说:"谭是打不倒的,要提'谭厚兰必须悬崖勒马,回头是岸'。如果她检查反总理就够了。如果不检查,就没完。"

9月7日晨8点左右,北师大召开了批斗谭厚兰大会,谭的秘书等人上台对谭进行了揭发、批判。樊立跃在大会上宣布成立"专政委员会"。上午十时许,清华井冈山、北航红旗等40余个组织约一万多人涌进师大校园,参加"打倒林杰、彻底摧毁516兵团,庆祝造反兵团恢复活动大会"。是为北京高校的"97事件"。

7日晚七点左右,中央文革小组紧急通知:"中央文化革命小组坚决反对开群众大会斗谭厚兰,反对搞垮师大革命委员会。谭厚兰和师大革命派在二三月反对谭震林是完全正确的,我们支持他们的这一行动。你们应当立即释放谭厚兰同志。希望你们严格执行毛主席和党中央的路线,提高革命警惕性。"北京市革委会也发布通告:"1.北师大今天在个别别有用心的人的操纵下,推翻师大革委会,非法绑架和斗争谭厚兰与师大革命委员会委员,这些做法都是完全非法的,都是违反中央'六六通令'的,完全违反中央负责同志最近的讲话精神。现宣布无效。应立即恢复师大革命委员会的一切权力。2.樊立跃等人自己组织的'专政委员会'是非法的,应立即宣布解散。3.樊立跃、黄家林、李五权三人拘留审查。"

9月8日,北航校革委会政治部红旗总勤务站做出决定,自九月八日起,全体红旗战士和全院革命师生认真学习和讨论九月一日党中央首长在北京市革命委员会扩大会议上发出的极为重要的战斗号令,和姚文元同志的重要文章《评陶铸的两本书》,江青同志九月五日在接见安徽代表时的重要讲话,北京市革命委员会九月一日决议。

9月9日,北航红旗报第67、68发表评论员文章《从挑起所谓"北京两大派斗争"到炮制"揪军内一小撮"的反动口号》。北航首次举行学习毛主席著作讲用会。空军副司令员常乾坤出席了大会。参加大会的还有军委文革办公室联络站、国防科委直属机关、空军直属机关、海军直属机关、北京卫戍区的无产阶级革命派的同志,和总后的领导同志和无产阶级革命派,还有军事博物馆和其他单位的革命战友。

9月12日,北航红旗战士周锡坤在湖南湘乡因支持"湘江风雷",在湘江风雷与"长高司"的武斗中牺牲,年仅22岁。

9月16日晚8时50分至次日晨0时45分,周总理、陈伯达、康生、江青、谢富治、姚文元、叶群、戚本禹、傅崇碧等人在人大会堂安徽厅接见首都大专院校红代会部分组织的负责人。聂元梓、蒯大富、韩爱晶等人接受接见。中央文革批评聂元梓、蒯大富和韩爱晶。江青传达了毛主席说的话:"告诉小将,现在轮到他们犯错误的时候了。"聂元梓在回忆录中说:"那时,我根本没有理解这句话的含义。事实上,是毛主席要让小将们从此退出政治舞台,不叫我们再关心上层的斗争了。可我们还自以为是地认为:我们清算王力、关锋的余毒(后来又追查戚本禹),是在捍卫毛主席的革命路线。直到清查516运动,将我们一网打尽了,我才如梦初醒。"(《我在文革的漩涡中》)

9月16日,周恩来、陈伯达、江青接见大专院校代表。

9月17日晚九点半至十二点周总理、陈伯达、康生、江青、谢富治、叶群、戚本禹、姚文元、吴法宪在人民大会堂分别接见大专院校代表的讲话。周恩来在讲话中提道:"首都红代会,大专院校提出了一些跟我们相反的看法,说什么现在是第三次大串联的时期,在八·五大会上,我碰到大专院校一些认识的同学,有蒯大富、韩爱晶等。他们有这么一个认识,说什么"现在是第三次大串联时期"。我和谢富治一致讲:"肯定没有这回事,不是大串联,而是要回来,现在形势有利斗批改,应该在本单位,本学校搞斗批改,不是出去。接着八月十一日我们又讲了话,结果你们还是走了很多,清华走了五千人,北航也有,师大想派一个联络组到西藏去,我说了之后他们没去。总之,各校都有这种现象。首都红代会、大专院校与中央背道而行,要搞第三次大串联。"

9月19日,北航革命委员会,北航红旗总勤务站"责成各部、系、各专业组,对本单位在外串联人员发出立即返回北京的通令,并于九月二十六日给尚未返校者发出最后警告,十月一日仍不返校者、由各部系将名单立即送交组织部,并提出处理意见。"

9月22日,地院东方红和北航红旗联合发出《致首都大专院校各革命兄弟组织的一封信》。

9月23日,清华团派、414两派开会商讨大联合总部人选问题,聂元梓、王大宾、韩爱晶及谭厚兰的代表前来参加。

9月24日,北航红旗报第71期发表社论《毛泽东思想哺育的英雄》,纪念在湖南湘乡牺牲的优秀战士周锡坤。

本月,北航红旗报发表批判刘少奇的文章10篇,批判陶铸的文章1篇。

1967年10月

10月1日,两报一刊发表社论《无产阶级专政下的文化大革命胜利万岁》,总结了一年来文化大革命的成绩,指出了今后的战斗任务,传达了毛在视察三大区时关于大联合的最新指示。

10月5日,谢富治在北京市革委会全体会议上的讲话时说,常委会有问题要与整个常委商量,有了问题需要请示中央的随时请示中央,请示以后再做。

10月6日,《红旗》第15期发表社论《大立毛泽东思想的伟大革命》。《人民日报》发表社论《"斗私,批修"是无产阶级文化大革命的根本方针》。

10月7日,北航红旗报第73期发表社论《斗小私,防大修》。中共中央、国务院、中央军委、中央文革颁发《关于上山下乡知识青年若干政策的规定》(六条)。

10月11日,《人民日报》发表题为《走同工农相结合的道路》的社论。姚文元写信给毛泽东,报告他在上海调查有关召开九大及精兵简政等问题的意见。

10月12日,《人民日报》发表社论《全国都来办毛泽东思想学习班》。

10月14日,北航红旗报第74期发表社论《学习毛主席最新指示，把复课闹革命推向新阶段》。

同日下午三时许，谢富治来到了首都红代会毛泽东思想学习班，接见了学习班全体学员，聂元梓、韩爱晶、蒯大富、谭厚兰、李冬民陪同。

10月16日，重庆反到底派小报《东方欲晓》刊登了北航教师包康玲在重庆武斗中被打死的追悼会情况。

10月20日，毛泽东召开会议，决定在1968年春结束文化大革命，接着开九大。

10月27日，中央发布关于在成立了革委会的单位恢复党的组织生活的指示，批示的最后一句话，是毛泽东加上的。

北航革命委员会和红旗总勤务站举办的第一期毛泽东思想学习班开学，学员以中上层干部为主，同时有革命小将和驻校解放军参加，共一百五十余人。

10月31日，北航红旗报第75期发表社论《人类历史上划时代的伟大革命》，社论称"当前开展的教育革命，是人类史上划时代的无产阶级教育大革命。它是无产阶级文化大革命的一个极为重大的组成部分。"

10月，北航革委会组建红旗兵团，由常委杨瑞云和委员刁震川等负责，在对我军击落的美国无人驾驶侦察机拆卸，测绘的基础上研制无人驾驶飞机发动机。

本月，北航红旗报发表批判刘少奇的文章1篇，批判陶铸的文章1篇。

1967年11月

11月3日，《人民日报》发表由杨成武署名的《大树特树伟大统帅毛主席的绝对权威，大树特树伟大的毛泽东思想的绝对权威》一文，副标题为"彻底清算罗瑞卿反对毛主席、毛泽东思想的滔天罪行。"三天后，毛看到这篇文章，对康生、杨成武说："那篇文章，我只看了标题。标题就是错误的，是形而上学的，这是陈伯达的事。"

11月5日，毛泽东就九大和整党问题同中央文革小组成员谈话。

他说：文化大革命就是整党、整团、整政府、整军队，党、政、军、民、学都整了，要吸收新血液，要吐故纳新。……一个无产阶级的党也要吐故纳新，才能朝气蓬勃。不清除废料，不吸收新鲜血液，党就没有朝气。党纲要修改，不要写得太长。邓小平要批，还要把他同刘少奇区别一下。

11月6日，两报一刊发表《沿着十月社会主义革命开辟的道路前进》一文，正式阐述"无产阶级专政下继续革命的理论"，认为"继续革命理论"是具有划时代意义的马克思主义发展的第三个伟大的里程碑。毛审阅后批道："内件已阅，修改得好，可用。"

11月7日，北航红旗报第76期发表社论《牢牢掌握斗争大方向把无产阶级教育革命进行到底》。

11月12日，北航第一期毛泽东思想学习班经过两周学习结束。

11月21日，北航红旗报第78期发表第五办公室评论员文章《砸三旧的战旗在风暴中继续前进》。

毛泽东在送审的《中央关于征询对召开"九大"的意见的通报》中删去"大树特树"及"要大力宣传林副主席是毛主席的亲密战友和好学生"句中的"和好学生"字样。

11月23日下午，红旗战士和革命师生员工在主楼前集会，庆祝实现第二批革命"三结合"。

11月27日，江青在北京工人座谈会上说："在整党建党的过程中，在整个无产阶级文化大革命的过程中，都要逐渐地清理队伍。"此即后来"清理阶级队伍"所本。根据江青讲话的精神，各地都成立了"群众专政指挥部"（简称"群专"）。北航革委会于1968年4月将红旗报改为"清理阶级队伍战报"。

11月29日，周恩来就武光问题给新疆红二司发出指示。

本月，北航红旗报发表批判陶铸的文章1篇。

1967年12月

12月3日，《人民日报》《解放军报》发表社论《学习毛泽东思想要学用结合，立竿见影》。社论号召广大工农兵群众、红卫兵小将、革命干部和革命知识分子，对毛主席的每句话，每个指示，都应该努力紧跟，深刻领会，联系实际，句句照办。

12月5日，周恩来、李先念接见卫生系统代表，周讲话：什么吃饭洗手，丢在地上的东西不能吃，都是资产阶级老爷式的一套。原始社会不就是吃生的？现在退化了。肥皂最好不用，牙膏也是一样。主席就不用肥皂，我是从主席那里学来的。派性最强的表现是对待干部，这是新发展。

北航第二期毛泽东思想学习班开学。

12月7日，中央发布关于学习和执行《毛主席论教育革命》一书的通知（中发（67）373号）。该书是由陈伯达摘录毛泽东从1927—67年间关于教育工作的书信、语录而成。

毛泽东、林彪批准授予6011部队某部六连四排以"支左爱民模范排"和排长李文忠以"支左爱民模范"的称号。《解放军报》发表《无限忠于毛主席是最大的公》的社论。

12月12日，北航院革委会、总勤务站做出《关于向"支左爱民模范排"和"支左爱民模范"李文忠同志学习的决定》。北航红旗第81期发表社论《大树特树毛主席建党路线的绝对权威，彻底批判航院走资派所忠实推行的修正主义的建党路线》。

晚，周恩来、陈伯达、康生、江青、戚本禹、姚文元、谢富治、吴法宪、杨成武、汪东兴、吴德等在人大会堂接见首都红代会部分学校。林院、航院做了汇报。康生指林院胡仁奎、航院武光是特务。

12月22日，《人民日报》发表题为《大力办好毛泽东思想学习班》的社论。社论公布了毛的最新指示："两派要互相少讲别人的缺点、错误，别人的缺点、错误让人家自己讲，各自多做自我批评，求大同，存小异"。

本月，北航红旗报发表批判刘少奇的文章2篇。

一九六八年

1968年1月

1月2日，中央文革就学习元旦社论发出通知。

1月7日，周恩来接见"批判陶铸联络站"代表说："现在你们举行批判陶铸的大会不合适，因为中央常委对这个问题没有讨论。"

晚，周恩来接见七机部两派代表说：不要揪人，不仅谭震林、李富春副总理不能揪，刘少奇、邓小平同志也不能揪。陶铸同志也不能揪。刘邓陶是中央政治局常委，我还要保。

1月8日，毛泽东关于陶铸问题的指示：陶铸的问题我没有解决了，你们也没有解决了，红卫兵起来了就解决了。陶铸问题很严重，陶铸是邓小平介绍到中央来的。这个人很不老实，邓小平说还可以。陶铸在十一中全会以前坚决执行刘邓路线。十一中全会后，也执行了刘邓路线。在红卫兵接见上，在报纸上和电视里，照片有刘邓的镜头，是陶铸要排的。（有人插话：陶铸到处开空头支票，每次接见都讲，来京想见毛主席很好，我想毛主席一定会见你们的，今年不见，明年一定会见。用这个来将主席的军，搞两面手法，自己落好。）陶铸领导下的几个部都垮了，那些部可以不要，搞革命不一定非要部门。教育部管不来，文化部也管不了，你们管不了，我们也管不了，红卫兵一来就管住了。（插话：陶铸非常坏，新华社去年十七周年有一张照片，有五个人：毛主席、刘少奇、邓小平……邓小平的身子是陈毅的，把陈毅的头割掉，换上邓小平的头。）在中南局宣传毛泽东思想是假的，没这回事，树立自己的威信打倒中央。希望你们开会能把陶铸揪出来才好呢！

1月9日，张春桥、姚文元在上海接见"红革会"负责人，传达了毛泽东最新指示："1967年将是全国全面展开阶级斗争的一年。在这些阶级斗争中，中央要抓重点：一北京，二上海，三天津，四东北。""上海的革命学生起来了，革命工人起来了，革命机关干部起来了，上海的文化大革命就有希望了。"

1月10日，根据江青的指示，任解放军总政治部副主任的关锋写成了《彻底揭穿军内一小撮走资本主义道路的当权派》的报告，送林彪审批。林彪亲批："完全同意"。

经北京市革命委员会领导同意，中共北航临时总支成立，经民主选举，选出了由刘树林、王敬明、张维斌、韩忠良、王惠民、韩贵凤、梁兴德、武民、刁震川九人组成的临时总支委员会。

北航红旗武装部队的最大一次行动就是参加了天安门广场的武装游行。革委会常委们决定北航红旗持枪武装游行，由戴维堤负责领队，要求绝对不能出事。戴维堤建议是否向北京卫戍区打个招呼，韩爱晶等人说，打了招呼反而麻烦，决定不打招呼。

1月11日，北京市革委会发布关于检查总结活学活用毛著的决定。

1月12日，北京市进行清理工作，所有外地在京的单位应撤的一律撤销，应离京的（除中央请来的外）一个不留地离京。

1月14日，戚本禹被勒令检讨，旋即入狱。

1月17日，谢富治在北京市革委会常委会上讲话：最近出了几件事，门头沟武斗，活活打死人，坏人利用派性，派性掩护坏人。

1月23日，北航红旗报第85、86期发表本报评论员的文章《毛主席的光辉照红了北航红旗》。

1月27日，北京市革委会和北京卫戍区联合发出《关于分期分批组织大学革命群众组织负责人开办毛泽东思想学习班的通知》，要求"以'斗私批修'为纲，打倒资产阶级、小资产阶级派性，增强无产阶级党性，实现和巩固革命的大联合和革命的三结合，搞好本单位的斗、批、改。"

本月，北京院校开始进行清理阶级队伍。在清队的名义下，反动学术权威，五类分子（地富反坏右）及被认定为特务、叛徒、历史反革命、阶级异己分子、坏头头等被一批批地被揪出来，受到斗争与监禁。北京地质学院的造反派在元旦发布001号通令，规定对于走资派、反动学术权威的生活标准，不得超过北京最低生活水平，即12.50元。其家属子女的生活标准不得超过北京市中等水平18元。

1968年2月

2月5日，中共中央转发黑龙江革命委员会《关于深挖叛徒工作情况的报告》。中央在批示中指出："刘、邓、陶及其同伙彭、贺、彭、罗、陆、杨、安（子文）萧（华）等叛徒和反革命修正主义分子，长期隐藏在党内，窃据了党政领导机关的重要职位，结成了叛徒集团。"

同日，北京市革委会和北京卫戍区联合举办的高校学习班，负责人是卫戍区副司令李钟奇和市革委会丁国钰。根据中央首长的要求，增加了北京大学、北京师范大学、北京地质学院、北京航空学院四所院校。学习班起初设在新疆维吾尔自治区驻京办事处，后来由于人数增加，搬到了市委党校。学习班上提倡斗私批修，打倒派性，增强党性，实现大联合。谢富治在学习班上讲话：北京有二百多万人参加了学习班。学习班也就是短期的训练班，好处是理论和实际相结合。学习班规定了严格的纪律，不许串连，否则以破坏学习班来对待。

同日，北航召开"热烈庆祝南越人民新春大捷大会"。大会给越南南方民族解放阵线中央委员会主席团阮友寿主席发出贺电。

2月6日，北航红旗报第87期发表本报评论员的文章《以整党为中心，增强敌情观念，铲除派性》。

2月7日，李钟奇在首都大专院校毛泽东思想学习班上讲话：北京市2月份要突出掀起大联合的高潮，要解决大联合的问题。你们大学2月份必须解决问题，这是肯定的。3月份大学的工作是扫尾工作，中心工作是整党、整团、整顿红卫兵。北大校文革主任聂元梓、孙蓬一等人希望学习班能解决北大的大联合问题。他们认为，北京高校的分裂是由王、关、戚的黑手造成的，两派群众一派受蒙蔽，一派受压制。王、关、戚的流毒没有肃清，是非不明。只有共同批判王、关、戚，澄清是非，才能实现革命的大联合。但学习班的领导认为聂、孙提出批判王、关、戚的口号是派性发作，破坏学习班。

2月13日，北航红旗报第88期发表本报评论员的文章《为"全面复课闹革命"呐喊》。

同日，外交部91名领导干部（大多是司局长、大使）贴出题为

《揭露敌人，战而胜之，彻底批判"打倒陈毅"的反动口号》的大字报。

2月15日，谢富治在公安部毛泽东思想学习班上讲话，传达毛的指示：办学习班很重要，很多问题都可以得到解决。还是要大办学习班。云南两派在北京办了八百多人的学习班。主席说：人可以增加一倍。又来了九百。保定也在北京办学习班。这次抄罗瑞卿、陆定一、彭真、刘澜涛的家，他们家里金银财宝多得很（有人插话：陆定一存款四万多元）。谢指示：对陈里宁问题要把材料收集起来给我。他到处作报告，矛头是针对公安部的。给陈里宁平反是不对的。

2月17日下午，国防科委副主任刘华清接见了北航革委会的部分同志，对革委会的工作做了重要讲话。

2月20日，北航革委会第七办公室发布《关于清理阶级队伍的意见》。北航红旗报第89期发表社论《树立无产阶级队伍，横扫一切牛鬼蛇神》。

谢富治、傅崇碧在首都大专院校毛泽东思想学习班上讲话，要求防止骄傲，不要吃老本，要立新功。不要因为中央文革小组清除了几个坏人，而降低对中央文革的信任。相反，要更加相信，更加热爱。

2月24日，北航革委会做出《关于紧跟毛主席的战略部署，深入开展复课闹革命的决定》。

同日，周恩来奉"无产阶级司令部"之命，批评了外交部2月13日91人的大字报。四天后（2月28日）陈毅致周恩来信，表示完全同意周的批评。这封信经周同意，3月1日在外交部发表。3月5日、11日、12日、4月1日、7日、16日，周恩来又连续批评了这张大字报。3月6日、12日，陈毅也批评了这张大字报。这张大字报当时被认为是"为二月逆流翻案的代表作"。

2月27日，北航红旗报第90期发表社论《坚定不移地复课闹革命》。

2月末，国防科委党委常委在评选学习毛泽东著作积极分子的条件中，有"拥护以聂荣臻同志为核心的国防科委党委的正确领导"之句，毛泽东严厉批评了这一提法。4月4日，国防科委被迫取消这一提法。

1968年3月

3月5日，北航红旗报第91期发表社论《二论团结两个百分之九十五——纪念毛主席伟大的"三七"指示发表一周年》。

3月6日，在高校学习班上，聂元梓一派贴出《是解决高校问题的时候了》的大字报，大字报引来众多参会者的观看，但并没有出现其它学校的大字报。当晚，中央首长接见学习班代表，聂元梓在会上发了言（北大井冈山称其为"聂三六讲话"）。

3月10日，两报一刊发表社论：《革命委员会好》。社论引用了毛的指示："在需要夺权的那些地方和单位，必须实行革命的'三结合'的方针，建立一个革命的、有代表性的、有无产阶级权威的临时权力机构。这个权力机构的名称，叫革命委员会好。""革命委员会的基本经验有三条：一条是有革命干部的代表，一条是有军队的代表，一条是有革命群众的代表，实现了革命的三结合。革命委员会实行了一元化的领导，打破重叠的行政机构，精兵简政，组织起一个革命化的联系群众的领导班子。"社论以毛指出的"要相信和依靠群众，相信和依靠人民解放军，相信和依靠干部的大多数"为据，说"三结合"的革命委员会，是我国亿万革命群众向"党内一小撮走资派"进行夺权过程中的一个伟大创举，以鼓励和加速全国范围的夺权。

3月11日，中央首长在人民大会堂听取学习班汇报。周恩来、陈伯达、康生、江青、姚文元、谢富治、叶群、汪东兴、吴法宪出席了会议。会上，中央首长对北京石油学院大庆公社在"二月逆流"问题上的表现进行了严厉的指责。

同日，北航召开十来个学校的会议，参加的有北医联总、政法红联站、北外红旗等。会议决定召开大型串联会，并发了海报，署名"首都高校无产阶级革命派"。

3月13日，聂元梓带头打破高校学习班不许串连的纪律，与其他学校串联。提出"我们不是天派，也不是地派，而是无产阶级革命派"，坚持批判王、关、戚的方针，有的学校支持聂的观点，参加了几次会议，在有的会上还作过发言。但是聂的串联没有得到学习班领导的支持，并遭到了与聂对立的一派的反对，两派的斗争也激烈起来。

3月16日，高校学习班召开第二次串联会，在谈论学习班的后台时，谢富治成了焦点。师大造反团、人大三红、清华四一四等单位先后贴了针对谢富治的大字报或大标语。两派的斗争转入激烈。对立派指责聂派"破坏学习班"，"为二月逆流翻案"，"是二月逆流派"。

3月18日，清华大学"井冈山兵团414总部"致信谢富治，责问谢："你和戚本禹是什么关系？你为什么对他那样奉若神明？百般吹捧、言听计从，步步紧跟？"本月中，同时也发生北京大学聂元梓等炮打谢富治的事件。

3月19日，北航红旗报第93期发表本报评论员文章《砸烂关王庙 揪出变色龙》。

3月21日，北航红旗报第94期发表清华《井冈山》与北航红旗合写的评论文章《反右倾！反复辟！反翻案！反分裂！》。同日，上海《解放日报》发表社论《迎头痛击翻案风》。

3月22日，中央决定对杨成武、余立金、傅崇碧进行撤职处分。同时任命黄永胜为总参谋长、温玉成兼北京卫戍区司令。史称"杨余傅事件"。

3月23日，《人民日报》发表评论员文章《念念不忘阶级斗争》。上海《解放日报》发表社论《资产阶级反动思潮必须彻底批判》。

3月24日，林彪宣布杨、余、傅是反党集团，说杨成武勾结余立金要夺吴法宪的权；杨成武勾结傅崇碧要夺谢富治的权。这就巩固了谢富治的地位。两派又互相指责杨余傅是对方的后台。尤其是毛主席说文革"是国共两党斗争的继续"，导致两派对立情绪加大，一些院校发生较大规模武斗，局面越来越不能控制。

同日，上海《解放日报》发表社论《有几个苍蝇碰壁》。

3月26日，北航红旗报第95.96期发表社论《反右倾鼓干劲 矛头对准走资派》，及本报编辑部文章《最最坚决拥护伟大统帅毛主席最新英明决定和命令，最最坚决贯彻执行林副统帅"3.24"重要指示》。

3月27日，黄永胜在军委办事组会上提出整关于叶剑英的材料，说："看起来他的问题不少，要把材料搞起来。"会议决定由李作鹏分管材料组日常工作。当时，一些群众组织从《诚报》上找到1934年12月筠门岭战斗中，叶剑英曾被俘，在报纸上发表了反共启事。毛泽东在看到上报的材料后，批示："这个《反共启事》是国民党特务凭空伪造的。我们可以证明，登这个启事的时候，剑英同志已离开该地几个月了，正和我在一起。毛泽东"

下午，由中央文革主持，在北京工人体育场召开了首都十万人"彻底粉碎'二月逆流'的新反扑，迎接无产阶级文化大革命的全面胜利"大会。会上周总理宣布了毛主席和林副主席通过的命令。总理、伯达、康生、江青做了极为重要的讲话。

3月30日，北航红旗报第97期发表社论《打倒杨余傅 揪出黑后台》。

1968年4月

4月1日，吴法宪宣布：军队重要文电今后不再抄送陈毅、徐向前、聂荣臻、叶剑英、刘伯承。

4月3日，李作鹏向中央写信，揭发贺龙、叶剑英配合刘、邓、陶企图篡党乱军。主要内容有：1.勾结刘邓陶，为罗瑞卿翻案；2.叶与贺龙勾结，在海军大反林副主席；3.1966年6月，叶伙同贺，背着林副主席，擅自向海军派出庞大的工作组；4.此工作组的目的是打倒李作鹏、王宏坤、张秀川，然后进攻林副主席；5.伙同萧华、杨成武，拒不传达林副主席对我们人的评价和指示。6.极力包庇苏振华；7.与陶勇关系密切；8.包庇苏振华死党方正平、卢仁灿；9.在文化大革命中反对毛主席革命路线。该信由李作鹏、海军第二政委王宏坤、政治部主任张秀川签字。

4月5日，《人民日报》发表《对资本主义工商业改造的两条路线斗争》一文。

4月6日，黄永胜与广州部队副司令员江燮元谈话，指示今后不要给叶剑英打电话，有事找军委办事组。"今后军委常委不执行权力，办事组代替军委常委。"从此老帅们被彻底剥夺了对军队的领导权。

就社会上纷传"杨余傅有黑后台"事，聂荣臻打电话质问叶群。叶回答说：没有点名嘛！翌日，聂写信给毛泽东，说明自己与杨成武的工作关系及对杨的看法，要求见毛泽东面谈。

4月8日 北京航空院革命委员会关于清理阶级队伍决议（草案）根据中发（67）354号文件，，决定全面深入广泛开展清理阶级队伍的运动。清队的重点是清理混进各级领导班子（包括旧党委时期的各级领导班子）中的叛徒、特务、顽固不化走资派和一切反革命分子。

4月10日，北航红旗报第98期发表本报编辑部的文章《打倒黑武光！揪出黑武光在航院的死党和爪牙》。

同日，周恩来让秘书打电话给聂荣臻，传达毛的批复："荣臻同志，信已收到，安心养病，勿信谣言。"刘兴元向黄永胜密报关于叶剑英筇门岭被俘的调查材料。

4月12日，院清理阶级队伍领导小组做出《关于出版红旗战报的决定》

同日晚，院清理阶级队伍领导小组召开了各部系有关负责的同志参加的重要会议。会上大家认真学习深刻领会了毛主席最新指示。井岗山、王恒等同志做了重要发言。

4月13日，中央发布清理敌伪档案小组将香港《工商导报》1934年6月4日与11月29日报导叶剑英准备投敌的文章，在谢富治授意下抄报毛泽东。毛批："还是老一套谣言，早已看过，现在又送来。"

4月17日，清理阶级队伍战报第2号称："近些天，航院运动大有起色，大有生机。阶级斗争真个一抓就灵，灵验无比！一抓阶级斗争的纲，一上路线斗争的线，我革命大军的士气为之大振！不少红旗战士、革命同志主动请战，组织支左歼敌小分队，下到各部、系、科、室，直插前沿阵地。"

4月19—21日，院革命委员会连续召开常委会和全体会议，对三周来的清理阶级队伍运动进行总结，以毛主席最新指示为指针，研究了下阶段作战部署，向阶级敌人发动持续的猛烈的进攻。

4月20日，《人民日报》、《解放军报》发表社论《无产阶级革命派的胜利》，说："当前要特别警惕和坚决反对右倾分裂主义、右倾投降主义、右倾保守主义"。同时提出要对派性进行阶级分析，号召坚持无产阶级派性。

4月23日下午七时半在主楼前院革委会召开了全院革命师生员工大会，会上由井岗山代表院革委会对清理阶级队伍运动以来的情况进行了总结，并对下一步运动的深入开展做了安排。院革委会充分肯定和高度赞扬了支左小分队在清理阶级队伍中冲锋陷阵的作用，并表扬了4233、392等班级的支左小分队。

同日，揪出隐藏达十九年之久的"日本汉奸"杨秉宪。

4月24日，北航红旗报第100期发表社论《坚决打倒周天行》。

《清理阶级队伍战报》第4号1968年4月21日通告："现查明，程九柯是一个可耻的叛徒，是混进革命队伍中的小爬虫，犯有严重的反革命罪行。经全体委员会一致通过，决定撤销其革命委员会委员职务，交航院革命群众揭发批判，把他批深批透、斗倒斗臭，肃清他在航院的反革命流毒！"

同期《清理阶级队伍战报》刊登院清理阶级队伍领导小组《关于加强保卫工作的决定》：1968年4月27日我院清理阶级队伍的战役已经打开了突破口在三周时间内取得了初战的胜利，"共计揪出牛鬼蛇神、乌龟王八61个"。

4月23日，清华大学"井冈山兵团"与近日分裂出来的"四·一四井冈山兵团"发生大规模武斗。

4月26日，北航院附中革命委员会成立。

4月27日，《红旗》发表评论员文章《对派性要进行阶级分析》。

黄永胜的秘书李必达发现黄伙同叶、李、邱秘密搜集叶剑英的材料，写信给毛泽东反映情况，将信交北京卫戍区司令温玉成。温将信交给了叶群。李必达随即被逮捕。

4月29日清华大学两派为抢夺两辆运米的补给车再次械斗。

4月，林彪指令北京部队召开党委扩大会，策动批判"华北山头主义"。江青、陈伯达指聂荣臻是"华北山头"的后台。4至5月，北航红旗兵团组织师生研制的无人驾驶飞机发动机试车成功。此后北航继续研制无人驾驶飞机整机，命名为"长虹一号"（无侦-5）。1980年定型生产正式装备部队，是中国第一架高空无人驾驶侦察机。

本月，北航红旗报发表批判武光的文章2篇，批判周天行的文章3篇。

1968年5月

5月1日，北航红旗报第101期发表本以评论员的文章《敌人一天天烂下去 我们一天天好起来》。

月初，北航数千人先后在东操场和俱乐部召开大会，连续审斗周天行。

5月5日，北京市革委会决定成立由刘绍文为组长，蒯大富、聂元梓、韩爱晶、王大宾为组员的《关于清华北大武斗的调查组》。

5月7日，北航红旗报第102期发表社论《把反右倾的战鼓擂的更响》。

同日，北航数千人集会庆祝毛主席"五·七"指示发表两周年。

5月9日，清队战报第7号发表文章"五·七"大会揪斗名单：一系7人，二系3人，三系10人，四系2人，五系2人，六系1人，七系1人，九系17人，教务部9人，后勤部8人，红航3人。这些人以教师为主，罪名集中在家族出身、右派言论、隐瞒历史、对现实不满或历史问题。文章说，武光、周天行、王大昌、程九柯、张仲禹、陆文、杨振忠、胡孝萱是航院资产阶级黑司令部的头面人物，另立详细专案材料。

5月11日下午，基础课革命群众和支左小分队召开了斗争"国民党反动骨干分子""漏网大右派""反动教授"瞿渭大会。基础课其他清理对像20多人也到会接受教育。

5月14日，清队战报第8号发表本报编辑部《给全院红旗战士和共产党员的一封公开信》，信中批评了两种人，一种人在"反派性"中受了委屈和打击，认为搞政治工作"担风冒险"，看破了"红尘"，游离于运动之外，去钻业务。另外一种人松劲、麻痹，"一日三餐二睡觉，昏头昏脑过一天"，成了逍遥派。

同日，清报战报发表刘天章连二排撰写的《周天行篡改党的土改总路线、破坏伟大的土地改革运动》的大批判文章。

政治教研室的杨建军上吊自杀，清队战报发表署名天兵天将的文章《兔死狐悲物伤其类》，文章说，杨建军自杀是叛党，死不足惜。杨妻汪代玉之悲是立场问题，北航附小的红小兵勒令汪代玉交待问题是正义之举。安慰杨妻者是站错了立场。陈秀祖（历史反革命分子刘光章的老婆）则是借安慰之名，行反革命活动之实。"人是给逼死的"的说法，表明了阶级敌人的反扑，这是一起严重的政治事件，是有黑后台的，必须追查清楚。

5月16日上午，由旧政治部《干到底》、砸烂旧政治部支左部队等十个单位联合发起的"彻底砸烂旧政治部誓师大会"召开。大会宣读了由旧政治部《干到底》、砸烂旧政治部支左部队等二十三个单位和个人联合发表的《关于彻底砸烂旧政治部的联合声明》。

同日，清队战报第9号刊载了基础课电工教研室、实验室和4931支左小分队清理阶级队伍的经验和体会。

5月17日，召开"彻底砸烂旧政治部串联誓师大会"。同日，由202教研室、4221支左小分队、加工间、系办公室发起召开的红二系《坚决击退右倾翻案妖风》大会。

5月18日，一、六系、教务部的革命群众揪斗"恶毒攻击中央文革的现行反革命分子"朱东明。

同日，第10号清队战报发表短评，欢呼"5·16"《通知》发表两周年，并发表大批判文章《给周天行宣读死刑判决书》。

5月20日，北航革命委员会、北航红旗战斗队总勤务站发出给法国革命工人、革命学生、革命人民的支持电。

5月23日-25日，院革委会清理阶级队伍领导小组举办了毛泽东思想学习班。参加学习班的主要有院、部、系清理阶级队伍领导小组的成员。

同日第11号清队战报报道：3221支左小分队进驻校医院，在后勤部革委会的支持下，揪出了校医院负责人，将孟静儒停职隔离审查，撤了校医院革命小组负责人的职务，踢开了压在校医院的大石头，重新组织了革命的领导班子。

5月24日，旧政治部在主楼243召开了"粉碎右倾翻案妖风，彻底揭开旧政治部阶级斗争盖子"大会。当日晚，数千名革命师生员工在东操场举行了由韩爱晶主持的"打倒大叛徒、大特务程九柯，彻底摧毁航院'地下黑党委'誓师大会"。刘天章连一排的代表做了长时间的发言，王恒也做了重要揭发。

5月25日上午，红航、红七系、基础课广大革命师生员工揪斗"大特务、大叛徒黑武光的黑爪牙唐邑"。

同日，第12号清队战报发表刘天章连一排的大批判文章《打倒大叛徒、大特务程九柯》。

5月27日，新疆生产建设兵团负责同志裴周玉传达大特务武光材料。

5月28日，召开"揭发地下黑党委罪行大会" 张树泉、段孔莹等人做了揭发性发言。

5月29日，北航红旗报第106期发表社论《欧洲北美的革命大有希望》。

5月30日，校医院3211、3221支左小分队在清队战报第15号上发表文章，文章说，校医院支左小分队孟静儒专案组，经过二十余天的日夜奋战，终于把孟静儒揪出来了。

同日，战报发表戴维堤的署名文章《向"地下黑党委"轰一炮》

1968年6月

6月6日上午，政治部在主243召开了"活学活用519批示"讲用会。

6月8日，清报战报刊发《政治教研室支左小分队和政治部七办几同志座谈纪要》。同时刊发红四系革命委员会的大批判文章《老右倾机会主义新右倾翻案罪行——打倒右倾翻案急先锋罗琦》

6月12日，北航召开《活学活用毛主席著作讲用会》。

6月13日，清队战报刊发红二系革委会大批判文章《打倒现行反革命分子邵群》。

6月15日，中共中央、国务院、中央军委、中央文革发出《关于1967年大专院校毕业生分配工作问题的通知》和《关于分配一部分大专院校毕业生到解放军农场去锻炼的通知》，要求毕业生面向农村、面向边疆、面向工矿、面向基层，与工农兵相结合。凡1966、67年的大专毕业生，包括研究生，一般都必须先当工人农民。一部分安排到解放军农场，进行锻炼。到农场去的学生一律实行军事管理，过战士生活，按部队组织形式单独编成连队，但非现役军人。

北航教务部召开斗争范子真大会，乐亭县代张庄贫下中农代表发言揭发范子真。

清队战报刊发404教研室及下404支左小分队大批判文章《魔高一尺，道高万丈》揭批"反革命分子"施可畏。

同日，清队战报刊发红六系《经风雨》专案组的大批判文章《彻底砸烂反革命右派组织"经风雨"誓死保卫江青同志》。

同日，校印刷所"现行和历史反革命分子关吉泰"到市革委会和卫戍区"告状"，"攻击我院清理阶级队伍的群众运动。" 5231下印刷所支左小分队认为这是一起严重的反革命分子翻案事件。

6月17日上午，政治部审斗了航院走资派陆文，清队战报发表大批判文章《周天行反毛泽东思想罪证如山，不容抵赖》。晚362召开了斗争"现行反革命分子"郭荣子大会。

6月17日上午，基础课革委会召开了"批斗顽固不化的走资派王玉森之流勾结牛鬼蛇神统治基础课大会"。

6月18日晚，院清理阶级队伍领导小组召开了各系部清理阶级队伍负责人会议。

6月18日，北航革命委员会清理阶级队伍领导小组公告，决定成立新的保卫部。

6月19日晚，院专案办公室召开了各部、系有关专案工作会议。

6月20日上午，在俱乐部召开了审斗周天行大会。

6月21日晚，红四系召开了批斗"顽固不化的走资派、右倾翻案的急先锋、老右倾机会主义分子罗琦大会"。

6月22日，院革委会部分结合和使用干部第一期毛泽东思想学习班总结，清队战报发表刘天章连四排的文章《用办学习班的方法清理阶级队伍》。

6月23日，支农大军返校，院革委会召开了全体常委会和委员会。对下段工作进行了讨论和初步安排。会上革委会副主任井岗山同志，向常委们汇报了前一段清理阶级队伍的情况。常委还对放假问题，毕业生分配问题，以及今后抓紧政治工作进行了讨论，并且决定：1. 要开展"三抓"活动。抓现行问题，抓埋藏得很深的敌人，抓革命大批判。2. 毕业生工作小组由匡正芳负责，张有瑛也参加领导工作。3. 七月十五日以前任何人不得请假回家，把刚刚开始的"深挖"叛、特工作搞好。

6月25日，红六系革命委员会批判院内出现的"松劲厌战情绪"和"回家风"等歪风邪气。

同日，清队战报刊发《院内简讯》，简讯之一，"理力教研室革命教师和支左小分队揪出了一个5人反革命小集团"。之二："院革委会常委同意工厂提出的'撤销崔铁桥工厂革委会副主任职务'的意见。"之三："连日来红六系、红四系、红九系、基础课、红一系等单位相继召开揭发批判斗争大会。把曹传钧、罗琦、岳全瑜、王玉森拉出来示众。"之四："经红航兵团广大师生员工努力，红航一号首架将于'七一'完成，并请中央首长前来参观指导。"之五："毕业生工作小组已着手2字头的毕业分配工作，即将开办学习班，斗私批修，站好最后一班岗，光荣地离开航院"。

6月26日，"北航革命委员会决定：一、将现行反革命分子钱植庸扭送公安机关法办，实行无产阶级专政。二、现行反革命分子程勉，陈亚洪，高为炳，刘洁民暂留我院交群众批判、斗争。"当日晚，院召开有数千名师生员工参加的批斗大会，批斗了"基础课理力教研室革命教员和支左同学"此前揪出的"以钱植庸、程勉为首的现行反革命集团"。"会后宣读了李敏等九同志《炮打聂荣臻》的大字报。"

6月28日，北航革委会给参加《红航一号》战斗的全体革命同志发出贺信。

6月,"红航一号"原型机组装完成,布局为腹下吊挂单发,双垂尾。另一架用图-4母机挂飞。1969年9月"红航一号"第三架首次投放成功。1970年又投产四架,进行了大量静力、吹风、振动、挂飞和投放试验。1972年11月20日"靶-6"高空由国产轰-6飞机投放成功。"靶-6"最大平飞行速度M2.2-2.5,飞行高度18000-20000米,有效水平航程150公里,技术性能处于当时国际先进水平。

6月29日晚,"根据周总理、伯达、康生、谢富治、温玉成等中央首长命令,中国人民解放军北京卫戍区于将现行反革命分子钱植庸依法逮捕。总理还对斗争现行反革命分子应注意的事情做了重要批示。"

1968年7月

7月2日,清队战报发表文章,介绍红六系在清队工作中,开展对敌斗争,思想教育,革命大批判的经验。

清队战报报道:院财务科"有80%人员是有海外关系、家中有被捕、杀、管教等关系的""财务科支左小分队经过两个多月的艰苦斗争,终于打开破了困难局面",揪出了"科里的资产阶级分子褚巽元。"

7月5日上午,红一系清理阶级队伍领导小组主持召开"批斗漏划大右派、地下黑党委的小爬虫、大流氓陆志芳大会。"

7月6日,清队战报刊发北航革委会保卫部《关于李国瑞、张跃琴全家死亡事件的通告》,全文如下:

李国瑞:男39岁,死前为机原教研室副主任;

张跃琴:女37岁,死前为校医院保健室大夫,李妻。

一九六八年六月二十九日,李国瑞、张跃琴全家五口(张母,及二男孩)死亡。经公安机关及院革委会保卫部多方验证,结果如下:

李、张先将其二子杀死(麻醉后,以毒药注入体内),然后,李、张及张母三人穿上寿衣,倒插房门,合伙服毒,全部身死。

查李、张(死前皆为党员)死前虽已发现问题,但并未进行任何批斗,公然采取法西斯特务手段,杀死其子,全家死亡。李、张是地地道道的叛党分子，是杀人犯，是不齿于人类的狗屎堆。

李、张全家死亡事件，是航院清理阶级队伍过程中阶级斗争更加深入，更加尖锐复杂的表现，是阶级敌人向党、向人民、向社会主义进攻的罪恶手段。

本案有关部门正在进一步调查中。望全院广大革命师生员工加强对敌斗争的警惕性，提高阶级斗争观念，严防阶级敌人和别有用心的人利用此起事件散布流言蜚语，造谣惑众，扰乱军心。保卫部要求各单位革命同志进一步采取措施，防止自杀和其他类似事件发生。

7月11日，清队战报通讯：《北京日报》于七日介绍了中国京剧团清理阶级队伍的经验，北航革委会决心"把我院清理阶级队伍工作搞得更好。"

7月13日，清队战报发表《宣判周天行、陆文修正主义死刑》一文。并表扬了食堂科对敌斗争的稳准狠，斗争了"自首变节分子叛徒李朴"。

7月18-19日，关于"北航黑会"情况。7月中旬，广东省造反派头头、省革委会常委武传斌等人来京，联络各地派头头，想在京召开"全国形势分析会"，并希望得到首都造反派组织和五大学生领袖的支持，并通过他们向中央喊冤叫屈，反映情况。

当时，韩爱晶在体院养病，负责筹备和接待工作的是北航红旗的"全国动态组"。到会人员约有八九十人。其中有黑龙江"炮轰派"、辽宁"831"、锦州"糟派"、镇江"三代会"、青海"818"、贵州"4 11"、桂林"老多"、广西"4 22"、广东"旗派"、武汉"钢工总"等20多个著名造反派组织的头头和代表。清华井冈山头头蒯大富和鲍长康、北京六中的两个中学生代表、北航红旗常委侯玉山以及作战部、"红一连"的一些学生约20多人参加了这个会议。地院东方红的王大宾派人参加了筹备会，正式开会时没有来人。

会议由武传斌主持，来自外地的十几个派头头发了言，许多人将矛头指向了支左部队和新生的革委会。有人控诉当地驻军对造反派的镇压，抓了多少人，打死多少人；有人把全国的文革形势描述得漆黑一团；有人对中央内部斗争妄加猜测和议论；有人认为中央军委的八条命令和十条命令自相矛盾,是造成军队和造反派对立的根源;有人甚至对中央(包括中央文革和毛泽东)怨声载道,认为中央出尔反尔,搞实用主义,卸磨杀驴,把造反派当替罪羊。有人建议成立"全国造反派联络站",请求中央批准,地点设在北航,由"五大领袖"轮流当头;有人甚至要踢开中央文革,自己闹革命,自己救自己;还有来自国防科委系统的外地造反派头头主张揭开国防科委机关阶级斗争的盖子……由于发言者的许多言论非常出格甚至"反动",吓得许多人溜了,其中包括蒯大富、井岗山。会场里的主人只剩下北航红旗常委侯玉山和北航红旗的"元老"祝春生。

祝在发言中对派头头进行了严厉的训斥。说,他们根本不理解伟大领袖毛主席的战略部署,不把解放军放在眼里,这样下去是要犯大错误的。现在造反派中鱼龙混杂,什么王八蛋都有。我们支持真正的革命造反派,凡是怀疑毛主席党中央的无产阶级文化大革命路线的,凡是不紧跟伟大领袖毛主席战略部署的,凡是反对中国人民解放军的,就不是真正的革命造反派,我们北航红旗绝不支持……

祝春生的发言,让外地造反派很不自在,他们不断地起哄,中断了祝春生的发言。最后会议不欢而散。

参加会议的有未暴露身份的"记者特务",所以会议的有关情况很快就被中央知道了,康生、姚文元等人立即表态说,该会是"反革命黑会",背后有"黑手"。

7月18日,清队战报发表《旧政治部清理阶级队伍初步总结》(摘要),发表食堂科供应组的大批判文章《是混饭还是卖命》,称褚书芳为"特务分子"。

7月20日,晚9时30分至21日凌晨2时05分,周总理、陈伯达、康生、江青、姚文元、谢富治、黄永胜、吴法宪、叶群在人民大会堂东大厅接见新疆两大派群众组织的部分代表时,周总理提醒新疆两派代表,"不要再往北航那里去了,因为北航是是非之地。"康生则告诫他们:"现在你们还没有独立自主,有些人听北京学校的小道消息,就会走错路。现在有许多谣言就是从北京搞起来的。我告诉你们有人想代替中央去管你们。"

同日，院清理阶级队伍领导小组发布《关于在全院开展忠诚老实运动的通知》。全院召开审斗程九柯大会，程九柯专案组（胡敢）发言《大叛徒程九柯是如何迫害徐天河同志的？》

7月22日，清队战报刊发北京市革命委员会7月16日转发的《东鹿角大队清理阶级队伍的一个材料》。

7月24日，清队战报发表红七系《反复辟》批判派性的文章《红七系反复辟的胜利》。

7月25日，陈伯达等中央首长接见广西两派群众组织部分同志和军队部分干部时说：

"北京的一些大学，在文化大革命开始的时候，有些大学生是表现不错的，现在有少数几个人很可惜走向反面，如果不赶快觉悟是不行的，他们认为自己是老造反派。过去造走资派的反，这是对的。但胜利冲昏头脑，头脑膨胀了，现在手伸得很长，在和平里、清华、北航开的一些秘密会议是危险的。北航能解决你们的问题吗？清华能解决你们的问题吗？韩爱晶、蒯大富不要狂妄自大。什么叫马列主义，什么叫毛泽东思想，他们懂得多少？蒯大富最好去劳动，韩爱晶最好去劳动。

7月27日，清队战报发表"原宣传部革命群众"的大批判文章《把周天行大抓典型的修正主义思想基础及其反革命的政治目的批倒批臭》。

同日，首都工人毛泽东思想宣传队，进驻清华大学制止武斗，遭到清华大学井岗山的全力抵抗，造成5名工宣队员死亡，七百多人受伤。

7月28日凌晨2点钟左右，毛泽东在人大会堂湖南厅接见聂元梓、韩爱晶、谭厚兰、王大宾，陪同的有林彪、周恩来、陈伯达、康生、江青、姚文元、叶群、汪东兴、谢富治、黄永胜、吴法宪，北京卫戍区司令温玉成，政委黄作珍，市革命委员会副主任吴德。谈话五个半小时。谈话间，韩爱晶请教毛："毛主席，我想请教您一个问题。再过五十年，一百年，如果中国出现了分裂，你也说自己是毛泽东思想，他也说自己是毛泽东思想，出现了割据混战的局面怎么办？"

毛回答："这个问题问得好，韩爱晶你还小，不过你问我，我可以告诉你，出了也没啥大事嘛。一百多年来，中国清朝打二十年，跟蒋介石不也是打了几十年嘛，中国党内出了陈独秀、李立三、王明、博古、张国焘，什么高岗、刘少奇，多了，有了这些经验比马克思还好……"

7月28日，北航革委会发布《关于立即在全院开展认真学习中央"七三"和"七二四"布告的通知》

7月29日，清队战报报道《毛主席无比亲切地接见了首都红代会负责同志并做了极其重要的长时间的最新指示》。

7月31日，谢富治北航就支持首都工农毛泽东思想宣传队问题对清华大学井冈山兵团同学的讲话。

本月，北航红旗报发表批判聂荣臻的文章3篇。

1968年8月

8月2日，红六系揪出孔宪洽、张习、贺尧其等组成的"恶毒攻击伟大领袖毛主席和敬爱的江青同志的现行反革命小集团"。红六系革委会主任宋光庆在批斗孔、张、贺大会上的发言。清队战报发表大批判文章《斗倒斗臭孔张贺反革命小集团》。

8月7日，北航红旗报第116期发表社论《坚决炮打聂荣臻，粉碎"多中心论"，巩固和发展大革命的辉煌战果》。

清队战报发表本报编辑部文章《新的起点》，欢迎工军宣传队进驻大学。提出"迅速打扫旧基地，工农做大学的主人"。

8月8日，毛泽东接见中央文革碰头会成员，谈高等学校问题，说：靠学生解决问题是不行的，历来如此。学生一不掌握工业，二不掌握农业，三不掌握交通，四不掌握兵。他们只有闹一闹。所谓五大领袖，群众不信任他，工人、农民、士兵不信任他，学生不信任他，本派大部分不信任他，只有几百人勉强控制，怎么行呢？学生没为人民做什么好事，怎么能取得群众的信任呀！要二十年、三十年做了点好事，才能取得群众信任。

院革委会召开批斗反动学阀沈元大会，沈元专案组组织红六、

七、九系的67届毕业生发言。8月14日清队战报以《踢开抵制教育革命的绊脚石——批斗反动学阀沈元大会发言稿》为题，摘录发表了这三个系代表的发言。

8月9日，清队战报发表社论《聂荣臻必须悬崖勒马》，该文"严肃地警告聂荣臻，如果你仍坚持反动的'多中心论'，继续猖狂对抗我们伟大领袖毛主席和林副主席，我们就忍无可忍，把你从无产阶级革命队伍中清理出去，扫入历史的垃圾堆，抛到茅坑里去！"

同日，清队战报发表"政治教研室革命群众"的大批判文章《程九柯等一小撮在政治教研室残酷迫害革命干部徐天河同志的罪行》，及"十院十二所革命委员会乐宁碧等几同志"的大批判文章《程九柯之流就是反动派》。

8月10日，石兴国代表院红旗勤务员起草了《关于解散北航红旗，实行革命大联合的建议》，建议自动解散北航红旗，组建统一的红卫兵组织。其所在的五系在全院第一个自动解散了系红旗战斗队。

8月13日晚，院革委会主持召开了全院坚决彻底批判国防科委反动的资产阶级"多中心论"誓师大会。

8月14日，北航红旗报第117期发表本报评论员的文章《在无产阶级司令部的号令下统一意志 统一步伐 统一行动》，及钢铁纵队评论员的文章《粉碎多中心论，踏平聂氏山寨》。

清队战报发表"炮轰聂荣臻"的大批判文章《黄洋界上炮声隆——重炮猛轰科委的反动"多中心论"》。文章说："科委聂荣臻等人步王明、博古之后尘，要做核心，要人家承认他是核心，用以猖狂对抗我们伟大领袖毛主席和他的亲密战友林副主席，我们绝对不答应。聂荣臻等人这样搞下去，如再坚持不改，势必是要垮台的。"

同日，清队战报发表社论《把这些势力中的绝大多数人改造成为新人》。

8月15日，北航革委会清理阶级队伍领导小组做出《北航清理阶级队伍工作总结概况》，此文说，"经过四个多月的清理阶级队伍运动，现已查明隐藏在我院的叛徒、特务、顽固不化的走资派、地富反坏右和国民党残渣余孽共×××人。其中原党委委员33人中查出叛徒、特务、顽固不化的走资派就占20人，占总数60%；12个常委占6个，50%，4个书记中占3个，高达75%。"清队中，学生是主力军"支左小分队纷纷建立起来，开进'三大部'，开进各教研室、科室、医院。后来，每个基层单位都有一支5-20人的小分队。据不完全统计，全院队员有××××人，占学生人数65%之多。"

8月19日，首都工人、解放军毛泽东思想宣传队进驻北大，工军宣队总指挥是63军政治部副主任刘信，副总指挥是魏秀如（女、二机床工人）等6名工人。

8月20日，清报战报发表社论《紧紧团结在无产阶级司令部周围，对准聂荣臻山寨猛轰》社论说，"毛主席于七月二十八日严正指出，国防科委在搞'多中心论'。"聂荣臻在科委搞"独立王国"，树个人"权威"，对抗林彪，"妄图篡夺""接班人的地位""从政治上陷害"毛主席！"推行……修正主义的科研、教育路线"，执行资反路线"镇压广大革命小将和革命群众"。

清队战报发表沈元专案组大批判文章《沈元公开攻击毛主席的伟大哲学思想罪该万死》。

8月22日下午，在主楼243召开了院系各级革委会委员、各级勤务员全体会议。院革委会侯玉山讲话，布置欢迎解放军和工人进驻北航。

同日，北航革委会发布《关于坚决拥护热烈欢迎中国人民解放军和工人毛泽东思想宣传队进驻我院的通知》。

同日，清队战报发表紧急倡议，号召"红旗战友们，全院革命同志们"，用大办毛思想学习班，打击敌人的反扑，搞好教育革命，认真搞好斗批改等实际行动迎接工军宣队。并为他们开展工作创办有利条件。

同日，清队战报发表"红学工红学军"的文章《热烈欢迎解放军和工农毛泽东思想宣传队进驻我院》。

8月23日，工军宣队正式进驻北航。

8月24日，清队战报发表"六研清理阶级队伍领导小组全体革命群众（赵嘉焜）"的揭批文章《揭发批判胡孝萱在×系六研包庇坏人的罪行》，和红三系革委会主任王发动在批斗胡孝萱大会上的发言。

8月25日，《人民日报》发表姚文元文章《工人阶级必须领导一切》。文章说，大部分知识分子仍没有改造好资产阶级世界观，在上层建筑领域"要打破知识分子独霸的一统天下。""工人宣传队要在学校长期留下去。"

8月28日前后，工军宣队到医院看望韩爱晶，要他回北航，表示对宣传队的态度。韩回校后，在大会上说代表北航革委会，热烈欢迎工人解放军毛泽东思想宣传队来，向工人学习，解放军学习。几天后工军宣队提出解散红旗的问题，并在底下做各个小班的工作。

韩爱晶召集院革委会委员，各班的负责人开会，工宣队，军宣队的人也在场。韩在会上讲，只要宣传队提出来要你们解散的，你们立即贴大字报宣布解散，不要和工人和解放军对立。总勤务站怎么办你们不要管，你们只管你们底下不对立就行了。学院的大字报栏就像当时成立红旗一样，贴出各班的大字报，内容不是宣告成立红旗战斗队，而是解散红旗战斗队。

本月，北航红旗报发表批判聂荣臻的文章2篇。

1968年9月

9月5号，北航在南操场召开全校大会，韩爱晶宣布解散北航红旗。

www.ingramcontent.com/pod-product-compliance
Lightning Source LLC
Chambersburg PA
CBHW060546080526
44585CB00013B/460